中铁十五局集团有限公司承建的坦桑尼亚基隆贝罗桥（384 米）及引道（9.142km）建设项目。2013 年 1 月 21 日开工，24 个月工期，变更后合同工期 54 个月（延期至 2017 年 7 月 30 日）。项目位于坦桑尼亚国家中部，距达市约 460 公里，主要工程量包括两座跨河大桥（384m、120m），表处沥青道路 9.14km。

2014 年 8 月 13 日，横贯安哥拉全境的全长 1344 公里的本格拉铁路全线完工，“中国标准”唱响非洲。该铁路由中国铁建二十局集团公司以设计—采购—施工总承包模式独立承建，项目总投资约 18.3 亿美元，是安哥拉有史以来修建的线路最长、速度最快、规模最大的现代化铁路项目。本格拉铁路和 2010 年建成通车的罗安达铁路从设计到施工全部采用了中国铁路建设标准，钢轨、水泥、通讯系统和大型机械设备等全部从中国采购，共带动进出口贸易达 30 多亿元人民币。

亚吉铁路是东非第一条电气化铁路，全部采用中国标准和中国装备建设而成，全长751.7公里，设计时速120公里，共设置45个车站，总投资约40亿美元，由中国中铁和中国铁建两家央企联合承建。2016年10月5日，亚吉铁路在埃塞俄比亚拉布车站举行了通车仪式，正式投入运营。亚吉铁路是非洲第一条全线采用中国电气化铁路标准施工的现代电气化铁路，也是中国海外首条集设计、设备采购、施工、监理和融资于一体全产业链“走出去”的铁路项目，被誉为“新时期的坦赞铁路”，对于助推“一带一路”倡议在非洲落地生根具有现实和深远的重大意义。

坦桑尼亚基甘博尼大桥由中国中铁所属中铁建工和中铁大桥局联合体承建，是撒哈拉以南非洲最大的斜拉式跨海大桥，被坦桑尼亚民众誉为“东非最壮观的桥”“东非第一大桥”。该桥全长680米，主桥为钢筋混凝土双塔单索面斜拉桥，主跨200米，桥面宽32米，双向6车道。桥面以上桥塔高55米，每座塔上有9对斜拉索与桥面相连。中国中铁以国际标准对设计、材料、施工多方面实施严格控制，确保了当地地标性建筑的优质完成。基甘博尼跨海特大桥的顺利交付使用，结束了当地几百年来全靠人工摆渡才能到达库拉希尼湾的历史，搭起了30分钟交通圈，为非洲经济发展打开了幸福通道，开启了坦桑尼亚乃至整东非地区发展的新纪元。

印度尼西亚钻石塔项目位于雅加达南部，在雅加达 CBD 的“金三角”区域内，距离中国大使馆直线距离约 300 米。周边高楼林立，主要为办公和酒店功能区，商业配套齐全，是雅加达 CBD“金三角”内除苏迪曼大街外最繁华的地段。该项目为集融资、设计、施工为一体的特大型交钥匙工程，项目占地面积 4502 平方米，包括写字楼、酒店式公寓以及住宅公寓三种业态。项目具体由中铁国际集团承建和运营，是中国中铁在印度尼西亚的第一个房地产项目，也是投资房地产带动工程承包的落地项目，意义重大。

马中关丹产业园是中马两国领导人直接倡议并亲自推动的政府间重大合作项目，被列入国家“一带一路”规划重大项目。上海宝冶集团有限公司承建的马中关丹产业园区项目，位于马来西亚东海岸经济特区关丹港市，园区将被打造成为马来西亚最富活力的东部门户，高质量的生活、工作和休闲胜地。该项目于 2016 年 6 月开工，目前已经进入投产阶段，主要生产高碳钢和 H 型钢，年产量达 350 万吨。

斯里兰卡机场高速公路是斯里兰卡国家首条高速公路，连接首都科伦坡和卡图那亚克国际机场，被誉为斯里兰卡“国门第一路”。路面宽 26 米，双向 4 车道，设计时速 100km，工程由中国二十冶集团有限公司 EPC 工程总承包，是首次采用中国标准设计、施工和验收的国外高速公路；工程于 2009 年 8 月 18 日开工，2013 年 9 月 30 日通过竣工验收，2013 年 10 月 27 日通车。该项目获得了斯里兰卡总统颁发的斯里兰卡国家工程优质奖，获评 2014 年度冶金行业优质工程，荣获 2014 年中国建设工程鲁班奖（境外工程）。

由中国核工业集团公司（原中国核工业总公司）承建的巴基斯坦恰希玛核电站（一期）为 30 万千瓦压水堆型核电站，是我国自行设计、建造的第一座出口商用核电站，当时是我国最大的高科技成套出口项目。该电站座落在巴基斯坦旁遮普平原柴尔沙漠的西北部，印度河东岸。2000 年 9 月，恰希玛核电站交付巴基斯坦投入商业运行，该核电站是中国和巴基斯坦两国合作的结晶，被中巴誉为双方合作的优秀典范。核电站投产运营至今，安全指标和运行业绩良好，得到国际原子能机构（IAEA）好评，为我国在高科技领域与发展中国家之间的良好合作做出了积极的贡献，也为中巴两国在和平利用核能领域的进一步合作奠定了扎实的基础。

土耳其安伊高铁二期项目是迄今为止中土两国合作的最大工程项目，是中土两国深化经贸合作的标志性成果，也是我国企业在海外参与实施的第一个高速铁路项目。项目全长158公里，中国铁建为合包集团牵头方，内部授权中国土木工程集团有限公司具体组织实施。该项目为集融资、设计、施工为一体的特大型交钥匙工程，线路地质复杂，桥隧相连，工期紧，施工难度大。工程内容包括该范围内的路基、桥涵、隧道、轨道工程及通信、信号、电力电气化等工程。全线设计时速250km/h，工程设计和施工全部采用欧洲技术标准。该项目是中国企业在海外承建的第一条高速铁路，这也标志着中国高铁建设的企业从此获得博弈欧洲高铁建设市场的“准入证”，对推动中国高铁“走出去”具有重要战略意义。项目的成功通车运营对两国经贸、政治、外交领域产生重要、积极的影响。

“一带一路”建筑施工企业纳税与规划操作指南

朱　青　主编

中国财经出版传媒集团
中国财政经济出版社

图书在版编目（CIP）数据

“一带一路”建筑施工企业纳税与规划操作指南/朱青主编．—北京：中国财政经济出版社，2019.4

ISBN 978－7－5095－8941－0

Ⅰ.①一…　Ⅱ.①朱…　Ⅲ.①建筑企业－税收管理－中国－指南②建筑企业－税收筹划－中国－指南　Ⅳ.①F812.423－62

中国版本图书馆 CIP 数据核字（2019）第 060489 号

责任编辑：吕小军等　　　　责任校对：黄亚青

封面设计：思梵星尚

中国财政经济出版社出版

URL：http：//www.cfeph.cn

E－mail：cfeph@cfeph.cn

社址：北京市海淀区阜成路甲 28 号　邮政编码：100142

营销中心电话：88190406

北京时捷印刷有限公司印刷　各地新华书店经销

787×1092 毫米　16 开　23.25 印张　449 000 字

2019 年 4 月第 1 版　2019 年 4 月北京第 1 次印刷

定价：89.00 元

ISBN 978－7－5095－8941－0

（图书出现印装问题，本社负责调换）

本社质量投诉电话：010－88190744

打击盗版举报热线：010－88190414　QQ：447268889

《“一带一路”建筑施工企业纳税与规划操作指南》

编委会成员名单（以姓氏拼音为序）

序言一

2018 年 1 月 26 日，我参加了本书的课题启动会。虽然经过近一年时间，但当我拿到并阅读样书时，其观点之新、特色之显、内容之专、编著之精，仍不免感到惊叹和敬佩。新。2013 年 9 月 7 日，习近平主席首次提出“一带一路”倡议。5 年来，“一带一路”从无到有、由点及面，掀起了中国与沿线国家务实合作新高潮，取得了一系列丰硕成果；不仅为中国经济增长注入了新动力，也为世界和平发展提供了新方案。随着“一带一路”合作的深入，海上、陆上丝绸之路都在不断延伸，不断有新的国家和地区加入；沿线国家从最初的 64 个，发展到签约的 71 个，而且数量不断刷新；实际上，“一带一路”已经成为中国企业“走出去”和全方位开放创新战略的代名词。本书从税务实务和规划的角度，对企业参与“一带一路”建设遇到的新情况、新问题，提出了新方案、新对策，为企业加强境外税务管理提供了全新视野。

特。建筑业是国民经济的支柱产业，具有流动性大、生产周期长、专业分工细、产业关联度高等特点。2017 年，我国建筑业总产值 213 954 亿元、同比增长 10.5%，增加值达 55 689 亿元、占 GDP 6.73%，纳税 6 367 亿元、占全国税收 5.1%，为国民经济发展和税收收入做出了重要贡献。1978 年年末，国务院批准成立中国第一家对外承包工程公司——中国建筑工程总公司。中国建筑施工业企业“走出去”从无到有，从小到大，发展迅速。建筑业成为最先“走出去”的行业之一，也是在“一带一路”实践中最具实力和经验的行业之一。本书聚焦建筑施工企业国际工程项目承包、境外投资、

境外出口等业务特点，总结税务管理的经验教训，有针对性
地提出税务实务与规划，对建筑施工企业“走出去”具有很强的借鉴和指导意义。

专。企业参与“一带一路”，实际上面临着巨大的税务风险和挑战。比如，企业因不了解相关国的税收制度、征管环境，不会利用税收协定和税收优惠政策，不善于解决税务争议等，一方面可能造成应纳税未纳税、少纳税，从而面临补税、罚款、加收滞纳金，甚至刑事处罚以及声誉损害等风险；另一方面可能因应享受税收优惠未享受、多缴税，面临承担额外税收负担，降低企业利润甚至导致亏损等风险。本书围绕防范境外税务风险，介绍了“一带一路”国家的概况、税收协定与税务实务，详细阐述了国际反避税一般规则（BEPS）和中国反避税规定，深入分析了建筑施工企业境外投资、工程承包、工程出口等业务面临的税务风险；有针对性地提出了防范措施和税务规划，并分别提供了典型案例；内容专业而详实，堪称“一带一路”企业防范税务风险的工具书。

精。本书主编朱青教授，是著名的国际税收专家，曾单独著作出版了《国际税收》（教育部“十五”规划教材），合作出版了《企业转让定价税务管理操作实务》等著作，朱青教授参与了本书编写的全过程，多次听取编写汇报，给予了精心指导。编写团队由中国中铁、中国铁建、中国交通建设、中国冶金科工集团、中国核工业建设集团等大型央企和天扬君合税务师事务所联合组成，不仅阵容强大，而且精益求精。近一年中，多次细化、优化编写提纲（形成提纲6.0版），深入调研，集中撰写；初稿形成后，又先后组织了多次集中审稿和修改（形成书稿7.0版）；最终完成统稿、定稿和出版。本书既体现了五大央企参与“一带一路”的丰富实践经验，又贯穿了天扬君合税务师事务所对税收政策的正确理解与运用，还倾注了专家学者的专业素养和心血，使其更具权威性和可操作性，不失为一本建筑施工企业“一带一路”税务管理的好教材。

中国注册税务师协会副会长　李林军

序言二

“一带一路”倡议是我国顺应时代潮流、适应发展规律、扩大开放的重大战略举措。作为完善全球治理体系、推动构建人类命运共同体的中国方案，共建“一带一路”已经成为140多个国家和国际组织开展国际合作的新模式，正在向落地生根、持久发展的阶段迈进。

在“一带一路”国际合作框架下，央企积极参与“一带一路”建设，在基础设施建设、能源合作开发、国际产能合作等方面取得了显著成效。目前，“一带一路”沿线国家已开工和计划开工的基础设施项目中，央企承担3116个项目，项目数占比50%左右，合同额占比超过70%。此外，2018年度美国《工程新闻纪录（ENR）》“全球最大250家国际承包商”榜单中，共有69家中国企业入围。其中，中国交通建设集团有限公司、中国建筑股份有限公司、中国电力建设集团有限公司入围前10强。中国企业上榜数量蝉联各国榜首，所占上榜企业国际营业总额比例也逐年提升。

未来，中国企业参与“一带一路”建设的程度将越来越深入，面临的国际税收问题也将越来越复杂。为了更好地加强国际税收合作，2018年5月，“一带一路”税收合作会议在哈萨克斯坦首都阿斯塔纳召开，这是首次以“一带一路”税收合作为主题的国际税收会议，会议发布了《阿斯塔纳“一带一路”税收合作倡议》，标志着“一带一路”多边税收合作将逐步实现规范化和机制化。因此，企业了解国际税收合作情况，掌握“一带一路”税收实务、税收规划和税务风险管理等内容，在适应“一带一路”国家营商环境、参与国际市场竞争方面显得尤为重要。

天扬君合财务服务集团基于多年在工程建设行业的实践经验和研究成果，联合中国中铁股份有限公司、中国铁建股份有限公司、中国交通建设集团有限公司、中国冶金科工集团有限公司、中国核工业集团有限公司5大央企，在中国人民大学朱青教授的指导下，出版《“一带一路”建筑施工企业纳税与规划操作指南》，将境外税务实务经验、纳税规划经验、涉税风险管理经验等内容进行总结与提炼，思路清晰，具有针对性、实务性和系统性的特点，是一本指导性非常强的工具书。

该书的出版有利于帮助广大施工企业适应国际贸易和投资自由化、便利化的市场环境，管控国际税务风险，实现更加深入、全面、多元、高层次的国际税收合作目标。

中国施工企业管理协会会长 曹玉书

前言

2013年金秋，“一带一路”倡议提出，短短5年，130多个国家和国际组织同中国签署“一带一路”合作文件。多个重大项目在沿线国家和地区落地生根。中巴经济走廊、中俄蒙经济走廊等建设顺利推进；亚吉铁路、蒙内铁路竣工通车，雅万高铁、匈塞铁路开工建设；中国—白俄罗斯工业园、柬埔寨西哈努克港经济特区等成为“一带一路”产业合作的典范；斯里兰卡汉班托塔港、巴基斯坦瓜达尔港等建设运行顺利；中欧班列累计开行超过1万列，到达欧洲15个国家43个城市。而在贸易方面，中国同“一带一路”相关国家的货物贸易额累计也超过5万亿美元，对外直接投资超过600亿美元，为当地创造20多万个就业岗位，中国对外投资成为拉动全球对外直接投资增长的重要引擎。

不论是对外基础设施建设还是对外贸易投资，都保持着增长势头。建筑施工企业作为建设领域“走出去”的先行者，不仅是中国国民经济的支柱产业，也促进、带动了其他国家的经济发展，在建设基础设施、改善民生生活，同发展、促合作中发挥了不可替代的作用。而在“走出去”过程中，面对陌生的东道国税收环境，对东道国税务制度征管执行了解的滞后，各种各样的税务问题凸显，涉外税务问题已然成为企业“走出去”的“挡路者”，如何有效规避境外业务涉税风险，提高国际竞争能力，成为企业“走出去”过程中不可忽视的重要问题。

为助力建筑施工企业更好更加稳健地“走出去”，引导企业事先充分规划与准备，全面系统性地掌握境外税务实务、做好境内外税务业务衔接，由中国人民大学朱青教授任主编，天扬君合财税服务集团牵头组织，中国交建、中国中铁、中国铁建、中冶科工、中国核工业五大建筑央企携手将“走出去”涉税经验进行总结、分享，共同编撰此书，为“走出去”建筑企业财税工作者掌握境外税收体系并进行实务操作提供科学、规范性指导，本书具有如下特点：

前瞻性。填补关于建筑施工企业“一带一路”“走出去”涉税书籍的空白，深入分析建筑施工企业“走出去”面临的税务问题，帮助企业了解在“走出去”过程中的各类税务问题，提高自身税收风险防控意识和税收遵从意识，规避风险。

针对性。服务对象是建筑施工企业，全书系统阐述建筑施工企业“走出去”过程中，面临的境外税收、境内税务以及相互衔接等实务问题，全方面解析，针对性研究，规范性指导。

实用性。实务内容既涵盖境外税务政策，也涵盖境内税务政策；既解读税收协定体系，又融合实践案例。通过境内外税制比对，深入分析实践案例，指导企业防控税收风险，降低税收成本。

本书主要内容包括：

建筑施工企业“一带一路”“走出去”概述。介绍“一带一路”沿线国家和地区政治、经济发展、环境资源、基础设施建设发展等情况，以及建筑施工企业“走出去”的主要形式、特点及关注点等。

“一带一路”沿线国家和地区税收协定与税收政策。有重点地解析“走出去”过程中涉及的税收协定要素，并从概念、纳税义务人、征税范围、税率、税款计算、纳税申报、税收优惠、实务建议等方面系统性地介绍企业所得税、预扣企业所得税、个人所得税和社会保障税、利润汇出税、增值税（销售税）、消费税、营业税、关税、资源税、财产税、印花税、注册税等。

国际工程承包税务实务与规划。介绍国际工程承包基本情况，典型业务活动及其涉税事项，税务规划难点解析，并通过案例方式系统介绍招投标阶段投标主体确定、合同价格确定、东道国税收法规与征管环境调查、商业阶段总承包合同签订形式、实施机构组织形式、税务成本负税方、分包合同优化、自用机械设备税务规划、实施阶段雇佣员工与外包劳务等纳税规划方法。

境外投资业务税务实务与规划。介绍境外投资业务基本情况，涉及各方的税务实务，税务规划难点解析，并通过案例方式介绍投资架构设计、融资方式选择等税务规划方法。

出口业务税务实务与规划。介绍境外工程涉及办理出口退税的物资、机械设备、服务以及出口形式，并通过案例形式讲解如何办理出口退税，解析出口退税难点，提出了如何办理出口退税的规划及注意事项等。

境外抵免税务实务与规划。介绍企业所得税、个人所得税抵免情形，通过案例形式全面系统地介绍抵免计算、申报填写、资料准备等实务，解析难点事项，并从选择公司组织形式、境外投资架构设计等角度介绍了境外收入抵免税务规划。

BEPS行动计划下信息披露业务税务实务。介绍国际反规避原则、BEPS行动计划，并从东道国、中国双重角度介绍反避税相关规定，同时通过案例形式讲解如何填报国别报告与准备同期资料。

“一带一路”建筑施工企业税务风险管理。介绍建筑企业“走出去”面临的税务风险及风险防范体系的构建，并分国际工程承包业务、境外投资业务系统介绍各阶段的税务风险管理。

最后一章为案例解析。

本书撰写过程中，在主编、副主编的悉心指导下，编写组成员凝心聚力、静心总结、互相切磋、攻坚克难，深入研究、充分总结了境外税务管理与纳税规划经验，以体现本书的针对性、实用性、指导性。

本书的具体撰写人是（按章节先后顺序）：第一章由中铁十五局集团有限公司高红霞、王小瑜撰写；第二章由北京天扬君合税务师事务所有限责任公司史彦坤、王景月，中国土木工程集团有限公司王进洪撰写；第三章由中国铁建股份有限公司陈晓，中国土木工程集团有限公司刘林、李甜撰写；第四章由中国交通建设股份有限公司严梦甜，中国港湾工程有限责任公司裴伟栋、徐东升、张强、龚财源、李晓宾，中交第一公路工程局有限公司张卓撰写；第五章由中铁二十局集团有限公司刘泽坚、马怀强、宋志飞、夏令全、郭入源撰写；第六章由中铁国际集团有限公司黄功华、陈海亮、刘语佳，中铁建工集团有限公司营斌、齐乾宇，中铁二局集团有限公司王占学、徐玮晟、饶钢、徐文聪撰写；第七章由中国冶金科工集团有限公司陈永康，上海宝冶集团有限公司马心新、王欢、裴婷、胡浩，中国二十冶集团有限公司杨爱春、赵莎莎撰写；第八章由许东升、陶勋梅、谭晓莉撰写；第九章案例一由上海宝冶集团有限公司郭华刚、胡浩撰写，案例二由中国路桥工程有限责任公司刘琛、莫永年撰写，案例三由中铁国际集团有限公司黄功华、陈海亮撰写。

本书能够付诸出版，要感谢所有参编单位在百忙之中排除万难，完成编写工作。特别地：感谢主编、副主编对书稿的多次悉心指导！

感谢中国铁建股份有限公司、中国交通建设股份有限公司、中国中铁股份有限公司、中国冶金科工集团有限公司、中国核工业建设集团有限公司对本书编写工作的重视及大力支持！

感谢中铁国际集团有限公司、中铁二十局集团有限公司、上海宝冶集团有限公司、中国土木工程集团有限公司、中国铁建股份有限公司为本书编写工作提供场地及会务支持！

感谢中国施工企业管理协会会长曹玉书、中国注册税务师协会副会长李林军为本书作序！

感谢中国财政经济出版社为本书的出版所付出的辛勤劳动！

由于我们水平有限，书中有不尽如人意之处，恳请各位同仁和读者不吝指正。我们期待与您的交流，电子邮箱：keti@ tianyangtax. net，联系电话：010－82605331。

编写组

2018年12月9日

目录

第一章
建筑施工企业“一带一路”“走出去”概述

“一带一路”倡议的提出，为中国建筑施工企业带来广阔的市场空间。建筑施工企业应把握历史新机遇，审时度势、顺势而为，积极参与“一带一路”沿线国家与地区基础设施的投资与建设，拓展盈利空间，实现转型发展，提升综合国际竞争力。

第一节 “一带一路”倡议与沿线国家和地区概况

一、“一带一路”倡议概述

（一）“一带一路”倡议的背景

1. 古代陆上丝绸之路。2000 多年前，经过“文景之治”近 70 年的励精图治，西汉王朝终于有了与匈奴进行战略决战的整体实力，雄才大略的汉武帝为了扫清北方游牧民族的威胁，派遣了张骞出使西域，决心联合西域的大月氏共同抗击匈奴，虽然联合大月氏的军事行动没能成功，但是张骞打开了东西方文明交流的大门。自西汉军队控制河西走廊以后，一条始于古代中国长安，经过陇西高原、河西走廊和新疆，连接中亚、南亚、西亚、非洲和欧洲的古代陆上交通路线开启了，它是古代中国与西方各国政治、文化、经济交流的大通道。古代丝绸之路鼎盛时期在唐代，随着以后各个朝代海上贸易的兴起，从明代起陆上丝绸之路渐渐地从繁荣走向萧条，但其仍然是我国和中亚、西亚各国文化交流的主要通道。

2. 古代海上丝绸之路。早在先秦时期，岭南先民在南海乃至南太平洋沿岸及其岛屿开辟了以陶瓷为纽带的交易圈。《后汉书·西域传》载：“其大秦（即古罗马帝国）王常欲通使于汉，而安息欲以汉缯彩与之交市，故遮阂不得自达，（东汉）桓帝延熹九年（公元166年），大秦（古罗马帝国）王安敦遣使自日南徼外（越南海路）献象牙、犀角、玳瑁，始乃一通焉。”这是中西直接往来的最早记载。海上丝绸之路经过唐代、宋代、元代的不断发展，随着明初郑和七次下西洋而达到了巅峰，然而明代的海禁政策使得海上贸易以及沿海各港口迅速衰落，清初开海禁后，海上贸易才有了新的发展，但是随着清王朝的衰落，我国沦为半殖民地半封建社会，海上贸易又再次衰落。古代海上丝绸之路同样是我国同西方国家互通有无、友好交往的大通道。

3. 改革开放后的中国经济发展与对外贸易。中国改革开放40多年，经济持续快速发展，社会经济发展水平整体提高，并不断推进经济发展转型升级。1978—2017年间，中国国内生产总值GDP从2 119.3亿美元上升为12.2万亿美元；人均GDP从222美元上升为8 800美元[①]。40多年来，中国始终坚持对外开放的基本国策，构建全方位开放新格局，积极融入经济全球化的发展进程。在经济全球化日益面临重大阻力的背景下，中国始终积极推动双边及多边贸易、投资发展。中国进出口贸易额从1978年的355亿元人民币增至2017年的27.79万亿元人民币[②]，增长了782.82倍。随着经济实力的不断增强，中国逐步积极主动地参与到全球经济发展和经济治理事务中。为进一步扩大和深化对外开放，加强与亚欧非及世界各国互利合作，中国国家主席习近平适时提出了“一带一路”的倡议。“一带一路”的提出顺应了世界多极化、经济全球化、文化多样化、社会信息化的潮流，秉持开放的区域合作精神，致力于维护全球自由贸易体系和开放型的世界经济。共建“一带一路”旨在促进经济要素有序自由流动、资源高效配置和市场深度融合，推动沿线各国实现经济政策协调，开展更大范围、更高水平、更深层次的区域合作，共同打造开放、包容、均衡、普惠的区域经济合作架构。共建“一带一路”符合国际社会的根本利益，彰显了人类社会共同理想和美好追求，是国际合作以及全球治理新模式的积极探索，将为世界和平发展增添新的正能量。

（二）“一带一路”倡议的基本内容

1. “一带一路”倡议的概述。随着全球一体化进程的加速，世界各国经贸往来愈加频繁，各个国家在全球合作的事务中分工明确，产业逐渐转移到发展中国家。发展中国家的发展需要大量资本、技术进行大规模的基础设施建设，2013年9月和10月，中国国家主席习近平在出访中亚和东南亚国家期间，先后提出共建“丝绸之路经济带”和“21世纪海上丝绸之路”的重大倡议，两者简称“一带一路”倡议，得到国

① 《中国统计年鉴》。

② 《人民日报》2018年10月7日第4版。

际社会高度关注，引起越来越多国家热烈响应。

"丝绸之路经济带"涵盖东南亚经济整合和东北亚经济整合，并最终融合在一起通向欧洲，形成欧亚大陆经济整合的大趋势。"21世纪海上丝绸之路"从海上联通欧、亚、非三个大陆，和"丝绸之路经济带"形成一个海上、陆地的闭环。

2. "一带一路"建设原则。"一带一路"建设秉承共商、共享、共建原则。

恪守联合国宪章的宗旨和原则。遵守和平共处五项原则，即尊重各国主权和领土完整、互不侵犯、互不干涉内政、和平共处、平等互利。

坚持开放合作。"一带一路"相关的国家基于但不限于古代丝绸之路的范围，各国和国际、地区组织均可参与，让共建成果惠及更广泛的区域。

坚持和谐包容。倡导文明宽容，尊重各国发展道路和模式的选择，加强不同文明之间的对话，求同存异、兼容并蓄、和平共处、共生共荣。

坚持市场运作。遵循市场规律和国际通行规则，充分发挥市场在资源配置中的决定性作用和各类企业的主体作用，同时发挥好政府的作用。

坚持互利共赢。兼顾各方利益和关切，寻求利益契合点和合作最大公约数，体现各方智慧和创意，各施所长，各尽所能，把各方优势和潜力充分发挥出来。

3. "一带一路"合作内容。"一带一路"倡议的实现需要加强"五通"，即政策沟通、设施联通、贸易畅通、资金融通、民心相通。

第一，加强政策沟通。各国可以就经济发展战略和对策进行充分交流，本着求同存异原则，协商制定推进区域合作的规划和措施，在政策和法律上为区域经济融合"开绿灯"。

第二，加强设施联通。上海合作组织正在协商交通便利化协定。尽快签署并落实这一文件，将打通从太平洋到波罗的海的运输大通道，逐步形成连接东亚、西亚、南亚的交通运输网络，为各国经济发展和人员往来提供便利。

第三，加强贸易畅通。"丝绸之路经济带"总人口近30亿人，市场规模和潜力独一无二。各国在贸易和投资领域合作潜力巨大。各方应该就贸易和投资便利化问题进行探讨并做出适当安排，消除贸易壁垒，降低贸易和投资成本，提高区域经济循环速度和质量，实现互利共赢。

第四，加强资金融通。如果各国在经常项下和资本项下实现本币兑换和结算，就可以大大降低资金流通成本，增强抵御金融风险能力，提高本地区经济国际竞争力。

第五，加强民心相通。国之交在于民相亲。搞好政治、文化、经济等领域合作，必须得到各国人民支持，必须加强人民友好往来，增进相互了解和传统友谊，为开展区域合作奠定坚实民意基础和社会基础。

"一带一路"是国家级顶层合作的倡议。目前，倡议已经得到了100多个国家和国际组织的积极响应，"一带一路"倡议旨在帮助发展中国家共同发展，共同富裕，高举和平发展的旗帜，积极发展与沿线国家的经济合作伙伴关系，共同打造政治互信、经济融合、文化包容的利益共同体、命运共同体和责任共同体。此倡议涉及发展中国家的项目融资、改善运输路线和“南南合作”，代表了中国对可持续发展目标、气候行动和多边主义的承诺。

（三）“一带一路”倡议的意义

“一带一路”是开放性、包容性的区域合作倡议，而非排他性、封闭性的“小圈子”。当今世界是一个开放的世界，开放带来进步，封闭导致落后。中国改革开放 40 年的经验表明，只有开放才能发现机遇、抓住机遇、用好机遇，才能实现国家的快速发展和繁荣昌盛。“一带一路”倡议就是要把世界的机遇转变为中国的机遇，把中国的机遇转变为世界的机遇，使两者有效地整合在一起，发挥“1 + 1 > 2”的作用。正是基于这种认知与愿景，“一带一路”以开放为导向，通过加强交通、能源和网络等基础设施互联互通建设，促进经济要素有序自由流动、资源高效配置和市场深度融合，开展更大范围、更高水平、更深层次的区域合作，打造开放、包容、均衡、普惠的区域经济合作架构，以此来解决经济增长和平衡问题。

“一带一路”是务实合作平台，“和平合作、开放包容、互学互鉴、互利共赢”的丝路精神成为人类共有的历史财富，“一带一路”就是秉承这一精神与原则提出的现时代重要倡议。通过加强相关国家间的全方位多层面交流合作，充分发掘与发挥各国的发展潜力与比较优势，彼此形成了互利共赢的区域利益共同体、命运共同体和责任共同体。在这一机制中，各国是平等的参与者、贡献者、受益者。因此，“一带一路”从一开始就具有平等性、和平性特征。平等是中国所坚持的重要国际准则，也是“一带一路”建设的关键基础。

“一带一路”是共商共建共享的联动发展倡议，2017 年 5 月《“一带一路”国际合作高峰论坛圆桌峰会联合公报》中强调了建设“一带一路”的基本原则，其中就包括市场原则，即充分认识市场作用和企业主体地位，确保政府发挥适当作用，政府采购程序应开放、透明、非歧视。可见，“一带一路”建设的核心主体与支撑力量并不在政府，而是企业，根本方法是遵循市场规律，并通过市场化运作模式来实现参与各方的利益诉求，政府在其中发挥构建平台、创立机制、政策引导等指向性、服务性功能。

“一带一路”是和现有机制的对接与互补，“一带一路”建设的相关国家要素禀赋各异，比较优势差异明显，互补性很强。有的国家能源资源富集但开发力度不够，有的国家劳动力充裕但就业岗位不足，有的国家市场空间广阔但产业基础薄弱，有的国家基础设施建设需求旺盛但资金紧缺。我国经济规模居全球第二，外汇储备居全球第一，优势产业越来越多，基础设施建设经验丰富，装备制造能力强、质量好、性价比高，具备资金、技术、人才、管理等综合优势。这就为中国与其他“一带一路”参与方实现产业对接与优势互补提供了现实需要与重大机遇。因此，“一带一路”的核心内容就是要促进基础设施建设和互联互通，对接各国政策和发展战略，以便深化务实合作，促进协调联动发展，实现共同繁荣。

“一带一路”建设是促进人文交流的桥梁，虽然其跨越不同区域、不同文化、不同宗教信仰，但是通过弘扬丝绸之路精神，开展智力丝绸之路、健康丝绸之路等建设，在科学、教育、文化、卫生、民间交往等各领域广泛开展合作，“一带一路”建设民意基础更为坚实，社会根基更加牢固。

“一带一路”为新时期世界走向共赢带来了中国方案。不同性质、不同发展阶段的国家，其具体的战略诉求与优先方向不尽相同，但各国都希望获得发展与繁荣，这便找到了各国共同利益的最大公约数。如何将一国的发展规划与他国的战略设计相对接，实现优势互补便成为各国实现双赢多赢的重要前提。“一带一路”正是在各国寻求发展机遇的需求之下，同时尊重各自发展道路选择基础之上所形成的合作平台。因为立足于平等互利、相互尊重的基本国际关系准则，聚焦于各国发展实际与现实需要，着力于和各国发展战略对接，因而“一带一路”建设在赢得了越来越多的世界认可与赞誉的同时，也取得了日益显著的早期收获，给相关国家带来了实实在在的利益，给世界带来了走向普惠、均衡、可持续繁荣的信心。

“一带一路”为全球均衡可持续发展增添了新动力，提供了新平台。“一带一路”涵盖了发展中国家与发达国家，实现了“南南合作”与“南北合作”的统一，有助于推动全球均衡可持续发展。“一带一路”以基础设施建设为着眼点，促进经济要素有序自由流动，推动中国与相关国家的宏观政策协调。对于参与“一带一路”建设的发展中国家来说，这是一次搭中国经济发展“快车”“便车”，实现自身工业化、现代化的历史性机遇，有力地推动了“南南合作”的广泛展开，同时也有助于增进南北对话，促进南北合作的深度发展。不仅如此，“一带一路”倡议的理念和方向，同联合国《2030 年可持续发展议程》高度契合，完全能够加强对接，实现相互促进。

二、“一带一路”沿线国家和地区概况

自 2013 年“一带一路”倡议提出的短短 5 年时间，已有 140 多个国家和国际组织同中国签署“一带一路”合作文件，“一带一路”沿线国家和地区覆盖全球超过 60% 的人口和全球三分之一以上的贸易。

（一）“一带一路”国家的政治情况

“一带一路”国家政体复杂多样，存在六种形式的政体，包括“总统制”“议会共和制”“君主制”“君主立宪制”“人民代表大会制”“主席团制”，其中，“总统制”政体最为普遍。总统制国家集中分布在中亚和东欧，多数为苏联加盟共和国；议会共和制国家，主要集中在南亚和中欧（土耳其正在经历由议会共和制向总统制的转变）；

君主制国家6个，除文莱外，沙特阿拉伯、阿拉伯联合酋长国、阿曼、科威特和卡塔尔均为海湾阿拉伯国家；君主立宪制国家6个，主要分布在东南亚和西亚，分别为泰国、马来西亚、柬埔寨、不丹、约旦、巴林（巴林在2002年完成宪政改革后实行两院制，但王室依然掌握国家权力）；老挝和越南实行人民代表大会制；波黑则实行主席团制，由波斯尼亚、塞尔维亚和克罗地亚三族共治。

“一带一路”沿线绝大多数国家都实行多党制，老挝、越南和土库曼斯坦3国实行一党制。沙特阿拉伯、阿拉伯联合酋长国、阿曼、科威特、卡塔尔和巴林等海湾君主制国家则禁止政党活动。

（二）“一带一路”沿线国家的经济发展情况

“一带一路”沿线国家大多数是发展中国家，国内生产总值占全球总量的比重不大，按照世界银行以人均国民生产总值为标准的划分，“一带一路”沿线国家绝大多数为中等收入国家，仅有18个国家跻身发达国家行列。除了俄罗斯和印度两个特殊的发展中大国，其他各国的经济体量均低于10 000亿美元，发展模式也比较单一。一般来说，能源丰富且政治环境稳定的国家均比较富裕，而资源贫乏或政治动荡的国家则相对落后和贫穷。

“一带一路”沿线国家物价指数大多比较平稳。从收入水平来看，中高收入和高收入国家的平均通胀率显著低于中低及低收入国家，经济状况更加平稳。此外，各国的通胀率也体现出显著的地区差异。资源禀赋丰富的东北亚地区、政治动荡的西亚和北非地区的平均通胀率显著高于资源相对稀缺、经济相对平稳的东南亚以及中东欧地区。高收入国家和低收入国家的平均失业率水平略低于中等收入国家，然而，失业率水平却与地域存在高度相关性。相对发达的中东欧、西亚和北非国家普遍面临高失业困扰，而东南亚、南亚国家失业率却相对较低。尽管“一带一路”沿线国家大多为发展中国家，经济发展水平相对较低，但绝大多数国家并不处于赶超模式，而是停留在低速增长阶段。

“一带一路”沿线国家资源禀赋和制度特征各异，这决定了它们完全不同的经济发展模式。跨过低收入和中等收入陷阱、迈入高收入阵营的国家可划为三类：第一类是能源丰富的国家，以沙特阿拉伯、文莱等国为代表；第二类是装备制造业发达的传统工业化国家，以波兰、捷克、匈牙利等东欧国家为代表；第三类是高度开放、注重技术创新和国际型人才培养的国家，以新加坡为代表。反观陷入贫穷的低收入和中低收入国家，若非资源贫瘠，便是对外开放程度极低，因缺乏对外经济往来而陷入低收入、低增长的陷阱。

因各国经济发展水平和资源禀赋有所差异，“一带一路”沿线各国经济中农业、制造业和服务业所占比重差异很大。总的来说，经济水平越发达的国家和地区，农业占GDP的比重越低。制造业、服务业比重的差异则反映了各个国家不同的发展模式，中国作为“世界加工厂”，制造业增加值占 GDP 比重高，泰国的产业结构与中国有相似之处；捷克、白俄罗斯、匈牙利等传统工业强国，则以装备制造业、机械设备等行业为支柱产业。在制造业占比排名末位的几个国家中，科威特、阿塞拜疆的石油资源丰富，因此以采掘业为支柱产业，服务业占比同样也位居末位；马尔代夫和黑山的工业基础薄弱，主要依赖服务业支撑经济的增长。

高投资与高增长是紧密相关的。投资占比最高的几个国家经济增速大多为中速（4%—7%）或高速（7%以上），而投资占比最低的几个国家的增速则多为负增长或低速（1%—4%）。“一带一路”沿线国家的消费支出与人均 GDP 呈显著的负相关，一国的经济发展水平越高，最终消费占比越低，储蓄即投资与净出口的总和则越高。

细分贸易结构，“一带一路”沿线各国资源禀赋各异、比较优势也各不相同，这决定了各国具有差异化的出口产品结构。如科威特、文莱、沙特阿拉伯等能源丰富的国家石油出口占总出口的80%以上。值得一提的是，中国的原油进口依存度较高，其石油进口占总消耗量的60%左右，已经成为全球最大的石油进口国。能源行业是一国经济发展的命脉，中国对于石油进出口均严格管控，以保证国家的能源安全。

（三）“一带一路”国家的环境资源情况

“一带一路”国家的地理形态多种多样，有平原、高山、沙漠、岛屿，包括中国在内占世界总面积的38%。“一带一路”国家总耕地资源丰富，人均不足。根据联合国粮农组织的数据统计结果，2013 年世界耕地总面积为 14. 1 亿公顷，占全球土地总面积的 10. 85%。“一带一路”沿线国家的耕地面积为 6. 81 亿公顷，占世界总耕地面积的比重为 48. 28%，几乎占到世界的一半。①

“一带一路”国家人口总数为 32. 1 亿人，占全球人口的 43. 4%，人口数量以南亚 8 国占比最高，达到了 54. 32%。其中，人口排名前十的国家分别是印度、印度尼西亚、巴基斯坦、孟加拉国、俄罗斯、菲律宾、越南、埃及、伊朗和土耳其。印度的人口占据比例最大，达到 3 130 971. 3 万人，前十均超 8 000 万人。②

“一带一路”国家多元宗教信仰并存。欧洲国家以信奉基督教为主，其中，苏联地区欧洲部分信奉东正教；中亚地区信奉伊斯兰教；以色列人、犹太人信奉犹太教；印度人信奉印度教、伊斯兰教、锡克教、佛教。“一带一路”倡议完全尊重宗教信仰自由。但宗教风险引发的“蝴蝶效应”不能被低估，它往往带来地缘政治危机、经济危机、社会动荡、民族矛盾、宗教冲突、文化冲突等连锁反应，因而了解并尊重他国人民的宗教信仰是“走出去”企业的必修课。

“一带一路”国家的矿产资源丰富，地质工作程度较低，成矿条件好，找矿潜力

---

① 刘清杰：“‘一带一路’沿线国家资源分析”，《经济研究参考》2017 年第 15 期，第 70 - 104 页。

② 普华永道，“中国与‘一带一路’沿线国家未来经济合作趋势展望”，https：//www. pwccn. com/zh/research - and - insights/prospects - for - future - economic - cooperation - between - china - and - b - and - r - countries. html。

大。尤其是铀、铜、铝、铅、锌、镍、铁等矿产资源丰富，稀有、稀土、稀散等新技术矿产也有较大潜力，目前是中国利用境外铜、铝、镍等矿产的重要区域，在全球经济和社会发展中也占有举足轻重的地位。"一带一路"国家中查明铜矿储量1.3亿吨，约占世界铜矿储量的18%，主要分布于俄罗斯、中国、印度尼西亚、蒙古和哈萨克斯坦等国家，以俄罗斯和印度尼西亚铜矿资源最为丰富。"一带一路"沿线国家查明铁矿石储量676亿吨，约占世界铁矿石储量的40%，主要分布于俄罗斯、中国、印度、乌克兰、哈萨克斯坦和伊朗等国。其中，俄罗斯查明铁矿石储量250亿吨，居世界第3位，占"一带一路"国家的37%，中国铁矿石缺口最大。"一带一路"沿线国家查明铅锌矿储量10 910万吨，约占世界铅锌矿储量的32.2%，主要分布于中国、俄罗斯、哈萨克斯坦、印度和波兰等国家。其中，俄罗斯铅锌矿资源丰富。"一带一路"沿线国家查明镍矿储量1 410万吨，约占世界镍矿储量的19.1%，主要分布于俄罗斯、印度尼西亚、中国和菲律宾等国家。其中，俄罗斯镍矿资源丰富，查明镍矿储量610万吨。"一带一路"沿线国家查明金矿储量14 000吨，占世界金矿总储量的26%，主要分布于俄罗斯、印度尼西亚、中国和乌兹别克斯坦等国家。其中，俄罗斯金矿资源最为丰富，查明金矿储量5 000吨[①]。

"一带一路"沿线国家油气资源丰富，但分布不均匀。主要集中在中东、中亚、俄罗斯等国家和地区。除中国外，石油天然气可开采量分别是2 512亿吨和292万亿立方米，分别占世界总量的60%和63%。我国是石油天然气主要进口大国，加强与"一带一路"沿线国家的能源合作也是我国的长期发展方向。

（四）"一带一路"国家基础设施建设发展情况

总体上看，"一带一路"沿线国家多数为发展中国家，基础设施建设普遍落后，尤其是产业转移导致东盟、南亚地区的产业升级与城市化进程加快，导致电力、交通的基础设施建设需求大增。东南亚地区仍是"一带一路"国家基础设施合作的热点区域，而西亚地区排名因地缘政治冲突及国际油价波动的不利影响出现较为明显的下滑。由于庞大的人口数量，东南亚国家基础设施投资建设需求持续旺盛，区域内各国在能源、交通、公用事业、建筑等领域的投资建设市场空间巨大。同时，能源丰富的"一带一路"国家为了便于能源的输出，对于公路、铁路、管道、港口的建设需求也在不断增大。未来"一带一路"沿线国家基础设施建设的需求将会有更大的发展，而在基础设施这个领域，我国的工程承包在全球都是有竞争力的，为我国企业提供了一个非常巨大的市场潜力和空间。

① 五矿经济研究院："'一带一路'沿线国家矿产知多少?"，《中国国土资源报》2017年8月19日第5版。

第二节　建筑施工企业主要国际业务

一、国际工程承包

（一）国际工程承包的概念

国际工程承包是指从事国际工程承包的公司或联合体在国际承包市场上通过投标、接受委托或其他途径承揽国际组织、外国政府或私人业主的工程建设项目、物资采购及其他方面的承包业务，与业主签订承包合同，并按合同规定完成合同的合作方式，是一种涉及资金、技术、设备、劳务等多方面内容的综合性国际经济合作形式。国际工程承包的主要业务包括：建筑项目的咨询、可行性研究、项目地址选择、勘测和动力的提供；工程施工、设备安装和调试；人员培训；项目建成后的生产组织和指导；专项物资采购和各类经营管理等活动。

（二）国际工程承包的分类

1. 按承包模式划分

（1）工程总承包，又称设计、采购、施工一体化模式（EPC，Engineering Procurement Construction）。是指在项目决策阶段以后，经招标、委托一家工程公司对设计—采购—建造进行总承包。在这种模式下，按照承包合同规定的总价或可调总价方，由工程公司负责对工程项目的进度、费用、质量、安全进行管理和控制，并按合同约定完成工程。EPC 有很多种衍生和组合，例如 EP + C、E + P + C、EPCm、EPCs、EPCa 等。

①优点：业主把工程的设计、采购、施工和开工服务工作全部托付给工程总承包商负责组织实施，业主只负责整体的、原则的、目标的管理和控制，总承包商更能发挥主观能动性，能运用其先进的管理经验为业主和承包商自身创造更多的效益；提高了工作效率，减少了协调工作量；设计变更少，工期较短；由于采用的是总价合同，基本上不用再支付索赔及追加项目费用；项目的最终价格和要求的工期具有更大程度的确定性。

②缺点：业主不能对工程进行全程控制；总承包商对整个项目的成本工期和质量负责，加大了总承包商的风险，总承包商为了降低风险获得更多的利润，可以通过调整设计方案来降低成本，可能会影响长远意义上的质量；由于采用的是总价合同，承包商获得业主变更令及追加费用的弹性很小。

（2）项目管理承包（PMC，Project Management Consultant）模式。指项目管理承

包商代表业主对工程项目进行全过程、全方位的项目管理，包括进行工程的整体规划、项目定义、工程招标、选择 EPC 承包商，并对设计、采购、施工、试运行进行全面管理，一般不直接参与项目的设计、采购、施工和试运行等阶段的具体工作。

PMC 模式体现了初步设计与施工图设计的分离，施工图设计进入技术竞争领域，只不过初步设计是由 PMC 完成的。

①优点：可以充分发挥管理承包商在项目管理方面的专业技能，统一协调和管理项目的设计与施工，减少矛盾；有利于节省建设项目投资。该模式可以优化对项目的设计，实现项目生存期内成本最低；在保证质量优良的同时，有利于承包商获得对项目未来的股权契约或收益分配权，在高风险领域，通常采用股权契约这种方式来稳定队伍，可以缩短施工工期。

②缺点：业主参与工程的程度低，变更权利有限，协调难度大；业主方很大的风险在于能否选择一个高水平的项目管理公司。该模式通常适用于：项目投资在 1 亿美元以上的大型项目；缺乏管理经验的国家和地区的项目；利用银行或国外金融机构、财团贷款或出口信贷而建设的项目；工艺装置多而复杂，业主对这些工艺不熟悉的庞大项目。

（3）设计—建造模式（DB，Design and Build），在国际上也称交钥匙模式（Turn-Key-Operate），在中国称设计—施工总承包模式（Design-Construction）。是在项目原则确定之后，业主选定一家公司负责项目的设计和施工。这种方式在投标和订立合同时是以总价合同为基础的，设计—建造总承包商对整个项目的成本负责。施工建设过程中，首先由总承包商选择一家咨询设计公司进行设计，然后采用竞争性招标方式选择分包商，当然也可以利用总承包商公司的设计和施工力量完成一部分工程。

DB 模式避免了设计和施工的矛盾，可显著降低项目的成本和缩短工期。然而，业主关心的重点是工程按合同竣工交付使用，而不在乎承包商如何去实施。同时，在选定承包商时，把设计方案的优劣作为主要的评标因素，可保证业主得到高质量的工程项目。

①优点：业主和承包商密切合作，完成项目规划直至验收，减少了协调的时间和费用；承包商可在参与初期将其材料、施工方法、结构、价格和市场等知识和经验融入设计中；有利于控制成本，降低造价。国外经验证明：实行 DB 模式，平均可降低造价 10%左右；有利于进度控制，缩短工期；风险责任单一。总体来说，建设项目的合同关系是业主和承包商之间的关系，业主的责任是按合同规定的方式付款，总承包商的责任是按时提供业主所需的产品，总承包商对于项目建设的全过程负有全部责任。

②缺点：业主对最终设计和细节控制能力较低。承包商的设计对工程经济性有很大影响，也承担了更大的风险；建筑质量控制主要取决于业主招标时功能描述书的质量，总承包商的水平对设计质量有较大影响；出现时间较短，缺乏特定的法律、法规

约束；没有专门的险种；交付方式操作复杂，竞争性较小。

（4）平行发包模式，即设计—招标—建造模式（DBB，Design-Bid-Build），它是一种在国际上比较通用且应用最早的工程项目发包模式之一。指由业主委托建筑师或咨询工程师进行前期的各项工作（如机会研究、可行性研究等），待项目评估立项后再设计。在设计阶段编制施工招标文件，随后通过招标选择承包商；而有关单项工程的分包和设备、材料的采购一般都由承包商与分包商和供应商单独订立合同并组织实施。在工程项目实施阶段，工程师则为业主提供施工管理服务。这种模式最突出的特点是强调工程项目的实施必须按照 D－B－B 的顺序进行，只有一个阶段全部结束另一个阶段才能开始。

①优点：管理方法较成熟，各方对有关程序都很熟悉，业主可自由选择咨询设计人员，对设计要求可控制，可自由选择工程师，可采用各方均熟悉的标准合同文本，有利于合同管理、风险管理和减少投资。

②缺点：项目周期较长，业主与设计、施工方分别签约，自行管理项目，管理费较高；设计的可施工性差，工程师控制项目目标能力不强；不利于工程事故的责任划分，由于图纸问题产生争端多、索赔多等。该管理模式在国际上最为通用，以世界银行、亚洲银行贷款项目和国际咨询工程师联合会（FIDIC）的合同条件为依据的项目均采用这种模式。中国目前普遍采用的“项目法人责任制”“招标投标制”“建设监理制”“合同管理制”基本上参照世界银行、亚洲银行和 FIDIC 的这种传统模式。

（5）施工管理承包模式（CM，Construction Management Approach），又称“边设计、边施工”方式、分阶段发包方式或快速轨道方式。该模式是由业主委托 CM 单位为承包商的身份，采取有条件的“边设计、边施工”，着眼于缩短项目周期，也称快速路径法，即 Fast Track 的生产组织方式来施工管理，直接指挥施工活动，在一定程度上影响设计活动，而它与业主的合同通常采用“成本＋利润”的承发包模式。此方式通过施工管理商来协调设计和施工的矛盾，使决策公开化。

其特点是由业主和业主委托的工程项目经理与工程师组成一个联合小组共同负责组织和管理工程的规划、设计和施工。完成一部分分项（单项）工程设计后，即对该部分进行招标，发包给一家承包商，无总承包商，由业主直接按每个单项工程与承包商分别签订承包合同。

这是近年在国外广泛流行的一种合同管理模式，这种模式与过去那种设计图纸全都完成之后才进行招标的连续建设生产模式不同。

CM 单位的服务分代理型和风险型。代理型 CM（“Agency”CM）：以业主代理身份工作，收取服务酬金。风险型 CM（“At－Risk”CM）：以总承包身份，可直接进行分发包，直接与分包商签合同，并向业主承担保证最大工程费用 GMP，如果实际工程费超过了 GMP，超过部分由 CM 单位承担。

①优点：在项目进度控制方面，由于CM模式采用分散发包，集中管理，设计与施工能够充分搭接，有利于缩短建设周期；CM单位加强与设计方的协调，可以减少因修改设计而造成的工期延误；在投资控制方面，通过协调设计，CM单位可以帮助业主采用价值工程等方法向设计提出合理化建议，以挖掘节约投资潜力，大大减少施工阶段的设计变更。如果采用了具有GMP的CM模式，CM单位将对工程费用的控制承担更直接的经济责任，因而可以大大降低业主在工程费用控制方面的风险。设计与施工的结合和相互协调，在项目上采用新工艺、新方法，有利于工程施工质量的提高。分包商的选择由业主和承包人共同决定，可以更为明智。

②缺点：对CM经理以及其所在单位的资质和信誉的要求都比较高；分项招标导致承包费可能较高；CM模式一般采用“成本加酬金”合同，对合同范本要求比较高。

（6）建造—运营—移交模式（BOT，Build-Operate-Transfer）。是指一国财团或投资人为项目的发起人，从一个国家的政府获得某项目基础设施的建设特许权，然后由其独立式地联合其他方组建项目公司，负责项目的融资、设计、建造和经营。在整个特许期内，项目公司通过项目的经营获得利润，并用此利润偿还债务。在特许期满之时，整个项目由项目公司无偿或以极少的名义价格移交给东道国政府。

BOT模式的最大特点是由于获得政府许可和支持，有时可得到优惠政策，拓宽了融资渠道。BOOT、BOO、DBOT、BTO、TOT、BRT、BLT、BT、ROO、MOT、BOOST、BOD、DBOM和FBOOT等均是标准BOT操作的不同演变方式，但其基本特点是一致的，即项目公司必须得到政府有关部门授予的特许权。该模式主要用于机场、隧道、发电厂、港口、收费公路、电信、供水和污水处理等一些投资较大、建设周期长和可以运营获利的基础设施项目。

①优点：可以减少政府主权借债和还本付息的责任；可以将公营机构的风险转移到私营承包商，避免公营机构承担项目的全部风险；可以吸引国外投资，以支持国内基础设施的建设，解决了发展中国家缺乏建设资金的问题；BOT项目通常都由外国的公司来承包，这会给项目所在国带来先进的技术和管理经验，既给本国的承包商带来较多的发展机会，也促进了国际经济融合。

②缺点：在特许权期限内，政府将失去对项目所有权和经营权的控制；参与方多，结构复杂，项目前期过长且融资成本高；可能导致大量的税收流失；也可能造成设施的掠夺性经营；在项目完成后，会有大量的外汇流出；风险分摊不对称等。政府虽然转移了建设、融资等风险，却承担了更多的其他责任与风险，如利率、汇率风险等。

（7）公共部门与私人企业合作模式（PPP，Public - Private Partnership），即政府和社会资本合作，是公共基础设施中的一种项目运作模式。该模式鼓励私营企业、民营资本与政府合作，参与公共基础设施的建设。

①优点：公共部门和私人企业在初始阶段就共同参与论证，有利于尽早确定项目

融资可行性，缩短前期工作周期，节省政府投资；可以在项目初期实现风险分配，同时由于政府分担一部分风险，使风险分配更合理，减少了承建商与投资商风险，从而降低了融资难度；参与项目融资的私人企业在项目前期就参与进来，有利于私人企业一开始就引入先进技术和管理经验；另外，公共部门和私人企业共同参与建设和运营，双方可以形成互利的长期目标，更好地为社会和公众提供服务；使项目参与各方整合组成战略联盟，对协调各方不同的利益目标起关键作用；政府拥有一定的控制权。

②缺点：对于政府来说，如何确定合作公司给政府增加了难度，而且在合作中要负有一定的责任，增加了政府的风险负担；组织形式比较复杂，增加了管理上协调的难度；如何设定项目的回报率可能成为一个颇有争议的问题。

2. 按承担责任划分。

（1）分项工程承包合同：发包人将总的工程项目分为若干部分，发包人分别与若干承包人签订合同，由他们分别承包一部分项目，每个承包人只对自己承包的项目负责，整个工程项目的协调工作由发包人负责。

（2）“交钥匙”工程承包：“交钥匙”工程指跨国公司为东道国建造工厂或其他工程项目，一旦设计与建造工程完成，包括设备安装、试车及初步操作顺利运转后，即将该工厂或项目所有权和管理权的“钥匙”依合同完整地“交”给对方，由对方开始经营。因而，“交钥匙”工程也可以看成是一种特殊形式的管理合同。要完成“交钥匙”工程，不等于组织大而全的集团公司，而是按市场经济规律，本着互惠互利、相互促进及相互支持的原则。因此，要承担“交钥匙”工程，服务单位没有一定经济实力是不行的。

（3）“半交钥匙”工程承包：承包人负责项目从勘察一直到竣工后试车正常运转符合合同规定标准，即可将项目移交给发包人。它与“交钥匙”工程承包合同的主要区别是不负责一段时间的正式生产。

（4）“产品到手”工程承包：承包人不仅负责项目从勘察一直到正式生产，还必须在正常生产后的一定时间（一般分为两三年）内进行技术指导和培训、设备维修等，确保产品符合合同规定标准。

3. 按计价方式划分。

（1）固定价格合同，或称总包价格合同：是指在约定的风险范围内价款不再调整的合同。双方需在专用条款内约定合同价款包含的风险范围、风险费用的计算方法以及承包风险范围以外的合同价款调整方法。

（2）“成本加费用”合同：是指承包人垫付项目所需费用，并将实际支出费用向发包方报销，项目完成后，由发包人向承包人支付约定的报酬。

（三）国际工程承包的特点

国际工程承包是一项综合性的国际交易活动，是国际经济合作的一个重要组成部分，其主要特点有：

1. 交易内容和程序复杂。由于国际工程承包涉及的面比较广，程序复杂，从经济和法律等方面来看，比一般商品贸易和一般经济合作的要求高得多。在技术上，包括勘探、设计、建筑、施工、设备制造和安装、操作使用、产品生产；在经济上，包括商品贸易、资金信贷、技术转让、招标与投标、项目管理等；在法律上，既要遵循国际惯例，又要熟悉东道国法律、法规、税收等；此外，派出人员还必须了解东道国的风俗习惯，才能签订一个平等互利并能顺利实施的工程承包项目。

2. 工程营建时间长、金额大。一项承包工程项目，从投标及接受委托到工程完成，一般要经过很长的时间，项目金额一般在几百万美元以上，有的甚至高达几十亿美元，需要大量的资金支持，有时需要承包商帮助解决资金问题，如承包商垫资、卖方信贷、中方优贷、融信通等多种方式解决资金问题。

3. 受政府的引导、支持和影响较大。由于建筑业在带动经济发展和就业方面的特殊作用，政府往往对建筑市场进行保护，限制外国承包商参与国内建筑市场的竞争，使国内的建筑市场优先满足国内承包商的要求，许多国家政府都允许直接开设公司开展这方面的业务。一些外国公司利用自身先进技术和高水平管理的有利条件，与东道国的承包公司进行联合，以期在该国项目竞标中获取优势。

同时，在经济发展过程中，建设资金不足是各国政府面临的主要问题之一。为解决建设资金问题，政府允许外部资金投资于本国的基础设施建设。外部投资主要有两部分，一是以盈利为目的的私人资本投资；二是以援助为目的的外国政府和国际金融组织。外部投资的项目往往要求政府允许外国承包商承担项目的建设工作，特别是外国政府和国际金融组织贷款的项目。例如，允许成员国的承包商参加投标，有条件地与当地承包商平等对待是世界银行贷款的条件之一。私人资本投资的项目往往也希望外国承包商参与竞争，以达到降低成本、控制工期和工程质量的目的。

4. 国际工程承包涉及面广。虽然国际工程承包的当事人是业主和承包人，但在项目实施过程中，却要涉及多方面的关系。例如，业主方面涉及聘用的咨询公司、建筑工程师；承包人方面涉及合伙人或分包商、各类设备和材料供应商等。此外，工程承包还涉及银行、保险公司一类的担保人或关系人。规模大、技术复杂的大型工程项目可能有多个国家的承包商共同承包，所涉及的关系更为复杂。因此，对业主和承包人来说，要使工程项目顺利完成，必须有处理好各种复杂关系的能力。

5. 投标主体、实施主体和纳税人不完全一致。国际对外承包工程市场大多以母公司的名义投标并和项目业主签订承建合同，而具体实施则由母公司在当地的项目经理部承担纳税的义务，在个别国家也必须以母公司在该国的分公司或常设机构承担纳税义务。在实际操作中，还有由子公司来实施并承担纳税义务的情况。从法律上讲，子公司是一个独立的法人，而分公司则不是一个独立的法人。从税务的角度讲，不论是子公司，还是分公司，都应在其所在国缴纳所得税。但是，大多数国家对在该国注册登记的公司法人与外国公司设在该国的常设机构在税收上是有不同规定的。前者往往承担全面纳税义务，后者往往承担有限纳税义务。此外，在税率、优惠政策等方面，也互有差异。这在设立公司时，是必须筹划的问题。

6. 面临政治风险。东道国的政治制度、社会稳定等问题都会影响对外承包工程项目的实施。东道国由于政治利益的需求会存在政策的不稳定性，或者是对在一些具体项目的执行上存在偏差，导致项目成本增大或项目中断。特别是国家中存在不同的民族、宗教信仰、政治制度的差异。如希腊政府换届时叫停的比雷埃夫斯港口项目计划，就是政治制度的变化以及政策的变动从而导致项目的停滞。项目所在国战争与国家内乱也会给项目带来很大的不确定性。对于君主制国家来讲，政策与法律容易受个人的影响，随意性较强；对于议会民主和多党竞选政体国家来讲，很容易导致意见不一致、决策效率低下的问题，也容易因为政党之争把国家工程项目作为攻击对方的目标，使承包商成为牺牲品，对于议会民主制度不成熟的国家更是如此。有些国家在司法环境、执法环境、依法行政方面，存在着严重的效率低下和贪污腐败的情况，这给工程承包商带来更多的不确定性。采取商业贿赂等方式进行不正当竞争，可能会受到严厉的法律制裁。政府资信水平低，守约风险大，部分国家经济发展比较落后，财政不充裕，不能及时支付建设工程项目工程款。对于以带资方式包括以“优贷”方式承包的工程来讲，借款人或投资人会面临较大的风险，对于以 PPP 形式承接的工程项目来讲，风险就更大了。在发生政府资金短缺、经济危机、政权或政党更替等情况时，也时有宣布协议无效或合同解除、延迟付款等情况的发生。

7. 法律风险突出。我国在对外承包工程的施工建设过程中需要遵循东道国的标准。有些经济发展落后的国家，其标准问题存在缺陷，特别是一些项目工程的施工标准不完善，原则性的标准缺乏可操作性，特别是出于政治利益的目的而随意以“人民利益原则”作为标准来叫停对外承包工程项目，导致对外承包工程项目的实施存在较大的障碍。

按照法律传统和表现形式不同，世界各国的法律体系可以分为不同的法系，其中，影响最大最为重要的是英美法系、大陆法系、伊斯兰法系等，不同法系国家的法律表现形式差异很大；同时，有些国家还成立或加入了区域性的政治或经济合作组织，其法律制度与法律表现形式也会受到较大的影响。如果不了解这些国家法律制度的不同特点，又不利用律师等社会资源提供专业的服务，则会给相关企业在该国承接项目带来很大的风险。要了解项目所在国家的法律，很重要的就是要了解工程所在国有关的行政法，如：所在国关于工程市场准入方面的法律；对建设工程规划、设计、质量、安全、节能、环保、消防等的法律；工程所在国的劳动法、会计法、税收法、海关法、外贸法、外汇管理等方面的法律等。根据目前国际工程实践，绝大多数项目都是选择适用工程所在地的法律。因此，从事工程建设，必须了解当地民事法律的相关规定，包括合同法、侵权法、担保法、物权法、公司法、保险法等。承包国际工程项目是一种跨国的经济行为，除了会受到当地法律约束以外，有时还会受到相关国际条约、国际惯例，甚至相关行业国际习惯做法的约束和影响。从事国际经济活动而不了解相关国际条约、国际惯例和国际习惯做法是非常冒险。大部分国家都加入过一些多边或双边的国际条约，承认一些国际惯例，尊重行业内国际习惯做法，如果能够熟练掌握与工程有关的国际条约、惯例和行业国际习惯做法，则容易被项目所在国的国家所接受，也能够使自己的利益得到相应的保护。许多国家法治并不完善，经济发展变化较快，法律变更时常发生。工程建设一般涉及的资金额较大，对于 PPP 项目来说，更有赖于法律的稳定和政府的信用，如果遭遇法律变更则对项目影响很大。同时，工程项目的建设周期一般历时较长，PPP 项目更是如此，因而遭遇法律变更的可能性较大，因此，对外承包工程企业必须充分地评估项目所在国法律变更带来的风险，并采取切实可行的措施予以管控。比如税率的变动或者开征新税都会极大地影响到项目的成本和收益。

二、海外投资

（一）海外投资的概念

海外投资指投资主体通过投入货币、有价证券、实物、知识产权或技术、股权、债权等资产和权益或提供担保，获得境外所有权、经营管理权及其他相关权益的活动。

（二）海外投资的形式

随着我国海外投资业务的不断发展，建筑业作为海外投资行业的重要一环，其形式和内容也日趋丰富，操作流程日趋完善。

从产品类型来看，投资业务分为土木工程、房屋建设和设备安装以及工程勘察设计等；从业务模式来看，投资业务分为 EPC（工程总承包）、BOT（建设—运营—移交）、PPP（公共私营合作制）、PFI（民间主动融资）等。随着企业业务能力的不断提升和行业竞争的日趋激烈，许多大型建筑施工企业的投资模式已经不局限于投资业务结构，而尝试延伸至投资业务链条，开始进行多元化业务的拓展。

（三）海外投资的特点

1. 资金需求量大。建筑行业属于资本密集型行业，不仅需要投资者自身具有较强的资金实力，同时也对其资金筹集能力具有较高的要求。投资者必须同银行等金融机构具有良好的合作关系，而且必须拥有多样化的筹资手段。

2. 投资回收期较长。基础设施领域投资，特别是 BOT、BOO 项目，回收周期一般在 10 年以上。

3. 投资回报较高，风险较大。投资业务具有较高的回报，但同时也具有较大的风险，投资从来都是风险相伴的一项业务。成功的投资业务，能够提高企业的效益水平，进而推动企业的战略转型；失败的投资项目，可能会使企业蒙受巨大的损失，甚至直接面临生存危机。因此，实施投资业务必须具有较强的风险承受能力，同时具备完善的风险管理体系。

4. 对从业人员素质要求较高。投资业务的发展需要大量素质高、专业强、知识全面的复合型人才。不仅要求投资人员具备投资方面的专业知识，还要求投资人员熟悉或了解投资所涉及领域的行业知识、经验及财务、法律、管理等各学科知识，对从业人员素质要求较高。

（四）海外投资的融资方式

任何一项投资业务的顺利展开，资金的筹集都是企业首先要解决的问题。因而，海外投资业务有其复杂性和特殊性。我国现行法律规定，海外投资主体的资本金部分（通常为30%）须为投资企业的自有资金，不能采用银行借款进行投资。剩余70%投资额允许贷款，我国政府为激励企业"走出去"，贷款利息享有特殊优惠。

1. 资本金的主要来源。首先，企业的自有资金。包括注册资本金、历史利润沉淀的现金流等。其次，引入战略投资者，如吸引投资银行作为战略投资者，共同参与海外投资，一来可以缓解前期资金压力，二来可以帮助企业进行后续运作，发挥各自优势。最后，发行债券、定向增发股票等形式。

2. 融资部分的主要来源。

（1）向境内银行申请海外投资贷款。为鼓励我国企业"走出去"，我国的政策性银行和部分商业银行都可以对我国企业的海外投资业务直接贷款，并对满足相关条件的利息享有减免优惠待遇。

（2）境外发行人民币债券。境外发行人民币债券是指在人民币离岸市场上大规模发行以人民币计价、还本付息的国债或企业债。这不仅有利于将国家信用转化为财富，迅速提升国家财力，还有利于推动人民币国际化，加快经济发展方式转变，维护国家经济安全和经济利益。

（3）境外发行美元债券。美元相对人民币贬值的情况下，在境外发行美元债更有利于融资成本和汇率风险的降低，有利于进一步优化企业融资结构，扩大投资者基础，助力企业建立国际资本市场知名度。

（4）内保外贷。内保外贷是指境内银行为境内企业在境外注册的附属企业或参股投资企业提供担保，由境外银行给境外投资企业发放相应贷款。此业务可降低企业融资成本，提升银行中间业务收入、国际结算量、贸易融资投放量等多项指标完成率，同时不占用境内银行信贷投放规模，其创利水平高于流动资金贷款。

三、建筑施工企业“走出去”业务现状

（一）业务现状总体概述

近年来，随着企业“走出去”步伐明显加快，中国的企业各项业务触及世界五大洲：承包工程、劳务合作、机电和光伏、农业发展……业务范围进一步拓宽。“一带一路”建设持续推进，为中国建筑施工企业“走出去”广泛参与国际工程、海外投资提供了市场空间，也为国际发展合作描绘了新蓝图。

“一带一路”建设取得阶段性成果，沿线国家对外承包工程业务新签合同额保持在一个较高水平上。“一带一路”沿线国家对外承包工程业务成为推动我国对外承包工程业务扩张的核心力量。目前，我国非金融类境外投资已遍布全球约 160 个国家和地区，成为资本净输出国、世界第二大对外投资国。

（二）对外承包工程业务完成情况

2016 年“一带一路”沿线国家对外承包工程完成营业额为 759. 7 亿美元，占同期总额的 47. 7%，增速达 9. 70%。新签对外承包工程项目合同 8 158 份，新签合同额 1 260. 3亿美元，占同期中国对外承包工程新签合同额的 51. 6%，同比增长 36%。

2017 年“一带一路”沿线国家对外承包工程完成营业额为 855. 3 亿美元，占同期总额的 50. 7%，同比增长 12. 6%。新签合同 7 217 份，合同额 1 443. 2 亿美元，占同期中国对外承包工程新签合同额的 54. 4%，同比增长 14. 5%。

2018 年上半年，对外承包工程完成营业额 389. 5 亿美元，占同期总额的 53. 5%，同比增长 17. 8%。新签合同 1 922 份，合同额 477. 9 亿美元，占同期中国对外承包工程新签合同额的 44. 8%，同比下降 33. 1%。对外承包工程作为中国企业对“一带一路”国家和地区投资的主要形式之一，呈现出大项目增多趋势。据统计，上半年，对外承包工程新签合同额在 5 000 万美元以上的项目 356 个，合计 905. 5 亿美元，占新签合同总额的 84. 8%。对外承包工程带动货物出口 89. 9 亿美元，同比增长 23. 1%[①]。

（三）海外投资业务完成情况

2016 年，中国企业共对“一带一路”沿线的 53 个国家进行了非金融类直接投资 145. 3 亿美元，同比下降 2%，占同期总额的 8. 5%，主要流向新加坡、印度尼西亚、印度、泰国、马来西亚等。

2017 年，中国企业共对“一带一路”沿线的 59 个国家非金融类直接投资 143. 6 亿美元，同比下降 1. 2%，占同期总额的 12%，较上年提升了 3. 5 个百分点，主要投向新加坡、马来西亚、老挝、印度尼西亚、巴基斯坦、越南、俄罗斯、阿拉伯联合酋长国和柬埔寨等。

---

① 中华人民共和国商务部对外投资和经济合作司“走出去”公共服务平台服务“一带一路”统计数据。

2018年第1季度，中国企业对“一带一路”沿线的52个国家合计非金融类直接投资36.1亿美元，同比增长22.4%，占同期总额的14.2%，主要投向新加坡、马来西亚、印度尼西亚、越南、老挝、巴基斯坦、缅甸和泰国等。[①]

（四）建筑施工企业业务成果

“一带一路”基础设施合作中，“共商、共建、共享”原则得到了充分的体现。基础设施项目对东道国经济社会发展的支持作用正在显现，项目建设也带动了本地的就业，许多基建项目本地化用工比例达到30%～60%，[②] 提升了当地的工业化能力，培养了产业工人和企业管理团队。

中国企业在社会责任领域起步相对较晚，但学习很快，许多中国企业积极践行在建设质量、劳工权利、环境保护、社区发展等领域的社会责任，从无意识走向有意识，从被动走向主动，中国建筑施工企业身影无处不在。以下展现几项突出的建筑施工成果：

1. 蒙内铁路。肯尼亚是中国“一带一路”倡议在非洲的支点，是新丝路建设中获得中国资金援助最多的国家。

2014年5月，李克强总理访问肯尼亚期间，中肯签署了关于蒙巴萨—内罗毕铁路相关合作协议，蒙内铁路是肯尼亚百年来建设的首条新铁路，是东非铁路网的咽喉，也是东非次区域互联互通重大项目，规划全长2 700公里，预计总造价250亿美元。

中国企业也携手通用电气不断加大开拓EPC市场的力度，比如2015年中国机械工业集团在其承建的肯尼亚基佩托风电项目中采用60台通用1.7－103风机。

2. 卡拉奇—拉合尔高速公路。2015年12月22日，中国建筑股份有限公司（以下简称公司）与巴基斯坦国家高速公路管理局正式签署巴基斯坦卡拉奇—拉合尔高速公路（苏库尔—木尔坦段）项目EPC总承包合同。

卡拉奇—拉合尔高速公路项目为中巴经济走廊最大交通基础设施项目，全长约1 152公里，采用双向6车道设计，设计时速120公里/小时。该公司此次签约承建的苏库尔—木尔坦段，为中巴经济走廊早期收获项目，全长392公里，建设工期36个月。合同金额2 943亿卢比，约折合人民币184.6亿元，约占公司2014年度经审计营业收入的2.31%。该公司推进“一带一路”项目取得重大实质性成果。

3. 巴基斯坦卡洛特水电站。2016年1月10日，在距离巴基斯坦首都伊斯兰堡50多公里处的吉拉姆河畔，三峡集团承建的卡洛特水电站主体工程开工。这是丝路基金首个对外投资项目。中国政府承诺在2030年前向巴基斯坦投资至少350亿美元，为建造发电厂提供融资。通用电气表示目前在巴基斯坦的订单金额已升至超过10亿美元，而5年前还不足1亿美元。

---

① 中华人民共和国商务部“商务数据中心——统计资讯”相关数据。

② 中国发展研究基金会，中国对外承包工程商会：《“一带一路”国际基础设施合作白皮书》。

4. 中亚天然气管线项目。2009年，该项目由中石油海外工程集团承建，GE为该项目提供了4个压缩机站的12台压缩机和航改型燃机。除技术、资金支持外，GE还调动沿线国家的本土团队，协助进行项目沟通，从中亚进口的天然气，通过中亚管道接入“西气东输”管道，覆盖国内25个省、市和香港特别行政区的用户，造福5亿多人。

5. 印度尼西亚雅万高铁。2015年10月16日，中国和印度尼西亚正式签署雅万高铁项目。2016年1月22日，雅万高铁开工仪式在印度尼西亚西爪哇省瓦利尼举行，这意味着印度尼西亚历史上第一条高铁建设正式启动。2017年4月4日，雅万高铁总承包（EPC）合同在印度尼西亚雅加达签署，这标志着雅万高铁进入全面实施阶段。2018年7月，雅万高铁征地拆迁工作完成，开始全面开工建设。

6. 德黑兰至马什哈德高铁。2016年2月6日，伊朗总统鲁哈尼出席了德黑兰—马什哈德铁路电气化改造项目的开工仪式，项目预计将在42个月后竣工，随后还有5年的维护期。该项目将由伊朗基础设施工程集团MAPNA和中国中机公司及苏电集团承建。

7. 老挝铁路。2016年12月25日，老挝北部琅勃拉邦，一支筑路队伍整装待发。老挝总理通伦亲自挥铲破土，鸣锣九响，标志着中国老挝铁路全线开工。根据规划，中老铁路将于2021年全线贯通，届时从中国边境到万象只需4个小时，多山缺路的老挝将实现从“陆锁国”变为“陆联国”的梦想。

8. 孟加拉希拉甘杰电站二期。通过安排股权投资、项目贷款、出口信贷和提供融资咨询服务，西门子成功帮助EPC项目完成融资。以与中国机械进出口（集团）有限公司合作的孟加拉希拉甘杰电站二期225MW联合循环电厂项目为例，西门子通过协调EPC企业、业主和相关机构，帮助项目成功获得德国出口信用保险公司Euler-Hermes的担保，形成了中国出口信用保险公司和德国EulerHermes联合担保的结构，为项目最终获得由渣打银行牵头并包括西门子银行在内的商业银行团的贷款提供了关键的一环。该项目最终顺利落地，现已进入建设期。项目建成后将缓解孟加拉当地用电紧张情形。

9. 2022年卡塔尔世界杯比赛场地——拉斯阿布阿布德体育场。外观普通的集装箱内橘红色的内墙、黑色隔断、香槟金色调的门厅，设计颇具现代风格，这是由中集集团旗下集装箱扬州基地生产的体育场样箱。这将是世界杯历史上首个真正可拆卸、可移动、可重复利用的“绿色球场”。

第三节 建筑施工企业与"一带一路"倡议

一、建筑施工企业与"一带一路"倡议的关系

（一）建筑施工企业积极响应"一带一路"倡议

"一带一路"倡议的提出，是要继承和发扬"和平合作、开放包容、互学互鉴、互利共赢"的丝绸之路精神，是将中国发展同沿线国家发展结合起来，把中国梦同沿线各国人民的梦想结合起来。当今时代是和平发展与合作共赢的时代，发展经济、改善民生、实现社会进步与繁荣，符合各国人民的根本利益。"一带一路"倡议提出来以后，各方积极响应，主要就是因为这个倡议顺应了时代要求和各国加快发展的愿望。

"一带一路"倡议的提出，实际上是更大范围、更大广度和深度的改革开放。"走出去"实际上是把中国改革开放40多年来最好的发展成果或者经验教训拿出去分享，对建筑施工企业是一次难得的机会。

近年来，中国建筑施工企业对"一带一路"国家进行考察、调研，了解当地的建筑工程建造标准和基础设施实施规划，结合所在国的国情，以规划咨询服务、工程施工建造、技术交流培训和实施指导等形式，在基础设施规划、文化旅游设施建造、技术服务发展、人才培训等方面开展合作，积极响应了习近平总书记提出的"一带一路"倡议。

（二）"一带一路"倡议下建筑施工企业"走出去"的关注点

建筑施工企业响应"一带一路"政策"走出去"，需要从以下几个方面予以关注：

1. 提高经营认识。意识决定行动，先有认识后有行动，好的机遇往往都是为那些有机遇意识的企业准备的。因此，面对"一带一路"带来的重要机遇，企业首先要提高认识，培育机遇意识。

建筑施工企业在对外投资承包工程时，"自我为主"的意识应当改变。对东道国而言，其敞开大门欢迎国外企业去投资建设，希望企业带去的不只是技术、资本、管理经验，还要为当地创造就业机会和税收收入，促进经济发展。但是，投资者的心态是取得收益，追求的是更大的利润，因而，达成互利共赢、共享成果的意识，不仅关系到企业"走出去"的长远规划，也关系到国家"一带一路"建设大局。

2. 深入进行市场研究。"一带一路"涉及的国家很多，范围很宽，行业众多。具体到每个企业，应该选择哪个国家、选择何种行业和项目进行投资和经营，需要进行认真的市场调查。在行动前要做到知己知彼，才能百战百胜。

现实中，建筑施工企业“走出去”存在一定盲目性。个别企业对于为什么要“走出去”、到哪些国家、如何融入没有清晰的规划，甚至进入某国市场前连完整的调研都未做。要“走出去”，企业本身的业务架构、能力建设、海外队伍培养等，都要提前做好准备，否则，“走出去”难逃失败的命运。

建筑施工企业选择于己有利的市场环境是成功“走出去”的一个重要因素。是选择更具发展潜力的、进入成本不高的未成熟市场，还是尝试准入标准严格、体量及法制有保障的成熟市场，值得每个“走出去”企业决策者认真思考和审慎选择。

3. 寻找最佳切入点。建筑施工企业在认真研究后确定，应谨慎选择投资国或地区，以及从事什么样的项目或服务。从投资方式来看，可考虑项目投资、股权投资、中外合作等多种。应主要考虑市场需求、自身的比较优势和政府政策鼓励的方向三个方面，以选择最佳切入点。

多年的实地调研发现，中国建筑施工企业存在两个值得关注的共性问题：一是部分地方企业被“边缘化”、民营企业“劳务化”，阻碍了对外承包工程市场的健康持续发展。二是政府、中介组织和企业三方在对外承包工程方面没有形成合力。

应对这两个问题就需要在走出国门之时，放下身段，重走劳务分包、工程分包和工程总承包之路，学会寻求政府、协会等的支持和帮助。

4. 制定行动方案。“走出去”对企业来说是一个较大的决策，要想走得成功，除了做好前面几个方面的工作外，还要制定好“走出去”的科学合理、切实可行的行动方案，通过方案明确“走出去”的目标、路径、策略和手段。

“走出去”只是长征的第一步，更重要的是如何积累足够的气力和耐力，保证自己“走得远”。打开局面后，是以点带面，还是多点开花，是依靠“高精尖”实现高盈利高回报，还是依靠薄利多销占领市场提升话语权，这都需要企业家们独具慧眼、深谋远虑。除了战略战术的选择运用，建筑施工企业要保证“走得远”，最重要的还是要培养企业的核心竞争力，包括培养自身的独特盈利模式，以及形成自身可持续发展的能力体系。

5. 解决资源问题。资金和人才是企业成功“走出去”必须解决的两个基本问题。要通过多途径融资，尽可能找到较低成本的资金。同时，要吸收、培养和储备“走出去”的专业人才和管理人才。

建筑施工企业应当处理好短期利益和长远利益的关系，找出合理的方式解决资源问题。某些建筑施工企业在进入一个地区时，往往会在项目部专门划出一片区域，和当地政府部门合办一家技术培训学校，对当地员工进行技能培训。这个举措很受当地政府和百姓的欢迎。虽然目的主要是培训合格的人才，但是确实也为当地培养了一批有用的人才。

6. 防范经营风险。对一些企业来说，“走出去”是一项全新的事业，会面临市场风险、汇率风险、政局变动风险等，因此有必要做好风险防范工作。特别需要提醒的是，企业应加强与中国驻外使馆、相关国际组织等的合作以弥补自身的短板，整合资源，以降低风险。

7. 提高法律意识。企业应当提高法律意识，防范法律风险。

一是法律研究应超前完成。“兵马未动、粮草先行。”进入一个陌生市场，在提前进行市场可行性分析的同时，还应进行法律评估。在此基础上再进行项目谈判，才能取得更好的效果。

二是业务“走出去”，法律应同行。从合同启动、项目设计到合同制定，法律应全程介入和参与，尽可能避免相关风险。

三是聘请法律专业人员。企业应配置专业法务人员，职责是根据本公司经营理念和项目实际情况，依法律、政策进行项目谈判和法律文件制作，与外部律师协调等事项。与此同时，企业应当聘请专业的律师，从更全面的角度，给企业法律咨询意见，使其与公司的法务人员形成优势互补。另外，在东道国开展业务，最熟悉当地法律的莫过于当地的律师，遇到重大的法律问题，应当提前咨询当地律师，在法律框架内做好安排。

（三）建筑施工企业与“一带一路”国家的紧密联系

“一带一路”沿线各国资源禀赋各异，经济互补性较强，彼此合作潜力和空间很大。从交通建设到资源开发，从产业导入、园区开发到城市建设，最后形成区域综合发展，中国通过基础设施开发带动欠发达地区国家发展，输出开发能力、建设能力、总承包能力，还有大量的配套产品，包括了从金融到供应链结构的整个经济能力，这一过程为中国建筑施工企业输出优势产能，转移和化解过剩产能提供了重要机遇。

1. 合作沟通。加强合作沟通是“一带一路”建设的重要保障。合作沟通包括国家层次沟通和非国家层次沟通：加强国家层次间合作沟通，积极构建多层次宏观政策沟通交流机制，深化利益融合，促进政治互信，达成合作新共识；加强非国家层次间合作沟通，沿线各国可以就业务事项内容和决策进行充分交流对接，共同制定业务事项的规划和实施计划，协商解决实施中的问题。政府、企业和社会部门需要加强协同，对合作项目开展可靠的影响评估，创新合作的机制，完善投融资模式，扩大利益共同体。

2. 互联互通。基础设施服务是“一带一路”建设的率先进入领域。根据沿线国家基础设施建设规划，可以严格按照技术标准体系的要求，建设完成交通基础设施、能源基础设施、通信干线网络设施等多项国际工程，逐步形成连接亚洲各国区域以及亚欧非之间的基础设施网络。

3. 产品输出。建筑施工企业在投资基础设施建设中，推进产品输出也是“一带一路”建设的重要内容。同沿线国家间加强信息互换、监管互认、执法互助的产品贸易合作，可以推进多边贸易合作体制的发展，拓宽贸易领域，优化贸易结构，挖掘贸易新增长点，促进贸易平衡。在建筑施工的同时进行产品贸易，可以降低通关成本，提升通关能力，降低非关税壁垒，共同提高技术性贸易措施透明度，提高贸易自由化、便利化水平。

4. 资金融通。资金融通是“一带一路”建设的重要支撑。建筑施工企业对外开展工程施工，将国内大量的资金转移到了国外，在垫资的同时收取资金使用费，多数基建项目以及项目贷款是稳健的，但东道国的还款能力取决于更多因素，包括东道国自身的经济结构和国际经济周期性影响等，需要多方共同努力管控潜在风险。同时，应同当地金融机构开展合作，应用当地资金投入基础设施建设，可对各国金融合作、货币体系稳定、投融资体系和信用体系建设起到推动作用。

5. 资源交流。“一带一路”建设需要传承丝绸之路友好合作精神，广泛开展文化交流、学术往来、人才合作、媒体合作等，为深化多边合作奠定坚实的意愿基础。

（四）建筑施工企业与“一带一路”国家发展的互补性

“一带一路”沿线各国经济发展差异化程度高，资源禀赋各异，具有天然互补性，中国与“一带一路”国家经济建设有着较强的互补性，合作潜力、空间巨大。建筑施工企业作为首先“走出去”的企业，在经济发展、社会文化和技术能力等方面与“一带一路”国家有着广泛的互补性。

1. 产业共同发展。从世界产业布局来看，要追求繁荣共享。建筑施工企业在“走出去”的过程中，围绕拉动当地的产业链建设和产业链发展做了许多积极的努力。可分析当地产业发展的各环节，找出各环节的发展关键点，对关键技术和服务进行培育和打造，将中国建筑施工企业的思想渗入整个建设施工过程当中，拉动当地基础设施建设的发展。在建筑施工的很多领域，特别是工程技术的研究运用方面，很多国家还没有涉及，这影响了当地建筑市场技术水平的提高。中国建筑施工企业弥补了这些空白，带来了新的施工思想和技术流程，使它在当地落地生根，共同打造了产业链发展进程。

2. 贸易加强合作。中国与“一带一路”国家的贸易互补强度总体比较稳定，制成品的贸易互补性高于初级产品，劳动与资源密集型制成品和低技能与技术密集型制成品高于中高端制成品，包括中等技能与技术密集型制成品和高技能与技术密集型制成品。建筑施工企业“走出去”，不仅带去了先进的施工技术，还带去了施工材料、零部件等贸易物资，为加强进一步的贸易合作奠定了基础。

3. 人才培养交流。经贸合作是“一带一路”建设的重点内容，人文交流合作也是“一带一路”建设的重要内容。要真正建成“一带一路”，必须在沿线国家民众中形成一个“相互欣赏、相互理解、相互尊重”的人文格局。国外工作的员工到中国来交流，到中国的学校、中国的企业、中国的公司进行学习，进而提高技能。技能提高以后，回到工作岗位就会发挥很好的示范和引领作用，也对整体队伍素质的提升起到推进作用。建筑施工企业把招聘到的年轻员工，送到国内一些高校进行合作交流学习，为未来公司的发展储备高端的设计人才和管理人才。未来将这些优秀的人才送到国外的项目上去工作，可以培养本土工作的员工。特别是在当地招聘的员工，这样做既传播了经验技术，又为未来公司的发展奠定了坚实的基础。

4. 历史文化融合。历史文化融合是“一带一路”建设的重要内容，也是“一带一路”建设的人文基础。中国与“一带一路”国家的贸易往来既有悠久的历史渊源，又有深厚的人文基础。建筑施工企业在进行设计、施工、建造等工作过程中，既要考虑当地的风俗习惯，还要考虑宗教信仰，除了融合文化要素之外，还要针对具体情况做好文化的传译者。

今天，经济全球化深入发展、各国之间的联系更趋紧密，贸易畅通尤应以民心相通为依托，两者互为助力，相辅相成。“一带一路”建设要坚持经济合作和人文交流共同推进，注重在人文领域精耕细作，尊重各国人民文化历史、风俗习惯，加强同沿线国家人民的友好往来。要与“一带一路”国家广泛开展文化、教育、科技、新闻、体育、旅游、卫生、考古等方面的交流合作，实现经贸合作与人文交流的有机统一。

二、建筑施工企业在“一带一路”国家中业务展望

中国建筑在积极践行“一带一路”倡议中，“互联互通”为其打开了广阔的海外基础设施业务空间，公路、机场、电力、石化、港口、桥梁、轨道交通、供水管线等领域迅速发展，逐步形成全方位的海外业务领域。

（一）建筑施工企业“走出去”经营理念

1. 战略思想。建筑施工企业“走出去”，需要确立海外发展的总体战略。对外借势“一带一路”“走出去”的大潮，响应国家“走出去”的战略部署，对内统筹企业资源，确保海外资源优先投入、海外资金优先保障、海外事务优先决策等海外优先的总方针，来确保海外经营的先行地位。

2. 管理体制。建筑施工企业积极转换思维方式、经营方式、管理方式，优化了市场主体、资源投入、风险管控、绩效考核等诸多方面的体制机制，提升了国际化经营的效率和效果。体制调整的方向，是向海外倾斜，致力于不断扩大海外市场的经营规模，提升国际化指数，增强国际竞争力。

3. 人才培养。建筑施工企业实施了人才培养策略，通过招聘选取素质水平高的员工，通过内部培训使其掌握海外工作的能力，通过岗位调配，让海外员工扎根海外事业。在薪酬、轮岗、晋升等方面优先考虑海外工作过的员工，建立考评结合、沟通反馈的管理机制。

4. 资源配置。建筑施工企业面对国内外新形势和新机遇，充分发挥海外信用评级

高、品牌影响大、融资能力强、融资成本低的优势，强化业务、资本“双轮驱动”，将资本化运作作为实现海外业务跨越式发展的重要动力。调配企业内外部资源，大力供给海外市场。

（二）建筑施工企业“一带一路”面临的风险

1. 政治法律风险。在某些“一带一路”国家中，由于存在社会阶级矛盾、宗教文化等复杂因素，政治复杂性尤为突出，国家政局蕴含很大的不确定性。因此，在政治环境不稳定的国家进行工程施工给企业带来了经营风险。

2. 贸易壁垒风险。“一带一路”国家之间的经济发展水平、民族传统、宗教文化等方面存在较大差异，各国之间缺乏长期互信、资源整合的能力。近年来全球经济持续低迷，逆全球化思潮涌动，“阵营性、排他性”等现象逐渐显现，“一带一路”国家的区域贸易保护主义有复苏之势。政治、文化等因素也进一步加大了贸易保护主义对双边及多边经贸的负面影响。

3. 经营回报风险。“一带一路”国家基础设施建设项目一般具有金额大、周期长、不确定性因素多等特点。部分“一带一路”国家存在财政状态欠佳、长期负债、巨额经常项目赤字、外汇储备不足等问题，偿付能力较弱，容易发生国家债务危机。巨大的投资资金和较差的国家主权偿债能力，将会给外国参与者带来投资风险，导致海外建设者承建的项目无法按时收到工程款、收到款项遭遇兑换限制、或外汇遭遇大幅贬值等状况，影响资金周转和项目工程的进度。

（三）建筑施工企业“一带一路”面临的机遇

在当前国家大力推进“一带一路”的大背景下，中国建筑企业一方面继续参与海外市场的自由竞争，另一方面也积极依靠国家政策，全力运作中国政府框架内及中国资金背景的项目。而在项目运作过程中，面临着机遇和挑战，企业需要进一步提升在国际市场上的竞争能力，更好地服务国家的“一带一路”倡议。

1. 建筑施工企业需要加强全球化的进程。建筑施工企业过去20多年的快速发展更多地依赖于国内市场，这几年国内市场发展特别快，取得了非常好的成果。但是任何一个行业的发展都不可能持续上升，会出现“拐点”。建筑施工企业在中国经济发展方面带动了诸多相关产业，直接从业人员有5 000万人。在这个重要行业面临“拐点”的现在，我们比任何时候都需要“走出去”，现在更加明显地感觉到海外业务比任何时候都更加重要。

2. “一带一路”正在从中国倡议变成全球共识。在中国共产党的十九大报告中，“一带一路”倡议被确定为对外开放的重点，成为全球瞩目的焦点。很多国家和机构将此视为未来海外直接投资的关键来源之一。2017年5月“一带一路”国际合作高峰论坛上，中国承诺加大对“一带一路”建设资金支持，向丝路基金新增资金1 000亿元人民币。中国国家开发银行、进出口银行将分别提供2 500亿元和1 300亿元等值人民币专项贷款，用于支持“一带一路”基础设施建设、产能、金融合作。在“一带一路”倡议的引领下，越来越多的国家主动将本国的发展战略和“一带一路”倡议对接，寻求优势互补。在“一带一路”倡议下，各国生产要素传递加速，推动了相关地区人力资源整合发展，带动了各国基础设施建设发展。

3. “一带一路”国家基础设施投资需求巨大，为中国工程企业“走出云”带来了巨大市场机遇。“一带一路”国家数量超过 100 个，多数为新兴经济体与发展中国家，总人口超过 30 亿人，经济总量超过 20 万亿美元，经济增长空间巨大。随着沿线国家的城市化进程逐步加快，对现有的城市建筑、交通、供水供电系统造成较大压力，对基建投资产生巨大需求。仅 2017 年“一带一路”国家建筑业总产值估算达 5.91 万亿美元，是中国的 1.72 倍。① 此外，“一带一路”发展给境内涉及的 18 个省份也带来大量的基础设施建设需求。

4. “一带一路”有利于开拓国际市场，合理化解过剩产能。随着国内市场宏观经济下行、城镇建设渐趋饱和，从 2010 年开始国内建筑业发展进入拐点，建筑业总产值整体增速下滑趋势明显。国内建筑市场收缩已成必然，建筑施工企业需要“走出去”，开拓更加广阔的境外市场。同时，国内钢铁、水泥等物资产能严重过剩，“一带一路”建设有利于带动中国钢铁、水泥等物资的出口，也可以根据产业和地域布局的需要，引导钢铁、水泥等相关企业向“一带一路”国家迁移生产基地，合理化解过剩产能。

5. “一带一路”有利于建筑施工企业转变发展方式，提升国际竞争力。在美国《工程新闻纪录》（ENR）揭晓的 2016 年全球最大 250 家国际承包商榜单中，中国共有 65 家企业进入国际承包商 250 强，上榜数量居各国第一位。在全球经济总体下滑、大部分国际工程市场萎靡、大型国际承包商业务低迷的情况下，“中国军团”的海外进军步伐不断加快，取得了不俗的成绩。但与国际著名大型承包商相比，中国企业的实力差距较为明显。榜单中，全球排名前 10 位的国际承包商平均国际化率达到 71.96%。而中国排名前 10 位的国际承包商平均国际化率仅为 37.63%。尽管中国对外承包工程行业已取得了长足的进步，但与发达经济体相比，中国建筑业整体国际化水平还有待提高。“一带一路”国家的基础设施投资建设模式更为多样，要求企业将产业链由单一的施工服务延伸到基础设施设计、融资、建设、运营维护等全方位服务，企业必将更为广泛而深入地了解和融入东道国的政治、经济、社会、法律环境，与国际知名工程承包商全方位竞争，逐步提升国际竞争力。

---

① 数据来源：《2017 年中国建筑企业 500 强发展报告》。

第二章
“一带一路”税收协定与税务实务

税收协定从广义上讲是指国与国之间签订的有关税收问题的具有法律效力的书面协议。这种广义的税收协定涉及的内容广泛，其中既有避免所得和财产双重征税的协定，也包括双边或多边缔结的关税协定、空运企业和海运企业国际运输收入互免税收的协定等一些特定税种或特定项目的税收协定。狭义的税收协定一般特指避免所得和财产双重征税的协定。本章所要介绍的是狭义的税收协定，即国与国之间为了解决重复征税问题达成的具有法律效力的书面协议。目前，狭义的税收协定主要是双边协定。

第一节 “一带一路”沿线国家税收协定

一、税收协定综述

（一）税收协定概述

1. 税收协定含义[①]。税收协定（含安排/协议、条约，下同），这里指狭义的税收协定，是国与国之间为了解决重复征税问题所达成的具有法律效力的书面协议。国际

① 朱青：《国际税收》（第九版），中国人民大学出版社2018年版，第242页。

税收协定是对签字国有约束力的法律文件，属于国际税法的范畴。

2. 税收协定意义。税收协定是避免双重征税的国际税收条约，弥补了国内税法单边解决国际重复征税问题存在的缺陷，对纳税人的居住国和所得来源国之间的征税权加以约束，同时是防止跨国偷逃税的国际合作的法律保障。

（二）税收协定签订情况

作为国家间税收合作的法律基础，税收协定是企业“走出去”涉税事项的重要保障。“一带一路”倡议发起以来，中国税收协定谈判、签署进程明显提速。截至2018年6月，中国税务部门已经与25个国际组织和区域税收组织建立了合作关系，与117个国家和地区建立了双边税收合作机制，与“一带一路”54个国家和地区签署了税收协定，发布了75份国别投资税收指南[①]。

（三）与“一带一路”国家签订税收协定的意义

税收协定的签订对于“一带一路”基础设施建设项目而言，显得格外重要，基础设施建设项目由于建设周期长、资金投入大、不确定风险高，盈亏平衡点对税收政策非常敏感，甚至成为影响投资决策的决定性因素。因此，国际税收政策支持和国际税收协调非常关键。2015年至2017年，中国税务部门利用税收协定下的相互磋商机制，开展双边税收磋商211例，为“走出去”和“引进来”企业消除重复征税128.78亿元。[②]

二、税收协定的主要内容

在与中国签署“一带一路”合作文件的140多个国家和国际组织中，我国已经与54个国家签订了避免双重征税协定。

本节下面围绕《经合组织范本》和《联合国范本》两个税收协定范本的主要内容中的差异之处进行介绍。

（一）税种范围

税收协定范本中均规定协定适用于所得和财产征收的各种直接税，不同国家对于税种的名字会存在差异，54个协定中列示的税种范围涉及财产税、不动产税、房产税、利润汇出税、平衡税、补充所得税、石油税、扎卡特税、天然气投资税、文学艺术活动所得税、农业税、农业利润税、人口所得税、房屋租金税、附加税、小规模经营活动税、国家金融资源开发税、特别税、股票交易税、非居民所得税、最终年度税、个人所得税、企业所得税（见表2-1）。

---

① 孙韶华、王文博：“‘一带一路’税收合作打破国际壁垒 助力中企出海”，中国税务网。

② 孙韶华、王文博：“‘一带一路’税收合作打破国际壁垒 助力中企出海”，中国税务网。

表 2-1 税种范围

序号	适用现行税种	涉及国家
1	财产税	阿尔巴尼亚、格鲁吉亚、南斯拉夫（黑山和塞尔维亚）、马其顿、以色列、亚美尼亚、科威特、保加利亚
2	不动产税	白俄罗斯、波兰、拉脱维亚、立陶宛、塔吉克斯坦
3	房产税	保加利亚
4	利润汇出税	越南
5	平衡税	波兰
6	补充所得税（锡利润税、开发税和木材利润税）	马来西亚
7	石油所得税	马来西亚、泰国、文莱
8	扎卡特税	沙特阿拉伯
9	天然气投资税	沙特阿拉伯
10	文学艺术活动所得税	斯洛伐克
11	农业利润税	斯洛伐克
12	农业税	波兰
13	人口所得税	斯洛伐克
14	房屋租金税	斯洛伐克
15	附加税	印度、阿拉伯联合酋长国、土耳其、叙利亚、埃及、巴基斯坦
16	小规模经营活动税	阿尔巴尼亚
17	国家金融资源开发税	埃及
18	特别税	巴基斯坦
19	独身男女、鳏夫、离婚者和无子女夫妇所得税	保加利亚
20	股票交易税	菲律宾
21	非居民所得税	叙利亚
22	最终年度税	保加利亚
23	不征收个人所得税	阿曼、科威特、以色列

未明确说明征收企业所得税（公司利润税、利润税、法人利润税、商业、工业和非商业利润所得税）或者个人所得税的国家有：阿拉伯联合酋长国、爱沙尼亚、巴基斯坦、巴林王国、卡塔尔、马来西亚、斯里兰卡、孟加拉国、泰国、文莱、新加坡、印度、印度尼西亚、伊朗、摩尔多瓦、尼泊尔。

（二）居民定义

协定中的居民定义，除塞尔维亚、黑山是指任何具有缔约国一方国籍的个人外，其他缔约国均指：任何具有缔约国一方国籍的个人；任何按照缔约国一方现行法律建立的法人、合伙企业或团体（协会、非企业法人）。

（三）常设机构

常设机构一般包括：（1）管理场所；（2）分支机构；（3）办事处；（4）工厂；（5）作业场所；（6）矿场、油井或气井、采石场或者其他开采自然资源的场所；（7）建筑工地，建筑、装配或安装工程，或者与其有关的监督管理活动，各缔约国对工地、工程的时间有不同要求。

有些国家所指的常设机构范围相对较广，增加了部分场所，如埃及、马来西亚、老挝、文莱还包括农场或种植园；巴基斯坦常设机构还包括永久性展销场所；巴林王国还包括炼油厂、销售店、为他人提供存储设施的仓库；卡塔尔还包括农场或果园；孟加拉国还包括为他人提供有存储设施的仓库，泰国还包括农场或种植园、与为他人提供储存设施的人有关的仓库；乌克兰还包括销售货物所使用的仓库或其他建筑物；印度还包括为其他人提供储存设施的仓库，从事农业、林业、种植业或者相关活动的农场、种植园或者其他场所；印度尼西亚还包括为其他人提供储存设施的仓库、用于销售的场所、农场或种植园；柬埔寨还包括仓库、农场或种植园；摩尔多瓦还包括农场、种植园或葡萄园；尼泊尔还包括为其他人提供储存设施的仓库；农场或种植园。

（四）不动产所得

不动产的所得（包括农业所得或林业所得）可以由不动产的所在国对其征税，即所得来源国的征税权优先于财产所有人居住国的征税权。这里的不动产包括附属于不动产的财产、农业和林业使用的牲畜及设备、土地财产方面一般法律规定所适用的权利、不动产的用益权等，但不包括船舶、飞机等。

（五）国际运输（海运和空运）

对船舶或飞机经营国际运输业务利润征税缔约国的确定，存在多个不同的判定口径，详见表2-2。

表2-2 确定船舶或飞机经营国际运输业务利润征税缔约国的口径

序号	征税缔约国	适用国家
1	企业总机构	阿拉伯联合酋长国、保加利亚、卡塔尔、马其顿、蒙古国、斯洛文尼亚、老挝
2	实际管理机构	巴基斯坦、波兰、捷克
3	企业总机构或实际管理机构	塞尔维亚、黑山、沙特阿拉伯、匈牙利

部分协定也规定了在另一方进行征税时存在减少税额、限定税额的情形，如中国与马来西亚、孟加拉国、泰国、印度尼西亚、柬埔寨、斯里兰卡等国签订的协定中规定，“缔约国一方企业以船舶经营国际运输业务从缔约国另一方取得的所得，可以在该缔约国另一方征税。但该缔约国另一方对该项所得征收的税额将减为该项税额的百

分之五十”；与菲律宾签订的协定规定，“缔约国另一方企业以船舶或飞机经营国际运输从缔约国一方取得的利润可以在该缔约国一方征税，但税款不能超过从缔约国一方取得的总收入的1.5%”；与印度尼西亚签订的协定中规定，“以飞机经营国际运输业务所取得的利润，应仅在经营飞机的企业是其居民的缔约国征税。在缔约国另一方应免除增值税或类似税收”。

（六）股息

对于股息所得，两个版本税收协定都主张股息可以由股息支付公司的所在国（股息来源国）和股息受益人所在国分享征税权。

中国与下列“一带一路”沿线国家签订的税收协定中规定“如果收款人是股息受益所有人，则所征税款不应超过股息总额的百分之十”。如阿尔巴尼亚、阿塞拜疆、巴基斯坦、巴林王国、白俄罗斯、保加利亚、波兰、哈萨克斯坦、吉尔吉斯斯坦、卡塔尔、马来西亚、孟加拉国、斯里兰卡、斯洛伐克、土耳其、乌兹别克斯坦、匈牙利、以色列、印度、印度尼西亚、越南、柬埔寨、伊朗、尼泊尔。

中国与埃及签订的协定中规定，“如果收款人是股息受益所有人，则所征税款不应超过股息总额的百分之八”。

中国与阿拉伯联合酋长国签订的协定中规定，“如果收款人是股息受益所有人，则所征税款不应超过股息总额的百分之七”。

中国与下列“一带一路”沿线国家签订的税收协定中规定，“如果收款人是股息受益所有人，则所征税款不应超过股息总额的百分之五”；如阿曼、塞尔维亚和黑山、科威特、克罗地亚、马其顿、蒙古国 、沙特阿拉伯、斯洛文尼亚、文莱、老挝。

另外，有些税收协定对股息受益人直接持有支付股息公司的比例较高时股息来源的税率进行了限制，如中国与阿拉伯联合酋长国、科威特签订的税收协定中规定：“（一）如果受益所有人是直接持有支付股息公司至少百分之二十五资本的公司（合伙企业除外），不应超过股息总额的百分之五；（二）在其他情况下，不应超过股息总额的百分之十。”

中国与俄罗斯签订的税收协定中规定，“（一）在受益所有人是公司（合伙企业除外），并直接拥有支付股息的公司至少25%资本且持股金额至少达8万欧元（或等值的其他货币）的情况下，不应超过股息总额的5%；（二）在其他情况下，不应超过股息总额的10%”。

中国与菲律宾签订的税收协定中规定，“如果收款人是股息受益所有人，则所征税款不应超过：（一）如果受益所有人是直接拥有支付股息公司至少10%资本的公司，为股息总额的10%；（二）其他情况下，为股息总额的15%”。

中国与格鲁吉亚签订的税收协定中规定，“如果收款人是股息受益所有人，则所征税款不应超过：（一）如果该受益所有人直接或间接拥有支付股息公司至少百分之五十股份，并在该公司投资超过200万欧元，为股息总额的百分之零；（二）如果该受益所有人直接或间接拥有支付股息公司至少百分之十股份，并在该公司投资超过10万欧元，为股息总额的百分之五；（三）在其他情况下，为股息总额的百分之十”。

（七）利息

对于利息，两个版本税收协定都主张利息的来源国（发生国）和利息收款人的居住国共享征税权，并且在收款人是利息受益所有人的情况下，由来源国按较低的税率征税。《经合组织范本》税收协定限定利息来源国使用的利率不得超过10%，《联合国范本》税收协定没有提出具体的限制税率，由缔约国双方主管当局写明确定实施限制税率的方式。

中国与下列“一带一路”沿线国家签订的税收协定中规定，“如果收款人是利息受益所有人，则所征税款不应超过利息总额的百分之十”。如阿尔巴尼亚、阿曼、阿塞拜疆、埃及、爱沙尼亚、巴基斯坦、巴林王国、白俄罗斯、保加利亚、波兰、菲律宾、格鲁吉亚、哈萨克斯坦、塞尔维亚和黑山、吉尔吉斯斯坦、卡塔尔、克罗地亚、拉脱维亚、立陶宛、马来西亚、马其顿、蒙古国、孟加拉国、沙特阿拉伯、斯里兰卡、斯洛伐克、斯洛文尼亚、泰国、土耳其、土库曼斯坦、文莱、乌克兰、乌兹别克斯坦、匈牙利、叙利亚、印度、印度尼西亚、越南、柬埔寨、伊朗、亚美尼亚、摩尔多瓦、尼泊尔。

中国与阿拉伯联合酋长国签订的税收协定规定，“如果收款人是利息受益所有人，则所征税款不应超过利息总额的百分之七”。

中国与科威特签订的税收协定规定，“如果收款人是利息受益所有人，则所征税款不应超过利息总额的百分之五”。

中国与罗马尼亚签订的税收协定规定，“如果收款人是利息受益所有人，则所征税款不应超过利息总额的百分之三”。

（八）特许权使用费

对于特许权使用费，两个协定范本存在分歧，《经合组织范本》约定由收款所在国进行征税。《联合国范本》采取了税收分享的原则，同时也规定了当支付方所在国征税时，如果收款人是特许权使用费的收益所有人，使用限制税率。中国与下列“一带一路”沿线国家签订的税收协定中规定，“如果收款人是特许权使用费受益所有人，则所征税款不应超过特许权使用费总额的百分之十”。如阿尔巴尼亚、阿拉伯联合酋长国、阿曼、爱沙尼亚、巴林王国、白俄罗斯、哈萨克斯坦、塞尔维亚和黑山、卡塔尔、科威特、克罗地亚、立陶宛、马其顿、蒙古国、孟加拉国、沙特阿拉伯、斯里兰卡、斯洛伐克、斯洛文尼亚、土耳其、文莱、乌克兰、乌兹别克斯坦、匈牙利、以色列、印度、越南、伊朗、亚美尼亚、摩尔多瓦。

中国与埃及签订的税收协定中规定，“如果收款人是特许权使用费受益所有人，则所征税款不应超过特许权使用费总额百分之八”。

中国与巴基斯坦签订的税收协定中规定，“如果收款人是特许权使用费受益所有人，则所征税款不应超过特许权使用费总额百分之十二点五”。

中国与拉脱维亚签订的税收协定中规定，“如果收款人是特许权使用费受益所有人，则所征税款不应超过特许权使用费总额百分之七”。

（九）退休金

关于支付的退休金和其他类似报酬，范本约定原则上应在取得方征税。中国与泰国、伊朗签订的税收协定中规定，“缔约国一方居民取得的退休金和其他类似报酬，如果该款项是由缔约国另一方企业或位于缔约国另一方的常设机构负担的，可以在该缔约国另一方征税”。

另外，中国与科威特、马来西亚、印度的税收协定范围中增加了“年金”。

（十）技术服务费

中国与印度、柬埔寨签订的税收协定中列示技术服务费，税率为百分之十。

中国与巴基斯坦签订的税收协定中明确规定，“如果收款人是该项服务费受益所有人，则所征税款不应超过该项服务费总额的百分之十二点五”。

第二节 “一带一路”沿线国家税制介绍

一、税收征管综述

税收征管体系主要包括税收管理机构、税收征收管理。税收征收管理包括税务登记、账簿凭证管理、纳税申报、减免缓税、稽查管理、行政处罚和诉讼管理等。

（一）税收管理机构

税收管理机构的设置体现国别征税特色，不同国家征税体系不同，税收管理机构不同。如以色列中央与地方均有征税权，税收管理机构较多。财政部所得税与财产税司负责征收各种所得税与财产税，海关与增值税司负责征收与进口、国内制造和增值税相关的间接税，交通部、司法部、内政部等分别负责征收有关费用、罚款等，各地方政府分别制定政策、征收本地区的市政税、地产增值税等。塞尔维亚只有中央税，没有地方税，地方政府主要负责所在地区的中央税的征管。越南国家税务局和海关是财政部领导下两个负责税款征收的直属机构，海关负责关税的征收，国家税务局负责国内税收的征收，越南税务系统包括国家税务局、税务局和税务分局，海关包括海关总局、海关局和海关分局，越南税务局不分国家税务局和地方税务局，没有中央税和地方税之分，税收收入全部由财政预算统一调整，其国家税务局主要负责全国税务行政管理工作。埃塞俄比亚的税收制度是实行联邦政府和各州政府分税的税务制度，即各州将一定比例的税收上缴联邦政府，联邦政府根据各地区人口、经济状况及上缴税收的情况向各州拨款。

（二）税收征收管理

1. 税务登记。

（1）注册税务登记。多数国家均有注册税务登记制度，规定企业在当地合法注册后，应于规定的时间内携带相关资料在税务机关进行登记注册。如白俄罗斯规定所有居民纳税人在取得经营许可后的10日内到税务机关办理企业税务注册登记手续，取得税务登记号（纳税识别号）。有些国家规定，任何负有纳税义务的企业或个人应当在其第一个财政年度结束之前在税务局进行税务登记。不同类型的纳税人税务登记的地点和时限有所不同，如在塞尔维亚被确认为大规模纳税人的法人的登记应由主管大规模纳税人的税务机关负责，非居民法人的常设机构根据常设机构所在地向当地的税务机关办理税务登记。

未及时在税务机关办理税务登记的将被处以罚款，如在塞尔维亚，未依法登记的企业法人将处以10万至200万当地币的罚款，独资经营企业将处以5万至50万当地币的罚款。

另外，有些国家除办理一般税务登记外，还要办理增值税税务登记，以取得专门的增值税税号。如根据坦桑尼亚税法，符合条件的纳税人应当于达到注册登记标准的30日内向税务机关申请办理增值税登记。

（2）注销税务登记。一些国家也规定了注销税务登记制度，要求在某一登记或注册人不再需要税收法律项下的登记时，包括该人作为自然人时已经死亡，或作为企业时已经破产清算，或以其他形式不再存在的，则由税务登记人在规定时间内（如肯尼亚为30日）以书面形式通知税务部门，申请注销税务登记。

经当地税务机关审核符合注销税务登记条件时，税务部门则发出书面通知自行注销该税务登记。如果在规定的时间（如6个月内等）税务部门未对注销税务登记申请予以回复，则视为申请人已被注销税务登记（如肯尼亚）。

另外，增值税注册人终止提供应税商品、服务及劳务的，应申请注销增值税税务登记，如坦桑尼亚税法规定应在终止之日起14日内根据规定申请注销增值税注册登记。经营期内，增值税注册人的经营收入低于增值税注册门槛时，注册人可按规定申请注销增值税注册登记。已注销登记的纳税人，注销登记自做出注销通知之日起生效。纳税人应当自注销之日起立即停止使用和开具税务发票和票据，并缴销增值税税务登记证件；纳税人应当在注销登记起30日内根据税法规定提交增值税纳税申报表，结清所有税款。

2. 账簿凭证管理。多数国家都会出台相关会计法规来规范各类企业账目的会计科目设置、会计期间、所使用的语言、记账货币、处理原则、方法等，要能保证全面、系统地反映和监督企业的经济活动情况。有的国家规定的会比较详细，有的国家规定的比较宽泛，有的要求遵守国际会计准则和国际财务报告准则，有的要求遵守当地会计准则和当地财务报告。根据经济发展变化，有些国家针对不同的业务发布新的或调整原有的会计准则和财务报告准则。

多数国家的会计期间是公历 1 月 1 日至 12 月 31 日，有的是 4 月 1 日至次年 3 月 31 日，有的是 7 月 1 日至次年 6 月 30 日，有的国家规定还可以由企业自行选定，但一经选定不得改变。

多数国家都规定使用本国语言来进行账务处理，也有的允许使用英语或法语。

各国都有自己的对于外币折算规定。如摩尔多瓦规定所有外汇交易必须根据交易当天国家银行公布的汇率转换成摩尔多瓦当地币，摩尔多瓦国家银行会每天公布外汇汇率。

另外，相关法律一般会对账簿凭证及相关文件的保存时限提出要求，如巴基斯坦 1984 年《公司法条例》规定：公司必须保存相关记录 10 年。塞尔维亚规定：法律实体有义务保存财务报告至少 20 年，主账簿和日记账至少保存 10 年，辅助账簿至少保存 5 年。

3. 纳税申报管理。不同国家对于纳税申报一般是分税种做出具体规定，包括申报对象、申报材料、申报期限、申报方式、申报地点等。

（1）申报对象。纳税申报对象是指按照国家法律、行政法规的规定，负有纳税义务的纳税人或者负有代扣代缴税款义务的扣缴义务人。如企业所得税的申报对象为各种性质的企业，增值税的申报对象为销售或进口商品服务的单位和个人。

（2）申报材料。不同的税种一般需要提供不同的申报材料，企业所得税一般有企业所得税纳税申报表、财务报表及其说明等材料，增值税一般要提供增值税纳税申报表、进项税额发票等材料。

（3）申报期限。纳税申报期限是根据各税种的特点确定的，各税种的纳税期限因其征收对象、计税环节的不同而不尽相同，同一税种也可以因为纳税人的经营情况不同、财务会计核算不同、应纳税额大小不等，申报期限也不一样，可以分为按期申报纳税和按次申报纳税。如企业所得税一般是年度终了后一定期限内申报缴纳，有的国家规定是 4 个月，有的是 6 个月；个人所得税一般按月申报缴纳，即次月某个时点之前。

（4）申报方式。纳税申报的方式大致有四种：

①上门申报，即纳税人、扣缴义务人、代征人应当在纳税申报期限内到主管国家税务机关办理纳税申报、代扣代缴、代收代缴税款或委托代征税款报告。

②邮寄申报，即纳税人到主管国家税务机关办理纳税申报有困难的，经主管国家税务机关批准，也可以采取邮寄申报，以邮出地的邮戳日期为实际申报日期。

③网上申报，即实行自核自缴，且有上网条件的纳税人，经主管国家税务机关批准，可以采取网上申报。

④现场申报，即对临时取得应税收入以及在市场内从事经营的纳税个人，经主管国家税务机关批准，可以在经营现场口头向主管国家税务机关（人员）申报。

不同国家对不同税种都有申报方式的规定，需要提前了解以免延误造成不必要的处罚。

（5）申报地点。多数国家均规定纳税人在税务登记注册地进行纳税申报。

4. 减免缓税管理。各个国家为了发展经济，一般会制定税收优惠政策，规定对某一部分特定企业和课税对象给予减轻或免除税收负担的一种措施。有些税收优惠是天然获得的，如法律规定在某经济区域内设立的企业可以享受低税率政策，有些则需要向有关部门申请获得批准后才能获得，如果自身符合条件但没有履行相关程序获得批准也不能享受税收优惠政策。有的国家可以直接享受税收优惠政策 ，不需要事前申请，但是否符合条件需要自行判定，如果享受了税收优惠自行承担事后被税务局判定不符合条件的风险。如在越南，减免税实行自核自免，年终清算，享受税收减免的企业不需向税务部门报告申请，企业只要对照税收法律，若符合税法规定减免税的，自行核算自行减免，年终税务部门在进行一年一度的税收清查时，对企业的减免税情况一同审核认定，如果发现企业不符合减免税规定，在要求企业补税的同时还加收滞纳金，并处不缴或少缴税款1倍以上5倍以下的罚款。

5. 稽查管理。税务稽查是根据国家税收法律、法规查处税收违法行为，保障税收收入，维护税收秩序，促进依法纳税，保证税法的实施的行为。包括稽查对象的选择、税务调查、税务审计、下达审计结论等。

稽查对象的选择包括人工抽样、计算机抽样、举报等形式。如尼日利亚对大型企业每年进行现场审计；巴基斯坦每年通过计算机抽样选定审计对象。稽查方式有办公室审计、信函审计、现场审计、“一揽子”审计（对所有的税种同时审计）、大纳税户的小组审计等。

具体实施现场审计时，税务稽查部门会对被稽查企业下达书面通知书，审计期间通过询问、调取账簿资料、实地稽查、账外调查和异地协查等方式进行，最终会出具稽查结果决定。

6. 行政处罚、诉讼管理。根据税务稽查的最终结果，对于税务主管部门认定为未遵从税法的企业，根据其性质和金额，情节不严重的，除完善手续和补缴税金外，一般还会采取行政处罚，对于拒不执行处罚的企业，有的国家税务部门会查封企业营业场所或向人民法院起诉企业，如尼日利亚；如果企业被查实未遵守当地税法，情节严重的，可能会被列入当地政府或相关组织的黑名单，这样会给企业带来声誉上的损失，有可能影响到企业在当地的生存。有的国家还设有专门的税收法庭，如印度尼西亚有税收法庭法，用来规范税收法庭的组织程序、税收法庭复核、审理税收争议案件程序的法律，其直接对印度尼西亚总统负责，专门用来解决税收争议，是税收争议的初审和终审法庭。

7. 东道国税收征管环境。不同国家的税收征管环境也会对我们的纳税实务产生影响，包括税收征管部门的执法能力、方式和力度等因素。有的国家经济等各方面比较落后，税收征管能力也弱，执法方式可能简单粗暴，有的国家经济等各方面比较先进，税收征管能力强，执法方式文明，但如果违规其处罚的结果可能会比较严重且难以更改。有的国家可以申请延期申报，有的国家则不可以，否则会受到处罚；有些国家主要靠与税务执法人员协商解决税务争议，有些国家需要通过诉讼来解决税务争议。

二、所得税税收制度

（一）所得税介绍

所得税是指对所有以所得额为课税对象的总称，课税单位包括自然人、公司或者法人，所得税税率既有单一比例税率，也有累进税率。基于所得性质的不同，分为积极所得和消极所得，其中积极所得是指从事经营活动而取得的所得，具体包括承包工程作业所得和提供劳务所得等，消极所得包括股息、红利、利息、租金、特许权使用费所得、转让财产所得或其他所得等。不同性质的所得，其应缴纳所得税的税率、缴纳方式等有可能相同，即所谓的综合所得税，也有可能不同，即分类所得税。另外还有一些是对某些所得按类别分别征税，而对其他所得合并综合征税，即混合所得税。多数国家都征收所得税，但也有些国家不征收所得税，对于征收所得税的国家，一般根据纳税人的不同分为企业所得税和个人所得税。

（二）企业所得税税收制度

1. 企业所得税的概念。企业所得税是对企业的生产经营所得和其他所得征收的一种税。

对于企业跨境经营而言，不仅要在境外国家或地区缴纳企业所得税，而且要根据中国税法分国家或地区重新计算境外分支机构或子公司等的税前利润，并按中国税法计算应缴纳的所得税，与已在境外缴纳的所得税金额进行比较，如果按中国税法计算应缴纳的所得税大于已在境外缴纳的所得税金额，其差额要补缴给中国的税务局，否则无需补缴。另外有些国家没有企业所得税，而是在分配环节缴纳分配税，如爱沙尼亚共和国。

2. 纳税义务人。多数国家或地区为了保障税收管辖权，根据纳税义务范围的宽窄，明确纳税人身份，多数国家或地区规定居民公司就其全球范围内的应税所得额缴纳企业所得税，非居民公司只对来源于当地的收入进行纳税。但有些国家或地区规定企业仅就境内取得的生产经营所得缴纳企业所得税，如中国香港特区的征税范围仅限于从香港特区内赚取或获得的收入。

3. 征税范围。从各个国家和地区看，主要包括经营收入、服务费、股息收入、利息收入、特许权使用费收入、租金、佣金收入、处置财产收入和从合伙企业取得的收入、外币汇兑收益等。

各个国家和地区征收范围都有自己的规定，有的国家不对资本收益征税，如文莱。

4. 税率。各个国家和地区的税率有所不同，相对较低的地区如中国香港特区为16.5%，相对较高国家如喀麦隆为38.5%。具体有如下几种类型：

（1）针对不同性质的企业适用不同的税率。如肯尼亚规定分公司（非居民企业）的所得税税率为37.5%，子公司的所得税税率为30%；孟加拉规定一般上市公司的企业所得税税率为25%，烟草类上市公司企业所得税税率为45%，一般非上市公司企业所得税税率为35%，商业银行的企业所得税税率为37.5%，对于商业银行除外的银行、保险、金融机构，无论是上市公司还是非上市公司，企业所得税税率均为40%。

（2）依据所得类型不同而适用不同的税率。如厄瓜多尔规定本地企业及分支机构的所得税税率为22%，而利用税后利润再投资于本地企业及分支机构所得税税率为12%。

（3）有的税率长时间内固定不变，有的每隔一段时间调整一次，有的可能每年都会调整。如波兰自2004年起至目前其企业所得税税率的标准税率一直为19%。以色列2012年度和2013年度企业所得税税率为25%，2014年度和2015年度企业所得税税率为26.5%，2016年度和2017年度企业所得税税率为25%。巴基斯坦2015年度企业所得税税率为33%，2016年度企业所得税税率为32%，2017年度企业所得税税率为31%。

（4）有的采用超额累进税率。如蒙古国规定年应纳税所得额在30亿当地币以下，按10%征收所得税，年应纳税所得额30亿当地币以上的，其超出部分按25%征收所得税。

（5）有的国家规定企业所属行业不同，所得税税率也不同。如索马里规定贸易企业所得税税率为12%，工业企业所得税税率为10%，职业服务类企业所得税税率为8%。

（6）有的国家或地区按企业年营业收入多少确定不同所得税税率。如南苏丹规定年营业收入小于100万南苏丹磅，所得税税率为10%；年营业收入大于100万但小于7 500万南苏丹磅的，所得税税率为15%；年营业收入大于7 500万南苏丹磅的，所得税税率为20%。

5. 计算方式大致有三种：

(1) 实际利润法。按收入减成本费用后的实际利润征税，大部分国家采用这种方法。盈利时或利润大于某个数值再缴纳，亏损时或利润低于某个数值时无需缴纳。如果在某个国家设立子公司，享受居民企业待遇，通常按实际利润征税。

(2) 核定法。按营业收入的一定比例与按净利润的一定比例比较，以较高者计征，如吉布提。

(3) 特殊办法。有的国家或地区规定企业即使亏损或其取得的全部利润少于企业所得税法规定的最低标准时，也应按照一定的方法计算缴纳企业所得税。如尼日利亚税法规定：营业额少于50万奈拉（包括50万奈拉），且已从事经营至少4个日历年度的，最低纳税标准为毛利润的0.5%或净资产的0.5%或实缴资本的0.25%或企业该年度营业额的0.25%，取其中最高者，但最高不超过50万奈拉。营业额大于50万奈拉的，除依据上述标准缴税以外，还应就超过50万奈拉营业额的部分，按0.125%的税率缴纳。从事农业经营的公司、有25%以上外国投资的公司，以及新设经营4年以内的公司，免于缴纳最低纳税额。

6. 纳税期限。

(1) 多数国家规定企业所得税按年申报，且绝大多数国家是按照国际公历年度，每年在规定的时间内，如4月30日前或6月30日前申报、缴纳上一年度企业所得税。也有个别国家不按国际公历年度，而是按本国规定的时间（也是以年为时段）申报和缴纳上个年度期间的企业所得税，纳税期间和会计期间在有的国家可以不同。如在博茨瓦纳，会计期间可自行选定，但纳税期间为7月1日至次年6月30日。

(2) 有些国家规定，作为新纳税人，如果企业注册成立时间在当月的上半月，则其纳税期限起始于企业注册成立的月初；如果企业注册成立时间在当月的下半月，则纳税期限起始于企业注册成立后的次月，如塞尔维亚。

7. 纳税申报。

(1) 纳税年度内分多次预缴，年终汇算清缴，征收企业所得税的大部分国家或地区采用此种方式，具体可分如下四种情况：

①以预收款和验工计价款为基数乘以预缴所得税税率计算预缴所得税金额进行预缴。如阿尔及利亚规定对未在当地设立常驻机构的外国公司，经营活动时须按营业额（扣除增值税后）的0.5%缴纳预提利润税。

②以上年度实际应缴纳的所得税金额为基数平均分几次进行预缴。如澳大利亚规定按季度预缴上一年度税额的1/4，年底汇算后多退少补；塞尔维亚规定按月预缴上一年度的1/12，年度汇算后多退少补，多缴部分也可用于下一年度的预缴。

③以上月的应税所得为基础按月预缴公司所得税，每月预缴税款等于本年累计所得应纳税额减去以前月份累计已预缴税款。如波兰规定自月份终了20日内按此方法计算预缴公司所得税。

④以估计的当年应纳税款为基础分次预缴公司所得税。如印度规定会计年度6月15日之前预缴该年度应纳税款的15%，会计年度9月15日之前预缴该年度应纳税款的30%，会计年度12月15日之前预缴该年度应纳税款的30%，会计年度3月15日之前预缴该年度应纳税款的25%，实际应纳税款与预缴税款的差额及其应付利息在填报所得税纳税申报表时一并缴纳，超额缴纳的税款予以退还。

（2）无须预缴，年终汇算申报后税务局评估缴纳。采用此种征收方式的国家或地区较少，如新加坡规定纳税人即使对评估通知书存有异议，税款也必须在发出评估通知书的30日内缴纳，多缴纳的税款可以退税。

（3）付款方代扣代缴，年终汇算清缴。有些国家采用此种征收方式，如尼日利亚规定支付一方应按实际扣缴税税率，从支付款中扣除应付税金并在30日之内支付给国税局，代扣款方应向国税局索要代扣缴税税票，待年终汇算清缴时可作为已缴纳所得税抵扣应交所得税部分，并将代扣缴税票交回国税局。

（4）全部代扣代缴，无需汇算清缴。如巴基斯坦选择此种方式。

8. 税收优惠。各国给予主营工程承包业务的公司的所得税税收优惠很少，主要是一些普遍性的优惠政策。

（1）针对雇用特殊人群给予一定的所得税优惠，特殊年龄、女性、大学生、残疾人士等。如在越南，对于建筑企业，雇用10—100名女性劳工，占总员工的比例不超过50%或定期雇用超过100名女性劳工，占总员工的比例不超过30%的，可减征的企业所得税相当于为女性劳工实际支付的费用，且这些支出能够单独核算；雇用少数民族劳动力的企业可减征的企业所得税相当于为少数民族劳动力实际支付的费用，且这些支出能够单独核算。

（2）降低缴纳所得税多的盈利性企业的所得税税率。如在伊朗，本年应税所得比上一个纳税年度每增加10%，其适用税率可以享受在直接税法规定的税率基础上扣减1%—5%的税率优惠，享受此优惠的要求是上一年度纳税信用良好，并在伊朗国家税务总局公布的申报期内按期申报了当年的应税所得。如在工程合同中，合同价格中用于采购物资及设备的任何部分，海关附加税和海关对外国采购的绿色许可中提到的其他款项，只要包含这些购买物资和设备的金额，除去在合同或其进一步修正或补充的其他事项，免税额最高可达国内采购发票价格或海关价值总和。

（3）隐性税收优惠。如爱沙尼亚没有特别的税收优惠政策，但在当地的企业所得税税制下，企业有机会无限期递延企业利润的纳税义务（至分配时才会产生）。

（4）在与中国签订避免双重征税协议国家可以享受所得税免除的优惠，如在当地不构成常设机构等情况。在这种情况下，一般都要开具《中国税收居民身份证明》，根据《国家税务总局 关于开具〈中国税收居民身份证明〉有关事项的公告》（国家税务总局公告2016年第40号），可以向有关部门申请开具。

[例2-1] 斯里兰卡某工程项目外聘中国一家设计公司提供设计图纸审核咨询工作，在办理支付结算款给中国公司的时候，银行要求提供完税证明，当地税务局要求代征企业所得税10%后给予完税证明。

[分析] 项目部认为，在境外缔约国一方所在地提供咨询服务，未在斯里兰卡设立机构，该设计企业在当地不构成常设机构。后查询中斯避免双重征收企业所得税协定，经事务所咨询税务局秘书处专家，同意项目部的观点，并开具《中国税收居民身份证明》，斯里兰卡对于该设计机构在斯里兰卡取得的收入免征企业所得税。

9. 建议：

（1）企业注册后在规定时间内取得所得税税号。

（2）购置符合条件的财务软件并按照当地会计准则设置会计科目，同时兼顾便于核算各项税费，有的国家规定不同性质的收入适用不同的所得税税率，一般分开核算，多数国家对有些类别的成本费用做了税前扣除的限制，需要单独核算。

（3）制定相应的财务管理制度，在发生收款、支出等各项经济业务时发票、合同及其他文件进行详细的规定并下发所有相关单位严格执行，确保所有单据合法有效，并按时合规入账。

（4）将计算所得税的各项资料提前准备好，按时核算所得税的金额，填报纳税申报表等各项文件，若需要经过外部会计师事务所审计的，还应提前聘用、按时接受审计并取得无保留意见的审计报告。

（5）核对无误后按规定方式缴纳并将相关资料提交给税务局。

（6）取得完税凭证并妥善保存。

（7）对所得税缴纳的相关信息进行制表登记，详细记录每笔的金额、缴纳时间、缴纳方式、缴纳期间、税票号码及其他相关信息。

（8）所有申报材料都应复印、扫描并按顺序存档备查，对于需要报送到国内的抵免税票应单独另作一份复印件或扫描件，对于已经在国内使用过的应做好记录。

（9）对税收优惠文件应取得有审批权限的主管部门的批准文件。

（10）对于当年度形成的亏损应保留相关文件，有的国家允许在以后年度抵扣。

（三）个人所得税和社会保障税税收制度

1. 个人所得税。

（1）个人所得税概念。个人所得税是对个人（自然人）取得的各项应税所得征收的一种税。有些国家不征收个人所得税，如文莱。多数国家都征收个人所得税，一般规定本国居民在本国境内或境外获得的收入，或者非本国居民在本国境内获得的收入，均按规定缴纳个人所得税。对于有境外收入的中国纳税人而言，从中国境外取得的所得，准予其在应纳税额扣除已在境外实缴的个人所得税税款，但扣除额不得超过该纳税人境外所得依照中国税法规定计算的应纳税额。需要注意的是，境外缴纳税款的抵免必须由纳税人提出申请，并提供境外税务机关填发的完税凭证原件。

（2）纳税义务人。一般分居民纳税人和非居民纳税人，各国对两者的区分有不同的规定。如俄罗斯常住居民个人是指连续12个月内在俄罗斯联邦居住至少183天，其中境外旅行、不到6个月短期境外的治疗或教育，以及因用工合同或其他责任到境外工作或提供服务等情况不终止居住时间的计算。格鲁吉亚规定居民纳税人是指在一个纳税年度内任意连续12个月中，在格鲁吉亚境内停留的天数超过183天的个人，其中包括在境外就医、度假、因公出差或者学习深造的时间。在境外为格鲁吉亚从事公务服务的个人也被认定为格鲁吉亚的居民纳税人。

居民纳税人一般就其全球所得纳税，非居民纳税人仅对其来源于所在国或地区境内的所得纳税。但是有的国家或地区规定居民纳税人仅就其境内所得缴纳个人所得税，如格鲁吉亚和中国香港特区。

（3）征收范围。从全球范围来看主要有：受雇所得、个体业主和从事某特定行业的营业所得、专业服务所得、投资所得、资本收益所得和其他所得。

各国或地区的征税范围的具体规定千差万别，并不一致。如摩尔多瓦规定2020年1月1日前，居民个人在摩尔多瓦银行存款的利息无需缴纳个人所得税；但是在土耳其，个人利息所得一般在取得时征收15%的预提税，而且为最终税。

（4）税率。

超额累进税率。如老挝规定居民纳税人的工资薪金所得适用0、5%、10%、12%、15%、20%、24%的超额累进税率。多数国家实行超额累进税率。

单一比例税率。如白俄罗斯税法规定大部分情况下的个人所得税适用13%的单一比例税率；哈萨克斯坦税法规定大部分情况下的个人所得税税率适用10%的单一比例税率。

定额税率。如蒙古国针对牧民采用该种税率。

有的国家对居民和非居民一视同仁，有的则区别对待。如越南税法规定居民工资薪金所得适用5%—35%的超额累进税率，而对非居民的工资薪金所得适用20%的单一比例税率。

（5）计算。在确定个人所得税应纳税所得额，计算个人所得税税额时一般都有免征额。有的免征额是固定金额。如摩尔多瓦规定每个纳税人的应税所得均可享受每年11 280当地币的个人扣除。有的是按一定的计算方法计算得出，如扣除各项补贴包括个人负担的社保、车补、饭补、房补、出差津贴收入、雇主支付的提高员工素质的培训费等。如巴基斯坦规定薪金收入纳税前可扣除医疗津贴、支付房屋贷款的利息、慈善捐赠和特殊股份的投资费用等。用收入总额减除免征额即得出应纳税所得额。

对于实行超额累进税率的，分段计算汇总得出或采用速算扣除数的方法计算得出；对于实行比例税率的，直接用应纳税所得额乘以该比例税率即得出应纳税额。

（6）纳税申报。

代扣代缴，指按照税法规定负有代扣代缴税款义务的单位或个人，在向个人支付应纳税所得时，应计算应纳税额，从其所得中扣除并代缴给税务机关，同时向税务机关报送扣缴个人所得税报告表。代扣代缴个人所得税主要是针对工资薪金收入，大部分国家或地区都采用此种方式。

分期预缴，年终汇算清缴。主要是针对除工资薪金收入以外的其他收入所得，如亚美尼亚规定从事经营活动的纳税人应按季度预缴个人所得税，每季度预缴税款为上一年度纳税人已纳税款的18.75%。

自行申报缴纳，如菲律宾规定除工资收入的个人所得税由雇主代扣代缴外，其他应纳税款应由纳税人在提交纳税申报表时缴付。

税务局预评估，个人修改后申报缴纳。如芬兰规定，个人纳税人不需主动进行纳税申报，而是由税务部门向纳税人提供一份已预填的纳税申报表，该申报表的数据根据用人单位、银行、养老基金、保险公司、证券交易所等相关部门提供的信息评估得出。纳税人只需要就该预填纳税申报不能准确反映其所得之处进行修改即可。

（7）建议。一般国家都规定雇主应代扣代缴雇员的个人所得税，应区分当地雇员和中方雇员分别管理。

对于当地雇员，尤其是一些落后国家，在招聘时应告知其依照当地税法规定会代扣代缴个人所得税并在雇用合同中写明，以避免纠纷；需要注册税号的应在入职时为其尽快办理并登记留存；及时制作工资单、计算列明应缴纳的个人所得税并请雇员签字确认，发放工资并通过税务局指定方式缴纳个人所得税，取得完税凭据；及时入账并复印留存相关文档造册登记备查。

对于中方雇员，除遵守当地税法缴纳个人所得税外，应取得缴纳凭据并交付给每个中方雇员，用于在国内申报缴纳个人所得税时抵免使用。

2. 社会保障税，亦称“社会保证税”“工资税”，是以工资、薪金作为课税对象，其税款用于特定社会保险项目的一种性质比较特殊的税收。包括医疗保险、工伤保险、养老保险、失业保险等内容，多数国家都强制征收社会保障税，有的国家并未强制征收，纳税人一般为雇主和雇员，税款由双方共同分担，但在某些情况下也有雇主单方缴纳的。

（四）预扣企业所得税税收制度

1. 预扣税，有的叫预提税、扣缴税，是指一方支付另一方收入款项时，扣减按照相关税法规定的预扣税税率计算的预扣税，并在税法规定的时间内将其缴纳给税务局，其实质是对所得税源头扣税或预先缴纳的一种方式。有部分国家征收预扣税，对于企业来讲，分如下两种情况：

（1）对居民企业，是预缴税，年终汇算清缴时可以抵减应缴纳的企业所得税。如孟加拉国、巴基斯坦等有预扣税。

（2）对非居民企业，在预扣税发生的国家或地区是最终税，包括股息预扣税、利息预扣税、特许权使用费预扣税、租赁费预扣税、技术咨询服务费预扣税等。多数国家都有相关规定，这也是双边协定签订的一个原因。

对于在境外经营而在当地属于非居民企业的中国企业而言，上述两种形式的预扣税缴纳后取得的税票或相关文件可以用来抵免应在中国缴纳的企业所得税。

2. 税率。预扣企业所得税税率比较复杂，各个国家根据不同类型合同、不同商品或服务，预扣所得税税率不同。如在孟加拉国，对于分包合同，支付分包费用低于20万当地币时预扣税税率为0；支付分包费用在20万至50万当地币之间时预扣税税率为1%；支付分包费用在50万至100万当地币之间时预扣税税率为2%；支付分包费用在100万至250万当地币之间时预扣税税率为3%；支付分包费用在250万至1 000万当地币之间时预扣税税率为4%；支付分包费用在1 000万至5 000万当地币之间时预扣税税率为5%；支付分包费用在5 000万至1亿当地币之间时预扣税税率为6%；支付分包费用超过1亿时预扣税税率为7%。在巴基斯坦，商品进口适用的预扣所得税税率为3%—5%。有的国家还区分居民纳税人和非居民纳税人，即使同一类商品或服务，预扣所得税税率也不同。如在印度，对于居民企业利息的预扣税税率为10%，但对于非居民企业的外币贷款利息的预扣税税率为20%。

相同的经济业务下对非居民企业的预扣税的税率一般不低于居民企业的税率，有些国家的税率很重，对公司的盈利能力要求很高。

3. 有些国家的预扣企业所得税是强制性的，无法免除，但有些国家的预扣企业所得税是可以申请免除的。如在巴基斯坦，如果预计项目利润率低于预扣税税率所隐含的利润率时，则可以向税务局提供相关文件申请免除或减少预扣税。

4. 预扣税一般是由代扣代缴方按照所在国家或地区税法规定的税率从支付的款项中代扣下来并在规定的时间之内缴纳给税务局，之后从税务局取得税票或类似凭据交给收款方。

5. 建议：

（1）对涉及本企业负担预扣税的收款，应及时制表登记，详细记录相关信息，包括所属项目、收款时间、预扣税金额、代扣代缴方、取得税票时间等。

（2）及时催促代扣代缴方及时缴纳预扣税并取得预扣税税票或税务局出具的类似凭证并妥善保存。

（3）对于企业负有扣缴义务的付款应在和对方签订合同时告知对方并在合同中说明，在付款时扣除并及时缴纳给税务局，取得税票后转交给被代扣代缴方。

（4）有些国家的预扣税实际上是最终税负，而且是很重的，企业在投标报价时应予以充分考虑。

[例2-2] 柬埔寨预扣税涉及范围比较广泛并且税率较高，很多公司日常运营费用难以取得增值税发票，而且属于预扣税征税范围之内，会导致额外缴纳较高税金。针对预扣税的征税对象，主要有以下几点措施：

(1) 与当地柬埔寨工人签订劳务合同，这样就可以按当地税法要求缴纳薪金税，如不签订工作合同，则需缴纳10%的代扣税。按照常理，柬埔寨劳务类的员工薪资较低，薪金所得税金额远低于10%代扣税的金额。否则需缴纳15%的服务类预扣税。

(2) 尽量减少劳务、租赁方面的支出，以免产生预扣税，特别是分包工程款，必须取得增值税发票，否则需要缴纳15%的预扣税。

(3) 柬埔寨当地的日常生活费用如伙食费、生活用品、日用品等福利性质的支出尽量减少，可以避免缴纳20%的福利税；实在无法避免的支出，可以在外账申报时换取其他不需缴纳福利税及代扣税的发票。

(五) 利润汇出税税收制度

1. 利润汇出税是指境外分公司将其税后利润汇回本国在当地所需缴纳的一种税，类似于股息预提税。有些国家征收利润汇出税，如菲律宾、泰国等。有些国家虽然没有相关规定，但是有一些具体做法，如乌克兰税法并未特别规定分公司利润汇出税，当地税务机关通常认为若该分公司总部所在国家或地区与乌克兰签订了税收协定，则无需缴纳预提税。若未签订税收协定，税务机关可能会对分公司汇回的税后利润按15%的税率征税。有些国家不征收利润汇出税，如摩尔多瓦。

2. 税率，一般都采用比例税率，如尼泊尔常设机构的税后利润汇至本部需要缴纳10%的税收；在塔吉克斯坦共和国开展活动的外国法人，在其常设机构利润税基础上，还应按15%的税率对其常设机构的纯利润补充征税。

3. 计算，一般以汇出的利润金额为基础乘以适用税率得出应缴纳的利润汇出税。

4. 利润汇出税一般需要提前缴纳，有的还需要向相关部门申请批准，手续繁杂，审批时间较长，如确需汇出，应提前了解并准备各种所需手续，尽早申请。建议应尽量避免利润汇出税。

三、流转税税收制度

(一) 流转税介绍

流转税，指以纳税人商品生产、流通环节的流转额或者数量以及非商品交易的营业额为征税对象的一类税收，包括增值税（销售税）、消费税、营业税和关税等。流转税不单对国内商品或服务进行征税，同时也对进口的商品或服务进行征税，其税额与商品或服务的价格密切相关，具有间接税的性质，下面分别介绍。

(二) 增值税（销售税）税收制度

1. 增值税，在有些国家也叫销售税、货劳税，以商品（含应税劳务）在流转过程中产生的增值额作为计税依据而征收的一种流转税。多数国家都征收增值税，但也有的国家或地区不征收，如伊拉克没有增值税。

2. 纳税人。增值税的纳税人包括个人、企业、政府和地方政府、地方政府的协会、任何社团以及其他任何非法人机构的组织。某些国家对年营业额低于限额的企业免征增值税（如比利时、匈牙利等）。多数情况下由收款人负责申报缴纳，但有时候要求付款人缴纳。

3. 计算方法。

（1）对于在当地日常经营过程中的增值税，其计算方法是用当月销项税额减去当月进项税额。若当月增值税的销项大于进项，则两者差额缴纳增值税；若当月增值税进项大于销项，则两者差额可转到下月继续抵扣。如果是项目公司，在项目结束后，多缴的增值税（进项大于销项），按规定可以申请退回。

（2）对于进口增值税，需进口方直接将增值税缴纳给海关或相关部门，计算公式为：进口货物应缴增值税 =（报关价 + 关税）×适用税率

该进口增值税一般可以用于抵扣销项，但应取得相应的缴纳文件。

4. 增值税税率。有的国家或地区规定购买的商品及服务不同，增值税税率也不同，如阿尔及利亚增值税基本税率为 19%，适用于一般性行业；优惠税率为 9%，适用于水、电、气、车用柴油等。

5. 缴纳方式。增值税有自行缴纳、代扣代缴或两种方式结合：

（1）自行缴纳。付款人将全部增值税（增值税销项）连同货款（如工程款）一并支付给收款人，由收款人根据本企业当月发生的增值税进项金额，相抵后按月计算缴纳。如阿尔及利亚。另外对于进口货物也要缴纳增值税的国家就必须要自己缴纳，否则无法清关。如巴基斯坦。

（2）代扣代缴。按照税法规定负有扣缴税款义务的单位或个人，在向个人支付应纳税所得时，应计算的应纳税额，从其所得中扣除并代缴给税务机关，同时向税务机关报送扣缴个人所得税报告表。这种方法有利于管控税源、防止漏税和逃税。在此情况下，收款人发生的增值税进项税额，应凭增值税进项票据向当地税务局申请退税。如尼日利亚、厄瓜多尔等是全部代扣代缴。另外，对于非居民纳税人发生增值税应税劳务时也采用代扣代缴的方式。

（3）两种方式结合。某些国家的政府部门被要求在支付给供应商款项时预扣一定比例的增值税。如肯尼亚增值税为 16%，由国家政府部门实施的项目，在支付分包商款项时按 6% 预扣增值税，其余 10% 增值税连同分包款一并支付给分包商。

6. 按期申报和缴纳增值税。

（1）申报期间：一般国家规定增值税按月申报，按照国际日历，每月在规定的时间，如月底之前或次月某日前申报和缴纳上月增值税。也有些国家规定按照纳税人营

业额的多少，当营业额不超过规定的金额时，纳税人可按季度予以申报和缴纳（也可以选择月度申报），但若被批准按月申报，则至少在规定的时限内不得变更申报方式。

（2）申报文件：有些国家没有专门的增值税专用发票，各企业根据自己的需要设计发票的样式，但可用于申报进项税额的发票通常要有发票开出方的税号、单独列示的增值税金额等要素。纳税义务的确定主要依靠纳税人填写的申报表。纳税申报资料一般包括每月的纳税申报表、销售商品或提供服务的发票清单、购进商品或接受服务的发票清单以及与应纳税额有关的其他资料等。

7. 建议：

（1）税务局一般不对申报表的内容进行核实，对于税收风险的控制主要通过抽查、审计等手段，所以企业应在申报前进行自我检查。

（2）增值税属于价外税，与收入成本无关，在预估企业收入时应剔除增值税销项税额，预估企业成本时应剔除增值税进项税额。

（3）无论当期是否需要缴纳增值税税款，纳税人均应按照规定申报的方式，在规定的期限内进行纳税申报。

（4）如果销项税额与进项税额的差额是负数，则根据不同国家的规定，纳税人可以将多缴纳的税额结转到下一个纳税期限抵扣或申请退还多缴纳的税款。

（5）多数国家规定有些进项税额不能抵扣，应提前了解，并尽量避免发生此类业务。如阿尔及利亚规定购买豪华商务车的进项税额不能抵扣；白俄罗斯规定购买机械设备支出的增值税进项税额不能抵扣等。

（6）增值税一般由收款方缴纳，但有些国家有反向征收增值税的规定，在此情况下需要提前了解并按照规定执行。如在摩尔多瓦境内开展经营业务的企业接受非居民提供劳务时，如果劳务提供地是在摩尔多瓦，那么该劳务将被视为进口，进口劳务的接受方将被要求在摩尔多瓦缴纳增值税。

（三）消费税税收制度

1. 消费税是以特定消费品为课税对象所征收的一种税，课征对象包括本国生产的商品或服务，也包括进口商品或服务，一般是在对货物普遍征收增值税的基础上，选择少数消费品再征收一道消费税，大多只在某一环节一次征收。

2. 纳税人。一般是生产或进口应征消费税商品或服务的企业，有的国家规定对所有者和占有者也征收消费税。如菲律宾。

3. 征税范围。其具体征收范围，通常采用列举税目的方法给出，不同国家存在较大差异，但对以下几类项目通常普遍征收消费税：酒类产品（包括非酒精饮料）；烟草产品；矿物能源品（主要包括成品油、天然气、煤，有的还对电力征收）、机动车；奢侈品（主要包括珠宝、首饰等贵重物品和高档家具、手表、皮衣、化妆品等高档消费品等）；广告、娱乐、博彩等特定服务。如在巴基斯坦，进口商品和本国生产的产品及保险、邮件快递、会计等服务均需缴纳消费税。

4. 税率。一般国家税法中规定不同税目或消费品的消费税税率差别很大，有两种基本形式，即比例税率（从价）和定额税率（从量），另外还有上述两种复合计税税率。如在菲律宾，对于生产或进口油动力汽车，价格在60万当地币以下的，按4%征收消费税；价格在60万至100万当地币之间的，按10%征收消费税；价格在100万至400万当地币之间的，按20%征收消费税；价格在400万当地币以上的，按50%征收消费税。在蒙古国，对汽油和柴油都采用从量计征的办法征收消费税。

5. 计算。消费税的计税基础一般与增值税一致，针对不同应税货物或行为适用不同的消费税计算方法，一般有从价定率和从量定额两种计算方法。

（1）从价定率计算的应纳税额 = 销售额 × 比例税率

（2）从量定额计算的应纳税额 = 销售数量 × 定额税率

（3）实行复合计税计算的应纳税额 = 销售额 × 比例税率 + 销售数量 × 定额税率

6. 缴纳。进口企业一般是在商品清关入境时缴纳给海关，生产应税商品或提供应税服务的企业，一般是产品完工或服务完成后一定期限内缴纳给税务局。如在埃塞俄比亚，消费税于生产产品完工之后30日内缴纳。

7. 对于承包工程企业而言，发生消费税应税业务的情况不是很多，即使发生也比较容易处理，需要注意的是消费税属于价内税，如果预计会发生的话，需要准确预估其税金金额，若金额较大有可能会对企业成本产生一定影响。另外税金缴纳后应对相关文件存档备查。

（四）营业税税收制度

1. 营业税，有的也叫商业税，是以纳税人从事经营活动的营业额（销售额）为课税对象的一个税种。目前征收营业税的国家不多，一般既征增值税又征营业税，如吉尔吉斯斯坦、阿尔及利亚等；有的国家是作为对不征收增值税的企业一种补充征税，如埃塞俄比亚、赞比亚、泰国等。

2. 征税范围，营业税是对企业商品和劳务课税的传统形式，其征税对象广泛，且实行多环节课税，各国对课税对象的规定不尽相同。如吉尔吉斯斯坦规定境内销售产品或提供服务均须缴纳营业税，阿根廷的征收范围包括农业、畜牧业、采矿业、工业、一般贸易与服务业、金融服务业等活动产生的收入。

3. 税率，征收营业税的各国营业税税率不同，但平均税率都较低。如吉尔吉斯斯坦规定：（1）对销售、提供应征或免征增值税的产品、作品及服务，属于贸易活动的按1%征收营业税，其他活动按2%征收营业税；（2）通过非现金结算手段，销售、提供应征或免征增值税的产品、作品、服务，适用零税率；（3）除上述两种情况外的产品、作品及服务，属于贸易活动的按2%征收营业税，其他活动大部分按3%征收营业税，但银行适用于2%税率，移动通信活动适用于5%税率。埃塞俄比亚规定：营业税税率分为2%与10%两档。具体为：（1）在埃塞俄比亚当地销售商品，税率为2%；（2）在埃塞俄比亚当地提供劳务：①提供承包工程、谷物磨坊、拖拉机及联合收割机服务，税率为2%；②提供除以上列明之外的其他服务，税率为10%。

4. 计算：

（1）一般情况下营业税税额取决于应税商品的销售额和适用税率。如在阿尔及利亚，计税基数为向对方收取的全部价款和价外费用扣除增税税后余额。就承包工程收款而言，计税基数为业主支付的款项（包括预付款和验工计价款）扣除增值税后乘以营业税税率。从2015年9月开始，按新修改的税法规定，公共建筑行业的营业税在原来营业税税率2%基础上减少75%，即税率降至1.5%，营业税 = 业主支付款项 ÷ 1.17（增值税17%）×1.5%（如收到业主付款100万当地币，扣除增值税税款后为85.47万当地币的1.5%即1.2 821万当地币）。

（2）但有些国家的计算包含固定金额和可变金额，如吉布提的承包营业税，由固定税和可变税两部分组成，承包营业税金额 = 1.284 × 固定税 + 1.284% × 营业额，其中固定税取值范围为：12万当地币—80万当地币，营业额越高，固定税额越高，但最高限额为80万当地币（在营业额超过约400万美元时）。

5. 申报缴纳，征收营业税的各国都规定了征税期间和缴纳期限，一般是按月申报缴纳。如在泰国，营业税纳税义务人，须按月填报《特别营业税40号表》特别营业税项目列表，报告业务类型、收入总额、特别营业税税额以及特别营业税10%的地方税，并在次月15日前提交报表和缴纳税款。在吉尔吉斯斯坦，营业税的纳税期间为一个日历月。纳税人需要在每月21日之前在税务登记所在地提交纳税申报表，申报缴纳上月营业税。

6. 在征收营业税的国家经营要了解其对承包工程项目的影响，主要是项目成本的影响，依法依规申报缴纳，避免罚款。

（五）关税税收制度

1. 关税是指一国海关根据该国法律规定，对通过其关境的进出口货物课征的一种税收。关税在各国一般属于国家最高行政单位指定税率的高级税种，对于对外贸易发达的国家而言，关税往往是国家税收乃至国家财政的主要收入。政府对进出口商品都可征收关税，但进口关税最为重要，是主要的贸易措施。这里主要介绍境外国家的进口关税，进口的货物和物品一般都最终消费或使用在进口国家，由进口方自行处理。但是有一种特殊情况，称为临时进口（又称暂时性进口），指出于开展经济技术、科技文化合作交流等目的的需要，而暂时进口在境内进行特定的使用，并且在规定的时间内将有关进口货物原状复运出境的制度。临时进出货物由于其进出境行为的暂时性，即该货物最终的消费或使用地不在其进入的国家，因此对临时进口货物不能够按一般进口货物进行管理，各国都根据各自的情况对临时进口货物给予其在国家管制和税收方面的优惠通关待遇，采取相对简化的手续办理此类货物的通关。

2. 完税价格。完税价格是指海关根据有关规定对进出口货物进行审定或估定后通过估价确定的价格，它是海关征收关税的依据。

（1）离岸价（FOB）和到岸价（CIF）：通常将货物离开发运国时的价格称为离岸价（FOB），而把包含海运费、保险费等到达货物接受国时的价格称为到岸价（CIF）。一般进口商品以到岸价征收关税，出口以离岸价征收关税。

（2）完税价格一般是以到岸价为基础由海关审定。有的国家将成交价格作为完税价格，如保加利亚；有的国家按照《关税与贸易总协定》规定的方法进行评估确定完税价格，如南非。

3. 税率。

（1）各国的进口货物或物品的关税税率各不相同，一般都有很详细的税率表，针对每种进口货物或物品都有编码，不同的货物对应不同的编码，不同的编码对应不同的税率。多数国家采用从价计征方式，即按货物价格乘以适用的关税税率计算关税税额，大多使用比例税率。如阿尔巴尼亚的进口关税税率有：0、2%、5%、8%、10%、15%；老挝关税目前采用6档税率：5%、10%、15%、20%、30%、40%。还有的采用从量计征方式，即以货物的重量、件数、容量、面积等为计税依据，按照固定税额标准计征的税收。如孟加拉国、白俄罗斯等国都有针对部分进口商品采用此种方式征收关税的规定。另外还有复合计征方式，是对进口商品既征从量关税又征从价关税的一种办法，如吉尔吉斯斯坦就有针对部分进口商品采用此种方式征收关税的规定。

（2）各国的进口关税税率有高有低。如蒙古国大部分商品的一般进口关税税率为5%，缅甸的进口关税税率最高可达40%。

（3）各区域经济组织之间的进口关税很低或为0。如海合会成员国之间互免关税，中国与东盟成员国家之间进口关税明显低于从其他国家进口货物的关税税率。

（4）各国一般都有免征关税的货物或物品的规定。如阿尔巴尼亚规定对石油勘探承包商进口的一些特定货物免征关税；塞尔维亚规定用于外资项目中作为投资的进口设备免征关税。

4. 计算。

（1）对于从价征收的进口商品，用海关审定的完税价格乘以适用关税税率即得出关税金额。如在阿拉伯联合酋长国，根据当地海关规定，一般情况下进口关税按商品成本加保险费加运费（CIF）的5%征收。

（2）对于从量计征的进口商品，不因商品价格的涨落而改变税额，计算比较简单，一般不会有争议，其应纳税额=应税进口货物数量×关税单位税额。

（3）复合计征方式，一般以从量为主，再加征从价税，其应纳税额=应税进口货物数量×关税单位税额+应税进口货物数量×单位完税价格×适用税率。

5. 申报缴纳。为了进口物资设备，有些国家要求需具备进口资质，如孟加拉国；有些还要求在海关进行登记，如在斯洛文尼亚，进口企业须通过海关当局要求登记的经济运营登记号码（Economic Operator Registration and Identification，EORI）来识别，EORI 注册是通关的强制性要求。另外多数国家对报关的流程和手续有详细的规定，如吉尔吉斯斯坦海关非常重视关税遵从的流程与文档，企业需要按照海关要求提供相关文档，对于进口货物，需要申报的文档包括报关单、账单和合同等。在货物进关后企业应及时申报并缴纳，然后货物才能放行出关。

6. 建议。

（1）有些国家有些建设项目可以免除关税，应尽量争取。

（2）有些国家出于安全及公共卫生等因素的考虑，部分货物是不允许进口的，应提前了解需要进口物品是否可行。

（3）提前准备好进口所需各项文件，及时清关，避免产生滞港费。

（4）在有些国家，临时进口（如展会设施）不需要缴纳关税，但必须取得属于临时进口的证明文件并提供保函。如在阿尔及利亚，保函金额大约相当于一般进口税的 10%，进口口岸不同，保函金额不同。如果进口后在当地销售，则需补缴关税，否则到期只能运出。

（5）进口关税是进口商品的一项直接成本，另外还可能有其他相关税费。如在吉尔吉斯斯坦除关税外还应缴纳海关手续费等，其海关手续费金额为报关货值的 0.15%，在估计进口物资设备时应予以充分了解并计算在内。

（6）缴纳关税的相关资料应妥善保存，以备税务相关部门稽查。

四、其他税类税收制度

（一）其他税类介绍

各国的税费种类有的多，有的少，有的复杂，有的简单，除所得税和流转税外不同国家还有资源税、财产税、行为税，许多国家都将这三种类别的税作为税制中的辅助税种，在财政税收收入中所占比例相对较小。行为税指以纳税人的某种行为为课税对象而征收的一种税，一般把不能归属为流转税、所得税、资源税、财产税的税种划归为行为税。行为课税的最大特点是征纳行为的发生具有偶然性或一次性，因而在实务操作中相对简单，如清洁税、广告税、附加税、市政税、运输车辆税、车船使用税等，各国或地区比较常见的有印花税、注册税等。

（二）资源税税收制度

1. 资源税是国家对开发、利用其境内资源的单位和个人，就其所开发、利用资源的数量或价值征收的一种税。如俄罗斯有矿产资源开采税、水资源使用税、土地税；白俄罗斯有自然资源开采税；赞比亚有矿区使用税；吉尔吉斯斯坦有地下空间使用税；

乌兹别克斯坦有地下资源开采税。

2. 征税范围，一般包括普通金属、能源矿产、宝石、工业矿产、贵金属、水等，另外，和工程承包有关的主要有砂石料、土料等。

3. 计税基础，有的国家以开采出的矿产资源实物数量为计税基础，如俄罗斯；有的国家是以销售金额为计税基础，如蒙古国以相当于从矿床开采发运或直接销售金额为计税基础；还有的国家是按市场价格为计税基础，如赞比亚对工业矿物是根据生产矿产的总值为计税基础，其总值定义为在赞比亚出口地或赞比亚境内交货地自由交易的可实现价格。

4. 税率，分为比例税率和定额税率。如哈萨克斯坦对当地建筑材料、建筑砂、粘土等按5.6%的税率征收矿产开采税；塔吉克斯坦对水资源以一个纳税期内产生的电能数量为计税基础征收水资源费。

5. 计算，既有从价征收方式，又有从量征收方式，用相应的税基乘以适用税率即得出应纳资源税金额。

6. 缴纳期限，有的按月征收，如俄罗斯规定按月征收矿产资源开采税，在次月的25日前缴纳；有的按季度征收，如哈萨克斯坦规定矿产开采税的纳税期限为1个日历季度，地下矿藏使用者应在纳税期次月的15日之前向其所在地税务机关提交矿产开采税纳税申报，必须在纳税期次月的25日之前按照计算税款总额向其所在地财政上缴税款。

7. 工程承包企业在有些国家会涉及资源税，应提前了解并按时合规申报缴纳。

（三）财产税税收制度

1. 财产税是指以纳税人所有或属其支配的财产数量或价值额为课税对象征收的税收。当今世界各国对财产课征的税主要有：房屋税、土地税、地价税、土地增值税、固定资产税、流动资产税、遗产税和赠与税等。许多国家都征收财产税，如俄罗斯有企业财产税、个人财产税；蒙古国有不动产税等。

2. 征税范围。财产税是对纳税人的财产征税，不同国家有不同的规定，其课税对象一般可分为不动产（如土地和土地上的改良物）以及动产两大类。动产又包括有形资产和无形资产，前者如耐用消费品、家具、车辆等，后者如股票、债券、借据、现金和银行存款等。如摩尔多瓦的财产税是针对包括土地、房屋、公寓在内的不动产征收的一种税。

3. 计税基础。一般需要由规定的机构或方法评定课征对象的价值来作为计税基础，也有部分国家（地区）按实际租金收入作为计税基础，如印度、新加坡、中国香港、中国澳门。如蒙古国规定不动产的价值评估必须由不动产所在地的权威机构进行评估，如果该地没有权威的机构，则该不动产价值由其被保险金额确定；如果两者都没有，不动产的价值则由会计入账成本金额确定。新加坡规定的计税基础不是以房地产价值来计算，而是以房地产的年价值来计算，其年价值等于若将其出租预计可获得的年租金，扣除家具、设备的租金和服务费；房地产的年价值根据对可比建筑的租金和相关数据的分析来确定，该不动产在自用、闲置的情况下，以相同的方法进行价值评估，在出租的情况下，以实际租金收入作为计税基础。

4. 税率。一般采用比例税率，包括单一比例税率和累进税率。如新加坡规定对于非自用型房地产，自2015年1月1日起，其年价值在3万当地币以内的按10%计算；3万至4.5万当地币之间的按12%计算；4.5万至6万之间的按14%计算；6万至7.5万之间的按16%计算；7.5万至9万之间的按18%计算；超过9万当地币的按20%计算房产税。

5. 计算。一般国家都是从价征收，如厄瓜多尔的总资产税是针对企业或个人资产征收的一种税，企业和从事商业活动的个人每年初按上年总资产金额的0.15%向当地市政府缴纳总资产税。

6. 缴纳期限。一般规定次年一定期限内缴纳，如厄瓜多尔规定企业须在每年5月31日前缴纳总资产税。

7. 财产税一般无法避免，应按时合规申报缴纳。

（四）印花税税收制度

1. 印花税是指对经济活动和经济交往中书立、领受具有法律效力的凭证的行为所征收的一种税。该税征税范围广泛，税率低、税负轻，有的国家征收印花税，如伊朗、菲律宾等，有的国家没有印花税，如亚美尼亚、尼泊尔等。

2. 纳税人。在征收印花税的国家或地区，其税法上都明确了印花税的支付方，有的规定当事一方缴纳，有的规定当事各方都需缴纳。如新加坡规定印花税由一方缴纳，印花税支付方根据文件中的条款确定，如果文件中对此未加以明确，则按税法中规定予以执行，即当事各方可以相互协商确定纳税人并写入文件中。

3. 征收范围。

（1）多数国家都对印花税的征税范围做了具体规定，如泰国规定其印花税征税范围为：土地、房屋、其他建筑、水上住房等租赁合同；企业、组织、团体、其他机构等发行的股票、债券、公债和证券的转让凭证；财产租赁合同；雇用定做加工合同；银行贷款或同意透支凭证；保险单，包括灾害保险单、人寿保险单、年金保险单、保险受益者转让收益权的保险单、其他保险单和续约原来的保险单记录；授权书，指无合同凭证特征但属于设立代表的证明，包括仲裁授权书；公司会议表决的授权委托书；汇票、本票或有类似汇票、本票作用的凭证；提货单；公司、协会或其他机构发行的股票、债券或债务证明、各国政府在泰国出售的债券；支票或各类取代支票的指令；含利息的定期银行存款单；信用证；旅行支票；担保书；债务担保；典当凭证；货仓收据单；送货指令凭证；代理凭证；仲裁人的裁决书；配套或三联单凭证；提供给注册人的有限公司契约合同书；提供给注册人的有限公司规章制度；提供给注册人的有限公司新的规章制度或更新的契约合同书副本；股份公司的合同书；限以下范围的收据：①政府出具的彩票奖金单；②由法律行为出具的关于不动产的转移或建立所有权的收据，该收据是依法注册的收据，③关于销售、代理销售、出售或转让车辆的收据，尤其是车辆，需要依据车辆有关法律注册。

（2）特定经济凭证，几乎所有征收印花税的国家都选择此种文件征收印花税，如孟加拉国对于订立部分文书征收印花税，包括债务声明、债券、租赁协议及股权转让协议等。

（3）特定经济凭证和经济交易行为，有些国家不仅对特定经济凭证征收印花税，还对某些经济交易行为征收印花税，单纯对经济交易行为征收印花税的国家或地区几乎没有。如澳大利亚新南威尔士州通过对部分交易行为征收印花税。

4. 税率。

（1）比例税率。如缅甸规定出售或转让不动产，为转让价值的3%，如出售或转让的不动产位于仰光发展区，加征2%。越南规定股票转让及发行须按0.25%的税率缴纳印花税。

（2）定额税率。如菲律宾规定由海关、船舶检验员、公证人开具的损害证明或其他文件，以及法律或政府规章规定的证书按每份30当地币缴纳印花税。伊朗规定在伊朗境内发行、转让或使用的所有流通商业票据、空运和海运提单等宣告商品权利的单据、货物保单按每件5 000当地币缴纳印花税。

（3）上述两者兼而有之。如斯里兰卡规定对于进行贸易、商业、专业工作或职业等的临时执照（非酒类执照），按照执照费的10%与2 000卢比两个金额较低的收取印花税。

5. 缴纳方式。

（1）在征税文书上贴花。

（2）到指定地点盖戳。

（3）到税务局填开完税凭证。

6. 需注意情况。

（1）有的国家规定在境外签署的文件拿到境内时要缴纳印花税。如新加坡规定在境外签署的文件，应在新加坡收到文件的30日内缴纳印花税。

（2）在有些情况下印花税的金额较大，会影响项目的成本，应提早了解。

（3）涉及跨境合同有时需要分别在两个国家缴纳印花税。

第三章
国际工程承包税务实务与规划

"一带一路"沿线各国经济社会存在较大差异，各国税收体制、征管环境也呈现出复杂多变的特点。建筑施工企业作为中国企业"走出去"的骨干力量，在业务迅速发展的同时也暴露出合规管理不到位、合法维权不得力的现象。国际工程承包税收环境错综复杂，涉及东道国、中国及第三国等多种税收体制和国际税收问题，企业在税务实务及规划上面临诸多风险与挑战。在税务实务上，企业应当一方面加强合规管理，降低税收风险，另一方面要熟知税法、善用税法为企业创造更好的综合收益，这是企业管理者特别是税务人员的紧迫任务。

第一节　国际工程承包基本情况

一、我国对外承包工程情况

"一带一路"倡议提出以来，我国对外承包工程业务呈现快速增长的势头，市场占有率不断提高、业务范围不断扩大、产业结构不断升级，2017 年完成营业额 1 685.90 亿美元，同比增长 5.80%，新签合同额 2 652.80 亿美元，同比增长 8.70%。目前已经在国际工程承包领域占据重要地位。

从建筑施工企业发展来看，2017 年我国建筑施工企业进入工程新闻纪录（ENR，

Engineering News Report）250 强榜单的有 65 家企业，上榜企业数量继续保持世界第一。在 ENR 同期发布的最大 250 家全球承包商榜单中（包括国内及国际业务），中国建筑股份有限公司、中国中铁股份有限公司、中国铁建股份有限公司、中国交通建设股份有限公司及中国电力建设集团有限公司包揽前五强[①]，中国企业在全球基建市场居于领军地位。

二、我国企业国际工程承包市场分布情况

（一）对外承包工程业务的国际分布

在与中国签署“一带一路”合作文件的 140 多个国家和国际组织中，我国企业取得了快速的发展，同时在其他地区如非洲、拉丁美洲，也取得了很好的业绩。按 2017 年的统计数据，我国对外承包工程新签合同额按地区去向分布的结构是：亚洲 54.10%、非洲 28.80%、拉丁美洲 6.00%、欧洲 6.50%、北美洲 1.40%、大洋洲 3.20%。可见亚洲是中国最大的市场，其次是非洲市场，这些都是我国建筑施工企业在“走出去”过程中应该重点加以关注、研究的地区。

2017 年我国建筑施工企业完成的十大国际工程项目是：马来西亚东部沿海铁路一期工程、印度尼西亚美加达卫星城项目、中国香港综合废物管理设施第 1 期项目、肯尼亚纳瓦沙至基苏木标轨铁路项目、俄罗斯阿穆尔天然气处理厂建设项目、尼日利亚蒙贝拉 3 050 兆瓦水电站项目、越南沿海二期燃煤电厂项目、老挝中老铁路磨丁至万象工程、尼日利亚阿布贾城铁项目、约旦阿塔拉特 2 台 277 兆瓦燃油页岩电站 EPC（Engineering Procurement Construction）项目。

（二）开展对外承包工程业务的重要国家（地区）

我国对外承包工程业务开展在分布上呈现很高的集中度，2017 年新签合同前 10 位的马来西亚、印度尼西亚、巴基斯坦、尼日利亚、孟加拉国、肯尼亚、中国香港、安哥拉、俄罗斯和埃塞俄比亚业务量为 1 171.10 亿美元，占全部新签合同额的 44.10%。新签合同额前 30 位的国家（地区）业务量为 2 001.30 亿美元，占全部合同额 2 652.80 亿美元的 75.40%，如表 3－1 所示。

我国国际工程承包业务在“一带一路”沿线国家中占据主要地位，有 19 个国家；非洲等其他地区也占据重要地位，有 11 个国家。因此，我国对外承包工程企业应该着重加强对“一带一路”沿线国家税制法规和实践的研究，同时也不能忽视对非洲、拉丁美洲等地区的研究。

三、主要国际工程承包国家所得税特征

“一带一路”沿线国家涉及多个税法体系，也与我国存在多种多样的国际税收关

---

① https：//www. enr. com/toplists/2018 – Top – 250 – Global – Contractors – 1.

表 3-1　2017 年我国对外承包工程新签合同额前 30 名的国家（地区）①　货币单位：亿美元

序号	国家（地区）	新签合同额	序号	国家（地区）	新签合同额
1	马来西亚	248.50	16	阿拉伯联合酋长国	49.90
2	印度尼西亚	172.00	17	伊朗	49.70
3	尼日利亚	114.80	18	澳大利亚	49.70
4	巴基斯坦	107.50	19	赞比亚	48.60
5	孟加拉国	104.20	20	泰国	37.30
6	肯尼亚	100.80	21	菲律宾	36.90
7	中国香港	89.20	22	科威特	36.10
8	安哥拉	85.80	23	新加坡	35.20
9	俄罗斯	77.50	24	美国	33.50
10	埃塞俄比亚	70.60	25	柬埔寨	33.00
11	越南	61.00	26	沙特阿拉伯	29.30
12	伊拉克	59.10	27	加纳	29.10
13	委内瑞拉	58.00	28	刚果（金）	28.70
14	阿尔及利亚	53.90	29	印度	25.80
15	老挝	52.10	30	哈萨克斯坦	23.50

系。沿线国家企业所得税名义税率普遍低于我国，但重点工程承包国家税率与我国相当，并且由于征管体制和税收透明度问题，实际税率更高。非洲及拉美地区名义税率和实际税率都高于我国。

（一）企业所得税基本特点

1. 税收管辖权。“一带一路”沿线国家中，大多数国家同时实行地域管辖权和居民管辖权。实行单一地域管辖权的国家有：新加坡、马来西亚、文莱、科威特、卡塔尔、黎巴嫩、巴林、叙利亚、巴勒斯坦等。

2. 企业所得税的法律体系。实行英美法系的国家集中于“一路”沿线国家，如马来西亚、新加坡、文莱、东帝汶、印度、巴基斯坦、孟加拉国、斯里兰卡、尼泊尔、马尔代夫、不丹等。实行大陆法系的国家集中于“一带”沿线国家，如中亚 5 国、独联体 8 国、中东欧多国等。另有沙特阿拉伯、阿拉伯联合酋长国、伊朗、伊拉克等实行伊斯兰法系。

（二）企业所得税税率比较

1. 名义税率比较。

① 中华人民共和国商务部、中国对外承包工程商会：《2017—2018 中国对外承包工程发展报告》，2018 年 9 月。

表 3-2　2017 年我国承包业务量最大 30 国家（地区）所得税税率①　货币单位：亿美元

序号	国家（地区）	2017 年新签合同额	所得税税率（%）	工程预扣税（%）
1	马来西亚	248.50	24	13（非居民）
2	印度尼西亚	172.00	25	2÷3÷4
3	尼日利亚	114.80	30	5
4	巴基斯坦	107.50	30	7
5	孟加拉国	104.20	35	7.5
6	肯尼亚	100.80	37.5	3
7	中国香港	89.20	16.5	
8	安哥拉	85.80	30	6.5
9	俄罗斯	77.50	20	
10	埃塞俄比亚	70.60	30	2、15
11	越南	61.00	20	2
12	伊拉克	59.10	15	
13	委内瑞拉	58.00	34	
14	阿尔及利亚	53.90	23	1
15	老挝	52.10	24	2.4
16	阿拉伯联合酋长国	49.90	0	
17	伊朗	49.70	15	
18	澳大利亚	49.70	30	5
19	赞比亚	48.60	35	
20	泰国	37.30	20	3
21	菲律宾	36.90	30	2
22	科威特	36.10	15	
23	新加坡	35.20	17	
24	美国	33.50	25.7	
25	柬埔寨	33.00	20	
26	沙特阿拉伯	29.30	20	
27	加纳	29.10	25	
28	刚果（金）	28.70	35	
29	印度	25.80	40	
30	哈萨克斯坦	23.50	20	
	合计	2 001.30	24.7	

（1）表 3-2 中"一带一路"国家（地区）19 个，平均税率为 21.4%。其中，税

① 承包业务量数据，《2017—2018 中国对外承包工程发展报告》；税率数据来源，EY，World Wide Corporate Tax Guide，2017。

率高于我国的有巴基斯坦、孟加拉、菲律宾和印度；税率与我国相同的有印度尼西亚，其余国家均低于我国。

（2）表3-2中非“一带一路”国家（地区）11个，平均税率为30.5%。其中，税率低于我国的有阿尔及利亚，与我国相同的有加纳，其余均高于我国。

2. 实际税率比较。除标准所得税税率以外，有部分“一带一路”沿线国家（地区）及重要工程承包国家（地区）还以工程合同进度款为基数从源头征收工程预扣税，表3-2中有14个国家（地区）征收工程预扣税。不同国家（地区）对工程承包预扣税的管理不一致，基本分为“预扣”结合“核定征收”、预扣税作为终税、预扣税作为最低税（根据清算结果，只补税不退税）三种形态，从实践来看一般不能退税。

此外，有些国家对工程项目还征收一些特殊税种。例如，埃及规定对从政府取得工程承包收入征收2.4%的印花税；土耳其规定，在与政府签订承包合同时，除正常的印花税外（税率0.948%），还加征同等税率的“授标决定税”；斯里兰卡规定，工程项目合同收入须缴纳2%国家建设税；在印度、巴基斯坦、巴西等中央、省邦二级税收体系国家，更有一些附加税种。这些征收工程预扣税和附加税的国家实际税率比名义税率高。

第二节　国际工程承包税务实务

一、国际工程承包税务概述

我国建筑施工企业走出国门进行国际工程项目承包，是以中国税收居民身份，到项目所在国进行经营并取得收入，受到我国税务机关居民管辖权和东道国税务当局来源地管辖权的双重管辖，因此涉及三个方面的税收，即中国税收、东道国税收和跨境税收，企业最终税收负担是三者的总和，企业进行税务规划就是追求总税负最小化。

（1）中国税收。企业在境外进行工程承包取得的收入，作为中国居民纳税人，应按我国税法缴税。其中，所得税按我国税法计算应纳税额，对境外已缴所得税按抵免法进行抵免；增值税按项目位于境外享受免税；印花税按合同在境外使用享受免税。

为了境外项目的实施，境内企业对境外总承包商或业主的出口，其所得税在中国缴纳，增值税按规定办理出口退税。

（2）东道国税收。企业在境外实施工程承包，无论是以非居民方式或以居民方式，围绕实施工程项目取得合同收入、开支成本、实现应税所得、进行人员雇用等，除少数情况外，均应按照东道国税法进行申报纳税。各国税法之间总体框架相似，但关于税种、税目、税率、征管办法都有各自不同的特点，需要实地研究、学习，做到既遵从税法，又合理避税。

建筑施工企业在进行经营开发、项目承揽时，项目所在国的税收风险与潜在收益不仅是财税人员的工作重点，也正在引起经营、决策人员的重视。有些地区的税制、税率已经明显地影响到企业关于项目的总体策略。有些地区税收风险与成本较小，如阿拉伯联合酋长国、中国香港特区、中国澳门特区、新加坡；有些地区税收风险与成本较大，如印度、巴基斯坦、孟加拉国、安哥拉；还有一些地区风险适中。

（3）跨境税收。在我国税收机关和东道国税收当局的管辖权之间以及与第三国（地区）管辖权之间，还涉及国际税收关系，也就是跨境税收。跨境税收既是国家（地区）之间利益分配的问题，也涉及企业税收负担的高低，企业可以适当安排业务流程，在真实的商业内容基础上进行税务规划，取得更好的税收效果。

二、典型业务活动及其涉税事项

为了方便理解，现按照国际工程项目承包的主要业务事项，举例列示其相关的税务实务。

［**例3－1**］我国某两个企业组成联合体在土耳其中标公路工程项目，并在当地设立分公司建设施工。项目从投标开始，到顺利竣工完成利润回笼，各主要业务流程的税收事项列示如表3－3所示。

表3－3　在土耳其实施工程项目各业务环节所涉及税收事项

业务活动	涉及税收管辖权	涉及税收
开立投标保函、履约保函	东道国	银行保险业税5%
与业主订立合同	东道国	合同印花税0.948%、合同授标税0.948%
设立管理机构	东道国	• 聘请律师、会计师：合同印花税0.948%、代扣专业服务预扣税20% • 承租办公场所：代扣代缴不动产租金预扣税20% • 雇用人员：代扣代缴个人所得税5%—35%、社会保障税39% • 购置移动电话：增值税18% • 购买车辆：增值税18%、机动车特别消费税145%、汽油特别消费税（按不同油品）
收到工程预付款	东道国	被代扣代缴预扣税3%
采购原材料	东道国	支付增值税进项税18%
分包工程	东道国	合同印花税0.948%、支付分包单位增值税15%（已减代扣增值税）、代扣代缴预扣税3%

续表

业务活动	涉及税收管辖权	涉及税收
从中国进口原材料	中国 东道国	支付采购增值税 17%、收到出口退税 17%（降税前税率） 进口关税 4.5%、进口增值税 18%
从中国临时进口施工机械	东道国	零价值进口（Free of Charge），缴关税保证金（按驻留时间征收）
从中国永久进口施工机械	东道国	关税 4.5%（不同货物税率不等），增值税 18%，进项税全额抵扣
支付中国设计费、咨询费	东道国	缴纳增值税 18%、代扣代缴预提税 20%
支付中国对境外员工培训费	东道国	缴纳增值税 18%
从业主收到合同款	东道国	收到合同价外增值税 15%（已减被代扣增值税）、被代扣代缴预扣税 3%
收到银行利息	东道国	被代扣代缴存款利息预扣税 15%
支付银行保函费用、手续费	东道国	金融保险业税 5%
季度报税	东道国	预缴所得税（期间亏损）
增值税退税	东道国	留抵税额中业主代扣增值税部分
项目所得税清算	东道国	政府税收审计
项目所得税退税	东道国	预扣税 - 应纳所得税
中国所得税汇算	中国	按抵免限额补税（抵免限额 25% - 已交 20%）

第三节　国际工程承包业务税务难点解析

一、东道国税收法规、征管环境因素

1. 东道国法律、税制差别巨大。从经济上看，沿线国家（地区）只有新加坡、以色列等少数几个经济发达体，其余国家均是欠发达和发展中国家。从法律上看，既有东南亚、南亚、北非等地区的英美法系国家，也有中东欧、中亚地区大陆法系国家，还有一部分中东伊斯兰法系国家。从税制上看，也呈现出多样性与复杂性。

2. 部分重点工程承包国家税负较重。“一带一路”沿线国家（地区）平均税率低于我国，少数国家高于我国，例如巴基斯坦、印度、孟加拉国等南亚国家，还有一部分收取工程预扣税的国家实际税率高于我国。除此以外，其他重要工程承包国家，特别是非洲、拉丁美洲国家，税率普遍高于我国。

3. 成本费用扣除限制多。企业的合同成本部门对项目的责任利润预算与项目按当

地税法核算口径的结果出入较大，使项目在预测、决策、考核上出现较大误差，很重要的原因是企业全球成本费用中有很多不能实现在东道国税前抵扣。如：

（1）中国员工在中国发放、解缴的工资和社保费用。

（2）国内总部为项目开发、经营承揽而直接开支的费用。

（3）国内总部支付的中国保险机构保险费。

（4）国内总部为驻外机构注入营运资金计提的资金占用费。

（5）购置固定资产按内部加速折旧方法多计提的折旧费。

（6）无法获得工作签证的中方人员费用。

这些不能计列的成本费用使工程项目按照当地税法核算的利润虚高，甚至会出现应纳税所得额很高但实际亏损的情况，给财税人员很大的税务规划压力。

4. 项目体量大、当地税务机关高度关注。能源、交通、基础设施的工程项目往往规模巨大，在政治影响上，往往是政府重点业绩工程，同时也是在野党特别关注的工程。在财政收入上，重大的工程项目可以显著地影响当地财政收入，因此所在国税务部门经常将我国企业承建的项目划归最高税收机关直接管辖，进行全过程监管，财税管理工作外部压力非常大。比如安哥拉税务总局设立了税务管理大企业局，对重点企业进行重点监管，这些重点监管对象85%是中资企业。

5. 严格的外汇管制。沿线国家大多为发展中国家和新兴经济体，金融体系薄弱，很多国家实行外汇管制，部分国家对工程合同外汇支付比例大幅下降，当地币支付比例上升，即使是合同规定比例下的外汇部分资金也无法顺利汇出。

（1）外汇管制使跨境交易安排不易实现，限制了税务规划领域。

（2）外汇管制使承包商为了规避汇率风险，有时不得不采取逆向规划[①]的办法，付出一定税负的代价实现资金的回笼，加重了税收成本。

6. 当地币币值不稳。部分沿线国家当地币币值不稳定，甚至出现长期贬值，使企业财务收益面临极大的风险。如阿根廷比索对美元在2018年上半年贬值超过50%，给中国企业的经营带来很大困难。企业有时通过市场换汇，或者通过逆向规划的方法汇回现金，这些都会增加企业成本。当地币贬值在会计上使前期开支成本确认不足（历史成本原则）、后期结算收款时营业收入确认虚高。如果项目规模大、实施期间长，投入工程成本与结算收款确认收入的间隔期大，就会形成以当地币计量的收入因汇率变化，在账面上虚增利润从而增加税负。

7. 部分国家加强反避税管理。随着国际税收合作的加强，各国（地区）不仅出台相关政策或成立专门机构加强对交易实质和关联交易定价等方面的严格审查，税务机关也对交换情报和互相协助加强了合作。这将加大国际工程项目税务规划的风险。

---

① 逆向规划是指出于非税目的，通过将税源从低税国向高税国转移，来实现其利益最大化的目标。

二、国际税收协调及中国税收因素

（一）税收协定签订滞后于境外工程承包发展速度

在140多个“一带一路”沿线国家（地区）中，仍有10个国家（地区）没有签订税收协定，“走出去”企业面临境外重复征税、股息预提税无法享受优惠税率、涉税争议不能保护自身权益等问题。另外，在其他重点工程承包国家，如非洲与拉丁美洲地区，税收协定签订更加滞后。我国企业在非洲54个国家（地区）开展工程承包业务，只与16个国家签订了税收协定（其中与乌干达、博茨瓦纳、肯尼亚、加蓬、刚果（布）、安哥拉等6个国家协定尚未生效），还有38个没有签订。目前我国建筑施工企业占据非洲建筑市场主导地位（2017年新签合同额在非洲占比56.20%）[①]，税收协定谈签进度差距较大，当建筑企业在与和东道国签有税收协定的其他国家竞争时竞争力降低。

（二）我国税收抵免政策存在瑕疵

1. 饶让抵免不充分。我国对外签订税收协定中饶让条款覆盖面较小，到目前为止，所有106个税收协定中（不含中国香港、中国澳门），只有与越南、马其顿、尼泊尔、阿曼、斯里兰卡、文莱、沙特阿拉伯、柬埔寨、印度、科威特、巴基斯坦、保加利亚、波黑、泰国、马来西亚等15国签订了税收饶让条款，相互给予税收饶让。另有新加坡、阿拉伯联合酋长国、波兰、匈牙利、日本、加拿大、澳大利亚、瑞典、奥地利等国给予我国单方税收饶让。“一带一路”国家（地区）为了吸引我国投资者，其国内法往往给予较为优惠的税率。如果对方国家给予我国企业减免税的优惠政策，而我国没有相应的税收饶让规定，我国企业就无法有效地享受对方国家的税收优惠政策。

[例3-2] 赞比亚大部分地区缺乏清洁水源，霍乱疫情不断，急需发展供水项目，但是苦于财政困难和国家信用评级较低，一时难以筹措资金建设。某企业协助首都地区规划发展供水项目，项目预算7 900万美元，其中包括承包商利润800万美元。赞比亚所得税税率为35%。在项目推进过程中，承包商成功地撮合了国际金融机构向业主贷款，赞比亚政府因此特别给予该企业所得税免税的优惠，预计可免除所得税280万美元（800×35%）。但签约后企业发现，由于项目的谈签均是以中国总部的名义进行，纳税人身份是中国税收居民，从境外取得的利润在国内汇算清缴时仍须补缴25%的中国所得税200万美元（800×25%），此前在赞比亚经过艰苦谈判获得的税收优惠全部落空。

2. 境外税收抵免程序规定不完善。我国相关税法规定，“走出去”企业在申请税

① 中华人民共和国商务部、中国对外承包工程商会：《2017—2018中国对外承包工程发展报告》，2018年9月。

收抵免时，需向税务机关提交规定的资料，包括提供境外所得相关的完税凭证或纳税凭证。但是"一带一路"沿线多为发展中国家（地区），税收法制不健全，企业有时难以取得合规的境外纳税凭证。目前我国缺少对纳税人无境外完税凭证如何进行抵免和认定的规定[①]。

3. 可抵免税种和认定程序不明确。由于各国税制差异，部分国家除征收企业所得税外，还征收超额利润税（印度）、所得税性质的印花税（埃及）、国家建设税（斯里兰卡）等，企业在境外缴纳的所得税性质的税款不断增加，而我国目前还没有明确判断境外所得税性质的认定办法、可抵扣所得税细目和相关政策。

（三）税收争议解决效率不高

在未签订税收协定的国家，企业与当局产生税收争议只能按东道国国内法处理，很难维护权益。在税收协定签约国，当企业与税务机关产生争议时，维权的最终途径就是发起国家之间的相互协商程序（MAP，Mutual Agreement Procedure）。而国家之间的相互协商程序存在效率低、时间长、结案率低[②]的问题，企业缺乏发起程序的热情。

（四）对关税优惠协定利用不足或很难操作

中国与有些国家签订关于关税的优惠协定，对于在优惠目录中的材料或设备可享受优惠税率，并需要开具原产地证明等文件，但是有的企业对此不重视甚至一无所知，或者在东道国很难操作，从而很难享受相关的优惠政策。

三、企业自身管理问题

（一）企业税务规划意识不强

我国建筑施工企业在国际工程承包中，市场范围迅速扩大、专业领域不断扩展，需要应对的矛盾与挑战都很大。一些企业高度重视市场开发与签订合同，但忽视了税收工作的重要性。这其中虽然一些单位成立了专门机构研究国际税务问题，但大部分单位仍没有相应的机构。

（二）税务规划在项目前期介入不及时

国内工程投标是在同一法律框架、同一技术标准、相似的业主管理模式条件下进行的，重复度非常高，投标工作高度模块化、工厂化，重大风险控制较为得当。国际工程项目的招投标活动则完全不同：不同的国家、不同的技术标准、不同的市场条件、不同的法律规范，现成的案例和经验较少，所有问题都是新问题，都要在短时间内研究解决，税务问题只得推后，税务规划难以早期介入。由于税务规划注重前瞻性，需要事先进行组织机构、业务架构、合同安排等策划，才能事后收到节税的效果。如果

① 刘芸、李运玲、韩培培、黄姝："开创发展新格局 服务企业'走出去'"，《国际税收》2018 年第 4 期。

② 国家税务总局无锡市税务局课题组："'一带一路'视角下跨境税收争端问题浅析"，《国际税收》2018 年第 7 期，第 48 页。

错过了前期策划的时机，等到机构已设置、合同已签订，很多涉税因素都已经固化下来，很难再有大的作为。

（三）税务规划方案落实困难

各种税务规划方法与措施当中，有一部分是纯财务行为，如折旧政策的选取、当期利润的规划等。但绝大部分税务规划是企业综合管理行为，如承包商主体形式、分包合同模式、采购模式、施工机构设备是购买还是租赁等。税务部门的职责在于提供专业意见，但企业能否有效地采纳，很大程度上取决于领导层是否足够重视，也取决于其他管理部门和人员是否配合到位。

（四）税务规划综合能力不强

成功的项目税务规划，需要税务责任人牵头，整合前方财务人员、各级领导人员以及项目所在地中介会计师、律师等多方面的资源。这对税务规划负责人在项目管理经验、法律知识、财税知识以及外语能力方面提出了很高的要求，目前企业非常缺乏这方面的复合型人才。

（五）税收政策与执法环境不熟悉

对东道国税法、税收协定网络、关税协定和税收执法环境了解不充分，对各项业务的涉税事项或可以享受的税收优惠估计不足。

面对上述困难和问题，我国有关部门正在进一步加强行业支持政策的制定和措施的落实，企业也应不断提升综合管理能力和水平，实现对外承包业务的可持续健康发展。

第四节 国际工程承包业务的税务规划

一、税务规划的原则

（一）整体性原则

整体性原则是指企业进行税务规划一定要服从企业的整体经营战略，并且税务规划活动应从全局出发、整体推进。

1. 经营战略的整体性。税务规划需要企业在经营、管理措施上进行统一部署与实施，同时又有机地整合于企业的战略之中，不能“以税论税”。例如，企业可以设立中介平台公司进行工程承包的方式达到节税的目的，但如果企业的整体战略是在东道国建立、维护母国总公司品牌形象和资质业绩，以便在该国实施长期经营，则应从企业整体战略考虑出发，取消该项税务规划方案。

2. 税收风险与税务规划的整体性。“一带一路”沿线国家（地区）税收体制普遍不够完备、税收征管规范性欠缺，使企业税收管理和税务规划活动内含很大的不确定性。所以企业一定要风险与效益并重，稳中求利。

3. 税务规划各税种的整体性。有时针对一个税种的税务规划，可能会导致另一税种税负的增加，要综合平衡、全面考虑。比如支付跨境服务费需要缴纳预提税，在东道国本地发放工资需要缴纳个人所得税，利用跨境承租方式配置施工机械设备需要缴纳租金预提税，都增加了当期税费支出。但是这些成本费用可以进行税前抵扣，此消彼长，需要用整体量化的方法评估方案的优劣。

4. 税务规划实施的整体性。税务规划需要企业作为整体进行推动，由各有关部门、单位联合行动、共同实施。

（二）前瞻性原则

在“后 BEPS 时代”进行税务规划，一定要遵从“合理商业目的”“实质重于形式”的原则，否则税务规划就会成为无本之木，就会走向错误的方向。建筑施工企业税务规划也应该立足于工程项目业务基础之上，从源头上做起。工程项目首先是一个技术过程，不同的项目有不同的设计、技术、采购、建筑材料、工艺特点；其次是一个法律商务过程，要采取一定的企业主体性质、实施主体组织形式、分包与采购的合约方式、设备采购或租赁的选取、人员雇佣和外包方式；最后才产生财务结果，并直接决定着企业纳税义务。企业进行税务规划，如果不从源头着手、不从开始就进行策划，往往会失去现实业务基础，抓不住问题的实质。

[例 3-3] 某企业在境外实施项目，将设计咨询分包给国内某设计院，但期初没有对设计服务费作仔细规划。在结算付款时，企业试图安排设计合同期限短于 183 天以规避劳务型常设机构，但是因为项目持续的时间已经超过了 183 天，现实情况已不支持这一安排。如果在实施之前就提前考虑，将设计咨询服务合同分解成设计合同（执行时间短于 183 天）和现场技术服务合同（执行时间与项目实施时间相同），就可合理规避风险。进行这种超前考虑，就要事先了解工程项目设计服务的具体内容、提供服务的场所、服务持续的时间，然后再进行规划。否则等到项目实施到一定阶段后，就失去了规划的机会。

（三）现金流原则

“一带一路”沿线国家（地区）大多存在汇率不稳、本地币贬值之类的问题。企业进行经营管理活动，包括税务规划活动的效果评价与方案选取，应当以国际主流货币为基础，以控制持有现金的成本和风险。同时，由于企业的税收负担都是以本地币计量，就必须注重税务规划计量的时间价值。在具体措施上，一是尽量取得外汇，二是递延缴纳税金。

1. 尽量取得外汇。从收入方面看，与业主签订合同时，尽量明确划分本地与离岸的合同金额，离岸部分安排外汇支付；从成本费用方面看，安排跨境交易或以支付预提税的代价取得外汇。

2. 递延缴纳税金。

(1) 会计方法。采取加速折旧、存货计量后进先出法（本地币贬值时）、利用建造合同完工百分比法稳健地估计利润。

(2) 境外子公司利润分配的管理。一是在合理的范围内，尽量推迟境外子公司利润分配；二是在综合抵免模式下，企业集团根据当年度汇算清缴抵免限额丰歉的情况，决策境外子公司是否分配、分配多少利润，以达到集团范围内境外所得税充分抵免的目的。

(3) 现金替代。一是以保函替代预缴税款、提取预退税款；二是以保函替代关税、进口增值税、进口预提税等。

3. 以贴现法对税务规划方案进行比选。针对一项税收的规划，可能导致另一项税负的增加，应根据整体性原则，运用净现值的方法进行综合权衡。

[例 3-4] 某企业在境外承包工程，拟计提总部管理费进行税前抵扣。该国对外国总部管理费征收10%预提税，所得税税率20%，设贴现率为15%。税务规划方案对比如表3-4所示。

表 3-4　　以贴现的方法修正税务规划方案

项目		税负计算	税收损益	综合损益
计提总部管理费1 000万元，缴纳预提税		1 000 × 10%	-100	
不同年份获得抵扣的所得税现值	第一年清算抵扣	1 000 × 20% × 1 ÷ (1 + 15%)	+174	+74
	第二年清算抵扣	1 000 × 20% × 1 ÷ $(1+15\%)^2$	+151	+51
	第三年清算抵扣	1 000 × 20% × 1 ÷ $(1+15\%)^3$	+132	+32
	第四年清算抵扣	1 000 × 20% × 1 ÷ $(1+15\%)^4$	+114	+14
	第五年清算抵扣	1 000 × 20% × 1 ÷ $(1+15\%)^5$	+99	-1

从表3-4中可见，当期支付预提税使总部管理费得到所得税抵扣，但抵扣效果随着抵扣实现期限延长而递减，当抵扣时间延至第5年时，综合效益为负。因此企业应根据未来实现税收收益的时点对方案进行修正。

（四）协商的原则

国际税收关系，是国与国之间谈判协商的结果。建筑施工企业在复杂的国际税收关系背景下参与国际工程承包的过程中，在与诸多利益关系方涉税事务上，要充分开展协商，争取正当合理的利益。

1. 与政府协商。在"两优"贷款项目和投资带动EPC总承包的项目中，企业可以争取东道国政府给予所得税减、免税优惠。例如在社会保障税方面，各国执行政策不统一，有的对外籍人员豁免、有的对外籍人员的养老金缴费部分豁免、有的对不同国家外派人员采取不同的政策，企业可以争取优惠待遇。

2. 与业主协商。在合同的订立形式上，应与业主协商处理，是订立一揽子合同，还是分别签订离岸采购和本地建筑安装合同，以享受不同的税收待遇。特别是在私人业主的情况下，应充分协商，达到互利互惠。

3. 与分包商、供应商协商。在跨境供货时，可以对价格进行管理，与供应商分享节税收益；在跨境服务时，可以调整业务模式规避常设机构以节省预提税，同时约定事后纳税调查调整时的风险承担方式；在分包合同中，可以事先安排分包合同预扣税的承担方式，在实施中共享资源、共同合作进行税务规划并共同承担风险、分享规划效益。

4. 与合作伙伴协商。以联合体方式进行承包时，不同的合作伙伴利益诉求各异，并且因各自的纳税人主体、组织方式和结算方式的特点而面临一些税收困难，应在联合体中统筹资源统一协商解决。例如，国内设计单位的收入实现方式可能有三种选择，一是直接对业主进行跨境结算，但工程量清单中往往不能列示金额；二是设立本地分支机构对业主以工程量方式结算，但因为没有成本抵扣，会形成较多盈利；三是直接对总包商跨境结算，但可能会增加跨境服务费的预提税成本，这些问题以设计单位单方面的资源很难解决，必须在联合体内部统一调动资源、根据具体税收政策和征管环境进行税务规划。

二、国际工程承包税务规划的方法

从我国建筑施工企业视角出发，国际工程承包的税收负担等于中国税收、东道国税收和国际税收等三者之和。从税务规划的方法上，可归纳为纳税人主体变量、纳税期间变量、税收管辖权变量和所得性质变量四个方面，这是企业进行税务规划的着手角度（见图3-1）。

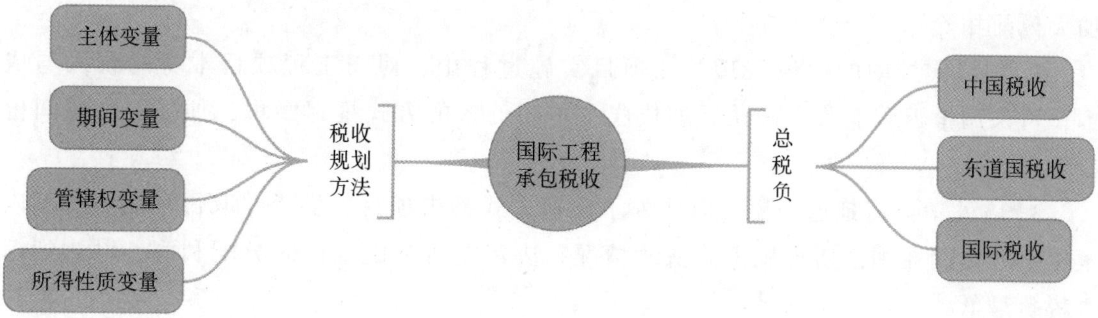

图3-1　国际工程承包税收规划方法

（一）纳税主体变量

一国的国内税法、涉外税法以及相关法规，对纳税主体赋予不同的身份，给予不同的税收待遇。例如，东道国方面有非居民、居民、战略投资者、高新技术企业纳税人身份；我国有非居民、居民、增值税一般纳税人、小规模纳税人、一般企业、高新技术企业等纳税人身份，企业应根据情形选择适用。

1. 东道国税收。实施项目的主体形式一般有项目公司、分公司、子公司、联营体等，分别按照居民或非居民纳税资格享受不同的税收待遇。通常居民公司税负较轻、非居民公司税负较重。比如，印度居民公司、非居民公司所得税税率分别为30%、40%，马拉维分别为30%、35%，孟加拉国工程承包预扣税分别为7%、7.5%。但在成本费用的抵扣上，子公司可以有条件地抵扣对母公司支付的服务费、借款利息、特许权使用费，分公司则不能抵扣。但在利润汇回上，分公司往往根据税收协定免税，而子公司一般要征收股息预提税。获得高新技术企业和战略投资者认定的企业也有相应的税收优惠。

2. 中国税收。被认定为高新技术企业的建筑施工企业符合规定条件的，所取得的境外收入适用优惠税率。

（二）纳税期间变量

东道国对工程项目的征税有时按年度征税，有时以项目为对象征税，有时按年度征收结合按项目对象征税，企业应进行针对性的税务规划。

1. 项目前后期费用纳税管理。企业工程项目的开发、投招标阶段就已经开始为项目发生成本费用，有些是承诺费用，有些是实际开支费用，比如投标保函费用、履约保函费用、代理费、信用保险费、法律顾问费、财务税务顾问费等。这些费用在项目可望中标签约的情况下，可以先承诺暂缓支付，等实施机构设置后再从项目实施机构支付，以便纳入项目成本账簿抵扣税前收入。项目在结束之前，对于期后事项的重要开支可以预先承诺实施，相关成本抵扣项目收入。比如项目交付后，仍需要维护保养一两年的工程项目，可预先将实施具体维保的分包单位分包费提前结算计入成本费用加大税前扣除。

2. 项目实施中的纳税管理。在项目实施过程中，对于工程项目本身的收入与成本，可采用推迟营业收入确认、加快成本费用计入的方式推迟缴税，加强税收时间价值管理。

3. 境外子公司延迟纳税。以境外子公司方式推进项目、供货并取得利润的，可以根据企业集团在国内所得税汇算清缴情况，决策是否分配、何时分配利润，以达到综合税负最低。

（三）管辖权变量

企业在工程承包中产生的营业利润和跨境收入，在不同管辖权下负担不同水平的税收。企业的理性选择是将利润的形成分配到低税国或地区，而东道国和居民国政府则对此进行针对性的规制与国际协调，有些国家和地区愿意提供减、免税待遇以换取跨国企业的投资、资金结算服务。企业应在复杂的国际税收关系中恰当运用管辖权变量进行税务规划。

1. 对合同收入的管辖权。同样一笔工程合同收入，在不同的管辖权下税收负担可能差异很大。比如在巴基斯坦承接工程，合同内容包含一项设备采购，由承包商中国总部直接发货给业主在东道国海关提货。如果此笔收入划归巴基斯坦管辖，应按实现收入缴纳7%的预提税，如果划归中国管辖，按该笔收入实现利润缴纳所得税，如果假定利润率10%则所得税为收入的2.5%（10%×25%）。对合同收入管辖的规划方法主要是对签约主体、合同形式和常设机构要素进行适当的安排。

2. 转让定价管理。不同的管辖权对营业利润征收不同水平的所得税，企业集团成员企业之间在合法合理的范围内，可根据独立交易原则，安排真实存在的商业手段，将更多的利润分配在低税区，从而节省总税负。同时企业在安排跨境商品或劳务交易、集团内部融资、支付特许权使用费、支付租金、管理费、服务费、咨询费、独立个人劳务费时，应注意符合东道国关于转让定价的管理要求。

3. 跨境债务融资。关联企业跨境融资是税务规划的一个重要手段。当东道国是高税率/负国时，企业可以在一定债资比例、一定的利率水平之内合法地利用跨境债务融资进行税务规划，降低东道国税负水平。各国关于关联方融资的利息抵扣条件一般有明确的规定，企业应准确地把握。

4. 间接转让股权。根据来源地管辖权原则，一国企业转让另一国居民企业的股权，其取得的转让股权所得往往要在被转让企业所在国缴纳所得税或资本利得税（很多国家规定持股25%以上时），而采用间接转让股权方法可以在符合条件时规避此项税收。间接转让股权是指在控股公司与被控股公司（目标公司）之间如果还有一层或多层控股公司（中间公司），控股公司通过转让其在中间公司的股权而达到客观上转让在目标公司股权的效果，则目标公司所在国不能对控股公司的转让股权所得实行征税。

5. 选择居民身份。企业可以设立中间投资平台公司、中间融资平台公司、中间营销平台公司的方式，主动选择低税负国为税收管辖权。例如中国企业对海外投资，大部分都选择中国香港作为投资平台。至2016年年末，中国对外直接投资存量中香港特区占我国全部对外投资额57.5%[①]，位居第一。选择居民身份规划应注意各国（地区）关于受益所有人、受控外国（地区）公司等反避税规范的规定。

（四）所得性质变量

1. 东道国税收。"一带一路"沿线国家采用综合税制居多，各行业所得税税率基本一致。但在很多情况下，很多国家视工程承包为服务业按核定办法征收较高的预扣

① 发改委：《中国对外投资报告（2016）》，2017年11月。

税，而对生产、销售企业按据实征收办法。例如，土耳其对一般工商业企业不征收预扣税，但是对工程承包收入征收3%预扣税，这时EPC总承包合同应当以供货合同和工程施工合同的方式分别签订。

2. 中国税收。

（1）对外承包工程。我国企业，包括总包方和分包方，对外进行工程项目承包取得收入，免缴增值税。同时在对外承包工程带动出口项下出口的工程材料、物资、设备实行增值税出口退税。

（2）对外承包技术出口。在境外承包项目产生的技术出口服务收入，按增值税零税率享受出口退税（国家税务总局公告2015年88号）。

三、国际工程项目承包分阶段税务规划

工程项目承包在立项开发、招标投标、组织实施到最后工程验交的不同阶段中，企业管理目标与管理内容各有侧重。相应地，税务规划在不同的阶段也有不同的工作重点。例如，前期侧重于收集信息支持投标决策、中期侧重于谈判签约、后期侧重于边调整边落实。

（一）招标投标阶段

在项目招标阶段税务部门的任务主要是：识别与规避重大风险，建立税务规划基本模型，编制税负预算，辅助投标决策。

1. 确定投标主体。承包商关于具体工程项目的投标主体、签约主体和实施主体在相对于业主的法律关系和法律责任上前后保持不变，始终为投标法律主体。但在法律主体不变的前提下，承包商可以通过设立连带、担保、指定等法律关系，安排不同的经济主体签约或者推进项目，使纳税主体与法律主体暂时分离，从而产生所期望的税收效果。

因此，承包国际工程项目，首先要研究确定承包商投标主体问题，然后在此基础上研究未来的签约形式和实施形式。承包商主体形式的选择一方面是出于对税务规划的考虑；另一方面也要满足企业的品牌、区域经营战略，同时又受到东道国建筑法规的限制。

（1）业主需要。业主依据其国内公共采购法、预算法或所在经济贸易组织（如欧盟要求成员国对公共事业工程进行公开招标）的有关规章，根据项目技术性质要求承包商具备相应的建筑资质、专业业绩和财务能力。项目规模越巨大、技术类型越复杂，业主对主体的资格要求就越强，承包商变动主体的空间就越小。

（2）合作方利益。一般大型复杂的项目，我国企业往往采用与其他国内企业联合、或与东道国当地企业联合的方式进行。合作的方式可以采用总分包方式，也可以采用联营体（Consortium）或者合资的方式（Joint Venture），在不同税法体系下税收

待遇不一样。

（3）承包商税收利益。承包商主体可以选择中国居民、东道国居民或第三国居民的形式。在东道国设立实施机构的组织方式上，也有项目公司、分公司、子公司等多种选择，不同的选择导致不同的税收结果。

承包商从确定法律主体为出发点，选择不同的经济组织形式实施，其组合方式及税收后果如表3－5所示。

表3－5　　国际工程承包不同阶段的主体形式及税收待遇

主体形式	投标主体	签约主体	实施主体	税收待遇
单一主体	中国法人	中国法人	项目公司、分公司	常设机构、中国居民
	中国法人	中国法人 东道国法人	东道国法人	东道国居民、中国居民
	东道国法人	东道国法人	东道国法人	东道国居民
	第三国法人	第三国法人	分公司或项目公司	常设机构、第三国非居民
复合主体	联营体	联营体	联营体、成员企业	非居民
	联营体	联营体	总分包关系	非居民
	合资公司	合资公司	合资公司	东道国居民
	中国法人	中国法人	项目公司、分公司 集中管理	常设机构、中国居民

选取投标主体时应考虑的因素：

（1）投标阶段应考虑将来实施主体的税收居民身份。虽然投标阶段的首要目标是取得项目，次要目标是税务规划。但在力争取得项目的同时，要预先考虑税务规划，为以后确定签约主体、实施主体埋下伏笔。

（2）投标主体转换签约主体、实施主体的方法，要根据东道国组织法、合同法、建筑法以及行业规范进行，各国情况不一样。具体做法是：

①中国居民与子公司联合签约，本地施工部分由子公司实施，享受当地居民身份待遇。

②中国居民作为签约主体指定当地子公司或第三国子公司实施，享受当地税收居民或第三国居民待遇，但由签约主体最终承担所指定的实施主体的一切有关总承包合同的权利和义务。

③以联营体方式签约后，在项目实施中减少某一成员实际实施合同份额，相应份额由牵头企业或其他企业实施，从而实现各成员企业之间毛利率的高低调剂、混合成本费用，综合优化总税负。

2. 合同价格是否包含增值税。增值税作为价外税，应该是作为全部合同价格的组成部分，但是有时招标文件中并不明确合同条款、报价格式，会给承包商带来风险。

（1）合同价免增值税，但不明确如何免除承包商的增值税支出负担时，应该向业主澄清。

（2）合同价免增值税，业主协助承包商办理免税手续。但没有明确在货物进口、东道国国内采购、工程分包等各环节如何办理增值税免税手续；对于当业主不能及时、全额地为承包商办理免税手续以至于造成承包商损失时，如何承担责任，应在合同条款中做明确的约定。

（3）合同价不含增值税，业主补偿承包商的增值税进项税支出，但没有明确如何补偿、何时补偿，应让业主承担作为增值税免税受益人的责任。

通常情况下，合同价不包含增值税会给承包商带来增值税免税不到位、退税不完全的风险，同时也增加了承包商增值税先征后返的管理负担，应争取要求业主全额支付增值税。如果不能支付增值税，则合同应约定由业主承担为承包商办理免税证书的责任，或者担保先征后返履行到位。

3. 税收法规和征管环境调查。税务部门应全面调查东道国税收法规与征管环境，在投标阶段应突出以所得税为中心，重点进行相关调查。

（1）常设机构规则。一定要明确我国是否与项目所在国签订了税收协定以及税收协定关于常设机构的具体规定。通常情况下，土建施工合同在适用上比较明确，一般歧义较小，但是在设计服务、跨境供货方面，要特别注意税收协定的具体规定。

（2）所得税征税方法。工程承包合同收入的所得税征税方法一般有三种：按实际利润征收；按合同收入核定征收；按实际利润结合合同收入征收。不同的征税办法对项目税负的轻重至关重要（见表3－6）。

表3－6　部分国家（地区）工程承包所得税征收方法及预提所得税税率

国家/地区	所得税征收方式			工程合同预扣税率（%）
	核定征收	据实征收	核定＋据实	
印度尼西亚			✓	2/3/4
泰国			✓	3
马来西亚			✓	13（非居民）
越南	✓（可选）	✓（可选）		2
菲律宾			✓	2
巴基斯坦	✓（可选）		✓（可选）	7
孟加拉国			✓	7.5
肯尼亚			✓	3
土耳其			✓	3
尼日利亚			✓	5
安哥拉			✓	6.5
埃塞俄比亚			✓	2、15（居民、非居民）

续表

国家/地区	所得税征收方式			工程合同预扣税率（%）
	核定征收	据实征收	核定+据实	
埃及			✓	1
坦桑尼亚			✓	5
南苏丹			✓	10
厄瓜多尔			✓	1
老挝			✓	2.4
乌干达			✓	6
津巴布韦			✓	10

数据来源：编者实地调查。

（3）税率。各国（地区）所得税税率差异很大，高者如巴布亚新几内亚48%（非居民）、印度40%（非居民）；低者如中国香港特区16.5%、中国澳门特区12%、新加坡12.5%、卡塔尔10%；还有一些国家和地区完全免税，如阿拉伯联合酋长国等。应根据所得税税率水平制定相应对策。

（4）成本费用扣除规定。税务部门应在了解东道国对成本费用扣除规定的基础上，研究报价资料、施工组织设计文件，对主要人工费、材料费、机械使用费、税费的组成结构进行分析，剔除不可抵扣的部分，正确估算项目税负。同时，要与报价人员一起研究施工组织的可能组合方式，使项目成本费用能够在东道国充分抵扣。

（5）公司组织形式的税收待遇。理清设立分公司、子公司、项目公司或联营体、合资公司的不同税收待遇和征管程序。

（6）税收优惠。明确是否有可以适用的税收优惠政策以及申办程序。如外国融资项目优惠、投资优惠、特殊地区优惠、产业优惠等。

（7）税收政策的稳定性。要注意东道国税制稳定性，有针对性地安排合同归责条款、合同执行期限，以规避与转嫁风险。

（8）与我国签订自贸协定的情况。了解与我国签订自贸协定、协定的适用范围、税率、原产地文件要求等具体规定。

（9）跨境收入税收规定。明确双边税收协定或东道国国内法（未签订税收协定时）关于股息、利息、特许权使用费、租金、独立个人劳务、咨询费、管理费的征税规定，以及分公司利润汇回税、分支机构利润税等。

4. 税收法规调查资源来源。

（1）东道国税务机关网站。

（2）我国国家税务总局网站及其发布的各国投资税务指南。

（3）我国驻东道国大使馆、经参处网站。

（4）荷兰国际财政文献局在线数据库、“四大”会计师事务所网站及出版物。

（5）项目所在地会计师事务所、税务师事务所。

5. 项目税负预算的编制。在投标阶段税务部门的一项重要的工作，就是编制拟投标项目的税负预算。通过预算的编制，可为投标报价提供既注重风险、又积极有为的决策支持（见图3－2）。

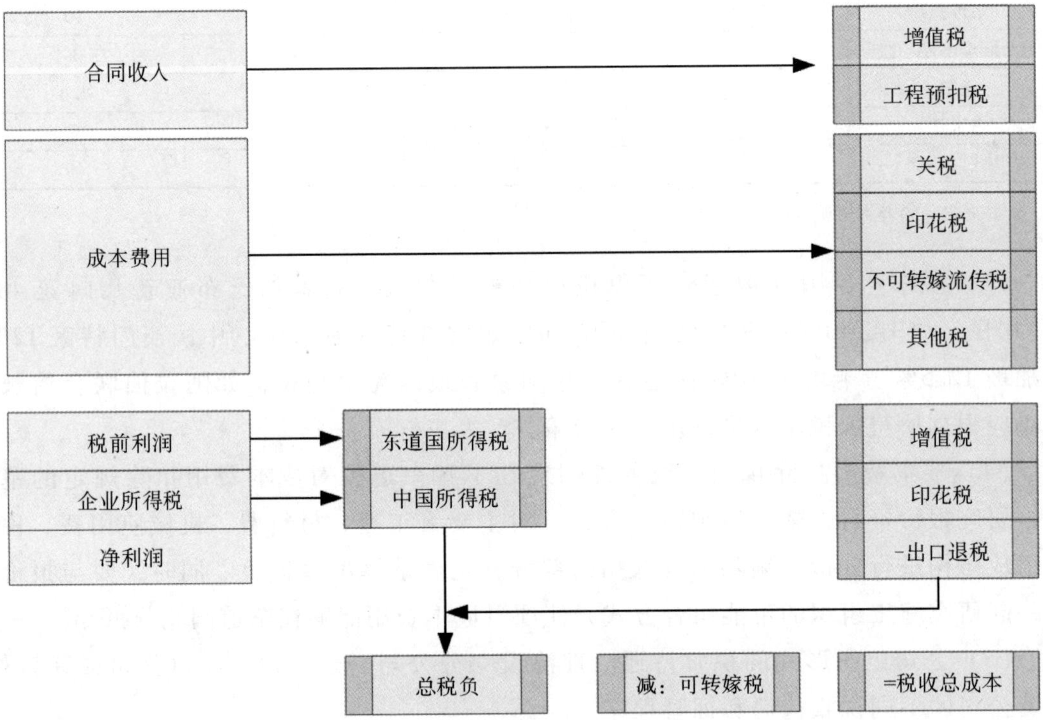

图3－2 EPC工程项目总税负示意图

［例3－5］2018年7月，某企业对斯里兰卡港口项目进行投标，已收到业主招标文件，明确了关于投标主体、投标文件、投标报价格式的要求，同时业主在招标文件中说明正在向财政部申请关税免税，是否获准另行通知。公司税务部门前往斯里兰卡进行调查，了解到：

（1）工程承包收入的所得税类税收主要有：国家建设税2%、经济服务税0.50%等以合同收入为基数征收，结合所得税（税率28%）按年度进行查账征收；

（2）工程物资的关税及附加税可达30%—300%，还要缴纳港口建设费7.50%、国家建设税2%、增值税15%。

综合上述情况后，税务部门认为，在当前阶段关税费用对总报价有重大调整作用，应当制定对策方案，并建议：一是先根据工程图尽快估算出主要材料用量；二是初步确定主要材料的本地市场价格、中国口岸离岸价格；三是迅速联系清关代理，确定主要材料的进口关税税率；四是及时向业主弄清关税是否免税；五是制定关税免税和不免税两种情况下的材料含税成本表，据此编制报价清单，在业主明确关税政策后选取使用。

（二）商业谈判阶段

1. 总承包合同签订形式。EPC 工程总承包合同体量庞大，专业内容丰富，往往由承包商联合体在不同的国别分别完成。一般情况下，EPC 工程合同在东道国签订、建筑工地在东道国并且实施时间在规定期限以上，应构成常设机构，全部合同收入归属东道国管辖。但是从提供服务或商品发生地的角度，跨境设计和跨境采购并不必然构成服务型常设机构和场所型常设机构，应当免于东道国税收管辖。但是当项目的设计、采购、施工由同一主体、在同一份合同中就同一项目与业主进行签订的情况下，无疑要被整体判定为由项目所在国管辖，并全部承担当地税收。如果将总承包合同分专业签订（合同分立），在合同主体、合同内容上作相应的划分，与现场情况分别对应，就可使合同的不同内容归属于不同的税收管辖权，从而达到节税效果。将总承包合同按不同承包主体、不同工程内容分别对业主签订，以分别适用不同的税收管辖权的方法称为合同分立（Contract Split）。

（1）合同分立的作用。

①减少税基。分立合同能降低工程合同收入的征税税基，从源头上减少东道国所得税。特别是当东道国征收工程合同预提所得税时，税务规划效率较高。

②设计服务。在 EPC 合同中，设计服务内容的持续时间最短，有可能短至常设机构规定门槛时间内（一般为 183 天，具体视国别不同），从而不构成常设机构。同时，当设计主体为非居民、并且进行跨境设计作业时，在提供相关业务佐证资料的情况下，可以不构成场所型常设机构。

③价值在合同不同部分的合理分配。当合同价值分布在离岸部分和在岸部分时，承包商可以在不同的税收管辖权之间合理调整价格，优化税收效果。

④加快外汇回笼。很多发展中国家实行外汇管制，合同分立后离岸部分可以相对容易通过东道国外管局审批，直接从业主获得外汇支付，降低收取本地币的贬值风险。

（2）合同分立的方式。总承包合同的形式要件是签约主体、合同形式和报价清单方式，实践中有以下几种情形（见图 3－3）。

①一个主体，一份合同。一个承包商与业主签订合同，不同的工程内容在同一份合同内明确区分开来。对合同中跨境采购的部分，可以约定采用与施工部分不同的验工计价形式，明确计量、开票、支付按贸易的方式办理。在这种情况下，承包商可以就跨境采购部分的税收管辖和税收待遇，向税务局提出申请，有时候会获得税务局批准，但这种合同分立的方式成功的可能性最弱。

②一个主体，多份合同。比一份合同更进一步，一个承包商与业主签订多份合同，将不同合同内容分开来。这种方式从形式要件上，已经基本满足了分立合同的需要，在很多国家都可以接受。但是仍应注意有些国家，如印度尼西亚、巴基斯坦税务局认

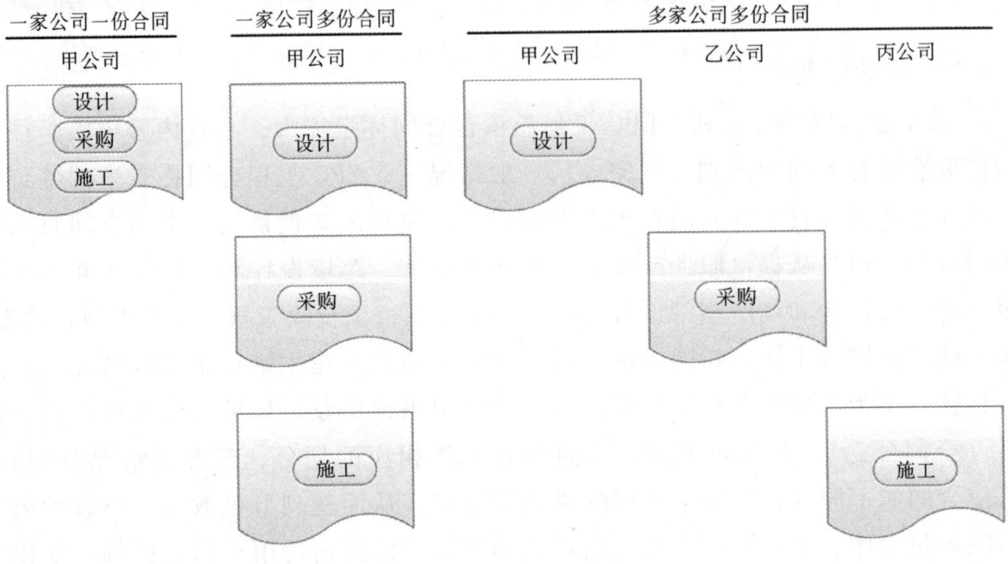

图 3-3　合同分立的方式

为同一主体签订多个合同承担一个工程项目的不同部分，应该视为单一合同考虑。

③多个主体，多份合同。最符合独立交易原则的合同分立就是承包商联营体的不同企业成员分别承担总包合同的不同部分。比如三家不同的承包商分别承担项目设计、采购、施工部分，这种方式是最有可能为当地税务局所接受的。

(3) 分立合同可能会遇到的困难。

①增加业主风险。取得业主同意是合同分立的先决条件。在不同的业主和不同的项目条件下，合同分立难易程度不同。如果是政府合同，较难分立。如果是先行签订一揽子商务合同，具体实施阶段商务合同视融资到位情况分步实施，则分立可能性增大。如果是私人业主，经过互利互惠协商，一般没有障碍。总包合同的分立对业主来说增加了风险，因为 EPC 总承包合同要求承包商对于全部的设计、采购、施工、安装、试车承担一揽子责任。如果分立，特别是由不同的承包商分别承担时，会增加业主风险。为了弥补这个缺陷，可以安排与业主先签订一个一揽子协议，以统揽分立后的数个合同保障业主的利益。一揽子协议在拟定时应避免构成税收征管上的后果，比如不要出现具体金额。

②不符合金融机构融资条件。对大型基础设施提供融资的银行机构往往是政策性银行，对融资条件有严格要求。比如中国进出口银行作为我国政府办理援外优惠贷款和优惠买方信贷的指定银行，对借款人的申请条件是[①]：借款国政府借款申请函、商务合同、项目可行性研究报告（建议书）、环评报告、项目业主材料、执行企业和主要分包商、供货商材料等。其中，商务合同一项，是指项目下的一份总承包合同，还

① 中国进出口银行网站，http://www.eximbank.gov.cn。

是指项目下多个合同的总和，需要与银行协商沟通妥善解决。

③法规限制。有的国家规定公共事业工程合同，要严格按照立项的项目口径进行合同签订与跟踪管理，对合同形式按具体格式要求规范。

［例 3-6］A 公司于 2010 年与非洲 M 国政府签订西部铁路框架协议，总价值 5 亿美元。随后双方就该铁路计划的各个标段逐步分段签约、实施。工程进行到 2014 年，M 国政府与 A 公司基于 2010 年的框架协议签订了一份包括施工、采购的总承包合同，其中机车、车辆采购价值 5 000 万美元。经过协商，A 公司将该项采购分立出来，单独由 A 公司的国内总公司与业主签订采购合同，货物在该国海关到岸交付给业主。该合同按照一般贸易项执行，业主收货后直接将货款支付到 A 公司中国总部，不征收 M 国税收。按该国税收制度，对工程承包按实际取得的合同收入为基数收取 4% 的预提所得税。因此，相比总包合同的方案，分立后的合同方案为 A 公司节省该国税收 200 万美元（5 000 万 ×4%），节税效果明显。

2. 确定实施机构组织形式。项目的具体实施机构的不同组织形式，享受不同的东道国税收待遇。以分公司、子公司为代表，东道国税收政策对外国投资者、工程承包商最主要的差别在于其对居民和非居民的差别税收待遇（见表 3-7）。

表 3-7　“一带一路”沿线国家（地区）对我国股息税、分公司税收待遇的规定

项目		国家（地区）
未签订税收定		缅甸、阿富汗、马尔代夫、伊拉克、约旦、巴勒斯坦、黎巴嫩、也门、东帝汶
对方放弃股息税	新加坡、马来西亚、缅甸、越南、文莱、马尔代夫、伊拉克、叙利亚、约旦、巴勒斯坦、阿曼、阿拉伯联合酋长国、卡塔尔、科威特、巴林、爱沙尼亚、拉脱维亚、斯洛伐克、匈牙利、塞尔维亚	
分公司适用税率	适用低税率	科威特（标准 15%，分公司 7.5%）
	适用高税率	缅甸（标准 25%，分公司 35%），印度（30%，40%），土库曼斯坦（8%，20%），孟加拉国（工程预扣税 7%，7.5%）
	适用标准税率	其他国家（地区）
分公司利润汇回预提税	国内征收、协定免收	其他国家（地区）
	协定征收	菲律宾（国内 15%，协定 10%）
分支机构利润税	哈萨克斯坦（国内 15%，协定 5%），印度尼西亚（20%，10%），以色列（15%，免），塔吉克斯坦（15%，免），黎巴嫩（10%，无协定）	

以分公司方式实施项目是较为普遍的方式，这种方式下企业税务管理及纳税方式较为简便，在核定征收所得税的国家，如果项目利润高于核定利润率时可以采用，并且分公司利润汇回往往无预提税。但是分公司与集团总部之间的交易，例如商品与劳务的交易、支付管理费、服务费、利息等，一般不被承认并进行税前抵扣。

以子公司方式实施，往往享受较为优惠的税收待遇，与总部之间的交易也较易为东道国所接受，子公司形成利润还可选用延迟纳税策略。但是子公司在税收监管、公司维护、股息汇回等方面成本较高。

3. 明确总承包合同的负税方。总承包合同条款涉及流转税，有时还涉及关于所得税的约定（见表3-8）。

（1）所得税“包税”合同。业主在总承包合同中约定工程合同价格是免税价格，代表政府豁免承包商在所在国的税收，同时要求企业让利，企业要慎重对待这种情况。因为如果不缴纳当地税款，业主也不代缴当地税款，在利润汇总到国内进行汇算清缴时，企业不能提供境外已缴所得税的完税凭证，仍需按照我国所得税税率补齐全部税款，从而形成东道国已缴税（以让利的形式）、仍需回国补税的重复征税。

（2）不规范的增值税“免税条款”。当项目免增值税时，业主相应地在合同中约定免除承包商缴纳增值税的义务。但承包商应注意条款具体规定，向业主澄清并完善。

表3-8　　合同涉税条款典型高风险约定

典型涉税约定	法律风险及对策
“合同价款不包含各类税金”	不等于承包商纳税义务免除
“各项税金由业主承担”	如何承担、如何代付、如何给付完税凭证
“业主应当补偿承包商税金”	如何补偿、补偿多少
“业主协助承包商办理免税证书”	业主应负责为承包商办理免税证书

[例3-7] 某企业在刚果（金）与刚果公路管理公司签订合同，合同约定“甲方负责协调本项目的税收减免事项，规避可能与本项目有关的在刚果（金）国内发生的税费”，条款显然表达了甲方负责承担税负的意愿，但未明确如何落实；另外合同价并未注明是否含增值税，按此条理解应该是不含，但承包商未能及时获批税收豁免证书，仍然要支出增值税进项税。本条款的风险是，如果甲方不能为企业成功办理增值税、所得税、预扣税等的减免税优惠证书，如何补偿企业也没有规定可行的机制。税务部门向商务人员指出上述缺陷，经过与招标人接洽后完善了上述各条款，在合同中明确由业主办理所得税免税证书、增值税免税证书和免税清单，否则承包商将有权向业主追索其损失，从而规避了涉税条款缺陷。

4. 分包合同优化。在总包合同签订以后，分包的设计合同、采购合同仍有优化的空间。

（1）设计合同优化——“长尾合同”。工程项目的设计服务，具有“头大尾长”的性质，其中勘察、设计的工作，约占设计合同90%的价值，在较短的时间内可以完成，呈现出“头大”的特征；技术支持服务的工作约占设计合同10%左右的价值，贯穿项目实施的全过程，呈现出“长尾”的特征。在税收效果上，如果以一份合同的方式涵盖勘察设计和技术服务工作等全部内容，因为期限较长，该设计合同将构成常设机构，使全部合同价值被当地税务机关管辖并缴纳当地税收。优化的办法是，将合同分解成设计合同和技术服务合同。其中设计合同执行期限较短，由设计机构在国内的场所进行作业，在常设机构规定的期限之内完成交货，从而免于东道国税收；技术服务合同由设计机构向总包商派驻现场技术人员提供服务，收取服务费。由于技术服务合同通常价值较小，征收预提税较少，整体税负可以大大降低（见图3-4）。

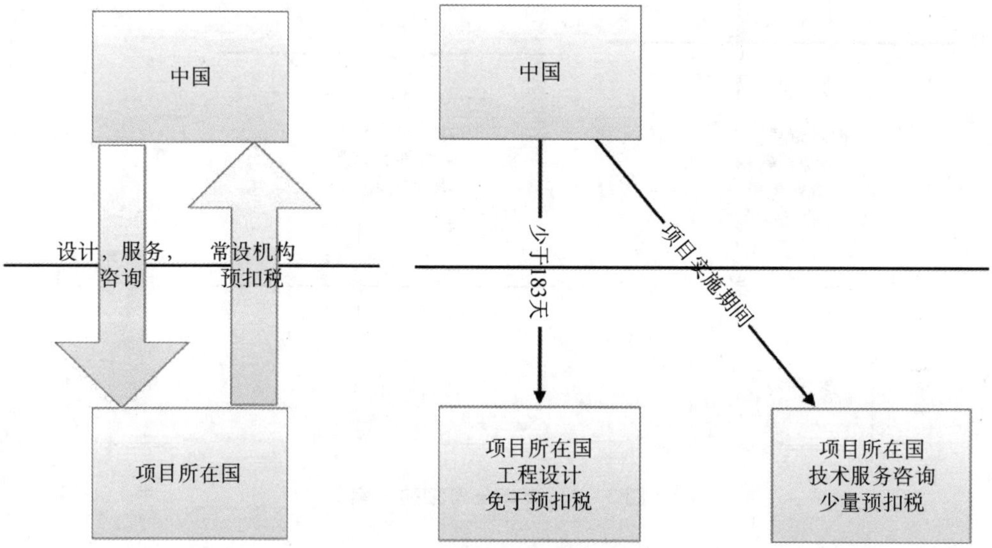

图3-4 工程设计、技术服务合同订立方式

[例3-8] 某企业在西亚某国承建铁路项目，我国与该国签订的税收协定规定独立个人劳务按183天规则确定常设机构和税收管辖，又该国国内法关于设计服务的专业性劳务预扣所得税税率（最终税）为20%。该企业将设计任务分包给国内某铁路设计院。考虑到全部设计任务共包含施工图设计215万美元、现场施工技术支持10万美元、完工后联调联试20万美元等三项内容，时间跨度很长，并且主要工作量前置的特点，该总承包商将三项工作内容分别与设计院签订合同。其中，施工图设计合同价值215万美元，规定在6个月内交货，避免构成常设机构；技术支持合同采用设计院派工程师常驻项目现场的形式，承包商为其工程师发放工资，抵作服务费用，其余服务费向设计院支付；联调联试工作在工程即将完工时再签合同，也规定在3个月内完成，规避了常设机构认定。在税收效果上，设计合同免于跨境独立劳务的预提税，联调联试合同也免于跨境独立劳务的预提税，只有技术支持合同构成常设机构，缴纳该项税收计2万美元（10万美元×20%），比起不采取优化措施节省了税收。

（2）采购合同优化。承包商以自身名义进行跨境原材料、设备的采购时，一般采用中国总部向境外子公司或东道国分公司出口的方式。按这种采购方式，企业可以通过采购价格管理，在东道国取得一定的税收效益，但仍有进一步优化的空间。例如在中国出口人与最终进口人之间，在低税地设立一个中间贸易公司（比如中国香港）进行转口贸易、汇集利润，用延迟税收的方式降低整体税负（见图3－5）。

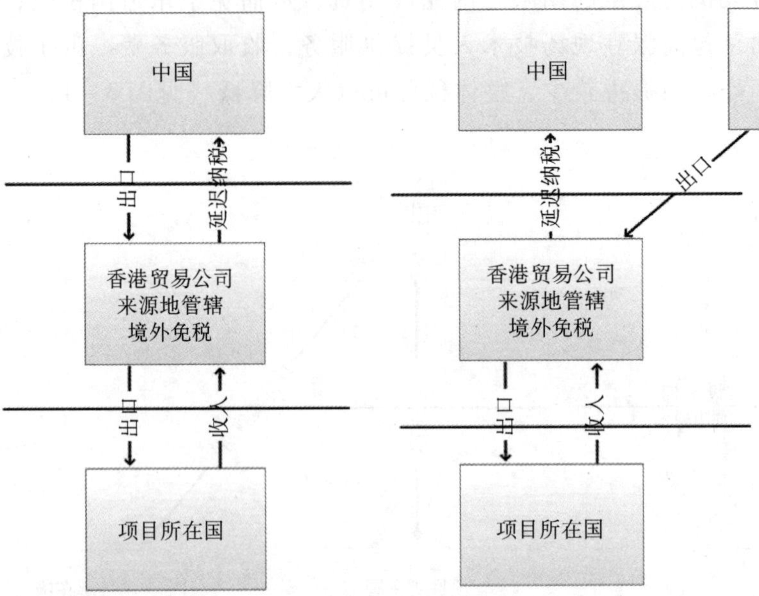

图3－5　离岸公司采购方案

5. 承包商自用施工机械、设备的税务规划。“一带一路”国家的工业、技术发展水平都较低，主要的工程施工机械、设备需要从境外采购。我国是基本建设大国，施工机械装备行业技术领先、产品线完整，比起美国、日本、欧洲产品有较大价格优势，性价比很高，因此，我国企业实施国际工程项目一般都会从国内新购机械设备。在税务规划方面，利用施工机械设备的价格管理可以起到一定的税务规划的作用。在实践中施工机械设备的配置通常有三种管理模式：

（1）临时进口（暂时进口）。临时进口是指承包商根据项目的需要，向东道国海关为特定工程项目申请办理机械设备的临时进口，工程完工后复出口。临时进口机械设备负担少量进口海关关税（根据设备在东道国驻留时间），但持有使用期间不能抵扣项目成本，会使项目虚增利润。但如果少量、偶尔进口设备，可以采用此办法，取其便捷之利。

（2）永久进口（一般贸易进口）。企业对实施项目所需要的主力、高价值、长期使用的设备，因折耗期长、预计残值小，应该办理永久进口，负担进口关税费用，同时设备价值以折旧费方式抵扣工程项目税前收入。在企业集团内部进行设备的进出口时，可以根据东道国的市场条件、税收征管环境，合理安排设备进口的定价，提高设备折旧抵扣效率。但在进口设备价格管理方面，应注意权衡以下两个因素：一是价格浮动区间限制，应注意所在国类似设备市场价格，收集到的价格信息应及时整理归档，以应对将来可能的税收审计调查；二是关税限制，关税水平对进口设备价格管理的所得税抵扣效益起着制衡作用，关税达到一定的幅度时，则利用进口设备价格管理以加速抵扣税前收入的办法就不再成立，而应该降价进口以节约成本。

[例3-9] 工程项目所在国对某设备进口的关税税率为5%，所得税税率为20%，该设备折旧年限为10年，项目实施期3年。设备在国内采购价100万元，东道国市场价为130万元。承包商据此决策该项设备的价格调整额度为30万元，进口价格确定为130万元。税收效果是，一方面因增加折旧费而减少的所得税为：

[价格调整金额×（1+关税税率）×年折旧率×使用年限×所得税税率]

$=30\times(1+5\%)\times1\div10\times3\times20\%=1.89$（万元）

另一方面额外负担的海关关税为：

价格调整金额×关税税率$=30\times5\%=1.50$（万元）

最终综合税收效益为：所得税减少-关税增加$=1.89-1.5=0.39$（万元）

税收效益为设备价格调整额度的$0.39\div30\times100\%=1.30\%$

由此可见，利用进口施工机械设备转让定价安排有一定的税收效益，但是由于受到海关税率、所在国折旧政策、使用年限等多方面因素的综合限制，税收效果有一定的局限性。

（3）设备租赁。承包商对自用施工机械设备以折旧费的方式抵扣税前收入，其税务规划的效率受到几方面因素的限制，分别是：临时进口时，设备折旧费不能抵扣；永久进口但使用期低于设备寿命时，设备价值只能部分抵扣；永久进口但实际使用期高于规定的使用年限时，设备已折旧完毕，但设备仍可继续使用时，不能再继续计提折旧。如果以支付设备租金的方式进行成本抵扣，就可以更加灵活、更加大幅度地进行税前抵扣。在重大项目大规模使用进口机械设备时应重点加以规划。在进行租赁规划时应注意以下两点：

①租金预提税。东道国对向境外支付的租金征收的预提税，是对租金规划方法的重要制约条件，必须仔细研究东道国国内法对非居民支付租金的具体规定，以及我国与东道国税收协定中关于租金预提税的规定，权衡即期支付的预提税成本与未来获得的所得税抵扣效益孰轻孰重。

②成本抵扣是否必要。如果工程项目以合同收入预扣税作为终税，或者预扣税结合查账清算但预计退税的可能性小，那么支付租赁费以增加抵扣就失去了必要性。只有当合同收入按据实征收方法，或者虽然收取预扣税，但是查账清算时有较大退税、补税可能性时，加大抵扣的适用性才会增加。

③区域设备租赁中心。从企业集团战略税务规划的角度出发，可以在低税地设置区域设备租赁中心，将设备连续地在本片区不同的项目上进行出租，取得的租金收入享受低税或免税。例如，对于东南部非洲地区，可以在毛里求斯设立租赁中心；对于

中东、北非地区，可以在迪拜设立租赁中心；对于东南亚地区，可以在中国香港特区设立租赁中心。

[例 3-10]①　烟台杰瑞服务集团公司于2010年在哈萨克斯坦设立子公司，并将原值1 956万元的设备出租给子公司，6年共收到租金收入5 300万元。哈萨克斯坦所得税税率20%，租金预提税税率10%，该批设备折旧年限4年，可采取双倍余额递减法。从杰瑞公司哈萨克斯坦子公司的角度，该批设备购买与租赁的税收效果对比如表3-9所示。

表3-9　设备购买与租赁税负对比　　货币单位：万元

年份	购买设备		租入设备		
	折旧费	抵扣所得税	租金成本	抵扣所得税	征收预提税
第1年	1 956×25%×2=978	195.60	1 000	200	-100
第2年	(1 956-978)×25%×2=489	97.80	1 000	200	-100
第3年	(978-489)×25%×2=244.50	48.90	1 000	200	-100
第4年	489-244.5=244.50	48.90	1 000	200	-100
第5年	0		1 000	200	-100
第6年			300	60	-30
	抵扣所得税	391.20	530		

通过租赁方式进行税务规划，多抵扣设备原值的35.5%［(530-391.20)÷391.20］。

[例 3-11]　某企业在阿尔及利亚承建大型公路项目，一次性从中国以临时进口的方式配置引进了5 000万美元的设备，进场以后发现由于该批设备是以临时进口的方式进口，因而其折旧费不能进成本，使项目虚增了一部分利润，承担了额外的所得税。所幸的是，该企业后来又在该国承接了另一个工程项目，该批设备得以继续使用，但这次项目人员吸取了教训，对设备使用费进行了税务规划。首先将设备复运出口至毗邻的第三国，设立在该第三国的设备租赁公司购进这批设备，然后再将设备出租给阿尔及利亚的项目公司使用，收取租金。项目公司以支付租金的方式抵扣税前收入，大大提高了税收效率。

（三）项目实施阶段

1. 利用总包单位集中管理方式进行规划。企业集团进行国际工程承包，往往是总部本级或子企业以集团总部名义进行投标、签约，然后由企业集团所辖的设计、制造、施工企业分别承担工程合同的各个部分。各成员企业都是独立法人，各自进行独立核算、独立考核。在实施项目时，牵头企业与具体承担项目工程的企业是总—分包的关

① 崔晓静：“中国与‘一带一路’国家（地区）税收协定优惠安排与适用争议研究”，《经济研究参考》2017年特刊-1，第81页。

系，分别承担各自的中国纳税义务。但是在实践中，为了减少在境外的管理层次、减少实施主体，往往采用各分包单位的人员、机构、经营管理活动都以总包单位的名义进行，不对外呈现总包方和分包方，即以集中管理的方式统一实施项目。这样既可以加强内部集中管理，又可以减少层层分包增加交易环节导致增加当地所得税、预扣税和增值税。

（1）实施方式。

①分包合同的签订。分包合同仍按中国法律规定签订，作为内部合同在中国使用。该分包合同在企业办理海关出口退税、国内汇算清缴抵免境外所得税时使用。

②分包方成本费用开支由总包方代办。

分包方人员、机构：人员的出入境均以总包方名义办理，机构以总包单位名义出现。

分包方再分包：分包方在管理上进行决策，由总包方代为签约、结算、付款。

分包方采购：分包方决策、总包方缴为签约、结算、付款。

分包方税收管理：分包方应承担东道国所得税与增值税，但是因为是不具名的经营行为，就应该将外部税负转化为相应的商务安排。对于预扣税，总包方缴纳的预扣税一般视为沉没成本，在此基础上决定分包价。对于增值税，总包合同应约定在分包方实际发生的进项税中、能为总包方所用并抵扣销项的部分，总包方对其予以补偿。对于所得税，分包方在东道国以总包方名义开支采购、分包、施工、管理等成本费用后，按照分包合同总价结算，还有节余的，就成为分包商的利润。如果利润在国内支付，就应该扣除总包人承担或视同承担的东道国所得税、分公司利润汇回税。关于对分包方的成本费用或利润在境外或境内支付方式在税负上的差别，应在合同中事先明确。

（2）完税凭证。总包方应按照企业以总—分包或联合体方式在境外实施工程项目，其来源于境外所得已在境外缴纳的企业所得税税额，以总承包企业或联合体主导方企业开具的《境外承包工程项目完税凭证分割单（总分包方式）》或《境外承包工程项目完税凭证分割单（联合体方式）》作为境外所得完税证明或纳税凭证进行税收抵免。总承包企业可按实际取得的收入、工作量等因素确定的合理比例进行分配，开具《分割单（总分包方式）》，并将《分割单（总分包方式）》复印件提供给分包企业，分包企业据此申报抵免。总承包企业按分配后的余额申报抵免①。

（3）风险事项。

①内部风险。因为分包单位以总包单位名义进行经营管理，分包单位要特别遵守诚信原则，不得因表见代理行为损害总包方利益。分包方管理事务应先由分包方按内部程序进行实体性决定，在对外实施时由总包方履行程序办理，经济后果由分包方

---

① 《关于企业境外承包工程税收抵免凭证有关问题的公告》（国家税务总局公告 2017 年第 41 号）。

承担。

②外部风险。集中管理模式有被东道国视为不当避税行为的风险。总包方和分包方在商务交往、日常管理、施工管理中，要注意在文档、资料、称谓、标志、铭牌的使用上保持对外统一。

2. 个人所得税及社会保障税税务规划。

（1）工资税费构成。根据各国关于个人所得税法的规定，除少数情况外[①]，居民个人取得的薪金收入以及非居民个人从东道国取得的收入，都应该缴纳个人所得税。与签订有税收协定国家豁免个人所得税的条件是：停留时间小于183天；收入支付方为东道国非居民；收入支付方未在东道国构成常设机构。

个人所得税理应由个人负担，但是由于企业员工被派驻到不同的国别承担不同的税负，因而个人实际收入不同，所以企业往往在不同国家间对员工个人所得税进行税负平衡，有时个人所得税成为企业的费用，因此，应从企业税务规划的角度加以管理。

除个人所得税以外，很多国家规定外籍员工及其雇主比照当地居民同等缴纳社会保障税（少数情况下按较低标准）。在这些国别，以外籍员工工资为基数的综合税费就明显增加了，企业应该合理规避。部分国家/地区社会保障税如表3-10所示。

表3-10　　部分国家/地区社会保障税一览表

国家/地区	社保税类别	个人缴纳	公司缴纳	费率合计	外国人
吉布提	社保费	6%	15.70%	21.70%	是
乌干达	养老保险	5%	10%	15%	是
赞比亚	养老保险	5%	5%	10%	是
坦桑尼亚	养老保险	10%	10%	20%	是
卢旺达	养老保险	3%	5%	8%	是
纳米比亚	医疗保险	0.45%	0.45%	0.90%	是
	养老保险	2%	2%	4%	否
	年费		60美元每人年		是
土耳其	社保费	14%	25%	39%	是
新加坡	人头税		300新元每月，650新元每月，950新元每月		是
	公积金	20%	17%	37%	否
以色列	国民保险	0.87%	2.34%	3.21%	是
	养老保险	7.00%	7.50%	14.50%	否
	当地人其他保险		7.60%		否
	医疗保险		2美元每天		否

---

① 阿拉伯联合酋长国、科威特等国无个人所得税。

续表

国家/地区	社保税类别	个人缴纳	公司缴纳	费率合计	外国人
沙特阿拉伯	工伤险		2%		是
	失业险		2%		否
	养老保险	9%	9%		否
阿尔及利亚	社保 CNAS	9%	26%	35%	是
	假日保险	0.375%	12.585%	12.96%	是
白俄罗斯	社会保险	0.60%	35%	35.60%	是
塞拉利昂	社会保险	5%	10%	15%	否
厄瓜多尔	社会保险	9.45%	12.15%	21.60%	是
巴基斯坦	社会保险		6%	6%	否
肯尼亚	社会保险	6%	6%	12%	是
	医疗保险	150—1 700 肯先令		150—1 700 肯先令	是

资料来源：编者实地调查，截至 2018 年 8 月。

显然由于双重社保因素，显著地加重了企业发放东道国本地工资的税费负担，在这种情况下，应该考虑在当地移民法和劳工法许可的范围内少发当地工资、多发国内工资。

［例 3－12］ 甲企业在 A 国中标一个工程项目并签约，但项目启动后，该国颁布法令，要求持工作签入境的外国人从取得收入之月起，与该国国民同等缴纳社会保障税，其中养老保险 20%、医疗保险 13%、失业保险 4%、工伤保险 2%，合计按工资基数 39% 的名义税率缴纳。外国人缴费参加该国国民保险后，可以享受公立医院的常规医疗服务、非责任工伤医疗服务，但是显然整个保险计划中的养老保险、失业保险是有名无实的项目，外国人无法实际享受，这部分社会保险也不能转作该国社保缴费，形成重复缴纳。该项目建设期间共支付该国外派员工社会保障税合计 300 万美元，形成额外的成本费用。

国际上设立普遍国民社会保险的国家，往往寻求相互签订双边社会保险协议进行社会保险互免、互认。截至 2017 年 11 月 27 日，中国政府已先后与德国、韩国、丹麦、芬兰、加拿大、瑞士、荷兰、法国、西班牙、卢森堡 10 个国家签订了双边社保协议，两国国民在对方工作取得的收入互相免除社会保障税，降低企业成本。但由于我国与“一带一路”沿线国家和地区在人员交往上是“去多来少”、缺乏对等，目前还没有一个沿线国家与我国签订双边社保协议，这是当前我国外派人员承担双重社保费用的一个客观情况。

（2）个人所得税、社会保障税与企业所得税的权衡。综合上述个人所得税和社会保障税因素进行税务规划，实务中应该考虑以下几点：

①企业应依法合规代扣代缴工资相关税费，这是我国企业特别是大型国有企业应持的基本态度。

②在无社会保障税国家，在东道国发放员工工资，代扣代缴个人所得税。

③在有社会保障税的国家，除满足当地国关于外派员工最低发放工资标准外，其余工资应考虑在国内发放，或在第三国发放。

④政府优惠。东道国要求缴纳国民社会保障税时，其中养老保险、失业保险政策是对现实情况的背离，很多东道国政府并不否认这一点。因此在有条件时，比如在对项目进行援助、优惠贷款、投资时，可以与所在国政府进行谈判，要求对方提供减、免优惠。

（3）雇用员工与外包劳务策略的权衡。如果当地国个人所得税及社会保障税综合税负较高，可以考虑将劳务外包，以节省雇佣员工发生的个人所得税与社会保障税。

[例 3-13] 某企业在东道国需要一批普通劳工 100 人，为期一年，进行铁路沿线保安巡视工作。工人每月工资 3 000 当地币，个人所得税平均税率 20%、社会保障税税率 35%，增值税税率 18%，企业所得税税率 20%。可以选择自行雇佣劳务或者将工作外包，税负方案对比如表 3-11 所示。

表 3-11　　税负方案对比　　单位：当地币

费用项目	直接雇用	劳务外包
雇用工费或外包价格（每年）	100×3 000×12＝3 600 000	3 600 000
增值税		648 000
个人所得税	3 600 000÷（1－20%）×20%＝1 200 000	
社会保障税	3 600 000÷（1－35%）×35%＝1 938 462	
综合成本费用	6 738 462	3 600 000

注：个人所得税及社会保障税的计算应先将净工资还原成税前工资。

由表 3-11 计算可见，直接雇用的成本是劳务外包成本的 187.2%（6 738 462÷3 600 000）。当然劳务公司会收取一定比例的费用，以开支其员工社保费用（部分）、管理费用和合理利润，但如果加价幅度在 87.2% 以内，则应该选取外包方式。

3. 借款利息的税务规划。在 EPC 合同条件下，业主会向承包商支付工程预付款。但是由于施工前期准备工作占用大量资金，里程碑付款方式使计量支付进度慢于现场形象进度，国际融资项目结算时间长等原因，承包商一般都需要进行营运资金的融资。融资成本除了利息以外，还有税收因素。不同的融资方式，税务规划效率不同，应根据所在国政策、具体项目条件进行恰当的规划。

（1）融资的成本组成。融资成本主要取决于利率、汇率、税率等“三率”的水平。

①利率。如果从国内贷款，按人民币贷款利率；如果是境外外币贷款，按国际市

场利率；如果从当地国银行以当地币贷款，按当地国利率。通常情况下三者中国际市场利率最低，人民币利率次之，当地币贷款利率最高。

②汇率。进行国际工程承包所需的资金一般是国际主流货币以及项目所在国当地币，如果以别种货币借款，借款时点与还款时点的汇率变化会给借款人带来汇兑损益。

③税率。借款利息涉及利息费用能否抵扣项目所在国所得税，利息向跨境贷款人支付时是否征收利息预扣税也构成融资总费用的一部分。在总分公司模式下，总公司对分公司的借款一般不能在东道国抵扣。在母子公司模式下，国内母公司对境外子公司的贷款利息可以进行税前抵扣，但必须符合东道国关于“资本弱化”的规定。一是境外子公司的债务资本比例不得超过一定的范围。如中国规定不超过2:1，俄罗斯3:1，捷克4:1，超出债资比例部分的借款利息不得抵扣税前收入。二是有些国家规定贷款利息不得超过息税折旧摊销前利润的一定比例（EBITDA）。

对于跨境贷款人取得的利息收入，东道国一般都会收取利息预提税，在两国有税收协定时，从协定的优惠税率。还有一些国有金融机构根据税收协定，其利息免征预提税。跨境利息预提税，名义上是对利息受益人的征收，实际上是由借款人承担，建筑施工企业应将其纳入税务规划。我国与大多数国家签订的税收协定一般规定利息预提税税率为10%，往往低于东道国国内法规定税率，企业应注意适用。同时也要注意东道国与第三国（地区）的税收协定中关于利息预提税的规定，在有条件时适当选取贷款人居住国，寻求更低或者免于利息预扣税。

（2）常见的融资模式和成本比较。

①从集团总部借款。这是最直接的方式，往往为企业所采用；但又是融资成本最高的方式，因为这种融资模式的利率、汇率、税率三个方面的效率都较低。利率是人民币利率，较高；汇率风险适中；而税率如果借款人是分公司则利息不能抵扣，如果是子公司受债资比例限制。

②从我国国有银行贷款。我国与外国的大多数税收协定都原则或具体地约定了从政府银行机构借款时，借款利息免于利息预提税。因此，在税率方面从银行贷款比从企业借款稍优。

③从国际金融中心的银行机构或企业离岸财资中心融资。从国际金融中心贷款的好处是金融中心利率低、外汇贷款汇率风险小。例如，中国香港、新加坡、荷兰、英国等都是著名的金融中心。除了从银行机构借款外，企业也可以自行在国际金融中心设立离岸财资中心，不仅借款人融资成本较低，还可以享受到作为贷款人获取收益的好处。

④从东道国当地外资银行融资。“一带一路”沿线国家和地区往往财政紧张、金融业不发达且借款利率较高，有些国家的利率甚至高达两位数。如2018年8月，孟加拉国基准贷款利率7.75%、巴基斯坦7.50%、尼日利亚14%、加纳17%、土耳其

17.50%、安哥拉16.50%。高利率是与高通胀成正向关系的，互为补偿。但是动荡的币值与利率带来的高风险仍是实务中应努力规避的风险因素，在这些国家进行当地币融资并不是推荐做法。但如果企业驻外机构可以选择从设立在东道国的外资金融机构按国际市场条件进行外币融资，就可以享受利率、汇率和税率多方面的好处，特别是税率方面，可以充分抵扣。

[**例3-14**] 某项目合同金额4亿美元，因购买施工设备及前期施工准备的需要，公司总部拟对驻东道国分公司垫付资金4 000万美元，到项目后期分公司从业主处收取批量工程款时归还总部垫付款，前后共需要占用总部资金两年。如果项目从东道国的外资银行贷款，其成本费用则明显降低，比较如表3-12所示。

表3-12 **不同融资方式综合成本比较** 单位：万美元

融资方式	利息	利息预提税（10%）	抵扣所得税（25%）	融资成本=利息+预提税-抵扣所得税
向总部借款	348			348
从国内银行借款	348	国有银行：免 其他银行：34.80	-87 -87	261 295.80
从国际融资中心借款	240	24	-60	204
从东道国银行外资贷款	240		-60	180

条件：项目贷款4 000万美元，一年期，展期一年。东道国所得税率25%，对中国利息预提税税率10%。人民币贷款利率4.35%，东道国美元贷款利率3%。

工程项目流动资金融资是大型项目实施的常态，建筑施工企业集团要充分考虑到融资的利息水平、汇率变化、利息预提税、所得税抵扣等多种因素，开发多种融资方式，以便在适当的情况下妥善利用。

4. 分摊总部管理费规划。建筑施工企业集团总部为企业在全球进行工程承包需要进行计划、组织、管理、控制等管理行为，需要开支大量的管理费用，包括日常基础管理和为具体项目进行经营开发的费用。但是总部管理费往往不能在取得收入的各项目所在国进行抵扣，原因是开支主体不一致、收入成本期间不匹配、成本开支与收入缺乏直接必然联系、凭证文件不符合东道国法定要求等，结果导致总部大量费用累积于居住国不能抵扣，导致境外所得税抵扣不足。企业应针对不同国别情况，研究分摊总部管理费的方法。

国际上东道国接受分支机构分摊外国总部管理费进行税前抵扣的方式有以下几种：

（1）允许列支抵扣，同时明确抵扣限额。例如，阿尔及利亚规定集团收取的管理费最高限额为分支机构营业收入的1%；科威特允许在营业收入3.50%范围内扣除；埃及允许在税前利润10%的范围内计列总部管理费。

（2）允许列支抵扣，需提供充分、完整的文件材料，如中国。

（3）有原则规定，但不设具体要求，由税务机关根据个案决定，如土耳其。

（4）明确规定分摊或计提管理费不得税前扣除，如沙特。

（5）允许列支扣除，但征收高额的预提税，如多米尼加规定可以支付总部管理费，但对管理费征收27%的预扣税，与所得税率27%一致，实际上是不允许分摊总部管理费。

企业应结合各国规定针对性地办理分摊管理费业务。

具体实施方法可按“三步分摊法”[①] 进行：

（1）第一步：归集管理费用。集团总部费用分为两个部分，一是能明确到具体工程项目、驻外机构等受益对象的代垫费用，如差旅费、办公费、业务费等；二是不能具体分清受益对象的费用，如总部人员工资等。对于代垫费用，按照受益对象分别归集整理；对于一般管理服务，公司根据总部员工不同的小时费率乘以为具体项目提供服务的小时数计算归集受益对象分配系数，结合年度总部管理费用计算具体工程项目应分摊数。

（2）第二步：确定分摊方案。如前所述，不同的国别对于总部管理费用的分摊规定不一致，不同项目的利润水平与税负情况也不一样，分摊管理费用有时还须负担一定的税费，如管理费用预提税。应按照成本效益原则，根据具体情况确定具体项目是否分摊、分摊多少。

（3）第三步：实施分摊。向当地税务局申请分摊总部管理费、提交相应的报告、必要时支付预提税，将总部管理费计入项目成本进行税前抵扣。

5. 增值税税收管理。“一带一路”沿线国家（地区）普遍实行增值税（VAT）或货劳税（GST），是工程承包业务中金额最大的一个税种。从税务规划的角度来看，增值税是成本中性，不会形成项目损益。但是由于境外项目往往是一次性经营的，增值税进项税如果期末形成留抵税额，没有后续可供抵扣的销项税来源，在不能申请退税时就会形成实际损失。

（1）总包合同是否含增值税？总承包合同签订时，合同价款应分别注明不含税合同价、增值税金额，与分包商签订合同时还应要求分包商提供正规的增值税发票。

（2）总包合同免税时免、退税。

①进口环节增值税免税。经业主申请，可以凭增值税免税证书和免税货物清单，在进口环节免于征收增值税。

②境内采购免增值税。境内采购免除增值税的程序较为复杂。有些国家是以免税证书的方法，总包商在采购环节向供应商提交进行免税，如赞比亚；有些国家是采用核准供应商资格的方式准予其免增值税销售，如斯里兰卡成立供应商与采购人参加的

① 李晓晖：“境外工程承包项目税收筹划”，德勤华永会计师事务所公司分所，2010年。

简易增值税协会（SIMPLIFIED VAT SCHEME – SVAT），持有免税证书的采购人向协会内的供应商采购可以免除进项税。

③境内采购增值税先征后退。有些国家出现进项税大于销项税时可以结转到下期，也可以办理进项税退税，如波兰、沙特阿拉伯。

（3）增值税的时效性。增值税的抵扣时效性有两层含义，一是进项税本身的抵扣有时效性，其抵扣时效从3个月、6个月、3年、5年到永久不等；二是进项税要与取得收入的销项税及时匹配。因为项目规模体量巨大，有时一期工程计量款收入的销项税如果不能及时抵扣而在下月缴纳，则延迟支付的进项税可能会形成永久不可抵扣的留抵税额，因而要与分包商、供应商及时办理结算、取得发票。对分包商办理结算的进度至少要与总包商与业主办理进度一致，最好是提前。如果总包商资金紧张，可以以先向分包商支付增值税的方式促成结算开票。

（4）增值税转嫁。企业在分包和采购环节，在充分竞争的市场上，可以争取让分包商或供应商接受以含税价的方式成交，将增值税进项税前转，降低企业税负。

6. 关税的税务规划。

（1）项目所在国与东道国有无关税协定。如有协定，可直接享受。

（2）利用保函替代关税。有些项目所在国的海关在办理临时进口时可以接受关税保函，有的海关可以接受保险公司开出的保单来替代关税，这样可以避免缴纳现金关税。

（3）利用项目所在国关税税率的区别规划。不同商品报关的关税税率是不同的，通常由关税税则约定。当进口物资性能类似，但是在税则上规定的税率不同时，可以运用形式发票合理描述货品名称进行报关，从而选择有利的税率。

（4）将关税税率与所得税税率进行对比。如果关税税率大于所得税税率，或者项目的整体盈利预期不高时，可以适当低报进口，避免高额关税；反之，如果所得税税率较高，项目有一定盈利空间，可以适当高报进口，抵扣税前收入，提前转移利润。

（5）设备附带软件进口。与工程承包相关的高科技产品，比如高速铁路列车控制系统，是包括计算机控制中心、机房、传感器以及控制软件的一体化系统，承包商在办理进口时有两种选择：软硬件合并进口或者分开进口。一般情况下，如果软件产品封装在设备内，其价值属于关税的征收范围；如果软件以软件许可费的名义向用户收取费用，则属于特许权使用费预提税征收范围。同时，关税费用可以在当地公司税前抵扣，而预提税可以抵扣中国所得税，企业应根据东道国关税税率和特许权使用费预提税的具体情况进行选取使用（见表3－13）。

表3－13　软件产品进口方式的税收方案

进口方式	关税	预提税	抵扣当地所得税	抵扣中国所得税
商品报关进口	✓		✓	
软件许可费		✓		✓

第五节　国际承包工程税务案例

一、工程概述

2010 年大华公司在非洲 M 国与该国铁路公司签订一揽子合同，承建新建铁路工程，项目全长 100 公里，总投资 5 亿美元，工程分期实施。第一期工程已于 2013 年完工，完成合同金额 1.5 亿美元。

第一期工程完工交付后，2014 年大华公司在上述一揽子合同的基础上，又与铁路公司签订合同承建项目二期工程。二期工程项目全长 50 公里，包括铁路线路建设和机车车辆采购，总价 14 050 万美元，其中建筑安装工程 9 050 万美元、机车车辆采购 5 000 万美元（见表 3－14）。

表 3－14　　铁路项目二期工程合同价值组成货币　　单位：万美元

分项工程	离岸采购价值	本地建筑安装价值	合计	备注
铺轨工程	650	2 000	2 650	进口钢轨
电力电气化工程	1 000	1 500	2 500	进口接触网
通信讯号工程	3 250	650	3 900	进口光缆、控制中心
机车车辆采购	5 000		5 000	全部进口
合计	9 900	4 150	14 050	

该项目集融资、设计、施工为一体的交钥匙工程，线路地质复杂，桥隧相连、工期紧、施工难度大。线下工程包括路基、桥涵、隧道，线上工程包括轨道工程及通信、信号、电力电气化等工程，大华公司承担除土建以外的全部上部工程，土建工程由本地公司另行承担。分项工程组织分工情况如表 3－15 所示。

表 3－15　　工程实施组织情况

分项工程	实施方式	备注
土建工程	本地公司	
铺轨工程	自营	
电力电气化工程	集中管理	分包单位以总包单位名义实施
通信讯号工程	分包	分别签订离岸采购和本地施工合同
机车车辆采购	自营	

铺轨工程：大华公司自营施工。

电力电气化工程：中国电通公司签订分包合同承包，但以大华公司名义进行。电通公司所有人员出入境、管理机构运作、分包采购合同、资金结算、会计税务等均以大华公司名义进行，会计上统一按当地财税法规设置账簿核算。

通信讯号工程：由中国北方电气公司一揽子承包项目的通信与讯号工程，其采购部分从中国国内采购，直接发运给业主。

二、税制介绍

M 国属于发展中国家，但税收法律体制基本完整，与中国签订了双边税收协定。

1. 公司所得税，税率为 20%。但对于长期跨年度建筑工程按在建设期征收工程合同预扣税、在完工年份进行一次性清算计算应纳所得税的办法进行征管。工程预扣税税率 4%。

2. 个人所得税，采用分类税制，分为薪金收入、独立专业劳务、租赁收入等。其中薪金收入按年征收，无起征点，税率从 5%—35%。

3. 增值税，标准税率为 18%。所有工业、商业、农业、专业、进口的货物和服务贸易均征收增值税。提供货物或服务的人是纳税人，进口商是纳税人。

4. 与中国双边税收协定。股息、利息、特许权使用费预提税税率均为 10%，建筑工地常设机构时间标准为 183 天，独立个人劳务常设机构标准为 183 天。

5. 社会保障税，由养老金、健康保险、工伤险、失业险组成。根据不同行业，税率在 36%—42% 之间，建筑施工行业为 39%。

三、税务实务与规划

（一）项目税务规划重点和思路

1. 项目税务规划的重点和难点：

（1）工程预扣税负担重。M 国实行工程合同预扣税，税率 4%，实际上相当于核定工程合同利润率为 20%，远远超过企业的实际盈利水平。

（2）国内费用抵扣不充分。企业为项目开发在前期开支的总部费用、保险费、保函费、开发费，项目实施期间中方外派人员在国内发放的工资、社保费用，持签证临时派遣人员的工资，按国内加速折旧办法计提的折旧费，总部对分公司注入资金计提的资金占用费等不能在当地进行税前抵扣，加重了税收负担。

（3）印花税不能免除。印花税按合同金额比例征收，各种总包合同及各分包合同均需缴纳，税率较高。

2. 在分析 M 国税制和项目组织实施条件后，公司税务部门编制项目税收预算如表 3－16 所示。

表 3－16　　M 国铁路项目税收预算表　　货币单位：万美元

项目	明细	税种	税率	税基	应缴税	税负	权重
合同收入	结算收入	预扣税	4%	14 050	562	562	54.50%
		增值税（销项）	18%	4 150	747		
		增值税（进项）	18%	2 490	448.20		
成本费用	资金占用费	所得税	20%	200	40	40	3.90%
	工资薪金	个人所得税	平均 25%	200	50	50	4.80%
	工资薪金	社会保障税	39%	200	78	78	7.60%
	设计咨询费	预扣税	20%	100	20	20	2.00%
		印花税	1%	14 050	140.50	140.50	13.60%
营业利润	5% 利润率	所得税	20%	702.50	140.50	140.50	13.60%
合计						1 031	100%

表 3－16 中预扣税与所得税是先征收预扣税后清算所得税，如果项目实现应税所得低于 20%，已缴预扣税很难退回；如果项目实现应税所得高于 20%，还需按实际应纳税额补税。初步拟定税务规划方案是：

（1）将合同分立，减少预扣税税基。

（2）将内部资金占用费转化为外部融资利息。

（3）安排跨境服务费交易进行税前抵扣。

（4）管理机械设备进口价格，加大折旧费扣除。

（5）争取印花税免税优惠待遇，退回已缴印花税。

根据涉及税负成本金额大小，各项税务规划的重要性次序如表 3－17、图 3－6 所示。

表 3－17　　税务规划的重要性次序　　单位：万美元

序号	税务规划项目	涉税金额
1	离岸采购收入预扣税	562
2	印花税	140.50
3	个人所得税、社会保障税	128
4	资金占用费	80
5	折旧费	34.22
6	设计咨询费	10
7	关税	0
8	总机构管理费	

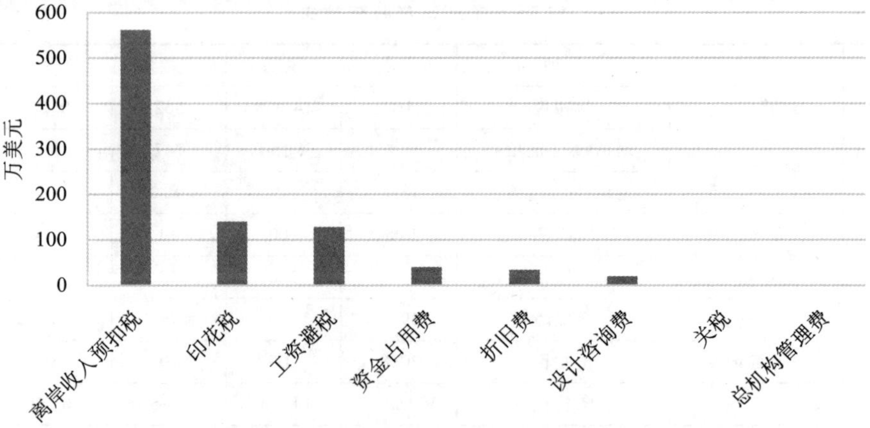

图 3－6　M 国铁路项目各项税务规划重要性排序示意图

（二）税务规划实施

1. 合同分立。

（1）方案分析。从重要性示意图看，减少税基是本项目税务规划方案中最直接、最有效的方式。从合同形式来看，当前的工程内容完全可以分立成一个供货合同和一个工程承包合同，可以从总合同中剥离机车采购 5 000 万美元的合同额，直接减少预扣税 200 万美元。不仅如此，在合同分立之后剩下的其他合同中，还有钢轨（铺轨工程）650 万美元、接触网变压器（电力电气化工程）1 000 万美元和通信控制系统（通信讯号工程）3 250 万美元，合计 4 900 万美元的价值包括在工程合同中，这部分设备需要通过离岸采购、直接向业主发货。虽然这部分合同价值因为必须按政府格式合同签订，不能直接剥离出来，但可以在合同文本安排和合同报价清单的列示上与本地建筑安装的合同价值清楚地区分开来。这部分离岸合同价值有可能享受免征预扣税，或者先征后退预扣税。

（2）具体实施。分公司将方案上报总部批准后，着手实施与业主谈签合同。

①机车车辆采购合同剥离。由于本项目源起于 2010 年与业主签订的一揽子合同，对于二期工程项目的全部内容，包括供货与安装有完整的覆盖，分立合同给业主带来的权利损失和风险增加是可控的。大华公司从这个角度与业主进行协商，双方最后达成一致意见，由大华公司北京总部与业主直接签订关于 5 000 万美元机车的供货合同，剩余金额再签订建筑施工合同。供货合同根据 M 国税法，免于税收管辖，为公司在东道国节税 200 万美元（5 000 万 ×4%）。

②建筑安装合同中离岸采购部分税收待遇申请免税。大华公司认为建安合同中的离岸发货部分在交易实质上仍属于贸易，应该免于东道国税收管辖。为此，大华公司一是向业主提出交涉，请求业主先不要从支付大华的供货款项中代扣代缴预扣税，业主表示理解与支持，暂缓代扣。同时，大华公司向 M 国税务总局发起请求，要求免征

预扣税。M 国税务总局答复，认定该供货是基于在东道国签订的合同、基于位于东道国的建设工地，已构成常设机构，应归属本地税收管辖，并出具了税收裁定书否决了大华公司的请求，大华公司受挫。

③税务规划效果。上述合同管理的税务规划免除了机车合同 200 万美元的预扣税，但是建筑安装合同被代扣的预扣税 196 万美元没有退回，说明建筑工地型常设机构原则对工程承包合同有很强的约束力，需要很强的相反证据才能避免构成常设机构。

2. 借款利息规划。境外分公司从国内总公司的借款利息不能计入成本费用，不能抵扣所得税，因此在以分公司名义进行项目实施时，应该考虑适当的融资方式以提高融资的税收效率。

（1）用款计划。根据项目组织计划，分公司需要总公司注入营运资金 2 000 万美元。如果从总公司直接注入资金，融资成本如表 3－18 所示。

表 3－18　　大华公司 M 国分公司筹措资金计划表　　单位：万美元

期间	总公司注资	资金占用费（内部利率 5%）
2014 年	2 000	100
2015 年	2 000	100
合计		200

（2）其他融资方式探讨。根据当时的政策条件，分公司可以三种方式进行融资：从国内税收协定免利息预提税银行贷款；从总公司中国香港公司贷款；从 M 国境内的外资银行贷款。三种方式各有其困难：第一种，国内外管局对境外单位的批贷非常复杂，分公司主体难以批贷；第二种，总公司中国香港公司仍然是总公司控股公司，利息费用仍然不能在 M 国分公司抵扣；第三种，虽然 M 国境内某英资银行愿意贷款，但是分公司以分支机构资格在 M 国境内取得银行授信暂时有法律障碍。

（3）具体实施。企业总部与该外资银行北京总部磋商后，该行同意大华公司总部以支持函的形式对分公司进行背书，并以此为依据由当地行对 M 国分公司建立授信。双方签署授信协议、借款协议，办理了一年期、年利率 3% 的美元贷款 2 000 万美元整，可展期。

（4）税收效果。分公司在 2014—2015 年从该银行办理贷款，解决了项目资金暂时性短缺困难，也取得了较好的税收效果，如表 3－19 所示。

表 3－19　　分公司本地融资方式的成本　　货币单位：万美元

期间	银行借款（利率 3%）	利息	抵扣所得税（税率 20%）	合计成本
2014 年	2 000	60	－12	48
2015 年	2 000	60	－12	48
合计		120	－24	96

对比两种融资方式，分公司从总公司融资的总成本是200万美元，分公司从所在国外资银行融资的总成本是96万美元，税收效益为104万美元（200－96）。

3. 跨境服务费。跨境服务费如技术服务费、管理咨询费，比较易于进行税务规划，但是业务的客观性、证据性较差，必须准备充分，有翔实的合同、结算、财务、业务资料以佐证业务的真实存在，以说服税务机关接受。

（1）服务费类型与方式。根据中国与M国的税收协定，跨境服务费、咨询费划入协定第十四章“独立个人劳务”的范围，并按照常设机构服务标准划分管辖权，期间标准是183天。如果划归中国管辖，免于征收预扣税；如果划归M国管辖，M国征收20%的按其国内法“专业技术服务”项下的预扣税。

（2）项目的技术条件因素。该项目是铁路工程项目，按照行业特点，设计单位需要对工程项目进行：①工程设计；②管理咨询；③人员培训；④列车控制系统软件开发等。这些不同类型的服务费、咨询费，有的比较客观易于举证。例如，工程设计可以提供与现场匹配的设计图纸，以及服务提供场所的资料。但是管理咨询费往往既涉及离岸研究服务，又涉及现场提供咨询指导服务，提供服务的场所不易确定，需要仔细准备、提交能证明服务发生地的证明文件，否则可能被判定构成常设机构。

（3）服务费的实施。在签订合同、开具发票、提交业务文件、支付款项各个环节应注意以下几点：

①服务地点。要明确提供服务的方式，例如图纸设计，规定总包商远程提供地质勘探资料，由设计院在中国进行设计作业。其他如培训、软件开发也都明确服务地点。

②服务时间。如果服务提供地点不在M国，就不会构成常设机构；如果服务地点在东道国，但服务时间少于183天，也不构成常设机构。为稳妥起见，为了更可靠地避免构成常设机构，即使是离岸服务合同也安排服务期限少于183天。如果设计和技术服务全部内容需要贯穿项目实施全过程，可以按服务的技术构成将其分解成不同组成部分，并由国内不同的提供者分别完成。

③开票时间。合同签订以后，服务就要在约定的少于183天的期间内完成，并且要完成验收、开票的工作，以便根据权责发生制确定成本发生的时间。工作成果验收、财务结算办理以后，实际付款时间可以根据服务情况逐期支付。

④业务文件。正是因为服务费、咨询费的客观性较差，承包商应该准备充分、翔实的业务资料，以说服将来稽查人员的纳税评估。对于设计服务费，要准备好图纸、设计批复文件、双方往来信函；对于管理咨询费，要准备管理咨询报告、管理咨询会议记录、咨询师旅行证明文件、双方信函；对于培训服务，要准备受训者花名册、证件号码、技术等级证书等；对于软件开发，要准备设计文件、项目开发说明书、成果鉴定报告。东道国税务局对业务文件的种类与格式没有具体要求，能够充分、合理证明业务的真实客观存在即可。

⑤风险提示。除了上述财务文件、业务文件外，大华公司还应要求向审计员提供各跨境服务提供者的《税收居民证明》文件。审计员在审查过程中，对于受益人在中国香港、新加坡、迪拜的受益人格外留意。

⑥税务规划效果。经过规划技术岗位培训费 100 万美元，计入项目成本获得抵扣 20 万美元的税收效益。

4. 加强设备折旧费扣除规划。

（1）关税、所得税竞合。M 国对于机械设备的关税税率为 4.5%、折旧率为每年 10%、所得税税率为 20%，因此调整进口价格以加快折旧费抵扣方法的税收效率等于所得税减少减去关税增加。例如，每 100 万美元价格调整的税务规划效率是：设备原值×（1+关税税率）×年折旧率×折旧年限×所得税税率－设备原值×关税税率=100×（1+4.5%）×10%×3 年×20%－100×4.5%=6.27－4.50=1.77 万美元（直线法计提折旧）

（2）方案实施。

①设备进口计划。根据项目设备采购计划，施工机械设备需要从欧洲、中国等地采购。其中从第三国进行设备的采购价格不能管理，从中国进口的设备如内燃机车、汽车起重机、龙门吊、大型捣固机、配碴整形车、轨道车、平板车和风动卸碴车设备的价格在国际市场有明显优势，有一定的价格管理的空间。

②市场价格调查、确定设备进口价格。M 国关于转让定价规定关联交易应符合独立核算原则，并按市场可比价格、再销售价格等方法确定交易价格。分公司组织人员对拟采购的设备进行了市场调查，经过网上查询价格、向本地制造商、供应商进行询价等方法确认了拟购置设备的本地市场价格水平，分公司决定按此市场价格办理进口。价格情况如表 3－20 所示。

表 3－20　　大华 M 国分公司中国进口设备价格表

单位：万美元

设备名称	数量	出口国	出口国价格	进口价格	差额
内燃机车	2	中国	237.30	352.00	114.70
汽车起重机	1	中国	29.10	73.00	43.90
龙门吊	3	中国	20.30	20.30	—
大型捣固机和配碴整形车	2	中国	220.40	458.30	237.90
轨道车	2	中国	26.00	26.00	—
平板车和风动卸碴车	31	中国	174.60	174.60	—
合计			707.70	1 104.20	396.50

③税务规划效果如表 3－21 所示。

表 3-21　　　　进口设备折旧费计提情况表　　　　单位：万美元

设备	原值增加	计提折旧费增加				合计
		2014 年	2015 年	2016 年	2017 年	
内燃机车	114.70	15.30	13.20	11.50	9.90	49.90
汽车起重机	43.90	4.40	4.40	4.40	4.40	17.60
大型捣固机和配碴整形车	237.90	31.70	27.50	23.80	20.60	103.60
累计折旧						171.10
抵扣所得税	396.50					34.22

注：表中内燃机车、大型捣固机和配碴整形车采用双倍余额递减法，汽车起重机采用直接法计提折旧。

税务规划的综合效果为16.38万美元（所得税节税34.22万美元－关税增加17.84万美元）。

5. 工资税费规划。与工资相关的税费主要是个人所得税与社会保障税。在税务规划过程中，既要考虑工资税费的负担，也要考虑工资费用抵扣所得税的效益。

（1）M国个人所得税与企业所得税税负比较。该国对于外国人受雇取得报酬，按不同岗位设置最低工资要求，因而雇主不得不发或低于标准发放工资。个人所得税税率区间为5%—35%，受雇样本平均税率为25%；以工资为基数计算缴纳的社会保障税税率为39%，有封顶数。由此可见，工资薪金的总税负（简化计算）比例为64%（25%+39%），而工资费用所能抵扣的所得税为20%。显然，在当地发放工资的税收效率较低，应考虑在法规许可的范围内合理规划。

（2）实施。按照既合法发放工资，又尽量提高税收效益的原则，分公司梳理了所在国劳工部关于外国雇员最低工资标准的规定，为各岗位制定最低标准后在本地发放。其余工资在第三国发放，放弃工资费用在本地抵扣所得税的效益。

（3）效果评估。个人所得税与企业所得税的权衡，除了在税率上的静态比较之外，还要考虑以下因素：

①相关性。如果项目亏损、或者项目以缴纳工程预扣税作为终税时，成本费用扣除与所得税负担失去关联性，则没有必要以支付额外税金为代价加大成本费用扣除。

②资金时间价值。以当前支付税金，换取将来所得税抵扣收益，产生了货币时间价值问题。将来所得税的抵扣、预扣税的退税，要结合当地币与美元汇率、当地币通货膨胀趋势以贴现方式进行换算，以真实地评估税务规划效果。

6. 申请印花税优惠。印花税是M国一项重税，按1%合同金额比例和签订份数逐份征收。每发生一级分包或采购，就会增加一次印花税，其税负不可小视。但M国有一项针对资金来源于国际融资的工程项目免于一切印花税的规定，分公司决定申请办理优惠证书享受免税。

（1）申请被拒。该国《公共采购法》规定国际融资项目免于印花税。但大华公司据此向管辖税务局申请办理免税证书时，税务局答复称，根据税务总局关于适用该待遇的主体资格的公告，只有居民法人才能享受优惠待遇，排除外国分支机构，因此分公司无资格申请。虽然该国《外商投资法》规定外国公司，包括分公司，与本地公司享受同等税收待遇，并且我国与该国的税收协定也明确约定了非歧视条款，但税务局认为其执法的直接有效的依据是上述公告。

（2）申诉。分公司决定向税务总局提起行政复议，并递交了申诉函件与材料，要求纠正管辖税务局的决定，但税务总局维持税务局原决定。至此阶段，分公司有两个选择：请中国税务总局启动双边磋商程序，或者在 M 国提起税务诉讼。大华公司综合分析形势，认为当前友好合作的气氛对于两国政治、经济关系意义重大，加之诉讼或相互磋商程序的效率与效果也难以乐观预期，决定暂时放弃此诉求。

（三）税务风险防范

1. 防范系统性风险。

（1）统一领导，整合资源。税务规划的源泉来自于项目所在国税收体制与具体项目的技术与组织特点的结合，税务规划的参与人包括各部门专业人员、各种外部咨询中介，因素很多。但是税务规划的主导人应是企业财税负责人员，要具备整合资源、集中智慧、综合提高、做出判断的能力。

（2）重大业务，必先测试。项目初期，项目经营管理都在酝酿、筹措之中，项目实施活动以零星、小规模的方式逐渐展开，此时是企业实地研究、测试所在国税收实践的最好时机。税务部门要大胆地尝试各种业务方式、研究其税收后果，逐步开发、完善税务规划模型与工具，并总结经验教训，以便在项目大规模展开时将成熟模型扩大化使用，谋定而后动。

（3）积极维权，注意策略。对于税收争议的解决渠道，首选税收行政复议，次选我国官方介入，最后选择税务法庭。在每一层次对税收争议采取维权行动之前，都要充分酝酿，仔细斟酌，要与中资企业商会、经参处进行沟通汇报后再行动。

2. 防范具体业务风险。

（1）转让定价风险。“一带一路”沿线国家的转让定价管理正在逐渐起步，还不是很完备和具体，但正在迅速的深入与完善之中，企业要给予足够重视。我国建筑施工企业集团的成员企业往往是以数字序列命名，如“一局”“二局”“三局”，在企业网页的组织机构图上可以很迅速地判定其相互关系。有条件的情况下，企业应回避在这些关联方之间安排交易。

（2）跨境服务费。跨境服务费是各东道国税务机关重点稽查的要点。跨境服务费是否可以税前扣除、是否应征收预提税的判断规则比较复杂并且往往带有主观性，企业要准备充分、翔实的资料以证明业务的税收属性。

（3）工程合同预扣税。在“先预扣，后清算退补”的条件下，不应对退税返还的可能性寄予过高期望。一般情况下，退税返回现金的情况比较少见，即使退回也往往由于汇率和通胀的原因使其价值大大缩水。

（4）总包人风险。总承包商的纳税人义务，不仅限于自身的申报纳税，还承担对交易对方的代扣、代缴、代管义务。一是代扣代缴。要履行对东道国境内相对交易人的代扣代缴，更要注意对境外受益人的预提税代扣代缴，防止发生漏扣的风险。应与受益人对预提税是否代扣代缴、事先不代扣而事后被调整如何承担等情形进行充分沟通。二是对分包商、供应商的代管义务，对外来票据的真实合法性应把关到位。分包商、供应商如果漏税、欠缴社会保障税，都有可能导致总包商承担连带责任，应在商务合同中进行适当约定，明确责任承担主体。

四、借鉴价值

1. 组织形式。大多数情况下，企业出于投标签约的便利，最常采用总公司签约、分公司执行的传统模式。加上国企系统压减境外机构的政策，使企业运用中介投资公司、中介融资公司、中介运营公司方式进行税务规划的策略运用得很不充分。在当前国际工程项目规模越来越大，并逐渐向附带融资、投资发展的情况下，企业要不断扩展税务规划的手段和方法，并在满足特定条件时加以稳妥利用。

2. 工资税费问题。中国职员在很多国家要缴纳个人所得税、社会保障税两项税种，其中社会保障税形成重复缴纳。解决的办法：一是等待我国与外派中国员工较多的各沿线国家加快签订双边社会保障协定；二是在某些政府间合作项目中，政府或企业与对方政府协商时对此重复征收的部分要求予以免除；三是企业对雇用规模和工资基数进行适当税务规划。

3. 税务规划早期介入。税务人员应该在项目开发、项目投标阶段就介入项目策划。税务人员要特别关注、研究工程项目的技术特点、组织特点和商务合同安排模式，并能推导出各种安排的税收后果。在此基础上建立税务规划模型。

4. 融资问题。多种融资模式的开发与恰当运用，在微观上可以改善具体项目在所在国的税收负担，在企业集团层面上通过建立战略性的融资体系，可以促进集团的整体财务收益与税收收益，企业应注意开展跨国融资的研究。

国际工程项目承包的税收环境错综复杂，风险与机遇并存。企业应积极研究各国税法体制和征管政策、遵章纳税，并依据税法规定和自身资源条件，合理安排经营管理模式，节省税收支出。

第四章 境外投资业务税务实务与规划

近年来，随着企业“走出去”步伐明显加快，我国非金融类境外投资已遍布全球约160个国家和地区，成为资本净输出国、世界第二大对外投资国。

我国企业抓住“一带一路”的机遇，加大了海外投资与并购力度，位居发展中国家首位，对外投资流量再创历史新高。对全球主要经济体的投资呈现快速增长的态势，投资领域不断拓宽。从投资建设工厂经营、到电力发电、矿产、能源、基础设施投资、环保、新能源等行业领域，我国境外项目投资的规模与资金不断大型化与复杂化。

第一节 海外投资业务基本情况

当前是我国企业从事海外投资的良机，尤其是从事资源类投资，再由投资带动工程承包，既规避了激烈的国际竞争，又可以在未来产生稳定的收益。

中国建筑企业的发展变革，都离不开国家政策的推动。“一带一路”倡议的提出为建筑业的发展带来了新的发展机遇。

对于城市化率较高、经济较发达的卡塔尔、阿拉伯联合酋长国、科威特、以色列、巴林王国、沙特阿拉伯、斯洛文尼亚、捷克共和国、爱沙尼亚等国家，基础设施较为完备，主要是需要加强改造升级投资，国内企业可重点关注这些国家的存量设施资产的投资。而对于经济不是很发达、城市化率不高的国家，例如非洲地区国家，国内企业可以考虑以 BOT（建设—经营—转让）的模式参与基础设施和公用事业的投资。

2016 年，从中国对"一带一路"国家和地区的投资流量看，主要流向新加坡、以色列、马来西亚、印度尼西亚、俄罗斯、越南、泰国等国家。从投资存量看，截至 2016 年末，位列前 10 的国家是：新加坡、俄罗斯、印度尼西亚、老挝、哈萨克斯坦、越南、阿拉伯联合酋长国、巴基斯坦、缅甸和泰国。与上年相比，泰国、越南新进入前十名，哈萨克斯坦位次提高。其中，对新加坡投资流量和存量都位居第一，分别为 31.7 亿美元和 334.5 亿美元，分别占"一带一路"沿线国家的 20.7% 和 25.8%；其次是以色列和马来西亚。2016 年，中国对以色列和马来西亚的直接投资流量为 18.4 亿美元和 18.3 亿美元，分别同比增长 700% 和 274%，合计占"一带一路"投资流量的 23.9%。[①]如图 4－1 所示。

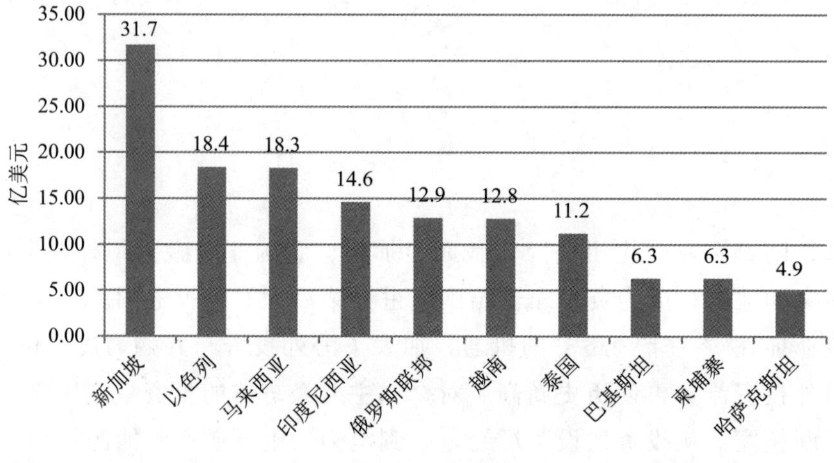

图 4－1　2016 年中国对"一带一路"沿线国家投资流量前 10 国别分布

中国与"一带一路"沿线国家在基础设施领域的合作正在日益加强。2016 年中国企业在"一带一路"沿线 61 个国家新签对外承包工程项目合同 8158 份，新签合同额 1260.3 亿美元，占同期我国对外承包工程新签合同额的 51.6%，同比增长 36%；完成营业额 759.7 亿美元，占同期总额的 47.7%，同比增长 9.7%。

由中国对外承包商会发布的《中国对外承包工程发展报告（2016—2017）》显示：2016 年中国企业参与"一带一路"沿线国家市场开拓更加活跃，全年在"一带一路"沿线国家新签承包工程项目合同总额 1260.3 亿美元，占同期行业新签合同总额的 51.6%，同比增长 36%。在 2016 年中国企业新签工程承包合同额排名前十位的市场中，"一带一路"沿线国家有 5 个。其中，在巴基斯坦、马来西亚、印度尼西亚三个市场新签合同金额超过 100 亿美元，同时，还有伊朗、孟加拉国、老挝、伊拉克、阿拉伯联合酋长国和沙特阿拉伯六个"一带一路"沿线市场的签约金额超过 50 亿美元。可以说，亚洲是最先受益于"一带一路"的地区。亚洲成为中国对外承包工程业务增长最快的地区。这得益于亚洲国家调整产业结构、改善投资环境、优化能源结构，并且在“一带一路”的激发下，亚洲国家基础设施建设进入了新的高峰期。在东南亚地区高达470亿美元的新签合同额中，商业建筑和火电厂建设是突出领域。在南亚地区，依托中巴经济走廊建设，在能源、交通、电力等领域一批重大合作项目逐步落地。在西亚地区，由于在阿拉伯联合酋长国、伊朗和科威特市场签署了大型石油化工和火电厂建设项目，西亚地区市场新签合同额同比增长了五成。

中国企业在“一带一路”沿线国家承包工程新签合同中，交通、电力和建筑业务实现了较快发展。在交通基础设施建设中，铁路工程增长最快，2016年业务增速同比翻了一番；“一带一路”沿线国家电力工程新签合同额同比增长达到54%，风电、太阳能等清洁能源建设取得突破；房屋建筑领域业务取得快速增长，特别是非住宅建筑领域增速加快，超高层建筑施工的技术优势在国际竞争中占据有利地位。①

从产品类型来看，建筑行业投资业务分为：土木工程、房屋建设和设备安装以及工程勘察设计等；从业务模式来看，投资业务分为：EPC（工程总承包）、BOT（建设—运营—移交）、PPP（公共私营合作制）、PFI（民间主动融资）等。随着企业业务能力的不断提升和行业竞争的日趋激烈，许多大型建筑企业的投资模式已经不局限于投资业务结构，而尝试延伸至投资业务链条，开始进行多元化业务的拓展。本章主要对BOT（建设—运营—移交）业务的相关内容进行介绍。

第二节 海外投资业务税务实务

海外投资业务比国际工程承包业务更为复杂，国际工程承包业务只需站在总承包商的角度，做好EPC（工程总承包）三个环节的税收管理即可。而海外投资业务不仅仅要考虑总承包商的EPC（工程总承包）税务管理，还要考虑投资人（开发商）、项目公司以及贷款银行等相关方的税种及税率。

一、开发商及其成立的项目公司涉及税种

1. 所得税：投资业务时间长，跨度大，开发商作为业主，无论是否在项目所在地成立公司实体，都会被认为是常设机构，需要就项目未来经营所取得的利润缴纳企业所得税。这就是海外投资与国际总承包业务的区别。在这一点上，海外投资业务往往不能自由选择组织形式是分公司还是子公司，开发商是没有选择余地的。

2. 流转税：开发商在当地销售购买商品、提供获取劳务等。

3. 关税：开发商运营期间进口设备、货物等。

---

① 中华人民共和国商务部《中国对外投资发展报告（2017）》。

4. 财产税：房产税、固定资产税、土地税等。

5. 印花税：合同的签订等。

6. 预提税：项目所在地可能对开发商支付境外的服务收入、利息、股息及特许权使用费征收预提税。

二、承包商涉及税种

所得税：如果外国承包商不在当地设立项目公司以项目部出现，大多数国家会按照外国承包商是否在当地构成常设机构来判断其公司所得税的纳税义务。某些国家可能会有简化的企业所得税征收办法，直接对外国承包商按照工程总额的一定百分比征收税款作为项目所得在当地的税负。

比如乌克兰国家税务局规定了三种计算所得税的方法：

直接法：在这种方法下，承包商被视为单独的纳税主体，其计税方法同乌克兰境内居民企业相同，所得税税率为18%。

资产负债表分离法：在资产负债表分离法下，承包商的应纳税所得额根据全球收入、可扣除费用、员工数量、资产总账面价值，按比例分配给乌克兰当地。应纳税所得额为所分配的收入与直接发生的费用之间的差额。

间接法：如果承包商的应税利润不能适当确定，可以采用间接法。这种方法将应纳税所得额确定为收入的30%，所得税税率为18%。相当于按照承包商收入的5.4%缴纳所得税，通常与使用直接法的居民企业相比将会有更高的利润或亏损。

流转税：主要是指增值税、营业税、关税等，承包商需就建设期所进口的材料、设备、办公用品等承担进口增值税和关税；此外，承包商还需就其提供的建筑服务收入缴纳相应的增值税或者营业税。

个人所得税：若承包商的雇员在当地停留时间超过相关税收协定规定的免税期限，雇员须就其派遣期间的收入在项目所在地缴纳个人所得税。

预提税：承包商若在当地构成常设机构，其项目利润汇出所在国时需要缴纳预提税。

印花税：承包商在当地签订的工程项目总分包合同需缴纳印花税。

三、贷款方涉及税种

预提税：境外贷款方通常需要对从项目所在地取得的利息性质的收入，承担相应的预提税负。但是在实际操作过程中，贷款银行通常把这部分税负转嫁到投资企业中。

印花税：贷款方与开发商、承包商在当地所签订的借款合同，需缴纳当地银行税。

第三节 海外投资业务税务规划

随着跨国企业的迅速增多和海外投资业务的不断发展，投资业务涉及的业务内容和金额也在不断增大。如何有效利用各国税收政策差异，合理设定业务模式，通过积极进行税务规划，有效降低公司税收负担越来越受到重视。下面就投资环节各个阶段的税务规划进行探讨。

一、立标投标阶段

1. 立标投标阶段主要考虑开发商、开发商成立的项目公司、承包商、贷款方可能涉及的优惠政策，并需要对投资项目的可行性进行研究。

（1）开发商及其成立的项目公司。开发商要关注项目所在国是否给予开发商优惠政策。如果投资项目属于政府援助项目、重大基础设施、政府贷款项目，通常可申请企业所得税、利息预提税的减免或其他优惠。此外，如果建设项目可为当地提供大量就业机会，甚至可以获得企业所得税优惠或者政府补贴等。

（2）承包商。承包商需根据开发商签订的合同中是否涉及优惠条款，来确定自身是否满足优惠条件。也可签署内部合同，在当地国以分包商名义进行施工，以达到享受优惠政策的目的。

承包商在在当地从事建筑劳务，一般有两种组织形式可供选择：一是具有法人资格的，如子公司；二是不具有法人资格的，如分公司。具有法人资格的企业要在当地缴纳企业所得税，同时，该企业的亏损也不能由母公司的利润予以弥补。子公司取得的利润，只在董事会或股东大会做出利润分配决议时才需按两国税率差补缴中国企业所得税，如果投资者暂时将子公司的税后利润保留在境外，就可递延中国所得税的纳税义务。子公司将税后利润作为股息汇回母公司时，通常需要在当地缴纳预提所得税，根据中国或中间控股公司所在国与东道国签订的税收协定，股息汇出的预提所得税通常会获得一定的减免。由于一些低税国家或地区可能对具有独立法人地位的投资者的利润不征税或只征收较低的税收，并与其他国家、地区广泛签订了税收协定，对分配的税后利润不征或少征预提税，在此种情况下，跨国公司更乐于在这些低税国家建立子公司。另外，子公司是东道国的独立法人主体、纳税主体和会计核算主体，受东道国法律约束较严，也因此可以享受税法规定的较多优惠待遇。分公司不是东道国的独立法人主体，属于中国企业在当地的一个“常设机构”，当地税务监管的要求相对简化，可享受的优惠较少。

税法通常对不同法律形式商业实体的税务处理有着严格的区分，不同法律形式商业实体的税收各有优劣，选择哪种法律形式需要综合考虑其税务影响。

(3) 贷款方。由于海外投资项目需要进行大量融资，可借助“一带一路”倡议政策的东风，在招标阶段即对融资活动进行规划，尽量获得政府支持，考虑对融资机构的流转税、预提税获得政府优惠。然后再争取融资利息支付在当地项目公司的扣除，对需资本化的融资利息及融资费用争取加速折旧或将利息在当年支出当年扣除。

(4) 项目可行性研究。从财务评价的角度分析，投资决策评价指标主要包括投资利润率、静态投资回收期、净现值、净现值率、获利指数和内部收益率。前两个指标是非折现指标，在计算过程中不考虑资金时间价值因素，而后四个指标是折现指标，在指标计算过程中充分考虑和利用了资金时间价值。从非折现指标向折现指标的过渡也反映了投资者对资金价值和风险成本的进一步认识和关注。

评价项目投资方案的优劣最关键的指标为净现值（NPV）。净现值是反映投资方案在计算期内获利能力的动态评价指标。投资方案的净现值是指用一个预定的基准收益率（或设定的折现率），分别把整个计算期间内各年所发生的净现金流量都折现到投资方案开始实施时的现值之和。项目投资决策原则是投资项目的净现值必须大于0，净现值越大，项目效益越好。

项目各阶段的税收均会影响项目不同时点的现金流入或流出，从而对净现值产生影响。从净现值的计算方面来分析，税收发生的多少和税收发生的时间均会对净现值产生影响。因此海外投资税收规划目的是减少税收或推迟纳税时间，或者两者同时使用；如果减少税收或推迟税收时间存在此消彼长的情况时，需要针对不同方案测算最优净现值方案。

2. 在了解各方税收政策后，在开展投资业务之初，最先面临的就是投资架构的选择。对外投资有直接投资和间接投资两种方式，直接投资即为母公司直接在项目所在国设立项目公司进行投资，间接投资为母公司通过设立中间控股公司进行间接投资。

(1) 作为开发商需谨慎选择投资机构，下面列举几个简单的实例进行探讨。

①直接投资转化为项目所在国子公司间接投资。《中华人民共和国企业所得税法》及其实施条例的规定，外国公司来中国直接投资，取得的利息所得不扣除任何成本费用，按照20%的税率缴纳企业所得税。外国公司在中国设立分支机构或者子公司，由该分支机构或者子公司进行投资，取得的股息所得可以免缴企业所得税。

[例4-1] 甲国的A公司计划与中国的某公司合资成立C公司，预计每年可以从公司取得股息500万元，该笔股息未来仍主要投资于中国。该投资有两个方案：方案一是由A公司直接持有C公司的股权；方案二是A公司先在中国设立全资子公司B公司，由B公司持有A公司的股权。

在方案一中，A公司需要缴纳预提所得税：$500\times10\%=50$（万元）

在方案二中，B公司取得的股息不需要缴纳企业所得税，可以用500万元的股息直接投资于A公司或其他公司，每年可以节约预提所得税50万元。

②择优选择中间控股公司所在国。中间控股公司地点的选择需要综合考虑中间控股公司与项目公司和投资母公司之间的税收协定、中间控股公司本身的税收规定，此外还需要结合中间控股公司所在国的外汇管理情况、金融商务条件、管理成本等多方面因素考虑。

控股公司的理想地点应具备以下几个条件或部分条件：免除外汇管制；对非本国居民企业支付利息、股息或特许权使用费免征或只课征低税率的预提税；对于来源于境内的股息、利息或特许权使用费免征或只课征低税率的所得税；资本利得免于课税；对外缔结税收协定含有减征预提税的条款；政府法规对控股公司的业务不加限制等。

下面介绍在不同中间国或地区设立中间控股公司的税收政策情况。

第一，开曼群岛。

a. 投资政策。开曼群岛国际地位高，政治、经济和贸易环境稳定，拥有良好的金融法律设施，交通设施发达，返程投资和外商直接投资自由，便于融资上市。在当地注册公司门槛低，任何国籍的年满18周岁的自然人，或者法人均可注册。隐私保密性强，开曼政府保护股东的利益，不公布公司受益人的身份信息。股东和董事的资料只需向公司注册机构披露，不会被公开用以公众查阅。公司运营无需向政府提供年报和财务报表，内部保留和披露即可。

b. 外汇政策。外汇在开曼群岛进出自由，各部门对投资者的金融信息更是守口如瓶。很多熟知的知名公司如腾讯、因特尔、Facebook、百度、阿里巴巴等公司都在开曼群岛进行了离岸注册。

c. 税收体系。开曼群岛内税种只有进口税、印花税、工商登记税、旅游者税等几个简单的税种。数十年来免征个人所得税、企业所得税、资本利得税、不动产税、遗产税等直接税。

第二，英属维京群岛（British Virgin Islands，BVI）。

a. 投资政策。BVI对境外投资者专门颁布《国际商业公司法》，允许对BVI之外企业和个人提供公司注册业务。对在BVI设立的境外公司管理非常宽松，在BVI设立的公司可以不对外披露任何信息，除非涉及黑社会贩毒洗钱，公司每年可以不必向注册管理机构报送经审计的财务报表，故成为国际著名的避税天堂。

b. 外汇政策。在BVI设立的离岸公司，可在中国香港等无外汇管制的地区开立银行账户，BVI也无外汇管制，公司也可在BVI的银行开立银行账户。

c. 税收体系。在英属维尔京群岛（BVI）注册海外离岸公司的最大的好处是离岸公司可以享有课税极低、甚至免税的优惠，有利于企业进行各种财务调度安排。由于在该地区投资多数会豁免征收利得税，故一般从事控股、金融、保险及海外基金的公司，都会选择将离岸公司注册于这类税务天堂，而且通过特定的信托安排，信托公司亦可避免缴纳遗产税。

[例4-2] 我国的A跨国公司在甲国成立B公司提供建筑服务，在避税地BVI设立了一个子公司C公司。B公司当年取得收入1 000万美元，成本800万美元，甲国的所得税税率为20%。B公司将此笔交易获得的200万收入转到BVI公司的账上。因BVI没有所得税，此项收入无需纳税。

按照正常的交易规则，B公司在甲国应缴纳公司所得税为：

(1 000 - 800) × 20% = 40（万美元）

而A公司通过在避税地设立子公司，并未将此笔交易表现在B公司账面上。BVI的子公司虽有收入，也无需缴税。

需要注意的是，利润转移需要有合理商业目的，国际税收规划常用的手段是知识产权策略，即将相关知识产权放在C公司名下，由于拥有知识产权就可以取得相应的利润，并且利润率比较高，本案中的C公司取得相关收入就具有合理依据。

避税港是跨国公司无不热衷的地方，在实际选择时，还应当考虑未来管理的便利性，选取一个更方便管理的国家设立中间控股公司。

③随着经济全球化的不断发展，税务管理全球化的趋势越来越明显。在各跨国公司纷纷采用各种税收规划方式降低甚至避免缴纳所得税的形势下，国际税收管理从避免双重征税逐步转向避免双重不征税。各个国家不断加强反避税措施，国与国之间逐步建立和发展内容广泛、形式多样和行之有效的国际税务合作和协助关系。因此，在确立海外投资架构以及后续的投资管理过程中，要随时关注可能存在的税务风险，及时规避。主要需关注以下几个方面：

第一，中国居民纳税人风险。《境外注册中资控股居民企业所得税管理办法（试行）》（国家税务总局2011年第45号）第二条规定，本办法所称境外注册中资控股企业（以下简称境外中资企业）是指由中国内地企业或者企业集团作为主要控股投资者，在中国内地以外国家或地区（含中国香港、澳门、台湾）注册成立的企业。第三条规定，本办法所称境外注册中资控股居民企业（以下简称非境内注册居民企业）是指因实际管理机构在中国境内而被认定为中国居民企业的境外注册中资控股企业。

因此，中国内地企业或者企业集团在中国境外成立但是其实际管理机构位于中国境内的企业将被视为居民企业。境外中资企业的实际管理机构所在地的认定为最关键的考虑因素。

中国税务机关在判断境外企业的居民身份时会遵循“实质重于形式”的原则。因此，为避免中间控股公司被认定为中国居民纳税人，公司除了在流程、制度和控制程序的建立上规避相关因素外，还需要注意从实质上避免在中国境内对境外企业进行管理和控制，增加中间控股公司的实质性工作内容。

第二，受控外国公司风险。

根据《中华人民共和国企业所得税法》（以下简称《企业所得税法》）的有关规定，由居民企业，或者由居民企业和中国居民控制的设立在实际税负明显低于12.5%的国家（地区）的企业，并非由于合理的经营需要而对利润不作分配或者减少分配的，上述利润中应归属于该居民企业的部分，应当计入该居民企业的当期收入，缴纳企业所得税。

《企业所得税法》限定受控外国企业的实际税负的原因，主要是为了尽量缩小受控外国企业条款的规制区间，只将那些在国际著名避税地，即零税率或极低税率国家设立受控外国公司的中国居民企业纳入反避税的规制范围。

《企业所得税法实施条例》对上述规定中的“控制”加以明确，“控制”包括：居民企业或者中国居民直接或者间接单一持有外国企业10%以上有表决权股份，且由其共同持有该外国企业50%以上股份或者居民企业，或者居民企业和中国居民持股比例没有达到上述规定的标准，但在股份、资金、经营、购销等方面对该外国企业构成实质控制。

若居民企业满足上述条件，说明它对外国企业所做出的经营决策有较大的影响，而且有能力对外国企业的股利分配政策产生影响，而《企业所得税法》要制约的就是这种控制外国企业决策，特别是利润分配政策的中国居民企业。

根据上述规定，如果我国一家居民企业对设在避税地的某外国企业进行控制，并且出于避税方面的利益对该外国企业的利润不进行应有的分配，那么该利润应计入居民企业当期收入总额中一并纳税。“受控外国企业”的规定对采取间接投资架构的海外投资企业有很大影响。

为避免中间控股公司被认定为受控外国公司，中间控股公司应承担一定的职能和风险，从事一定的经营活动，此外如果中间控股公司留存利润不作分配，应准备适当的书面资料，以证明其留存利润具有合理的需要，从而降低被税务机关认定为受控外国公司的风险。

（2）承包商需根据承包范围考虑自身机构的设置。如果承包范围小，时间短，可以自己名义进行施工，但需要尽可能地避免成为常设机构。如果承包范围广，时间长，尽量以投资方名义进行施工，以保持项目所在国机构的一致性，以规避相关税务风险。

常设机构是用来确定企业是否和某国有实质性的联系从而使该国能对归属于该常设机构的所得进行征税的概念。根据《经济合作与发展组织（OECD）范本》和《联合国（UN）范本》，常设机构规则不仅作为征税的前提条件，而且还是辨别应税所得的方法。只有所得可以归属于常设机构的情况下方可被征税。

［例4-3］ 中国某建筑公司到A国从事房屋建筑工程，工程所需时间约为11个月，根据中国和A国的双边税收协定，建筑工程连续达到10个月以上的即构成常设

机构。该公司进行房屋建筑的总成本为1 000万美元，工程总收入为1 200万美元。A国对来源于本国的所得要征收企业所得税，税率为30%。A国对房屋建筑工程要征收增值税。

正常情况来看，由于该工程时间为11个月，超过了中国与A国税收协定的10个月，构成A国的常设机构，应当在A国缴纳企业所得税：

(1 200 - 1 000) × 30% = 60（万美元）

由于房屋建筑工程构成常设机构必须以“连续”为标准，因此，该公司完全可以将该房屋建筑工程分为两个阶段进行，第一个阶段进行9个月，然后休息一个月，第二阶段再进行2个月，这样，该房屋建筑工程就不构成A国的常设机构，不需要在A国缴纳企业所得税。该笔所得汇回中国后，需要按照我国税法规定缴纳企业所得税：

(1 200 - 1 000) × 25% = 50（万美元）

由此可见，通过规避常设机构，可节税10万美元。

二、谈判签约阶段

开发商在成立项目公司时需要关注以下涉税内容：第一，进口原材料和机械设备有无关税优惠；第二，项目运营收入有无优惠。上述内容都是在开发商与项目所在国签署投资协议时积极争取的因素。每个投资项目的优惠政策各不相同，主要取决于项目所在国对于国外业主投资的该项目的迫切性，以及项目所在国招商引资的优惠政策。在实务中，许多开发商往往在投资协议中忽略了这些内容，尤其是对于项目公司的税收优惠内容。由于项目公司是开发商全资或控股的企业，因此，对于项目公司的税收优惠等于间接优惠给了开发商。

承包商应根据开发商签订合同中涉及的优惠条款，确定自身是否满足优惠条件，或者在当地国以分包商名义进行施工，以达到享受优惠政策的目的。

三、项目实施阶段

项目实施阶段涉及的环节很多，比如资金筹集、项目运营等。如何在项目实施阶段合理进行税务规划，将牵扯到投资项目最终税务规划的具体效果。

（一）资金筹集

筹集资金是企业开展经营活动的先决条件，企业可以从多种渠道以不同方式筹集所需的资金，这就需要进行筹资决策。在筹资决策中进行税收规划，有助于企业降低资金成本，优化资金结构，增加所有者收益。

对于海外投资来说，筹集资金不但要考虑股权性筹集资金还是债权性筹集资金；还要考虑筹集资金的地点，是在中国筹集资金、在中间控股公司所在地筹集资金，还是在投资项目所在国进行筹集。

1. 股权性筹资和债权性筹资的选择。一般来讲，企业进行外部资金筹措有发行股票和举债两种方式，从不同角度看，这两种形式各有利弊。就企业税收规划来讲，债券型的筹资比发行股票更为有利。这是因为，债券所发生的手续费及利息支出，可计入财务费用。财务费用作为抵税项目可在税前列支，企业也就可以少缴纳所得税。[①]

资本弱化，是指企业通过加大借贷款（债权性筹资）而减少股份资本（权益性筹资）比例的方式增加税前扣除以降低企业税负的一种行为。

[例4-4] A国税法规定，所得税税率30%，支付分红需要代扣代缴资本利得税10%，支付境外合理利息需要代扣10%利息税。假设对于A国的甲公司，在A国投资需要100万美元资金，年可实现营业利润10万美元。如果甲公司的境外股东乙通过股权投资100万美元，当甲公司实现盈利时，全部利润支付乙公司，甲公司先支付3万美元（$10\times30\%$）的所得税，分红时又支付了0.7万美元（$7\times10\%$）的资本利得税，总体税负是3.7万美元；如果甲公司通过向集团控股公司乙公司借款100万美元，年利率10%，利息10万美元，那么将没有税前利润，只需要支付1万美元（$10\times10\%$）的利息税。

但由于资本弱化会给项目所在国带来税基侵蚀，造成利润转移，很多国家已经出台相关政策来防止资本弱化的发生，以我国对中外合资经营企业的相关规定为例，规定如下：

（1）在合营企业的注册资本中，外国合营者的出资比例一般不得低于25%。

（2）在合营期限内不得任意减少注册资本，股东不得抽回其出资，体现了资本不变原则。

（3）明确了合营企业注册资本与投资总额的比例：

①投资总额在300万美元（含300万）以下的，注册资本至少占投资总额的7/10；

②投资总额在300万美元以上至1 000万（含1 000万）美元的，注册资本至少应占投资总额的1/2，其中投资总额在420万美元以下的，注册资本不得低于210万美元；

③投资总额在1 000万美元以上至3 000万（含3 000万）美元的，注册资本至少应占投资总额的2/5，其中投资总额在1 250万美元以下的，注册资本不得低于500万美元；

④投资总额在3 000万美元以上的，注册资本至少应占投资总额的1/3，其中投资总额在3 600万美元以下的，注册资本不得低于1 200万美元。

（4）公司缴纳所得税后的利润应计提三项基金。所有这些规定和措施，都是为了资本保全完整，防止资本金实质减少，以有利于保障所有者权益和债权人权益。保证公司的资本金与其所经营的行业、项目相适应，具有一定的生产经营能力和偿债能力，

---

① 李铮：《国际工程承包与海外投资税收筹划实务与案例》，中国人民大学出版社2017年版。

这实际也是防止资本弱化的有效规定。

所以各投资方应注意当地国家（地区）关于资本弱化的相关规定，防止触犯当地国家（地区）的法律规定，造成罚款等不良后果。

2. 筹资地点的选择。对于中国企业海外投资业务来说，筹资地点一般有三种选择：中国、中间控股公司所在地、投资项目所在地。对于筹集资金地点的选择，首先，考虑各种方式筹集资金成本的高低，如一般非洲国家筹资成本非常高，而中国香港等中间控股公司所在地筹资成本非常低。其次，考虑未来利润转移避税。按照资本弱化理论和转让定价理论，一般选择在中间控股公司进行债务性筹资，筹资成本和未来税务负担均较低。

（二）项目合同

这一阶段的主要规划方法是分立 EPC 合同。

1. 设计合同：总承包商在中国境内承担设计工作，所对应的收入有可能不需要在项目所在地缴纳所得税和增值税，或适应较低的所得税税率。

2. 采购合同：可能是为业主直接进口材料和设备，总承包商在采购环节的利润通常不需要在项目所在地缴纳所得税。

3. 施工合同：如符合海外建筑业劳务的条件则可免征中国增值税，选择整体税务较优的合同签订方、合同签署方式、总分包安排。总包、分包合同由谁签订，会对税务产生重大影响。签约方通常可为中国公司，项目地分公司、子公司与中间控股公司等，决定因素有双方国家税制、合同的利润构成等。如由境外子公司签订总包、分包合同，工程项目利润在取得时无须缴纳中国企业所得税；如签订合同的公司所在地与工程项目所在地存在优惠税收协定，可能降低承包商在工程项目所在地常设机构风险；如由境外子公司签订总包、分包合同，且不将合同带入中国境内使用，可降低中国印花税负担。

（三）项目运营

项目运营阶段，开发商如派出管理团队对项目公司进行管理，可向项目公司收取管理服务费用，以增加项目公司税前列支额，降低公司当地税负。

1. 通过转移定价将利润安排在自身税负低、利润汇出税负低且外汇管制宽松的国家，如由迪拜或中国香港等地中间控股公司签订合同，可将合理利润保留在当地，并通过转移定价降低税负。

转移定价是跨国公司内部的母公司与子公司之间、子公司与子公司之间提供产品、劳务或技术所采用的定价，是跨国公司经常使用的国际资金调度管理的手段，目的是使跨国公司避开一些东道国在资金调度上设置的政治和税收障碍并降低外汇交易成本。

［**例 4－5**］A 国的总公司甲在 B 国承揽某海外投资项目并设立全资子公司乙，甲公司规定：乙公司盈利时，需按 5% 的投资回报汇回 A 国总公司。乙公司当年盈利

2 000万美元，按5%的投资回报应汇回A国总公司甲100万美元，年终按照20%的所得税税率，乙公司应缴纳预提税20万美元。为规避这部分税收，乙公司将市场价值300万美元的商品以200万美元的价格卖给了甲公司，以商品代替股息支付。

从上述案例可以看到，乙公司将商品以低价售给甲公司，甲公司从中获得等值回报，乙公司因支付方式的改变，且无盈利，即可避免缴纳所得税，又不必缴纳预提税。

2. 境外子公司的税后利润在未来作为股息分配回中国母公司时才产生中国企业所得税的纳税义务，并且允许抵免已缴纳的外国所得税。

目前，大部分国家都规定，汇往其他国家的利润都需要缴纳预提税，所以对于项目所在国获得的利润，可在当地国家再投资，避免汇出国外缴纳预提税。

预提所得税，简称预提税，是指预先扣缴的所得税。它不是一个税种，而是世界上对这种源泉扣缴的所得税的习惯叫法。

[例4-6] 中国的甲公司在A国设立了一家子公司乙。2017年度，乙公司获得税后利润3 000万美元。中国和A国税收协定规定的预提所得税税率为10%。如果乙公司将税后利润全部分配给甲公司，则需要缴纳预提所得税3 000×10%=300（万美元）。如果乙公司选择利润留在A国，则不需要缴纳预提所得税。

3. 通过资本弱化，将利润以利息的方式转移到中间控股公司。

4. 通过租赁方式，将税前利润转移到中间控股公司。在一些投资项目中，设备并不包含在工程中，而是采用租赁的方式使用，开发商可以考虑在低税负国家或地区如中国香港、比利时等设立设备租赁中心，与项目公司之间进行融资租赁，如果融资租赁公司所在国与项目所在国对租金的预提所得税有较为优惠的税收协定待遇，加之其本国通常对满足条件的公司所得税税率较低，则不仅可以利用此种安排达到为项目公司融资的目的，又可以节省企业所得税和预提税，还可实现资金的提前回收。设备租赁中心的税后利润暂不汇回中国，可以用于其他境外项目，从而递延中国企业所得税。且项目公司支付的租金将高于其直接购买设备而计提的折旧，使得其税前扣除额较大，从而降低了当地税负。

一般国际上惯用的通过租赁避税手段是：高税率国的一个公司购置一项资产，以尽可能低的价格租赁给低税率国的关联企业，低税率国的关联企业以尽量高的价格租赁给投资项目所在国的企业。如果投资项目所在国对租赁设备有优惠政策，则对于投资项目公司可以将租赁费用税前列支，还可以享受相应优惠政策。

[例4-7] A国投资项目需要一套100万美元的设备满足生产要求，A国所得税税率为30%，A国税法允许折旧年限为10年，假设不考虑设备折旧情况下所得税每年利润为20万美元，每年租赁费20万美元。

第一种方法，通过购买设备方式：

第1年至第10年所得税税负为：（20-100÷10）×30%=3（万美元）

利润分配给股东缴纳资本利得税(20－3)×10%＝1.7（万美元）

每年税负合计为3＋1.7＝4.7（万美元）

第11年以后每年所得税＝20×30%＝6（万美元）

利润分配给股东缴纳资本利得税(20－6)×10%＝1.4（万美元）

每年税负合计为6＋1.4＝7.4（万美元）

第二种方法，通过从免税地区中国香港关联企业租赁该设备：

每年多发生租赁20万美元，所得税前利润为0，投资项目将无利润和利润分红。

由上述案例可以看出以租代购能大大降低投资项目税负，将利润转移到集团关联企业。在以租代购方式上，要测算最低租赁的临界点，当租金低于临界点时，以租代购税费将会增加，不同国家因税种和税率不同临界点将不同。

5. 对与项目所在国个人所得税政策与中国个人所得税政策差异，可以将部分管理人员的工资在项目所在国或中国列支，根据两个国家个人所得税税率和企业所得税税率权衡确定。

四、退出阶段

虽然通常项目移交发生在几十年之后，但是为了确保整个投资项目的整体税负最低，需要在投资之初就将相关税负安排妥当。具体来讲，要注意以下几个方面：

（一）税前扣除问题以及转让收入的所得税、资本利得税、预提税

开发商向国外转让收入往往可以利用不同国家之间税收协定的优惠政策规避部分税收。税收协定亦称“税收条约”。是指主权国家签订的处理相互间税收分配关系的书面协议。可分为特定税收协定和一般税收协定两种。前者指国家间对某一单项税收问题达成的协议，如关于增值税的税收协定、对航运收入互免税收的协定等。后者即国际税收领域关于国家间避免双重征税的税收协定。避免双重征税协定是指有关国家为避免对纳税人的重复征税，防止纳税人逃避缴纳税收以及协调相互间税收权益而签署的政府间或国家间双边税收书面协议。我国对外签订的税收协定都属于双边税收协定。

［**例4－8**］B国的税法规定，自B国汇往国外的资金需要缴纳10%的资本利得税，B国的子公司乙欲汇款100万美元至A国的母公司甲，为避免缴纳资本利得税，发现C国与A国和B国均签有互惠双边税收协定，双方之间的资金往来均不缴纳税款，故而决定在C国成立子公司丙，由乙公司先将款项汇款至丙公司，再由丙公司汇款至甲公司。这样，该笔款项就减轻了10万美元（100×10%）的税收负担。

（二）境外已缴税款的性质以及税款的抵免

《企业境外所得税收抵免操作指南》（国家税务总局公告2010年第1号）规定，居民企业以及非居民企业在中国境内设立的机构、场所（以下统称企业）依照《企业所得税法》第二十三条、第二十四条的有关规定，应在其应纳税额中抵免在境外缴纳

的所得税税额的，适用本通知。

1. 可以适用境外（包括中国港、澳、台地区，以下同）所得税收抵免的纳税人包括两类：

（1）根据《企业所得税法》第二十三条关于境外税额直接抵免和第二十四条关于境外税额间接抵免的规定，居民企业（包括按境外法律设立但实际管理机构在中国，被判定为中国税收居民的企业）可以就其取得的境外所得直接缴纳和间接负担的境外企业所得税性质的税额进行抵免。

（2）根据《企业所得税法》第二十三条的规定，非居民企业（外国企业）在中国境内设立的机构（场所）可以就其取得的发生在境外、但与其有实际联系的所得直接缴纳的境外企业所得税性质的税额进行抵免。

根据上述规定，居民企业以及非居民企业在中国境内设立的机构、场所依照《企业所得税法》第二十三条、第二十四条的有关规定，应在其应纳税额中抵免在境外缴纳的所得税额。企业境外所得税收抵免不受是否签订税收协定的限定条件。

2. 境外税额抵免分为直接抵免和间接抵免。直接抵免是指，企业直接作为纳税人就其境外所得在境外缴纳的所得税额在我国应纳税额中抵免。直接抵免主要适用于企业就来源于境外的营业利润所得在境外所缴纳的企业所得税，以及就来源于或发生于境外的股息、红利等权益性投资所得、利息、租金、特许权使用费、财产转让等所得在境外被源泉扣缴的预提所得税。

间接抵免是指，境外企业就分配股息前的利润缴纳的外国所得税额中由我国居民企业就该项分得的股息性质的所得间接负担的部分，在我国的应纳税额中抵免。例如我国居民企业（母公司）的境外子公司在所在国（地区）缴纳企业所得税后，将税后利润的一部分作为股息、红利分配给该母公司，子公司在境外就其应税所得实际缴纳的企业所得税税额中按母公司所得股息占全部税后利润之比的部分即属于该母公司间接负担的境外企业所得税额。间接抵免的适用范围为居民企业从其符合财税〔2009〕125 号文件第五、六条规定的境外子公司取得的股息、红利等权益性投资收益所得。

投资商应当按照财税〔2009〕125 号文件要求，积极规划国外企业所得税抵免事宜，防止可抵免企业所得税漏抵事项发生。

第四节　海外投资业务税务难点解析

一、海外投资业务挑战和不确定性

我国企业在一些发展中国家参与当地基础设施建设，无偿提供医疗设备及服务，捐助当地教育、免费供水供电，为当地经济社会发展发挥了重要作用。同时，我们的投资为当地增加了工作岗位，也拓宽了当地的就业面。例如中国为安哥拉修建港口、延长刚果（金）便捷的铁路，促进了安哥拉、刚果（金）的资源出口，在中非合作过程中，双边贸易得到了长足的发展，而且带动了国际社会对非洲的关注和投入，这体现了我们到海外投资是互利双赢的，甚至可以说是一个多赢的局面。中国企业尤其注重对当地百姓和民生方面的工作，所以我们到海外投资受到了投资国政府，特别是当地百姓的欢迎。但是，当前国际形势并不稳定，全球各国经济除少数新兴国家通过刺激计划率先走出经济衰退外，西方主要发达经济体仍在经济振兴的道路上艰难行进。全球金融投资流动总体态势与外国投资的地缘决定因素和区域性格局有关。跨国公司全球化战略正经历着结构性调整相互交织，预示着中国企业向海外拓展提供了良好机遇，同时也增加了许多挑战和不确定性。

（一）国家主权利益障碍

国家主权利益本身包含着国家的经济主权利益，而经济主权利益又可以体现为资源主权利益，即国家对其领域内的一切自然资源享有占有、使用、处分的权力。在体现经济主权对外国投资准入和规制的相关制度中，准入门槛规制严格。有的发展中国家虽然开放，但是有严格的审批制度；有的发展中国家规定海外企业介入领域只能采取合资的方式，而投资东道国方面只用授予入股。中国企业走出国门投资海外企业，很容易被东道国误解为侵犯了它们的经济主权利益。因而其东道国必然要采取相应的手段或者极端的措施予以抵制或阻挠。

（二）投资主体障碍

世界跨境直接投资的主体是私人企业，而我国境外投资的主体是国企，作为海外投资主体的大型国有企业，虽然拥有雄厚的经济实力垫底，但它们要到海外投资或者在海外进行资源收购，其意图却很容易被东道国误解，把它们的行为与国家行为联系在一起，使东道国产生逆反心理，给它们在海外的投资行为造成梗阻，到海外去投资也是困难重重。

（三）海外投资产业结构的背离

我国境外投资主要是金融业和采矿业，制造业分量不足，这与世界总格局相反，对制造业投资认识不足。就具体的投资结构而言，大规模的工程和建筑项目集中在交通运输领域。分析这些数据，我们可以得出结论：在很多方面，中国的“全球影响力”也反映了其国内经济的特点，即极为热衷于固定资产投资，以及由此引起的原材料需求。

资本输出的目的是确保海外资源和市场，而要巩固市场，必须就近投资生产。因此，我们需要特别重视增加对“一带一路”国家制造业的投资，从而大大提升我国的研发和制造水平，扩大海外市场。

二、海外投资业务税务的难点

（一）国家对外投资税收政策问题

缺乏系统的税收促进法律体系。我国为引进外资，对外国投资者和外商投资企业实施了一套多层次、多优惠的税收政策体系。但是，对“走出去”到境外投资的税收促进和保护政策相对较少或比较零散。在国内税法中，对境外投资的税收政策规定非常笼统，实际操作比较困难。从税收支持的方式看，主要就是减税或免税，形式比较单一；没有采用国际上通用的国际投资储备金制度等形式的税收支持；为跨国投资的纳税人的税收服务滞后，无论是在为纳税人提供税收信息服务方面，还是为纳税人在投资国提供税收权益的保障方面，都没有形成健全的制度体系。

我国企业对外投资，要征收商品税、所得税和财产税等。与国内投资相比，企业对外投资要承担国内所得税和国外所得税两个部分。目前，对跨国企业所得的课税政策主要包括采用抵免法消除国际重复征税和跨国企业在东道国所享受的减免税待遇实行税收饶让抵免。我国缺乏发展对外工程承包的相应的法律法规，造成市场经营秩序混乱。对外工程承包的管理工作一直依靠部门的规章进行，尚无完善的法律法规，因此其监管手段和措施往往显得软弱无力。法律的不完善必然导致市场经营秩序的混乱和企业之间的恶性竞争，最终遭受损失的必然是我国对外工程承包的整体形象及我国的国家利益。

随着“一带一路”倡议的提出，越来越多的中国企业已经走出去，但是要想在海外投资中占据有利地位，就需要拥有一套清晰的、全面的法律保障体系。从政府和社会的角度来说，营造一个宽松的氛围，在投资中是必不可少的。在此基础上，政府也需要力所能及的向企业提供信息，并制定相关政策，在资金融通方面也需要提供支持。

第一，应该充分发挥政府的作用，建立海外投资风险预警机制，加大对所在国政治形势的掌握，对企业进行及时引导，降低投资风险。

第二，“走出去”企业应构建多元化的融资平台，创新融资模式、开展与多机构的联合融资。比如，与亚洲基础设施投资银行（亚投行）、丝路基金、多边开发金融机构以及金砖国家新开发银行等进行联合融资，增加杠杆，降低风险，增加联合融资渠道，扩展项目，使联合融资更多地应用于基础设施建设项目中，为“一带一路”建设筹集更多资金。另外，中资银行要提高服务和营销能力，助力“走出去”企业降低成本，中资银行不仅要为走出去企业提供具有国际竞争力的资金价格，更重要的是通过设计最优化的交易结构、资金渠道和协议条款，有效防控或规避企业面临的资金风险，最大程度地降低企业“走出去”的成本。同时构建包括管理监督、服务促进和风险保护在内的海外投资协调机制，签订双边、多边国际投资保护协定，以保障海外投资安全；鼓励建立海外投资保险制度，解决海外投资融资难的问题，从而达到降低风险的目的。

（二）缺乏对合作目的国的税务研究

我国“走出去”企业主要缺乏对所在国的税制法律研究。对投资所在国家的税法了解甚少，更谈不上对国际避税的研究。这不符合我国企业对外进行市场发展的需要。目前对国外市场的税务研究普遍存在认识不够，对合作方的税务管理研究不够细致等问题。因此，不能仅限于对国内的税务研究，更应放眼国外。

对目前“一带一路”国家的税务环境，应当在投资项目开展之前，就进行更细致的研究和分析，尤其是针对具体税收政策和优惠措施的实行和落实情况、税务局工作模式和管理体系、相关行业涉及的税种及缴纳、税务检查和罚款等各方面进行研究，从而制定相关的规章制度；提升税务工作人员的业务能力和专业性，避免因税务方面的疏忽和遗漏而造成的问题和税务罚款；完善企业在整体税务工作的能力，在其工作之初，就尽量尽善尽美的完成税务基础工作，不留问题和疏漏，针对突发税务问题，灵活地解决和处理。

（三）税务管理环境问题

第一，在境内、境外所得汇总合并纳税时，有一个障碍就是各个国家的会计年度不同，纳税年度也不同。企业所得税又是一个实行年终汇算清缴的税种，导致对境外所得的税款抵扣计算复杂也不科学。对境内境外所得在同一张所得税申报表中申报，也造成了国内所得税政策中一些概念界定的模糊，如以应纳税所得额为依据确定的税收优惠政策的适用，税前扣除项目的限额扣除标准是否包括境外所得等。例如，乌干达会计核算年度为上年的7月1日至本年的6月30日，乌干达税法规定企业需要在上年的12月份、本年的6月份、本年的12月份分3次预缴企业所得税，12月底或次年初对外报告出具后需再预缴第四笔所得税，最终汇算清缴时补齐差额部分。

第二，在税务管理的组织安排上，存在管理脱节现象。一般来说，国际税收协定的执行，涉外税务关系处理的相关业务归属各级税务机关的国际税务管理处，这些部门的主要管理对象是境外投资者到我国境内投资的外资企业，而对境内企业到境外投资的税收管理则又隶属所得税处，而所得税处对国际税收协定的有关政策又不很熟悉，造成懂政策的不管业务，管业务的不懂政策的局面。

（四）投资所在国的外汇政策

外汇管制（Foreign Exchange Control）是指一国政府为平衡国际收支和维持本国货币汇率而对外汇进出实行的限制性措施。在中国又称外汇管理，指一国政府通过法令对国际结算和外汇买卖进行限制的一种限制进口的国际贸易政策。外汇管制分为数量管制和成本管制。前者是指国家外汇管理机构对外汇买卖的数量直接进行限制和分配，通过控制外汇总量达到限制出口的目的；后者是指，国家外汇管理机构对外汇买卖实行复汇率制，利用外汇买卖成本的差异，调节进口商品结构。外汇管制指政府或中央银行为避免该国货币供给额的过度膨胀，或外汇储备的枯竭，对于外汇之持有，对外贸易或资金流动所采取的任何形式的干预。各国外汇管理与本国经济金融息息相关。每个国家都有相当严格的外汇管制政策。

例如，埃塞俄比亚是外汇严格管制的国家，外汇汇入、汇出都受严格监管，理论上可以用当地币购美元开立信用证进行物资采购，但是手续相当繁琐，需要到外汇管理局审批，需要等待的时间很漫长，一般要排队二三个月才能拿到批复，满足不了公司对于物资采购在时间上的要求，所以一般不采用此种结算方式。个人出境仅能携带10 000美元，并且审核十分严格。

1. 喀麦隆作为“中部非洲国家货币共同体”成员国家，在外汇管理方面与其他成员国家统一了政策，规定了个人及企业在外汇兑换方面可享受的便利与需要受到的监管。外汇汇入无特殊监管，银行对企业接受境外汇款无特别限制。外汇汇出受到外汇管理政策的严格监督，政府有条件地允许外汇汇出：在政策规定的名义内，如商品进口、服务进口、支付股权分红、借款偿还等，企业可以汇出资金。为证明汇款名义真实性，需要在银行进行实际外汇操作时向企业收集相关证明文件。因此，在喀麦隆投资企业主要可通过支付股息、红利方式将利润汇回，通过银行进行，但是需要向银行提供以下资料：公司财务及税务报告；董事会决议；标明持股比例的股东名单；资产所得纳税证明和完税证明。需要注意的是，根据相关规定，应先对公司征收利润税，然后对于税后利润分配给股东的股息、红利，喀麦隆政府将征收16.5%（15%的主体税及主体税的10%的附加税）的流动资产所得税，然后才能得到资产所得纳税证明。但是根据投资相关政策，如果符合相应的条件，可按比例免除一定的利润税和流动资产所得税。同时需要考虑的是公司财务及税务报表上关于公司利润的数据要和此处相一致。

2. 莫桑比克外汇管制比较严格。外商投资公司及股东必须在莫桑比克中央银行注册，以便接收来自境外的资金；股东的投资必须在央行登记；在央行登记的资金允许是公司与其非居民股东签署的合同贷款或者是股东贷款而来的。

（五）缺乏涉外税务管理人才

企业间的竞争说到底是人才的竞争，管理上的差距实际上也是人才缺乏的表现，国际工程承包业务对管理人才要求相当高，此类人员必须至少具备三项能力：语言、对外税务合同管理经验、有关的国际经济贸易知识。而中国企业中具有此“三结合”能力的人才实在是屈指可数，这也自然导致中国参与国际工程承包竞争时的先天不足。另外，我国企业在人才培养上也有误区。许多企业向外输出人员不是本着培养人才的目的，而是将之变相为一种公司待遇，企业员工轮流出去，钱花了不少，但始终无法形成一支本公司对外工程承包的核心力量。

三、海外项目管理和税务管理的策略

（一）海外项目策略

根据国家领导人从国际政治和国民经济增长需求的战略高度对中国国际合作提出的要求以及各“走出去”集团公司国际合作的整体发展蓝图，除了继续搞好境内对外合作外，应积极稳妥地开拓国外市场。

1. 要重点搞好工程项目，努力开辟海外市场占有率。根据自身情况，在经营策略上规划海外工程项目，先“点”后“面”，先提供地面工程等优势专业的技术服务，后逐步扩大合作面或投资；在投资海外项目上，先小后大，从投资少、风险低、效益好、运作比较简单的中小项目干起，再逐步承揽投资大、风险大、收益高的大型项目；在经营方式上，先合作后独立；在合作方式上，先参股开发国外或承揽大型工程项目，后控股；在经营区域上，先“东南”后“西北”，先进入中东、中亚、东南亚及周边国家和发展中国家，后向西方发达国家拓展；在经营指导思想上，先集中优势兵力抓关键项目，待有了一定的基础后再抓一般性项目；在经营方针上，先“主外”后“主内”，即在安排生产计划时首先以海外工程项目为主，后安排境内项目。

2. 掌握工程所在地的优惠税收政策。熟悉地方税收优惠政策，实施延迟纳税，达到减轻税负的目的。不管是经济发达的国家还是经济欠发达的国家，都会运用税收政策作为调节经济的杠杆作用，特别是运用税收优惠政策引导投资方向，调整产业结构，从而扩大就业机会。税收优惠政策是刺激国民经济增长的重要途径。因此，熟悉和灵活运用当地国家的税收优惠政策是海外工程投资管理的重要内容。承包商应注意以下两点：一是综合考虑当地国家优惠政策，选择最适合企业实际情况的方案，降低企业整体税负，实现整体利润最大化；二是关注投资风险与回报的关系。税收优惠与纳税人的投资风险同时存在。如果投资风险过高，即使再好的优惠政策也不能转化为收益，企业利润无法保障。同时，还应考虑优惠税收政策的效力和连续性，工程承包企业要在投标书合同中明确规定相应的税收优惠政策。比如，海外项目招标文件中指定的进口设备项目的建设可以免除进口关税，但当设备进口，当地税务主管部门发出通知要求承包商提供相应担保后可以免税，并保证与进口关税总费用几乎是相同的，那么承包商最好一次性支付进口关税，并保存相关信息有利于用作将来退税的凭证。

3. 选择合适的税务代理机构。各国税收政策有着很大的差别，国外承包工程建设方选择合适的税务代理人是尽量融合当地税收政策的需要。由于专业的税务人员对当地的税收政策更熟悉，选择合适的税务代理机构可以为如何规划项目税务提供有价值的建议。一是要考察代理的专业能力和可信度；二是选择熟悉当地税务政策的机构，采纳当地机构所提出的切实可行的建议；三是按照签署的代理协议，在保证合法合理的纳税的前提下，将避税部分的纳税金额按比例奖励，调动税务代理机构的积极性。

4. 开设一个国际离岸银行账户。对于国际投资工程公司而言，利用跨国税收制度的差异，在海外开设税收账户，是税务规划的有效途径。开立离岸账户，方便资产转移海外账户。在实际操作的过程中，离岸账户不受外汇管制的影响，不仅可以减少税收抵免，使公司的海外投资、资产转移计划更加自由，也是避免高税收的一种非常有效的方法，但也应小心谨慎，以免引起国际税收争端。

（二）企业纳税规划的主要模式

1. 进行企业整体税务规划。为了加强集团成员企业的财税管理工作力度，做到依法纳税，企业需要对财税政策做统一的规划。企业的税收规划是从企业自身的发展出发，为减轻企业总体税收负担、增加企业的税后利润而进行的一种战略性的规划活动。在税收统一规划中，企业向总机构所在地的国家（地区）和地方税务主管部门办理税务登记，各事业部持总机构税务登记证（副本）到生产、生活营地所在地的税务主管部门办理注册税务登记；企业总部为唯一的企业所得税纳税人，企业的所得税由企业总部统一核算、统一申报、统一汇算、统一缴纳；企业总部为唯一的增值税一般纳税人，统一计缴增值税，统一增值税专用发票管理。

2. 采取辅助的分级规划方法。企业的母公司财税部门要研究国家宏观经济政策和财税政策变化对企业的影响，并提出建议；及时与国家财税管理部门沟通反映企业纳税过程中遇到的实际问题；组织指导成员企业财税管理工作和培训工作，进行合理有效的财税政策规划，制定严格的企业财税管理制度和管理程序，加强内部控制和内部监督。而与之相协调的企业子公司的财税部门在财税管理方面主要贯彻执行企业统一的财税管理制度；及时反映企业遇到的具体纳税问题并提出建议；按照企业的统一部署进行具体的操作性管理与规划工作。

企业统一规划、分级管理的纳税规划模式不仅保证了企业“依法纳税，合理规划节约税费支出，决不偷税漏税”的财税理念的准确实施，也促进了企业在税负公平的基础上跻身于国际市场竞争的大舞台。

（三）企业纳税规划应注意的问题

1. 将纳税规划思想贯穿企业全过程。首先，企业领导要重视纳税规划。纳税规划作为一项严密细致的规划性工作，必须依靠领导层的支持才能实行。由于企业领导人的绩效考核大多与利润等指标相联系，节税的多少一般并不在考核范围之内，因此企业领导对纳税规划的关注度很小、动力不强。然而，随着企业的发展，企业领导要树立“企业追求的是税后收益的最大化”的意识，而不迷恋于广义的利润最大化。合理的税收规划可以在很大程度上增加企业税后收益，其效果有时比改进企业经营管理更直接、更快速。因而，企业领导在实际工作中要支持纳税规划、合理安排企业的财务税收工作。其次，企业要培养合格的纳税规划人员。纳税规划是一种高层次、高智力要求的财务管理活动，它要求相关人员具有税收、会计、财务等专业知识，并且全面了解、熟悉企业整个投资、经营、筹资活动，从而设计出不同的纳税方案，做最优的选择。

2. 加强与各国税务部门的沟通联系。目前，各国正处于税收法律法规完善的时期，税收法律法规不够规范也不够完善，同时稳定性也差。这些客观因素决定了税务机关在整个企业纳税规划有效性中具有非常重要的地位。因为在税法未明确规定的领域中，税务机关具有最终裁定权，而且企业的相关财务、税收工作都要有税务机关的支持。特别是许多企业行为具有相对的特殊性，因而都与有关税收法规的规定不一致，所以企业税收规划人员保持与当地的税收管理部门的沟通协调就更具有重要意义。首先，企业应就其对模糊或新生的企业行为所作的处理得到税收管理部门的认可，再在这个基础上进行相关的纳税规划，这是至关重要的；其次，通过与税收管理部门的沟通与协调，尽早获取这些国家对相关税收政策或法规的调整信息，及时改变纳税规划方案，获得节税收益；最后，通过对税收管理部门的企业相关税收程序的了解，在整个纳税规划中做到有的放矢，分清轻重缓急，减少或避免无谓的税收损失。

3. 统筹兼顾、合理安排纳税规划。纳税规划活动是一个连续的、动态的过程，在实践中没有固定的模式和操作程序，也没有统一的标准可以遵循，因此，企业的纳税规划要具体问题具体分析，不能生搬硬套。此外，要用长远的眼光来选择税收规划方案。有些税收规划方案尽管暂时使企业的税收负担降低，但却不利于企业的长期发展，因此企业在开展各项经营活动之前要比较多种纳税方案，不仅要在整体经营中考虑纳税规划，而且要以企业的整体利益为重，不能简单地将纳税规划等同于企业缴税越少越好，而要有整体与局部、长期与短期的思想。另外，纳税规划要统筹兼顾，不能就单一的税种进行，要综合考虑企业的税收体系。

中国企业参与国际市场竞争具有一定的内部优势和良好的外部机遇，发展潜力很大，前景广阔。外部税务环境中的不利因素可以通过内部调整、扬长避短而逐步加以克服，内部税务管理劣势可以采取有效措施进行改善和规避。我们相信，只要掌握和运用好国际通行的一些基本合作模式，充分发挥自身优势，中国企业一定可以有效实施国际市场战略，走出一条富有中国特色的迅速发展和稳步成长的道路。

第五节 境外投资业务税务案例

在"一带一路"战略构想下，"走出去"的中国建筑企业会越来越多，有的开展国际工程承包，有的进行海外投资。由于中国在国际市场上具有商品价格和劳动力的优势，中国企业参与海外投资的项目一般均包含项目建设，本部分主要对海外 BOT 项目的税务规划进行分析，其他各种海外投资项目的税务规划有相同相通之处。

对于跨国企业，税务规划是从集团公司整体角度考虑，在税务风险可控的情况下，采用集团整体税负最小的税务方案，因此税务规划是实现企业价值最大化目标的重要组成部分。税务规划是在各国法律法规范围内进行节税或合理避税，并非逃税和漏税。这里以 A 国投资项目为例，进行税务规划案例分析。

一、投资项目基本情况介绍

A 国是一个制造业水平非常落后的发展中国家，在经济发展过程中甲公司需要建设一条铁路 H，总投资 10 亿美元，自 2015 年开始建设，2017 年底建设完毕，运营期为 10 年，运营期结束后移交 A 国政府。

二、项目投资前的税务尽职调查

在项目投资前甲公司需要组织专业团队完成项目可行性分析，其中项目经济效益和税务方案是可研究报告的重要组成部分。税务尽职调查包括投资项目所在国、中国、其他可能涉及的地区税收法律法规，可以借助这些国家或地区的会计师事务所完成税务尽职调查。在 H 项目投资前，甲公司进行了以下几方面的税务调查和研究。

1. 投资项目所在国税收法律调查。

（1）纳税主体。外国公司在当地只能注册分公司和项目公司，项目公司在项目结束后公司将被注销。如果想建立子公司等法人公司，则必须和当地公司组成联营公司，其中外国投资方不得持有超过 50% 的股份。以前在 A 国的法人公司通常采用假合资和真独资的做法，以表面合法的未超过 50% 的股权来实际控制公司本身。当地税法规定，当地的国民和公司免税，但即使外国公司与当地公司组成了联营公司，只是对当地公司所占的那部分进行免税，外国公司所占部分仍然要课税。综上分析，在 A 国，注册与非注册，在法律上是否是法人公司，只要你是外来经营者，在税法面前没有区别。

从这个角度出发，在 A 国的纳税主体为外国分公司、外国项目公司以及在联营公司中外国公司所占部分。

（2）主要涉及的税种种类以及采用的税收政策。

纳税税种：企业所得税、预提税、关税和个人所得税。

①企业所得税。

a. 征税原则及税率。在 A 国，企业所得税基于所得来源基础征收，纳税人就其在 A 国境内活动获取的所得纳税。A 国基本所得税率为 35%。

b. 纳税人。居民纳税人——A 国居民企业，是指根据 A 国法律成立，或其总部位于 A 国，或其实际管理机构位于 A 国境内的法人实体。

非居民纳税人——A 国非居民企业，是指根据外国（地区）法律、法规成立且实际管理机构不在 A 国境内的企业。

居民纳税人和在 A 国有常设机构的非居民纳税人，均应根据 A 国企业所得税法就来源于 A 国的所得缴纳企业所得税。新税法中使用经合组织对常设机构的定义，即“纳税人开展全部或部分业务的固定营业地点，如分公司、办公室、工厂、车间、矿山、石油和天然气井等”。

c. 征税范围。A 国企业所得税法的征税范围主要包括：收入来自在 A 国所开展的活动；收入来自完全或部分在 A 国执行的合同；来自 A 国房地产的收入，包括出售企业股份的收入（企业资产主要由 A 国的房地产构成）；在 A 国生成的利息（除了自然人收到的利息）；在 A 国境外生成的银行利息，前提条件是该利息来自纳税人在 A 国的活动；其他在 A 国的经营所得；出售资本资产的应税利得作为普通收入征税。

d. 税前抵扣项。A 国税法允许税前扣除的费用项目主要包括：为从事经营活动发生的原材料、耗材及服务费等生产经营成本和费用；因经营活动贷款所发生的利息（支付给关联方的利息不得税前扣除）；人工成本（包括工资、津贴、服务终了津贴及支付给雇员的类似报酬）；租金费用；保险费用；由于出售固定资产发生的损失；根据 A 国法律规定比率计提的折旧费（企业所得税法规定的年折旧率：建筑物、管道、加油站、车道适用 5%；工厂、机械、办公室家具和设备，建筑和筑路设备，钻井工具适用 15%；卡车、拖车、摩托车等车辆适用 20%）；经税务机关批准根据税法标准计提的坏账损失；向慈善、人道主义、科学、文化或体育机构的捐赠、礼品援助和捐献，支付给 A 国政府机关或公共机构，前提条件是价值不超过同一年实行扣减的净利润的 5%；分公司支付总部支出，支出额不得超过分公司总收入减去某些其他支出之后的 3%；其他因日常经营活动发生的成本和费用。

以下费用不得在税前扣除：个人支出；罚款；根据保险合同可以获得索赔的损失；固定资产折旧超出原始成本的；企业所得税法规定不得税前扣除的其他费用。以前年度的亏损可向后 3 年结转。

e. 税收征管。纳税人应在应税活动启动或获得应税收入（以较早者为准）之后 30 天内到公共收入和税收部（PRTD）登记（一般称谓），未在规定期间登记的纳税人罚款 5 000 美元；纳税人也要在启动活动之后 30 天内向 PRTD 提交申请获得税卡；A 国税收年度通常与日历年一致，但需要 A 国税务机构提前批准，才能使用公司的会计年度。A 国企业所得税申报必须在公司纳税申报期限开始之后 4 个月内（12 月 31 日之后 4 月 30 日之前）。如果公司资本或利润超过 100 000 美元或总部位于 A 国之外，那么税务申报时必须附送经审计的财务报表；在提交纳税申报单之日起即发生纳税义务；延迟提交纳税申报单每日罚款 100 美元，最高罚款 36 000 美元，纳税申报单中未附有账目，罚款 15 000 美元；所得税延迟支付罚款为每月（或一个月的一部分）延迟支付税额的1.5%。即使实体获得A国税收豁免，也需要提交纳税申报单。

f. 税收优惠。A国科技园区（QSTP）是A国唯一的免税区。注册于A国科技园区的企业可由外国投资者全资持股，并且允许在A国从事直接贸易无需当地中介。持有标准执照的科技园区内企业免缴企业所得税，其进口货物及服务可享受A国附加税与关税免税。

②预提税。预提税的纳税人，是指在A国从事经营活动并取得收入的在A国没有常设机构的非居民纳税人。

a. 征税范围及适用税率。特许权使用费和技术服务（适用税率5%）、利息、佣金、经纪费、董事费、出席费及任何其他与在A国全部或部分开展的服务相关的支付（适用税率7%）。

b. 税收征管。预提税由居民纳税人或有常设机构的非居民纳税人代扣代缴，企业向其外国供应商付款，需要预提税并于下个月16日之前将预提资金汇至税务部。如果公司未向税务部门支付，公司将面临罚款，罚款数额等于到期的未付税款加上预提税。

③关税。A国标准进口关税一般为5%的从价税，于货物进口报关时缴纳。对少数与A国地方工业有冲突的进口商品，征收较高的保护关税。A国关税税率为：普通货物，不超过5%；音像带及音像设备，税率为15%；烟草，税率为100%。

从海湾阿拉伯国家合作委员会（GCC）成员国国家的进口商品只要提供GCC国家商会出具的产地证明可免征关税。

④个人所得税。A国对受雇用个人的工资、薪水和津贴不征收个人所得税。雇主需要为A国员工支付社会保险，但对其他国籍的员工无此义务。

（3）税收管理。

①纳税期间。纳税期间为一个自然年，在以下情况下可以申请变更纳税期间（变更范围最大为增加或减少12个月）：

a. 在自然年之后才开始营业的，纳税期间可多于6个月或者不少于8个月。

b. 进行清算的，从自然年起到清算结束。

c. 营业停止的，需要提供停止日起4个月内未履行完合同以及任务或销售的情况。

②纳税申报。纳税期间结束后4个月内进行纳税申报，逾期将进行处罚，处罚方法是1万当地币或者当期应纳所得税的2%，取其两者高者进行处罚。向税务局申请延期纳税申报，最长只能申请8个月的延期。注册资本或者利润超过10万当地币的必须经会计师事务所审计后才可进行纳说申报。纳税申报需按国家税务局规定的格式完成并由企业签署，申报内容为各方面财务信息。

③税金缴纳。根据最终税务局认定的税款，企业按照一申报一缴纳的形式开出支票给税务局。企业有权查询所有本企业纳税资料和信息。税务局会出具纳税证明，当

地很多业主也认可会计师事务所以及税务局签章的纳税申报文件作为支付工程的要件之一。

（4）收入和成本认定。

①收入认定范围。所得税法规定纳税人在每个税收年度在A国活动的收入将被征税，这些活动包括：在A国执行合同；资本利润；在A国境内或境外发生的代理或商业调解等取得的佣金；咨询服务、仲裁、鉴定或类似活动的收费；出租收入；从销售、发放许可或授权他人使用或利用任何商标设计、专利或复制权的所得；恢复以前已销账的坏账；清算所得纯利；来自境外和境内纳税人的利息和利润。

收入认定方法为权责发生制，项目工程的收入需按照业主确认的完工量计算。

②成本认定范围。纳税人在税收年度的任何时间内进行的活动（税收年度自1月1日至12月31日），应纳税的所得应是所得扣除为实现所得而产生的支出和成本，其中包括：为在A国完成项目所需的贷款利息；已付租金；工资及工人合同期满时的补偿金等有关支出；所得税以外的税金；经所得税局批准的坏账；不动产的维护，机械、工具、设备和备件的更新和修理；由固定资产出售引起的损失；固定资产折旧；向A国政府出资的慈善、人道主义、科学、文化机构，公共机关或公司提供的转让、赠送、赞助。但不能超过该纳税年度内应纳税纯利润的5%。

③以下成本和支出不能考虑在税收中抵扣：个人支出；罚款；可以从保险单、合同或索赔中重新获取的支出或损失；固定资产折旧超过原成本；分公司在总公司有股份，其支出超出所得税决定的比率。

（5）税务处罚。如果纳税人不能提供完整的纳税申报，或者纳税申报有隐匿部分，或者提供的纳税申报与实际不符，处以收入25%的罚款。

不允许税务部门审查的，不能及时报税的，有意隐匿收入等行为的，关押不超过3—6个月，处罚金不超过5万当地币，但是情况严重的话，将要增加处罚程度。

（6）其他需要说明的事项。A国采取自由汇兑制度，不实行外汇管制。投资资金、贷款资金、个人所得可以自由汇出境外。A国法律规定，如国外与A国股份合资公司要将其在A国的年利润全部汇往国外，该合资公司必须将相当于其年利润的10%存入一个合法的储蓄户头，直至该账户金额至少达到其投资资金的50%。这是A国对外国合资公司往国外汇款的唯一限制。

2. 中国涉外税收法律研究。我们对中国涉外税收法律进行了研究，中国未与A国签订任何税收协定，在2017年前与涉外相关的法律规定主要包括以下方面：

（1）在企业所得税方面，涉外企业税收规划相关的法条主要是：《企业所得税法》规定所得税税率为25%，其中对居民企业与非居民企业进行了严格定义，在企业对境外投资时需要考虑境外投资的企业是不是中国居民企业；《企业所得税法》和《特别纳税调整实施办法（试行）》均对受控外国企业进行了规定，由居民企业控制的设立在实际税负低于所得税法税率水平 50% 的国家（地区），并非出于合理经营需要对利润不作分配或减少分配的外国企业，利润中应归属于该居民企业的部分，应当计入该居民企业的当期收入；《企业所得税法》和《企业所得税法实施条例》对已在境外缴纳的所得税税额有明确的抵免税额计算方法。

（2）个人工资薪酬所得税方面，中国实行 7 级超额累进税率，适用 3%—45% 不等的税率，对于中国居民海外工薪收入加计扣除 1 300 元。

（3）增值税方面，2016 年 5 月 1 日起，营业税改征增值税试点全面推开。建筑业根据税法规定需按照 11%（2018 年 5 月 1 日起为 10%）缴纳增值税。

3. 中间国（地区）税收法律调查。

（1）中国香港税收政策。

①投资政策。中国香港是一个公平自由的经济体系，拥有开放的投资制度，对外来及本地投资者均一视同仁，没有任何歧视和保护措施；对于外来及本地投资者的经营活动，政府既不干预，也无任何补贴政策。无论是外来还是本地投资者，只要遵守中国香港的法律法规，都可以投资从事任何行业。

②外汇政策。中国香港是全球最开放的外向型经济体系之一，对外来离岸投资、资金流动调配，以及企业的国籍或拥有权均无限制。

③税收体系。中国香港的低税率及简单税制对内地投资者非常有吸引力。中国香港以属地为征收税项的基础，只对来自中国香港的利润及收入征税。与内地情形不同，中国香港没有增值税和营业税，主要直接税是利得税（企业所得税）、薪俸税（个人所得税）和物业税。税务局负责香港的税务事宜。税务局每年寄出缴税通知书，利得税和薪俸税等数据必须在指定期限前自行呈报，上述税项每年只需报税一次，中国香港的课税年度为每年的 4 月 1 日至翌年的 3 月 31 日。

中国香港只对各行业、专业或商业取自或来自香港的利润征收利得税。税率是按法团或法团以外人士的税率纳税：法人的税率为 16.5%，法人以外人士的税率则为 15%。企业支付的股息无需缴纳预扣税。企业收取的股息也可豁免利得税，中国香港亦不征收资本增值税。企业和个人（金融机构除外）存放在认可银行的存款利息收入，可豁免所得税。亏损可无限期结转以扣减税款。对于中国香港兴建工业楼宇和建筑物而产生的资本支出，在支出当年，这笔支出的 20% 可免税，其后每年的 4% 免税；商业楼宇每年也享有 4% 的折旧免税额。重新装修和装饰楼宇与建筑物而产生的资本支出，分 5 年等额扣除。如果由最终用户持有，与制造业有关的厂房及机械设备、计算机硬件、软件及开发成本的支出，可实时扣除 100%。

其他可扣税项目包括借入资金的利息、楼宇和占用土地的租金、雇员工资、坏账、商标和专利注册费、科学研究支出以及雇员退休计划供款等。

中国内地与香港签署有《内地和香港特别行政区关于对所得避免双重征税的安

排》，并且中国香港与30多个国家签署有避免双重征收协定，在香港设立中间投资控股公司可与相应国家或地区按照双边协定或安排进行税收抵免。中国香港的投资政策、外汇政策、税收体系为在中国香港设立中间层投资公司提供了非常好的环境。

（2）新加坡税收政策。

①纳税主体。新加坡是英美法系国家，法律的表现形式主要是不成文的判例法，这与国内法律的成文法典形式，有明显的不同，所以收集的税务相关规定是新加坡税务局（Inland Revenue Authority of Singapore）发布的指引。

②主要涉及的税种种类以及采用的税收政策。新加坡涉及的主要税种是GST、企业所得税、个人所得税、消费税和代扣代缴税。

a. GST（Goods and Services Tax，消费税相当于国内的增值税）。

纳税主体：在新加坡销售货物或提供服务取得收入的各类经济体（住房出租和财务服务除外）。

税率：7%。

性质：价外税。

计算方式：当期按营业收入计算进项税额，按成本支出项目所含的税金计算销项税额，两者的差额即为本期应缴或应返还税金。

缴纳期限：每季度结束后的一个月内申报缴纳。

b. 企业所得税。

征税范围：无论是本地企业还是外国企业，都必须对下列收入依法纳税：在新加坡境内取得的收入或来源于新加坡的收入；或者在新加坡收到的海外收入 。在进行评税时，是以上一年度的收入作为基础。换而言之，公司在每个评税年度（Year of Assessment）申报上一个财务年度的收入。所有在新加坡投资的支出或利润都要缴纳所得税，除非是在所得税法案中特别规定减免的。这些免除的收入包括股份和信托资金的红利以及固定存款的利息。

居民与非居民的差别：根据公司的控制和管理职能是否在新加坡，将纳税人分为居民公司和非居民公司。新加坡居民公司是指公司的控制和管理职能在新加坡的公司。外国公司在新加坡设立的分支机构通常不被视为新加坡居民公司，这是因为此类分支机构的控制和管理职能归属于其海外母公司所有。一般而言，居民公司与非居民公司的计税基础完全相同。不过，居民公司可以享受下列税收优惠政策，但非居民公司却无权享受：居民公司有权享受新加坡与其他国家签订的避免双重征税协定（DTA）中规定的优惠待遇。按照新加坡《所得税法令》第13条第8款的规定，对居民公司从境外取得的股息、其海外分支机构的利润以及来自境外的服务收入实行税收减免。新成立的居民公司可加入税收豁免计划（Tax Exemption Scheme）。

目前企业所得税税率为17%，采取预先呈报，可申请分期缴纳的形式。税局要求在3月底之前报送，可申请最多分6次支付。作为提前报送的鼓励政策，如在2月26日前呈报可申请分8次缴纳，如在1月26日之前呈报可申请分10次缴纳。该政策主要有利于延长支付期限、减少每次付款金额、改善现金流。若本期累计为亏损，则不需缴纳所得税。

c. 个人所得税。

征税范围：应纳个人所得税的税额会因纳税对象（纳税人和非纳税人）和收入水平的不同而有所不同。纳税居民和非纳税居民适用不同的税率。在某个特定的评税年度（YA）中，如果符合下列条件，则被视为纳税居民：新加坡公民；在新加坡定居并成为新加坡永久居民（SPR）；或者上一年度在新加坡居留或工作183天以上（含183天）的外籍人士（公司董事除外）。除此之外，则在该评税年度均被视为非纳税居民。

纳税居民必须就其在新加坡赚取的收入纳税。由于受雇于新加坡企业而在新加坡收到的来源于新加坡境外的收入也必须依法纳税。但是，居民个人取得的海外收入无须纳税。新加坡实行累进税率制。扣除个人所得税减免之外，个人所得税税率保持在0—20%之间。

纳税居民有权就子女抚养费、职业培训费、保险费以及公积金（CPF，等同国内社保）缴款等事项享受个人所得税减免。如果非纳税居民在一个公历年度内在新加坡受雇累计不超过60天，可免缴个人所得税，但在新加坡担任董事、演艺人员或者进修实习的非居民个人除外。非纳税居民只对其在新加坡境内赚取的收入缴纳所得税，税率为15%，或根据纳税居民所得税税率缴税，以较高者为准，但不得申请个人所得税减免。

d. 代扣代缴税。该税种主要适用于因雇佣外籍人士、租用外籍船只、机械设备而在支付价款时代扣代缴税金，税率17%，税务局要求在取得对方开具的发票或收款证明后一个月内呈报。该项税金特点要求在签订此类雇用、租用合同时，应该明确税负的承担方，分清双方的权利和义务，加强与经营部门的沟通联系，避免因此项漏洞而造成损失。

在向非纳税公司支付特定款项时也必须缴纳代扣税，具体涉及利息、贷款、版税、管理费、租金等款项。

此外，新加坡自2008年2月15日起取消遗产税。

三、设计项目投资架构，确定税务方案

在项目投资前对项目投资国税收法律、中间地区税收法律调查和中国税收法律研究后，结合投资项目特点设定投资及项目运行架构，确定比较优越的税务方案。对于H项目投资，A国所得税税率较高，与中国无双重征收协定，税务规划尤为重要，基于以下方面的考虑，确定了投资架构和税务方案。

1. 考虑中国企业所得税法对居民企业的认定，确定在A国设立实质性管理机构乙公司。

2. 考虑未来退出机制和相应税收规划，在中国香港设立投资公司。

在税收调查阶段分析的中间国或地区设立投资公司丙公司，避免认定为中国居民企业，管理可以有A国的乙公司完成，这样按照中国企业所得税法就不会认定为中国居民企业。但是非常容易被中国税务机关按照《特别纳税调整实施办法（试行）》中受控外国企业进行纳税调整。

考虑甲公司投资H项目未来退出机制，以及乙公司每年利润分配及未来退出乙公司如何处置的问题，计划在未来通过转让乙公司来完成转移H项目，这样对于管理委员会有成熟的项目运营公司，甲公司退出H项目和乙公司也较容易。

对于乙公司是否按照中国《特别纳税调整实施办法（试行）》中受控外国企业进行纳税调整，需要合理安排乙公司与丙公司的商业行为及文件，尽量避免认定丙公司为受控外国企业而缴纳中国企业所得税。

3. 投资H项目考虑资本弱化方案进行税务规划。投资H项目总共投资需要10亿美元。第一种方案，用10亿美元现金注册乙公司，然后乙公司用自有资金从事相关业务；第二种方案，以现金+设备作为注册资本注册乙公司；第三种方案，以部分现金注册公司，以借款方式筹集资金从中国购买设备。

由于乙公司是A国的企业，是新成立的公司，融资能力非常有限，三种方案对于投资10亿美元基本是需要实际控股股东甲公司提供，并按照A国的会计准则核算和税收规定计算缴纳各种税费。

第一种、第二种方案，甲公司收回全部投资需要乙公司的税后利润分配，乙公司分配利润给丙公司需要代扣代缴资本利得税。第三种方案，除了税后利润分配股东外，还要归还借款并支付借款利息，A国规定股东借款利息不可以所得税前列支，但非关联企业间借款或金融机构的借款利息支出可税前列支，在支付境外利息时要代扣代缴利息税。这样第三种方案，可以较少利息部分的所得税，由于A国处于发展中，融资利率较高，可以通过提高借款利息的方式来尽量多地让甲公司获益，这就是资本弱化税务筹资方案。

4. 按照制定好的投资架构实施和运行项目，落实税务方案。根据制定好的投资H项目的税收规划方案，在不同地区设立公司。各公司分别设立财务制度和设立会计核算账套，签署不同环节合同或协议，记录各种经营活动，按照各自所在地区的要求进行税务申报和纳税。

（1）设立投资公司和项目公司。本案中，甲公司在中国香港设立投资公司丙公司，在A国设立项目公司乙公司，依照中国海外投资相关规定需要商务部及外管局进行相应的审批手续；在中国香港设立丙公司，需要按照中国香港的要求提供相应资料；

乙公司的设立及税收优惠政策，需要按照 A 国相关法律审批后进行注册设立。

（2）根据业务开展情况完善各类商业文件，在不同主体间进行财务核算

本案中各种税务规划方案主要是少缴了 A 国税收，所以各种商业文件均要按照 A 国的规定执行，使得该税务规划方案下的业务活动具有真实商业目的，如借款活动需要在 A 国央行进行备案、各种合同和商业文书要缴纳 A 国印花税、人员工资成本在 A 国需要有缴纳个税或社保记录、各种税费列支取得合法合规票据。对于这些文件及记录要进行专门归档和保管，以备 A 国相关部门检查。

对于不同主体要建立健全财务制度，对于发生的业务活动需要按照各自主体的财务管理制度进行审批，作为会计记账依据，以满足各公司的年度审计和税务审计要求。

综合上述，税务方案的落实是集团公司不同主体分别依据什么材料，在各公司间列入哪些收入，列支哪些成本、费用的过程。

5. 跟踪评估各环节税收法律环境的变化，不断调整和完善税务方案。在海外投资项目长期运行过程中，中国、投资项目所在国、中间地区的法律环境及税收法律法规可能发生变化，甲公司要时时关注、调整完善税务方案。

（1）中国反避税管理办法的制定和实施。近年来，跨国公司利用不同税收管辖区的税制差异和规则错配进行税务规划的策略，以此人为造成应税利润“消失”或将利润转移到没有或几乎没有实质性经营活动的低税负国家（地区），从而实现不缴或少缴企业所得税，这种现象已经引起全球范围内的重视。根据经合组织公布的数据，全球每年有 4%—10% 的企业所得税因为 BEPS 而流失，损失约 1000 亿—2400 亿美元。

基于以上原因，关于 BEPS 的研究在近几年得到了迅猛发展。

2012 年 6 月，G20 财长和央行行长会议同意通过国际合作应对 BEPS 问题，并委托 OCED（经济合作与发展组织）开展研究。

2013 年税基侵蚀和利润转移（BEPS）项目启动。该项目包含 15 项行动计划，由 34 个 OECD 成员国、8 个非 OECD 的 G20 成员国和 19 个其他发展中国家共计 61 个国家共同参与。

2015 年 10 月 5 日，OECD 发布了税基侵蚀和利润转移（BEPS）项目最终报告。

2016 年 6 月 29 日，我国发布《完善关联申报和同期资料管理有关事项的公告》。

2017 年 6 月 7 日，《实施税收协定相关措施以防止税基侵蚀和利润转移（BEPS）的多边公约》首次联合签字仪式在法国巴黎的 OECD 总部举行，67 个国家和地区的代表共同签署了该公约。

（2）关注中国与 A 国税收法律协定推进进程。目前中国与 A 国无税收法律协定，但是经了解国家税务总局正积极推进中国与 A 国签署避免双重征税和防止偷漏税的协定。如果该协定签署，甲公司要对原税收规划方案进行全面评估，适时予以调整。

（3）A 国税收法律的重大改革。近几年 A 国税收法律进一步颁布和完善，说明 A

国在对税收管理力度加强，甲公司要及时评估税收变化对投资 H 项目的影响，必要时调整税务方案。

从上述案例分析来看，海外投资税务规划需要在集团公司统领下，综合中国、中间控股公司所在地及投资项目所在国法律、税务、外汇等综合因素，制定出项目投资执行方案，时时评估集团公司各业务环节所处的税收法律环境的变化，在合法的前提下不断调整和完善特定海外投资项目税收规划方案。

第五章
出口业务税务实务与规划

“一带一路”倡议自提出以来，在5年多的时间里，已经从理念转化为行动，从愿景一步步转变为现实。一大批重大合作项目落地，在全球形成了共建“一带一路”的强劲势头。我国建筑施工企业借助“一带一路”倡议的东风走向海外，参与到国际工程项目的建设当中，成为实施“走出去”战略、“一带一路”建设的重要力量。在“走出去”过程中带动了设备装备、货物（服务）出口，出口过程中，一般会涉及关税、增值税等问题，对于应征消费税的货物出口，还可能涉及消费税问题。除此之外，对于以购销方式出口的货物，还会涉及购销合同的印花税问题以及出口退税免抵税额需要计算的城建税和教育费附加。本章主要介绍设备装备、货物（服务）出口时与增值税相关的征税、免税和退税等。

第一节　境外工程出口业务基本情况

一、境外承包工程出口税务基本情况

境外承包工程包括咨询、勘察、设计、监理、招标、造价、采购、施工、安装、调试、运营、管理等活动，是中国企业“走出去”，实施“一带一路”倡议的重要内容。近年来，我国的境外承包工程获得了迅速的发展。

境外承包工程的发展带动了我国大批的工程材料、机电设备和物资等货物的出口，从而产生了相应的出口退税问题。在境外承包工程过程中，涉及三类货物的出口。

（一）境外承包工程物资出口

境外承包工程物资出口是指经商务部批准的有境外承包工程经营权的公司为承包国外建设工程和开展劳务合作等对外合作项目而出口的设备、物资。

在境外承包工程中，直接用于项目建设的物资材料和非施工设备涉及钢材、门窗、砂石、水泥、电梯、配电箱、电缆、电器设备、办公用品和劳保用品等。这些设备和物资一部分在项目当地采购，另一部分则从国内采购后直接出口（或适度加工后）用于项目建设。在国内采购或适度加工后出口的设备和物资则属于境外承包工程物资出口。在海关监管方式上，此类物资出口报关属于海关上的境外承包工程出口物资，其监管方式为"对外承包出口"。

（二）工程施工设备等货物的暂时出口

在海关管理上，暂时进出境货物是指经海关批准，暂时进出关境并且在规定的期限内复运出境、进境的货物，其中就包含了工程施工中使用的暂时出口设备、仪器及其他用品，该类货物出口后需要在海关规定的时限内运回境内，出口时的监管方式为"暂时进出货物"。在承包工程结束后，设备需要复运进境，原从国内运出的承包工程项目下的设备、物资复运入境时进口监管方式为"退运货物"。

（三）生活物资出口

在境外承包工程中，一部分劳务人员在境外招聘，另一部分劳务人员和管理及技术人员则需要从境内外派（根据各国法律而有所不同）。在涉及境内人员外派到境外项目所在地时，涉及境外工程承包企业采购供外派人员在境外生活所用的生活物资的出口。对于这类境外承包工程劳务人员带出的自用生活物资，监管方式为"其他"。

上述境外承包工程项目项下出口的物资、施工设备及人员自用的生活物资等，海关凭企业与境外业主签订的项目合同或其他文件和出口许可证件，办理海关验放手续。

（四）境外承包工程出口退税政策

根据国家税务总局公告2012年第24号文件的规定，用于境外承包工程项目的出口货物，视同出口货物，准予办理增值税出口退税。境外承包工程项目的出口货物，由出口企业申请退（免）税。在办理退税时，应提供境外承包工程合同；用于出口企业如属于分包单位的，申请退（免）税时，须补充提供分包合同（协议）。

由于境外承包工程并非海关中的专用概念，而是《对外承包工程施工条例》及工程施工领域中所广泛接受的通用概念。因此，在没有进一步的明确规定前，出口退税相关规定下的准予办理出口退税的境外承包工程出口范围应理解为包含了前述提及的境外承包工程物资出口、施工设备等货物的暂时出口和境外承包工程生活物资出口，对这三类出口，按现行出口退税规定应可以办理出口退税。

在退税方式上，一般境外承包工程企业采取的是免退税方法，但如果境外承包工程企业采购境外承包工程物资后在国内进行一些加工后再出口的，则按生产企业退税方式办理出口退税。

二、境外投资出口退（免）税基本情况

境外投资业务属于视同出口，可以享受出口退（免）税。根据《财政部 国税总局关于出口货物劳务增值税和消费税政策的通知》（财税〔2012〕39号）第一条第（二）项规定："出口企业或其他单位视同出口货物（消费税与增值税同行）。具体是指1. 出口企业对外援助、对外承包、境外投资的出口货物……" 即出口企业或其他单位在国内采购并运往境外作为在国外及我国港澳台地区投资货物享受出口退（免）税，属于外贸企业适用于免退税办法；属于生产企业适用于免抵退办法。

因此，对于境外投资的出口货物无论是自产还是非自产，出口企业或其他单位只要具备相关资格及符合退税条件即可享受退（免）税政策（出口退税率为零或涉税违规除外）。

三、增值税出口退税基本情况

出口退税，是指对出口货物退还其在国内生产和流通环节实际缴纳的增值税。出口退税主要是通过退还出口货物的国内已纳税款来平衡国内产品的税收负担，使本国产品以不含税成本进入国际市场，与国外产品在同等条件下进行竞争，从而增强竞争能力，增加出口创汇。

（一）出口退税条件

1. 必须是增值税征收范围内的货物。增值税的征收范围，包括除直接向农业生产者收购的免税农产品以外的所有增值税应税货物。之所以必须具备这一条件，是因为出口货物退（免）税只能对已经征收过增值税的货物退还或免征其已纳税额和应纳税额。未征收增值税的货物（包括国家规定免税的货物）不能退税，以充分体现"未征不退"的原则。

2. 必须是报关离境出口的货物。所谓出口，即输出关口，它包括自营出口和委托代理出口两种形式。区别货物是否报关离境出口，是确定货物是否属于退（免）税范围的主要标准之一。凡在国内销售、不报关离境的货物，除另有规定者外，不论出口企业是以外汇还是以人民币结算，也不论出口企业在财务上如何处理，均不得视为出口货物予以退税。

3. 必须是在财务上作出口销售处理的货物。出口货物只有在财务上作出口销售处理后，才能办理退（免）税。也就是说，出口退（免）税的规定只适用于贸易性的出口货物，而对非贸易性的出口货物，如捐赠的礼品、在国内个人购买并自带出境的货

物（另有规定者除外）、样品、展品、邮寄品等，因其一般在财务上不作销售处理，故按照现行规定不能退（免）税。

4. 必须是已收汇并经核销的货物。出口企业申请办理退（免）税的出口货物，必须是已收外汇并经外汇管理部门核销的货物。

（二）出口退税登记备案

1. 出口企业应持商务部及其授权批准其出口经营权的批件、工商营业执照、海关代码证书于批准之日起30日内向所在地主管税务机关填写《出口企业退税登记表》，申请办理退税登记证；企业购进的出口货物，企业应在购进货物后按规定及时要求供货企业开具增值税专用发票或普通发票，开具增值税专用发票的，按规定期限认证。

2. 出口企业退税税务登记内容发生变化时，企业在工商行政管理机关办理变更注册登记的，应当自工商行政管理机关办理变更登记之日起30日内，持有关证件向退税机关申请办理变更税务登记，填写《退税登记变更表》。按照规定企业不需要在工商行政管理机关办理注册登记的，应当自有关机关批准或者宣布变更之日起30日内，持有关证件向退税机关申请办理变更税务登记。

3. 出口企业发生解散、破产、撤销以及其他情形骗税行为暂缓退税，依法终止退税业务的，应当在向工商行政管理机关办理注销手续前，清算已退税款，追回多退税款，再持有关证件向原退税机关申报办理注销退税登记。

出口企业因住所、经营地点变动而涉及改变退税税务登记机关的，应当在向工商行政管理机关申请办理变更或注销登记前或者住所、经营地点变动前，向原退税登记机关申请办理注销退税登记。

出口企业被工商行政管理机关吊销营业执照的，应当自营业执照被吊销之日起30日内，向原退税登记机关申请注销退税登记。

4. 为加快《国务院关于取消非行政许可审批事项的决定》（国发〔2015〕27号）精神的贯彻执行，国家税务总局及时出台了《关于部分税务行政审批事项取消后有关管理问题的公告》（国家税务总局公告2015年第56号），从六个方面对非行政许可税收审批事项进行调整。其中，出口退（免）税方面涉及出口退（免）税资格认定，出口退（免）税资格认定变更，出口退（免）税资格认定注销，研发机构采购国产设备退税资格的认定，以边境小额贸易方式代理外国企业、外国自然人出口货物备案登记及备案核销的核准等由审批制改为备案制。

“集团公司具有免抵退税资格成员企业认定”下的备案要提供的表之一“集团公司总部及其控股的生产企业的《出口退（免）税备案表》（或《出口退（免）税资格认定表》）复印件”已经废止，无需再提供此表。

自2017年11月1日，我国实现“多证合一、一照一码”制度，已按照“五证合一”登记模式领取加载统一社会信用代码营业执照的企业，不需要重新申请办理“多证合一”登记，由登记机关将相关登记信息通过全国信用信息共享平台共享给被整合证照涉及的相关部门。

（三）出口退税附送材料

1. 报关单。报关单是货物进口或出口时进出口企业向海关办理申报手续，以便海关凭此查验和验放而填具的单据。

2. 出口销售发票。这是出口企业根据与出口购货方签订的销售合同填开的单证，是外商购货的主要凭证，也是出口企业财会部门凭此记账做出口产品销售收入的依据。

3. 进货发票。提供进货发票主要是为了确定出口产品的供货单位、产品名称、计量单位、数量等。

4. 有进料加工复出口产品业务的企业，还应向税务机关报送进口料、件的合同编号，日期，进口料件名称，数量，复出口产品名称，进料成本金额和实纳各种税金额等。

5. 产品征税证明。

6. 与出口退税有关的其他材料。

（四）出口退税相关电子数据流转原理（见图 5-1）

四、出口关税基本情况

（一）征税对象

目前，包括我国在内的大部分国家，对大多数的货物出口不征收出口关税。但仍有部分国家对货物出口征收出口关税，其目的是限制该国有大量需求而供应不足的商品出口，或防止该国某些有限的自然资源耗竭，或利用出口税控制和调节某种商品的出口流量，防止盲目出口，以稳定国内外市场价格，争取在国外市场保持有利价格。

我国对货物出口也有类似的考虑。基于上述原因，我国目前也对极少数的商品征收出口关税。主要包括少数资源性产品、盲目出口、需要规范出口秩序的半成品。

中国海关进出口税则目前对涉及大约 47 个税号的商品征收出口关税。出口货物的关税税率为单一税则制，即只使用一种税率。目前，出口关税名义税率最高为 100%，最低为 10%。出口货物应当按照货物的发货人或者他们的代理人、申报人出口之日实施的税则税率征税。出口货物关税计算公式为：出口关税 = 完税价格 × 出口税率。以海关审定的成交价格为基础的售予境外的离岸价格，扣除出口关税，即为出口货物完税价格。实际成交价格是一般贸易项下出口货物的买方为购买该货物向卖方实际支付或应当支付的价格。

（二）税率及征收管理

1. 税率设置。征收出口关税的货物采用的都是从价定率征税的方法。对部分出口货物在一定期限内可以实行暂定税率，且适用暂定税率（出口暂定税率优先适用于出

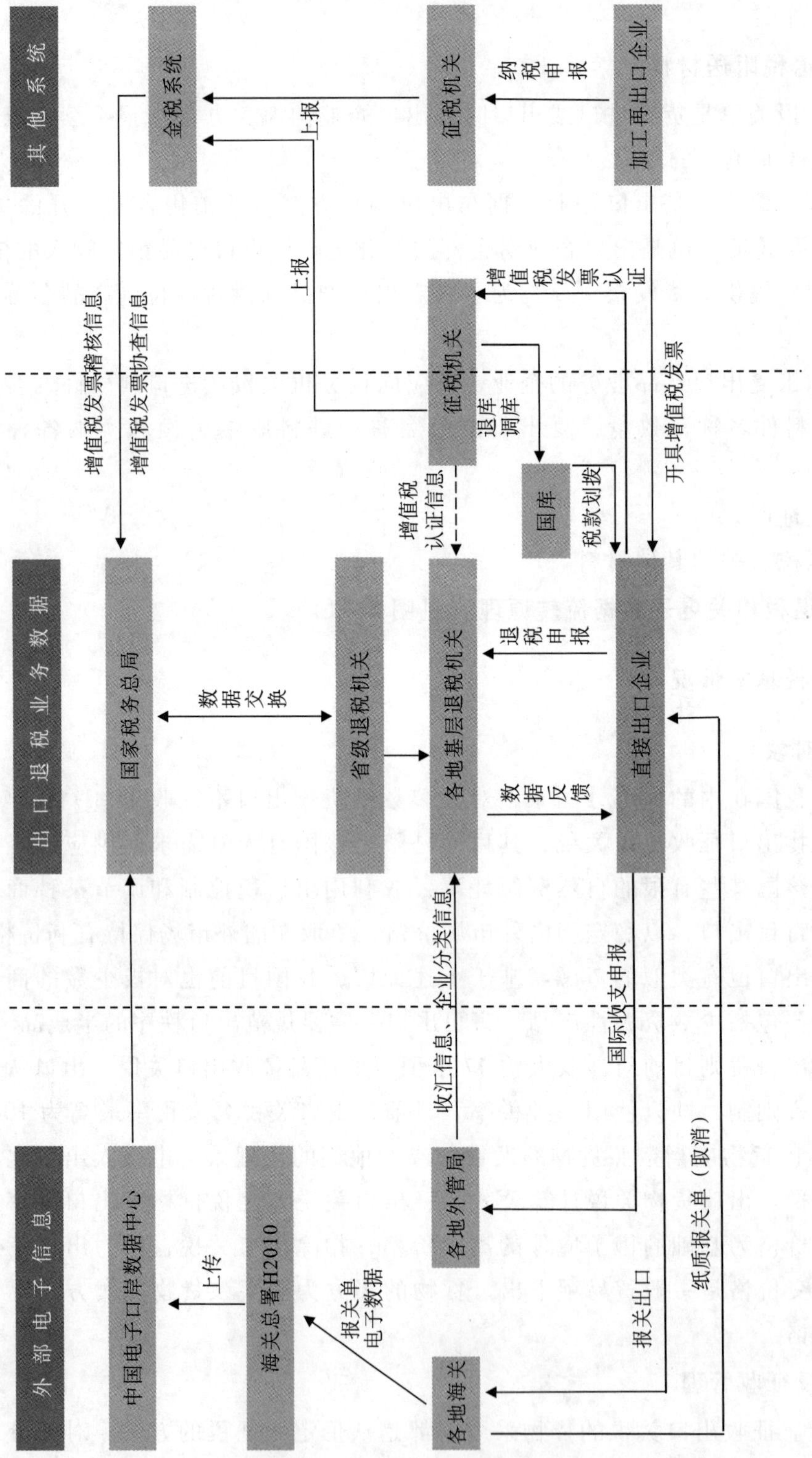

图 5-1 出口退税相关电子数据流转原理

口税则中规定的税率)。

2. 申报、缴纳。

(1) 关税的申报:出口货物应自货物运抵海关监管区后装货的24小时以前。

(2) 关税缴纳:纳税人应自海关填发税款缴款书之日起15日内缴纳关税。

3. 关税的强制执行。关税的强制执行措施包括加收滞纳金和强制征收。

(1) 加收关税滞纳金。出口货物的纳税义务人,应当自海关填发税款缴款书之日起15日内缴纳税款;逾期缴纳的,由海关征收滞纳金。

(2) 强制征收。纳税义务人、担保人超过3个月仍未缴纳的,经直属海关关长或者其授权的隶属海关关长批准,海关可以采取下列强制措施:

一是书面通知其开户银行或者其他金融机构从其存款中扣缴税款;

二是将应税货物依法变卖,以变卖所得抵缴税款;

三是扣留并依法变卖其价值相当于应纳税款的货物或者其他财产,以变卖所得抵缴税款。

海关采取强制措施时,对纳税义务人、担保人未缴纳的滞纳金同时强制执行。

4. 关税的退还、补征和追征。

(1) 退还。

一是海关发现多征税款的,应当立即通知纳税义务人办理退还手续。

二是纳税义务人发现多缴税款的,自缴纳税款之日起1年内,可以以书面形式要求海关退还多缴的税款并加算银行同期活期存款利息;海关应当自受理退税申请之日起30日内查实并通知纳税义务人办理退还手续。

退还范围包括:一是因海关误征,多缴税款的;二是已征出口关税的货物,因故未装运出口,申报退关的,经海关查验属实的;三是已经征税的出口货物,因货物因品质或者规格原因,原状复运进境的,经海关查验属实,应退还已征关税。

(2) 补征。出口货物、进出境物品放行后,海关发现少征或者漏征税款,应当自缴纳税款或者货物、物品放行之日起一年内,向纳税义务人补征。

(3) 追征。因纳税义务人违反规定而造成的少征或者漏征,海关在3年以内可以追征。并从缴纳税款或者货物放行之日起按日加收少征或者漏征税款万分之五的滞纳金。

"一带一路"建筑施工企业出口业务中,很少涉及关税,鉴于此,本章对关税的税务实务不再做具体阐述。

第二节 境外工程出口业务税务实务

一、境外承包工程中的出口税务处理

（一）境外提供建筑服务免税备案

境外提供建筑服务享受免税政策的项目，应当向主管税务机关办理免税备案手续。根据《国家税务总局关于发布〈营业税改征增值税跨境应税行为增值税免税管理办法（试行）〉的公告》（国家税务总局公告2016年第29号）规定，施工地点在境外的工程项目必须签订跨境销售服务或无形资产书面合同。其中工程分包方应提供工程项目在境外的证明、与发包方签订的建筑合同原件及复印件等资料，作为跨境销售服务书面合同，否则，不予免征增值税。

发生境外提供建筑服务应税行为，应在首次享受免税的纳税申报期内或在各省、自治区、直辖市和计划单列市国家税务局规定的申报征期后的其他期限内，到主管税务机关办理跨境应税行为免税备案手续，同时提交以下备案材料：（1）《跨境应税行为免税备案表》；（2）跨境提供建筑服务的合同原件及复印件；（3）施工地点在境外地点的证明材料原件及复印件；（4）国家税务总局规定的其他资料。

（二）境外承包工程退税实践

尽管在理论上对境外承包工程出口的物资、暂时出口施工机械及境外承包工程下的生活物资出口均可以办理出口退税，但在实践中，这一问题又因海关相关规定和实践呈现出复杂化的趋势。

（1）境外承包工程物资出口退税。以“对外承包出口”的监管方式出口的境外承包工程物资，目前在实践中可以在货物出口后办理出口退税。

（2）工程施工设备等暂时进出口货物的出口退税。在境外承包工程中，对以“暂时进出货物”的监管方式出口的工程施工设备、仪器及其用品等，目前实践中也准予办理出口退税（有的企业选择不退）。

然而，由于这类设备属于暂时进出口货物，在境外施工结束后，其最终还需要复运入境。为此还面临着退运回境的海关税收和出口退税的处理问题。目前，财政部和国家税务总局并没有明确规定该种情况下的出口货物在复运入境时需要缴回原出口退税。但是，《关于明确对外承包工程项下出口设备材料复运进境有关问题》（署税发〔2013〕35号）第三条规定：“对外承包工程项下出口的工程施工中使用的设备、仪器及用品，应当在项目合同规定的工程期限届满后3个月内（以下简称规定期限）复运进境。如需延期复运进境，须在工程期限届满前向出口地海关申请办理延期手续，在规定期限（包括经海关同意延长的期限）内复运进境的，如海关能够确认为原出口货物，且单证齐全，凭国内税务机关的出口未退税证明，不征收口关税和进口环节税。对于超过规定期限复运进境的物资，境外按照一般贸易进口货物办理相关手续，并照章征税。”也就是说，海关在办理这类货物的复运入境时，必须提供税务机关出具的出口未退税证明，如果不能提供的，海关将要对进口货物按照海关估价方法估定完税价格，并要求进口企业补交进口货物的关税和增值税。而该补交的关税和进口增值税在多数情况下会大于原出口退税的金额，导致实践中境外工程施工企业最终不得不选择补交退税款或在出口时选择不办理出口退税。目前，在实践中，也有税务机关对这类货物复运入境时要求按照《国家税务总局关于〈出口货物劳务增值税和消费税管理办法〉有关问题的公告》（国家税务总局公告 2013 年第 12 号）中关于退运的方式进行税务处理，即复运入境时原出口企业需要冲减其当前的退税额或补交原出口退税款。退运是报关实务中的一个专用概念，因此根据海关相关规定，国家税务总局 2013 年第 12 号公告中规定的退运货物的处理，适用于报关实践中出口货物因质量或规格原因发生的货物重新退回境内，与暂时进出口货物的复运入境有本质的区别。

由于按照现有的出口退税和海关相关规定，对于工程施工企业以“暂时进出”监管方式出口的工程施工设备等暂时进出口货物，工程施工企业最终无法办理出口退税，或需要付出更大的代价来办理成本和收益不匹配的货物出口退税，这和出口退税相关规定的精神并不吻合。而且此类情况如果允许出口的设备等全额办理出口退税，也和设备最终并没有实际出口的情况不相符合。较为稳妥的办法是，税务机关根据施工设备等在境外使用的折旧金额进行退税，海关在复运入境时不要求企业提供未退税证明，这样的做法将能较好地兼顾税务机关和企业等各方的诉求和管理要求，同时对海关也并不产生任何影响。

（3）生活物资的出口退税。对于此类物资，在过去的实践中准予办理出口退税。但是，在 2015 年 5 月以后，海关对以“其他”监管方式出口的货物，不再向税务机关发送报关单电子信息，导致境外承包工程企业由于无法接收到出口报关单电子信息，从而目前无法办理出口退税。

对于此类报关出口，海关应尽快恢复向税务机关传输电子信息，保障出口退税的顺利进行。

（三）出口退税风险控制制度

出口退税作为一项长期税收政策，它的实施对于促进对外贸易和国家经济增长起着十分重要的作用。出口退税涉及范围广、部门多，存在的风险也大。应加强组织保证，成立管理小组，明确责任，准确识别风险，积极防范风险。

1. 建立和完善出口退税管理举措。

（1）建立和健全相关管理制度。企业应制订出《货物出口税务管理流程》，明确企业财务部和出口货物销售合同执行部门相关岗位在执行国际业务时应履行的职责，规定各出口关键环节所必需的合规性文件及须办理的手续；制订出《出口退税业务管理流程》，具体说明办理出口退税过程中所涉及的岗位、职责、相关单证及提交时间等，明确出口退税业务操作流程规范，明确各个业务部门的岗位职责和权限。

（2）明确规范和约束供应商和货运代理商在出口退税环节中的职责。在签订设备和材料采购合同时，明确约定供应商必须配合企业做好出口退税工作，约定有惩罚条款，确保供应商提交增值税发票时不出现遗漏和差错。出口报关时，选择诚实可靠、实力相当的货运代理商，以确保企业在货物出口后能够及时拿到合格的报关单。

2. 加强各部门间的交流与衔接工作。出口退税工作综合性比较强，时间性要求严格，涉及部门广泛，对外涉及税务、外汇局、海关、货代公司、报关行，对内涉及销售部、采购部、物流部、财务部和库房等，因此各部门要加强沟通和协调，理顺退税业务所涉及各个环节工作的衔接，以促进企业各相关业务部门和人员高度重视和办理出口退税工作。明确相关单证传递的流程、时间要求和操作规范，做好登记和保管单据交接记录，建立责任追究制度。明确分工，财务部应设专职办税员，负责具体的审单、申报和备案工作。各相关业务部门应设专人负责编制出口形式发票、收集和审核增值税专用发票及出口报关单等。退税业务单据在传递过程中出现不及时或者丢失的现象、业务人员未能及时办理远期收汇证明等事项，都将导致出口退税无法正常办理，因此，所有部门必须通力合作才能顺利完成出口退税工作。

3. 各级人员的高度重视，提高防范退税风险的意识。企业领导层、业务部门和财务部门应主动加强学习，及时了解和掌握国家退税政策变动对企业的影响。财务部门作为出口退税工作的主办部门应随时跟踪国家退税政策的变动情况，结合企业的特点和现状，向企业领导层提供有益的参考意见。财务部的办税员，是税企联系的纽带，其素质的高低直接影响出口退税的质量和效益。办税员要有基本的外贸知识、会计专业知识、税收知识，加强办税员能力的培训，按办税员岗位工作说明和程序进行定期培训，提高其业务素质和对外交往能力。办税员实行岗位轮换，在保持工作连续性的前提下，不定期对办税员进行岗位轮换，以防止差错和弊端，也可能提出新的工作设想，提高工作效率。办税员对申报的差错要及时调整，及时与相关部门沟通。出口退税政策性强，各成员应加强学习与交流，掌握最新的政策与动态，积极参加税务局、海关、外汇局等相关管理部门、行业协会组织的政策宣讲会、政策辅导会议，与同行保持一定的联系，获取最新的信息。

4. 单据的合规性检查。

（1）报关单的合规。报关单的信息要做到准确填列，货物金额要与执行合同部门提供的商业发票金额保持一致。报关单上的其他重要信息包括贸易方式、合同协议号、批准文号、提运单号、运抵国等要正确填列。

（2）其他单据的确认。收货方与订货方不一致，汇款方与订货方不一致的，涉及样品或者委托代理采购等其他事项，需要业务部门的领导签字确认。

5. 有关备案单证。国家税务总局公告 2012 年第 24 号文件规定，出口企业应在申报出口退（免）税后 15 日内，将所申报退（免）税货物的下列单证，按申报退（免）税的出口货物顺序，填写《出口货物备案单证目录》，注明备案单证存放地点，以备主管税务机关核查。

（1）企业购货合同，包括每笔购销合同下签订的补充合同等；

（2）出口货物装货单；

（3）出口货物运输单据（包括：海运提单、航空运单、铁路运单、货物承运单据、邮政收据等承运人出具的货物单据，以及出口企业承付运费的国内运输单证）。

若有无法取得上述原始单证情况的，出口企业可用具有相似内容或作用的其他单证进行单证备案。除另有规定外，备案单证由出口企业存放和保管，不得擅自损毁，保存期为 5 年。

如果核查时，没有齐备的备案资料，税务机关有权责令收回已审核批准的退税款（到账的都要求退库）。

6. 风险后续管控。若出现由于办税员的差错造成漏报或过期未申报的关单，企业应按出口退税规定，将未申报关单按期转免税申报或视同内销申报，尽量降低企业的涉税风险。

二、货物劳务增值税出口退（免）税税务处理

（一）出口退（免）税

国家对于不具有生产能力的出口企业或其他单位出口货物劳务，免征增值税，相应的进项税额予以退还。

1. 出口企业出口货物。出口企业是指依法办理工商登记、税务登记、对外贸易经营者备案登记，自营或委托出口货物的单位或个体工商户（下同）。

出口货物，是指向海关报关后实际离境并销售给境外单位或个人的货物，分为自营出口货物和委托出口货物两类。

2. 出口企业或其他单位视同出口货物。

（1）出口企业对外援助、对外承包、境外投资的出口货物。

（2）出口企业经海关报关进入国家批准的出口加工区、保税物流园区、保税港区、综合保税区、珠澳跨境工业区（珠海园区）、中哈霍尔果斯国际边境合作中心（中方配套区域）、保税物流中心（B 型）（以下统称特殊区域）并销售给特殊区域内单位或境外单位、个人的货物。

(3) 免税品经营企业销售的货物（国家规定不允许经营和限制出口的货物、卷烟和超出免税品经营企业《企业法人营业执照》规定经营范围的货物除外）。

(4) 出口企业或其他单位销售给用于国际金融组织或外国政府贷款国际招标建设项目的中标机电产品。上述中标机电产品，包括外国企业中标再分包给出口企业或其他单位的机电产品。

(5) 出口企业或其他单位销售给国际运输企业用于国际运输工具上的货物。上述规定暂仅适用于外轮供应公司、远洋运输供应公司销售给外轮、远洋国轮的货物，国内航空供应公司生产销售给国内和国外航空公司国际航班的航空食品。

(6) 对融资租赁出口货物试行退税政策。对融资租赁企业、金融租赁公司及其设立的项目子公司，以融资租赁方式租赁给境外承租人且租赁期限在5年（含）以上，并向海关报关后实际离境的货物，试行增值税、消费税出口退税政策。

融资租赁出口货物的范围，包括飞机、飞机发动机、铁道机车、铁道客车车厢、船舶及其他货物，具体应符合固定资产的相关规定，即固定资产是指使用期限超过12个月的机器、机械、运输工具以及其他与生产经营有关的设备、工具、器具等。

(二) 出口免税不退税

1. 适用增值税免税政策的出口货物劳务，是指出口企业或其他单位出口规定的货物：

(1) 增值税小规模纳税人出口的货物。

(2) 避孕药品和用具，古旧图书。

(3) 软件产品。

(4) 含黄金、铂金成分的货物，钻石及其饰品。

(5) 国家计划内出口的卷烟。

(6) 非出口企业委托出口的货物。

(7) 非列名生产企业出口的非视同自产货物。

(8) 农业生产者自产农产品。

(9) 油、花生果仁、黑大豆等财政部和国家税务总局规定的出口免税的货物。

(10) 企业取得普通发票、废旧物资收购凭证、农产品收购发票、政府非税收入票据的货物。

(11) 来料加工复出口的货物。

(12) 特殊区域内的企业出口的特殊区域内的货物。

(13) 以人民币现金作为结算方式的边境地区出口企业从所在省（自治区）的边境口岸出口到接壤国家的一般贸易和边境小额贸易出口货物。

(14) 以旅游购物贸易方式报关出口的货物。

2. 出口企业或其他单位视同出口的下列货物劳务：

（1）国家批准设立的免税店销售的免税货物，包括进口免税货物和已实现退（免）税的货物。

（2）特殊区域内的企业为境外的单位或个人提供加工修理修配劳务。

（3）同一特殊区域、不同特殊区域内的企业之间销售特殊区域内的货物。

3. 出口企业或其他单位未按规定申报或未补齐增值税退（免）税凭证的出口货物劳务。具体是指：

（1）未在国家税务总局规定的期限内申报增值税退（免）税的出口货物劳务。

（2）未在规定期限内申报开具《代理出口货物证明》的出口货物劳务。

（3）已申报增值税退（免）税，却未在国家税务总局规定的期限内向税务机关补齐增值税退（免）税凭证的出口货物劳务。

对于适用增值税免税政策的出口货物劳务，出口企业或其他单位可以依照现行增值税有关规定放弃免税，缴纳增值税。

4. 市场采购贸易方式出口货物免征增值税。具体是指经国家批准的专业市场集聚区内的市场经营户自营或委托从事市场采购贸易经营的单位，按照海关总署规定的市场采购贸易监管办法办理通关手续，并纳入涵盖市场采购贸易各方经营主体和贸易全流程的市场采购贸易综合管理系统管理的货物（国家规定不适用市场采购贸易方式出口的商品除外）。

（三）出口不免税也不退税

1. 出口企业出口或视同出口财政部和国家税务总局根据国务院决定明确取消出口退（免）税的货物（不包括来料加工复出口货物、中标机电产品、列名原材料、输入特殊区域的水电气）。

2. 出口企业或其他单位销售给特殊区域内的生活消费用品和交通运输工具。

3. 出口企业或其他单位因骗取出口退税被税务机关停止办理增值税退（免）税期间出口的货物。

4. 出口企业或其他单位提供虚假备案单证的货物。

5. 出口企业或其他单位增值税退（免）税凭证有伪造或内容不实的货物。

6. 不满足出口条件被认定为内销的情况。

7. 财政部和国家税务总局规定的其他情形。

（四）增值税出口退税率

1. 出口退税率一般规定。出口退税率是指出口货物的实际退税额与计税依据之间的比例。它是出口退税的中心环节，体现国家在一定时期的经济政策，反映出口货物实际征税水平，退税率是根据出口货物的实际整体税负确定的，同时，也是零税率原则和宏观调控原则相结合的产物。

除财政部和国家税务总局根据国务院规定而明确的增值税出口退税率外，出口货物的退税率为其适用税率。国家税务总局根据上述规定将退税率通过出口货物劳务退税率文库予以发布，供征纳双方执行。

应税服务退税率为其按照营改增规定适用的增值税税率。

退税率每年都会发生变化，变化时间不确定，跟踪最新的退税率变化内容可到国家税务总局网站查询。

2. 退税率的特殊规定。

（1）企业购进按简易办法征税的出口货物、从小规模纳税人购进的出口货物，其退税率分别为简易办法实际执行的征收率、小规模纳税人征收率。上述出口货物取得增值税专用发票的，退税率按照增值税专用发票上的税率和出口货物退税率孰低的原则确定。

（2）出口企业委托加工修理修配货物，其加工修理修配费用的退税率，为出口货物的退税率。

（3）中标机电产品、出口企业向海关报关进入特殊区域销售给特殊区域内生产企业生产耗用的列名原材料、输入特殊区域的水电气，其退税率为适用税率。如果国家调整列名原材料的退税率，列名原材料应当自调整之日起按调整后的退税率执行。

（4）适用不同退税率的货物劳务，应分开报关、核算并申报退（免）税，未分开报关、核算或划分不清的，从低适用退税率。

3. 我国现行出口退税率。2018 年财政部、国家税务总局发布的《关于调整增税税率的通知》（财税〔2018〕32 号）第四条规定：自 2018 年 5 月 1 日起，原适用 17% 税率且出口退税率为 17% 的出口货物，出口退税率调整至 16%。原适用 11% 税率且出口退税率为 11% 的出口货物、跨境应税行为，出口退税率调整至 10%。新出口退税率为 5%、6%、9%、10%、13%、15% 和 16%，共七档，如果加上 0 和从小规模企业购进货物按征收率办理退税的特殊退税率，应当分为九档。

购进按简易办法征税的出口货物、从小规模纳税人购进的出口货物，其退税率分别为简易办法实际执行的征收率、小规模纳税人征收率。出口货物取得增值税专用发票的，退税率按照增值税专用发票上的税率和出口货物退税率孰低的原则确定。适用不同退税率的货物劳务，应分开报关、核算并申报退（免）税，未分开报关、核算或划分不清的，从低适用退税率。

从 2018 年 11 月 1 日起，按照结构调整原则，参照国际通行做法，我国将现行货物出口退税率为 15% 的和部分 13% 的提至 16%；9% 的提至 10%，其中部分提至 13%；退税率为 5% 的提至 6%，部分提至 10%。对高耗能、高污染、资源性产品和面临去产能任务等产品出口退税率维持不变。进一步简化税制，退税率由原来的七档减为五档。会议同时确定，为进一步加快退税进度，对信用评级高、纳税记录好的出口企业简化手续、缩短退税时间，全面推行无纸化退税申报，提高退税审核效率。优化退税服务，帮助企业及时收集单证申报退税，尽快实现电子退库全联网全覆盖。鼓励外贸综合服务企业为中小企业代办退税服务。坚决打击骗取出口退税行为。通过采取上述措施，2018 年年底前将办理退税平均时间由目前 13 个工作日缩短至 10 个工作日。

[例 5-1] 以零件形式出口后组装设备适用税率。根据商品归类规则，设备分拆成零部件分批出口，也应该以整机的方式报关。而在报关和物流实践中，一些大型设备因各种原因，无法一次装运，为此需要以分拆成多批零部件的方式报关出口。在此类情况下，报关出口的商品编码应该是设备编码，而不能是各种零件的商品编码，此时也只能适用设备的出口退税率，而不是零部件的出口退税率。

（五）增值税退（免）税的计税依据

出口货物劳务的增值税退（免）税的计税依据，按出口货物劳务的出口发票（外销发票）、其他普通发票或购进出口货物劳务的增值税专用发票、海关进口增值税专用缴款书确定。

1. 企业出口货物（委托加工修理修配货物除外）增值税退（免）税的计税依据，为购进出口货物的增值税专用发票注明的金额或海关进口增值税专用缴款书注明的完税价格。

2. 企业出口委托加工修理修配货物增值税退（免）税的计税依据，为加工修理修配费用增值税专用发票注明的金额。

3. 出口进项税额未计算抵扣的已使用过的设备增值税退（免）税的计税依据，按下列公式确定：

退（免）税计税依据 = 增值税专用发票上的金额或海关进口增值税专用缴款书注明的完税价格 × 已使用过的设备固定资产净值 ÷ 已使用过的设备原值

已使用过的设备固定资产净值 = 已使用过的设备原值 - 已使用过的设备已提累计折旧

已使用过的设备，是指出口企业根据财务会计制度已经计提折旧的固定资产。

4. 免税品经营企业销售的货物增值税退（免）税的计税依据，为购进货物的增值税专用发票注明的金额或海关进口增值税专用缴款书注明的完税价格。

[例 5-2] 出口旧设备退（免）税。某建筑施工企业于 201× 年出口自己使用过的设备一批，具体如下：

（1）2007 年购入的起重机一台，取得了增值税专用发票；

（2）2013 年自行生产的、自行使用的发电机一台；

（3）2012 年购入用于制造自产产品的装载机一台，取得增值税专用发票；

（4）2014 年购入的电脑一台，未取得增值税专用发票。

试分析以上哪些设备的出口可以办理退税。

（1）2007 年购入的起重机，属于该公司的固定资产，按当时税法的规定，不能抵扣增值税，因其购买时取得了增值税专用发票，因此出口时采取免（退）税办法办理出口退税。

（2）发电机为该公司自行生产的，对此类自用设备的出口，实行免抵退税办法办理出口退税。

（3）2012 年购入的用于制造自产产品的装载机一台，也属于规定资产，但因该设备的进项税额准予抵扣，且是用于生产自产货物的，因此出口时准予按免抵退税办法办理退税。

（4）2014 年购入的电脑，因没有取得增值税专用发票，出口时实行免税政策。

（六）增值税退（免）税的计算

1. 出口委托加工修理修配货物：

出口委托加工修理修配货物的增值税应退税额 = 委托加工修理修配的增值税退（免）税计税依据 × 出口货物退税率

2. 出口委托加工修理修配货物以外的货物：

增值税应退税额 = 增值税退（免）税计税依据 × 出口货物退税率

（七）出口换汇成本计算方法

1. 出口退税换汇成本计算公式：

出口退税出口明细申报表中同一关联号项下同一商品代码下每笔出口的换汇成本 = [∑计税金额 + ∑计税金额 ×（征税率 - 退税率）] ÷ 美元出口额

注意：换汇成本不是每一条业务都计算的，只是在单条换汇成本偏高的时候，才计算整张报关单的换汇成本，只要整单在合理范围内即可。

2. 换汇成本的合理范围。正常的换汇成本范围为 5—8，换汇成本高于上限需要写换汇成本说明。

［**例 5－3**］换汇成本计算。A 建筑施工企业 2018 年 2 月出口某工程物资，退税率和征税率均为 17%，采购时收到的是 17% 的进项发票，发票金额 10 000 元人民币，税额 1 700 元人民币。出口价格为 1 650 美元。

换汇成本 = [∑计税金额 + ∑计税金额 ×（征税率 - 退税率）] ÷ 美元出口价
= [10 000 + 10 000 ×（17% - 17%）] ÷ 1 650 = 10 000 ÷ 1 650 = 6.06

以上结果符合合理范围，也就是说，企业的采购价（不含税）÷ 出口价格的比率接近实际汇率。

如果企业以 3 000 美元出口，换汇成本 = 10 000 ÷ 3 000 = 3.3。换汇成本偏低，说明企业 10 000 元人民币进货按 18 000 元人民币出售，此种情况下，一般不会影响办理出口退税。

如果企业以 1 000 美元出口，换汇成本 = 10 000 ÷ 1 000 = 10。企业是按采购成本计算退税的，企业10 000元人民币进的货按6 000元人民币（假设汇率为6）出售，换汇成本严重偏高，不仅企业无盈利，而且企业有故意夸大成本和骗税的嫌疑，将影响办理出口退税。

（八）出口退税备案单证管理

在办理出口退税申报中，很多企业认为只要业务属实，就不用在意申报中的备案单证问题，这样存在很大的风险。

1. 出口退税备案单证的组成。一是企业购货合同，包括一笔购销合同下签订的补充合同等；二是出口货物装货单；三是出口货物运输单据，包括：海运提单、航空运单、铁路运单、货物承运单据、邮政收据等承运人出具的货物单据，以及出口企业承付运费的国内运输单证。

如由出口企业负担国内运输费用，则出口货物运输单据还应包括出口企业承付运费的国内运输单证。特别是：若有无法取得上述原始单证情况的，出口企业可用具有相似内容或作用的其他单证进行单证备案；视同出口货物及对外提供修理修配劳务，不实行备案单证管理。

2. 出口退税备案单证涉税风险。

一是税收处罚。根据《国家税务总局关于发布〈出口货物劳务增值税和消费税管理办法〉的公告》（国家税务总局公告2012年24号）第十三条规定："未按规定装订、存放和保管备案单证的，主管税务机关应按照《中华人民共和国税收征收管理法》第六十条规定予以处罚；出口企业提供虚假备案单证的，主管机关应按照《中华人民共和国税收征收管理法》第七十条的规定处罚。"

二是免税规定。根据《国家税务总局关于〈出口货物劳务增值税和消费税管理办法〉有关问题的公告》（国家税务总局公告2013年12号）第五条规定："出口企业或者其他单位未按规定进行单证备案（因出口货物的成交方式特性，企业没有有关备案单证的情况除外）的出口货物，不得申报退（免）税，适用免税政策。已申报退（免）税的，应用负数申报冲减原申报。"

三是征税规定。根据《财政部、国家税务总局关于出口货物劳务增值税和消费税政策的通知》第七条规定："出口企业或其他单位提供虚假备案单证的货物适用增值税征税政策。"

四是刑法处罚。根据《最高人民法院关于审理骗取出口退税刑事案件具体应用法律若干问题的解释》第一条规定："伪造或者签订虚假的买卖合同；以伪造、变造或其他非法手段取得出口货物报关单、出口收汇核销单、出口货物专用缴款书等有关出口退税单据、凭证属于出口骗税。出口骗税构成犯罪的，将受到刑法处理。"

3. 出口退税备案应注意事项。

一是无法取得原件。备案单证应当是原件，如果无法取得备案原件，可备案有经办人签字声明与原件相符，并加盖企业公章的复印件。如果仍无法取得的，可以用具有相似内容或作用的其他单证进行单证备案。

二是备案单证存放保管。根据《国家税务总局关于发布〈出口货物劳务增值税和消费税管理办法〉的公告》（国家税务总局公告2012年24号）第八条规定：出口企业应在申报出口退（免）税后15日内，将所申报退（免）税货物的单证，按申报退（免）税的出口货物顺序，填写《出口货物备案单证目录》，注明备案单证存放地点，以备主管税务机关核查。除另有规定外，备案单证由出口企业存放和保管，不得擅自损毁，保存期为5年。

能主动配合税务机关实施出口退（免）税管理，能按规定收集、装订、存放出口退税凭证及备案单证，是一类企业评定的重要条件之一。

（九）出口退税无纸化申报流程

根据《国家税务总局关于推进出口退（免）税无纸化管理试点工作的通知》（税总函〔2016〕36号）、《国家税务总局关于下发〈全国税务机关出口退（免）税管理工作规范（2.0版）〉的通知》（税总发〔2018〕48号）和《国家税务总局关于进一步推进出口退（免）税无纸化申报试点工作的通知》（税总函〔2017〕176号）等规定，出口退税无纸化申报流程具体如下：

1. 数字证书的申领和初始化设置。

（1）无纸化数字证书申领。企业需提交以下资料到主管税务机关申领无纸化数字证书：《纳税人证书业务申请表》（加盖公章）、《出口企业无纸化试点申请书》（加盖公章）、申请人本人身份证、营业执照复印件加盖公章。不同地区企业需要提供的资料名称不同，主要是具备申请资料、申请人及申请单位证明信息。主管税务机关核准后发放无纸化数字证书。

（2）无纸化数字证书初始化。一是把退税所发放的无纸化数字证书插入电脑安装驱动。二是完成驱动安装后，打开出口退税申报系统，在系统内对证书进行配置。菜单进入方式：系统维护—系统配置—系统参数设置与修改。进入功能配置/数字签名项/设备密码输入，输入原始密码完成出口退税申报无纸化设置。

（3）申报系统加注无纸化标识。企业通过网上申报平台或至办税服务厅现场获反馈数据包，读入退税申报系统后，自动加注“无纸化”标识。企业在退税申报系统审核配置中即能够查看到“无纸化”标识信息。

2. 出口企业远程无纸化申报。

（1）生成正式申报数据。完成申报系统设置和预申报无误后，企业在出口退税系统按正常操作流程完成出口退（免）税申报，选远程申报生成加密的申报盘，系统会自动在申报系统安装路径下生成申报文件。

（2）登录平台传输数据。登录出口退税综合服务平台，输入用户名（企业海关代码)、密码，随机验证通过后进入系统，在办税区选择相应的预申报模块上传申报数据，上传申报数据并预审完成后，下载反馈信息。然后在“操作”项下点击“查看”，确认申报数据审核无误或相关疑点可由税务部门人工跳过处理的，在“操作”项下点击“转正式申报”，将数据上报税务部门。完成上报数据操作后，可以在办税区选择正式申报模块，输入条件选项，可以查询正式申报情况。代理出口货物证明、退运已补税证明等单证类无纸化管理的操作流程与出口退税申报无纸化流程基本一样，可以参照以上执行。

3. 出口企业无纸化申报注意事项。

(1) 出口企业无纸化申报实行自愿申请原则，符合条件的企业可申请实行出口退(免)税无纸化管理，四类企业暂不能申请无纸化管理。

(2) 必须使用税控盘或者金税盘进行退税申报操作。因出口退税无纸化申报实行后，企业提供的电子申报数据，必须经过升级版税控系统数字签名，才能生成正式申报数据，因此所有申请无纸化申报的出口企业均要使用税控盘或者金税盘进行退税申报操作。

(3) 实行无纸化申报后，若因出口退税综合服务平台出现故障，导致企业无法完成网上预审或正式申报的，出口企业可到所属税务分局受理前台提交电子数据完成预审和正式申报。

(十) 违章处理

1. 出口企业和其他单位有下列行为之一的，由税务机关责令限期改正，可以处2 000元以下的罚款；情节严重的，处2 000元以上1万元以下的罚款：

(1) 未按规定设置、使用和保管有关出口货物退(免)税账簿、凭证、资料的；

(2) 未按规定装订、存放和保管备案单证的。

2. 出口企业和其他单位拒绝税务机关检查或拒绝提供有关出口货物退(免)税账簿、凭证、资料的，税务机关应按照《中华人民共和国税收征收管理法》第七十条规定予以处罚。

3. 出口企业提供虚假备案单证的，由税务机关责令改正，可以处1万元以下的罚款；情节严重的，处1万元以上5万元以下的罚款。

4. 出口企业和其他单位有违反发票管理规定行为的，主管税务机关应按照《中华人民共和国发票管理办法》有关规定予以处罚。

5. 出口企业和其他单位以假报出口或者其他欺骗手段，骗取国家出口退税款，由主管税务机关追缴其骗取的退税款，并处骗取税款1倍以上5倍以下的罚款；构成犯罪的，依法追究刑事责任。

对骗取国家出口退税款的，由省级以上(含本级)税务机关批准，按下列规定停止其出口退(免)税资格：

（1）骗取国家出口退税款不满5万元的，可以停止为其办理出口退税半年以上1年以下。

（2）骗取国家出口退税款5万元以上不满50万元的，可以停止为其办理出口退税1年以上1年半以下。

（3）骗取国家出口退税款50万元以上不满250万元，或因骗取出口退税行为受过行政处罚、两年内又骗取国家出口退税款数额在30万元以上不满150万元的，停止为其办理出口退税1年半以上两年以下。

（4）骗取国家出口退税款250万元以上，或因骗取出口退税行为受过行政处罚、两年内又骗取国家出口退税款数额在150万元以上的，停止为其办理出口退税两年以上3年以下。

（5）停止办理出口退税的时间以省级以上（含本级）税务机关批准后作出的《税务行政处罚决定书》的决定之日为起始日。

三、对外提供跨境应税行为的增值税出口退（免）税

（一）对外提供营改增跨境应税行为的出口退税

随着中国企业经济和科技实力的增强，越来越多的中国企业开始“走出去”为境外企业提供服务，伴之而来的则是与这些跨境服务相关的国内和国外税收。以下探讨的是境内企业向境外企业提供营改增跨境应税行为的增值税零税率适用问题。需要说明的是，增值税零税率的概念即为增值税出口退税。

1. 向境外提供营改增跨境应税行为的增值税出口退税范围。根据目前营改增相关规定，现有的增值税跨境应税行为中适用增值税退税政策的主要有向境外单位或个人提供的国际运输服务、港澳台运输服务、航天运输服务、向境外提供的完全在境外消费的研发服务、合同能源管理服务、设计服务、广播影视节目（作品）的制作和发行服务、软件服务、电路设计及测试服务、信息系统服务、业务流程管理服务、离岸服务外包业务和转让技术。此外，向境外单位提供在现行营改增中视同交通运输的程租、期租、湿租服务，也适用增值税的零税率服务，即准予办理出口退税。

2. 向境外单位或个人提供零税率应税行为的增值税退税方法。中华人民共和国境内的增值税一般纳税人提供适用增值税零税率的营改增跨境应税行为，实行增值税退（免）税办法。

3. 向境外提供营改增应税行为增值税出口退税的计算。

（1）向境外提供营改增应税行为的增值税出口退税率。向境外提供营改增应税行为的增值税出口退税率为该应税行为适用的增值税税率。

（2）向境外提供营改增跨境应税行为增值税出口退税的计税依据。增值税零税率应税行为的出口退税计税依据，按照下列规定确定：

①免退税计税依据。实行免退税办法的退（免）税计税依据为购进应税行为的增值税专用发票或解缴税款的中华人民共和国税收缴款凭证注明的金额。但对航天运输服务，退（免）税计税依据为购进航天运输器及相关货物的增值税专用发票注明的金额或海关（进口增值税）专用缴款书注明的完税价格，以及接受发射运行保障服务的增值税专用发票注明的金额。

实行退（免）税办法（含免抵退和免退税方法）的研发服务和设计服务，如果主管税务机关认定出口价格偏高，有权按照核定的出口价格计算退（免）税，核定的出口价格低于企业购进价格的，低于部分对应的进项税额不予退税，转入成本。

②向境外提供营改增跨境应税行为的出口退税计算。除航天运输服务外，企业退（免）税的具体办法及计算公式按出口货物劳务退免税的规定执行。在向境外提供零税率跨境应税行为的过程中，应税行为提供者如果同时出口货物劳务且未分别核算，应一并计算免抵退税。税务机关在审批时，应按照增值税零税率的营改增应税行为、出口货物劳务免抵退税额的比例划分其退税额和免抵税额。

境内企业提供的航天运输服务，其提供的航天运输服务免征增值税，相应购进航天运输器及相关货物，以及接受发射运行保障服务取得的进项税额予以退还。

4. 向境外提供营改增跨境应税行为出口退税的程序性规定。

（1）向境外提供营改增跨境应税行为出口退税备案。增值税零税率应税服务提供者办理出口退（免）税备案后，方可申报增值税零税率应税服务退（免）税。如果提供的适用增值税零税率应税服务发生在办理出口退（免）税备案前，在办理出口退（免）税资格备案后，可按规定申报退（免）税。增值税零税率服务者在首次办理出口退税时（含货物、劳务或零税率服务），提供者应按照下列要求，向主管税务机关申请办理出口退（免）税备案。

（2）向境外提供营改增应税行为的增值税出口退税申报。

①申报时间。增值税零税率应税行为提供者收齐有关凭证后，可在财务作销售收入次月起至次年4月30日前的各增值税纳税申报期内向主管税务机关申报退（免）税；逾期申报的，不再按退（免）税申报，改按免税申报；未按规定申报免税的，应按规定缴纳增值税。

②免退税申报。实行免退办法的增值税零税率应税行为提供者，向境外单位提供纳入零税率范围的应税行为的，应在申报免退税时，向主管税务机关提供以下资料：

一是《企业外购应税服务出口明细申报表》；

二是《企业出口退税进货明细申报表》（需填列外购对应的增值税零税率应税服务取得增值税专用发票情况）；

三是《企业出口退税汇总申报表》；

四是免退税正式申报电子数据；

五是从境内单位或者个人购进增值税零税率应税行为出口的，提供应税行为提供方开具的增值税专用发票；从境外单位或者个人购进增值税零税率应税行为出口的，提供取得的解缴税款的中华人民共和国税收缴款凭证。

（二）提供营改增零税率范围内的跨境应税行为的出口征免税

1. 对外提供营改增零税率行为的免税。对外提供营改增零税率行为通常实行出口退还增值税的方式，然而，对外提供零税率应税行为如果无法提供相应的证件或者主动放弃退税，纳税人可以享受对外提供营改增零税率行为的出口免税政策。

2. 对外提供营改增零税率应税行为的出口征税。境内企业对外提供营改增零税率应税行为通常适用的是增值税的出口退税政策，但是在如下两种情况下可以适用征税政策：

（1）零税率应税行为未及时申报增值税退税后改为免征增值税，又未按规定办理免税申报的，适用增值税的征税政策。

（2）境内的单位和个人提供适用增值税零税率应税行为的，可以放弃适用增值税零税率，选择免税或按规定缴纳增值税。

四、出口退（免）税分类管理办法

（一）分类层级

出口企业管理类别分为一类、二类、三类、四类。各省、自治区、直辖市、计划单列市税务局负责组织实施本地区出口企业的分类管理工作。

（二）出口企业管理类别评定及调整

1. 《国家税务总局关于加快出口退税进度有关事项的公告》（国家税务总局公告2018年第48号）取消管理类别年度评定次数限制。出口企业相关情形发生变更并申请调整管理类别的，主管税务机关应按照有关规定及时开展评定工作。评定工作完成的次月起，税务机关对出口企业实施对应的分类管理措施。

2. 申请出口企业管理类别评定为一类的出口企业，应于企业纳税信用级别评价结果确定的当月向主管税务机关报送《生产型出口企业生产能力情况报告》《出口退（免）税企业内部风险控制体系建设情况报告》。

3. 县（区）税务局负责评定出口企业管理类别的，应于评定工作完成后10个工作日内将评定结果报地（市）税务局备案；地（市）税务局负责评定的，县（区）税务局须进行初评并填报《出口退（免）税企业管理类别评定表》，报地（市）税务局审定。

4. 负责评定出口企业管理类别的税务机关，应在评定工作完成后的15个工作日内将评定结果告知出口企业，并主动公开一类、四类的出口企业名单。

（三）分类管理及服务措施

1. 主管税务机关可为一类出口企业提供绿色办税通道（特约服务区），优先办理出口退税，并建立重点联系制度，及时解决企业有关出口退（免）税问题。

对一类出口企业中纳税信用级别为 A 级的纳税人，按照《关于对纳税信用 A 级纳税人实施联合激励措施的合作备忘录》的规定，实施联合激励措施。

2. 对一类出口企业申报的出口退（免）税，税务机关经审核，同时符合下列条件的，应自受理企业申报之日起，5 个工作日内办结出口退（免）税手续：

（1）申报的电子数据与海关出口货物报关单结关信息、增值税专用发票信息比对无误。

（2）出口退（免）税额计算准确无误。

（3）不涉及税务总局和省税务局确定的预警风险信息。

（4）出口的货物是从纳税信用级别为 A 级或 B 级的供货企业购进。

3. 对二类出口企业申报的出口退（免）税，税务机关经审核，同时符合下列条件的，应自受理企业申报之日起，10 个工作日内办结出口退（免）税手续：

（1）符合出口退（免）税相关规定。

（2）申报的电子数据与海关出口货物报关单结关信息、增值税专用发票信息比对无误。

（3）未发现审核疑点或者审核疑点已排除完毕。

4. 对三类出口企业申报的出口退（免）税，税务机关经审核，同时符合下列条件的，应自受理企业申报之日起，15 个工作日内办结出口退（免）税手续：

（1）符合出口退（免）税相关规定。

（2）申报的电子数据与海关出口货物报关单结关信息、增值税专用发票信息比对无误。

（3）未发现审核疑点或者审核疑点已排除完毕。

5. 对四类出口企业申报的出口退（免）税，税务机关应按下列规定进行审核：

（1）申报的纸质凭证、资料应与电子数据相互匹配且逻辑相符。

（2）申报的电子数据应与海关出口货物报关单结关信息、增值税专用发票信息比对无误。

（3）对该类企业申报出口退（免）税的外购出口货物或视同自产产品，税务机关对每户供货企业的发票，都要抽取一定的比例发函调查。

税务机关按上述要求完成审核，并排除所有审核疑点后，应自受理企业申报之日起，20 个工作日内办结出口退（免）税手续。

6. 进出口企业的社会信用体系结构详见图 5 - 2。

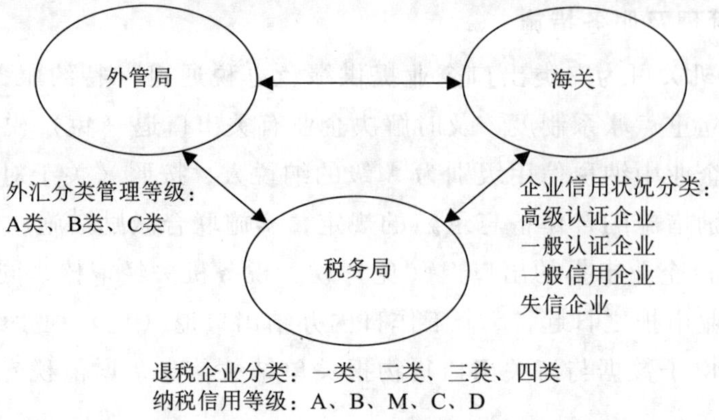

图5－2　进出口企业的社会信用体系结构

7. 出口退税函调。出口退税函调就是对涉及出口退税的异常出口，通常要求企业进行自查，经税务机关对自查结果进行核查后，税务机关不能排除明显疑点的，可以通过税务机关的函调系统向出口货物供货企业所在地县以上税务机关发函调查的一种程序和过程，用以判断出口货物购销的真实性。

税务机关经对《企业出口业务自查表》分析核查后不能排除明显疑点的，应通过函调系统向出口货物供货企业所在地县以上税务机关发函调查。如果供货企业所在地税务机关对供货企业进行调查时，供货企业处理不当，可能导致供货地税务机关的复函无法解决退税机关的疑问，导致税务机关不愿意办理退税。此种情况下，可以要求税务机关再次进行函调。

第三节　境外工程出口业务税务难点解析

一、出口退税中的收汇问题

在出口退税中，我国长期把出口报关单（退税联）和出口收汇核销单作为办理出口退税的一个必要条件，无法提供这两个单证的企业，就无法办理出口退税（特殊情况例外）。目前，海关虽然取消打印纸质报关单，但仍然需要在接收出口报关单的电子信息后才能办理出口退税。

从2012年8月1日起，对出口的货物（含修理修配劳务，下同），国家外汇管理部门不再出具出口收汇核销单，外汇管理实行非现场总量核查方式，因此办理出口退税资料中也取消了核销单。这对于出口企业而言，简化了出口退税的办理程序，然而，这并不意味着出口货物不收汇、不及时收汇、不提供收汇凭证就可以享受退税政策，在现有的出口退税政策下，除了视同收汇外，出口货物必须收汇后方准予办理出口退税。

（一）出口收汇核销管理

2012 年 8 月 1 日起在全国实施货物贸易外汇管理制度改革，并相应调整出口报关流程，优化升级出口收汇与出口退税信息共享机制。

1. 改革货物贸易外汇管理方式。2012 年 8 月 1 日起，取消出口收汇核销单（以下简称核销单），企业不再办理出口收汇核销手续。国家外汇管理局分支局（以下简称外汇局）对企业的贸易外汇管理方式由现场逐笔核销改变为非现场总量核查。外汇局通过货物贸易外汇监测系统，全面采集企业货物进出口和贸易外汇收支逐笔数据，定期比对、评估企业货物流与资金流总体匹配情况，便利合规企业贸易外汇收支；对存在异常的企业进行重点监测，必要时实施现场核查。

2. 对企业实施动态分类管理。外汇局根据企业贸易外汇收支的合规性及其与货物进出口的一致性，将企业分为 A、B、C 三类。A 类企业进口付汇单证简化，可凭进口报关单、合同或发票等任何一种能够证明交易真实性的单证在银行直接办理付汇，出口收汇无需联网核查；银行办理收付汇审核手续相应简化。对 B、C 类企业在贸易外汇收支单证审核、业务类型、结算方式等方面实施严格监管，B 类企业贸易外汇收支由银行实施电子数据核查，C 类企业贸易外汇收支须经外汇局逐笔登记后办理。

外汇局根据企业在分类监管期内遵守外汇管理规定情况，进行动态调整。A 类企业违反外汇管理规定将被降级为 B 类或 C 类；B 类企业在分类监管期内合规性状况未见好转的，将延长分类监管期或被降级为 C 类；B、C 类企业在分类监管期内守法合规经营的，分类监管期满后可升级为 A 类。

3. 调整出口报关流程。2012 年 8 月 1 日起，企业办理出口报关时不再提供核销单。

4. 货物贸易外汇总量核查流程。外汇局依托监测系统按月对企业的贸易外汇收支进行非现场核查。外汇局可根据国际收支形势和外汇管理需要调整核查频率。

纳入非现场核查的数据包括企业最近 12 个月的相关贸易外汇收支、货物进出口和企业报告数据。具体流程见图 5－3。

（二）退税申报截止之日前收汇

自 2013 年 8 月 1 日起，出口企业（不含委托出口企业）申报退（免）税的出口货物，须在退（免）税申报期截止之日内收汇（跨境贸易人民币结算的为收取人民币），并按规定提供收汇资料；未在退（免）税申报期截止之日内收汇的出口货物，除视同收汇的出口货物外，适用增值税免税政策。也就是说，通常企业办理出口退税申报时可以不收汇，但最迟应在出口后下年度 4 月份的增值税纳税申报截止之日前收汇。

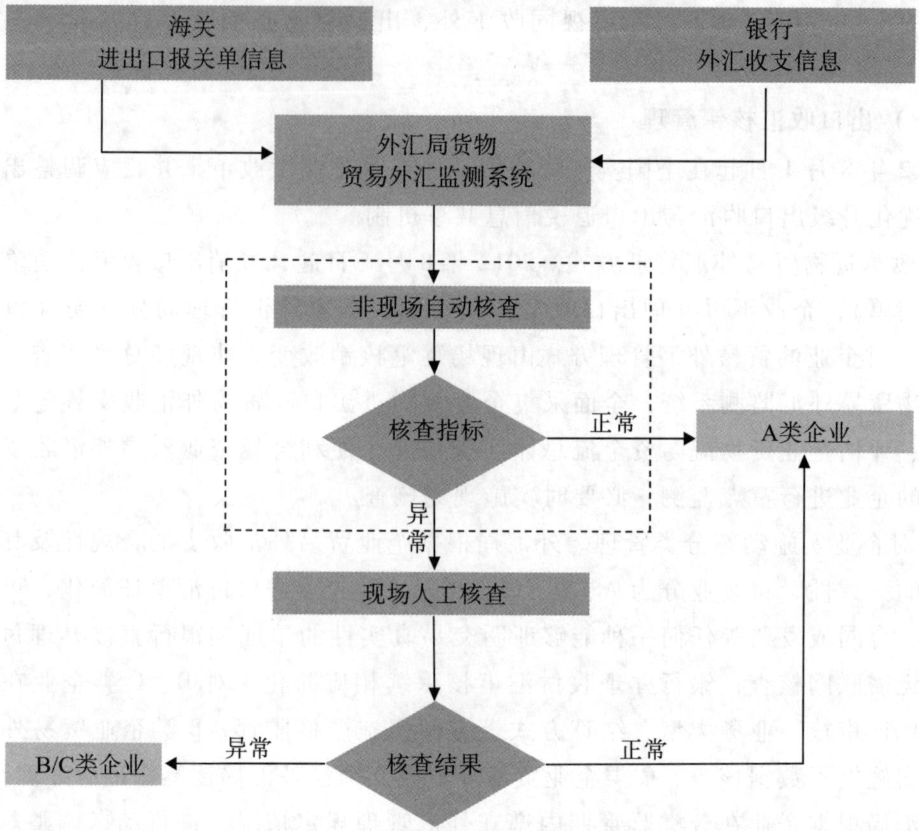

图5-3 货物贸易外汇总量核查流程

（三）远期合同的收汇

在国际贸易中，经常出现远期收汇的情况，对于此类情况，出口企业有可能无法在出口货物退（免）税申报期的截止之日前收汇。为了解决此种情况下出口退税中的收汇问题，在过去，采取由出口企业向外汇管理部门申请开具远期收汇证明的方式来解决。在出口收汇核销单取消后，税法规定对合同约定全部收汇的最终日期在出口退（免）税申报期限截止之日后的，出口企业应在合同约定最终收汇日期次月的增值税纳税申报期内，向主管税务机关提供收汇凭证，不能提供的，对应的出口货物适用增值税免税政策。

（四）出口货物第三方付汇的税收规定

根据《国家外汇管理局关于进一步推进外汇管理改革完善真实合规性审核的通知》（汇发〔2017〕3号）第五条规定：进一步规范货物贸易外汇管理。境内机构应当按照“谁出口谁收汇、谁进口谁付汇”原则办理贸易外汇收支业务，及时办理收汇业务，外汇局另有规定除外。“谁出口谁收汇、谁进口谁付汇”原则已经很明确地说明，外汇管理原则下不支持第三方付汇的情形。但与税法规定还有一定的出入，根据

《国家税务总局关于出口企业申报出口货物退（免）税提供收汇资料有关问题的公告》（国家税务总局公告2013年第30号）第九条规定，主管税务机关发现出口企业出口货物的收汇情况存在非进口商付汇等疑点的，对该笔收汇对应的出口货物暂不办理出口退（免）税；已办理退（免）税的，主管税务机关可按照所涉及的退税额对该企业其他已审核通过的等额的应退税款暂缓办理出口退（免）税，无其他应退税款或应退税款小于所涉及退税额的，可由出口企业提供差额部分的担保。待税务机关核实排除相应疑点后，方可办理退（免）税或解除担保。随后，《国家税务总局关于出口货物劳务退（免）税管理有关问题的公告》（国家税务总局公告2014年第51号）取消第三方收汇提供上述资料的政策。

因此，我们可以理解为，一是取消并不代表第三方收汇正常不需查。二是取消更进一步说明必须遵循“谁出口谁收汇、谁进口谁付汇”原则。

二、退税主体消失的出口退税问题

“一带一路”建筑施工企业在生产经营中，由于各种原因会出现重组、合并、分立等，为更好地解决企业重组后出口退税问题，下面就企业重组中的出口退税问题进行阐述。

常见的企业重组包含了企业法律形式改变（企业注册名称、住所以及企业组织形式等的简单改变）、债务重组、股权收购、资产收购、合并、分立等。与出口退税相关且容易产生相关出口退税问题的则是企业迁移、企业组织形式变更（如有限公司变为独资企业）、吸收合并、新设合并及新设分立。

在企业跨区域迁移中，原有的企业需要在原注册地办理注销登记；在企业由有限公司变为独资企业的过程中，原有限公司也需要进行清算并办理注销登记；当一个企业被另一个企业以吸收的方式合并时，被吸收的企业也要注销；当两个或两个以上企业新设合并或新设分立时，合并或分立前的企业都需要注销。

所有的这些企业重组的共同特征是：重组前的企业要注销；重组后的企业具有新的税务登记号码（三证合一后新的营业执照号码）；重组后的企业办理新的退免税认定，视为或可以视为新的退税单位；重组后企业需要重新在海关办理登记，产生一个新的海关注册登记编码，在海关视为一个新的进出口收发货人。一旦重组后的企业被视为新的退税单位和进出口收发货人，会对承继企业能否办理出口退税产生重大影响。

（一）企业重组中退税主体消失后的出口退税款承继问题

由于企业重组中原纳税（退税）人和进出口收发货人已注销，若其注销前的出口退税事项还未办理完毕，则该重组中的出口退税会涉及重组前的企业的出口退税承继问题。对于企业组织形式变更（如有限公司变为独资企业），由于退税主体发生的变化巨大，在没有文件支撑的情况下，现有的出口退税实践中基本不太可能继承重组前的出口退税事项，即在重组清算前企业报关出口的货物，不太可能由重组后的企业来办理退税。而对合并分立、企业迁移，则有可能继承重组前的退税事项。

根据《国家税务总局关于出口货物劳务增值税和消费税有关问题的公告》（国家税务总局公告 2013 年第 65 号）的规定，因合并、分立、改制重组等原因申请注销退（免）税资格认定的出口企业或其他单位，可在注销企业结清出口退（免）税款前办理退（免）税资格认定注销手续。注销后，注销企业的应退税款由其主管税务机关退还至承继企业账户，如发生需要追缴多退税款的，向承继企业追缴。也就是说，重组后的企业可以承继合并、分立和改制重组前的企业的应退税款。而企业迁移没有产生法律主体的改变，则更有权获取迁移前未完成的退税款。然而，在重组退税的操作实践中需要注意，国家税务总局公告 2013 年第 65 号明确了合并、分立、改制重组等原因导致的应退税款的承继，但没有明确相应的操作规范，在涉及原出口企业注销的合并和分立中，一些地方自行规定的企业迁移中的出口退税款的承继程序或许可以作为参考。在这些地方，允许纳税人迁移后，针对出口退（免）税业务在向所属税务机关提出迁移申请后、迁移手续办结前，由税务机关负责落实分清已退、未退和正在退税流程中的不同情况下的退税资料，根据不同情况选择相应的处理方式；对已审核通过且批获准退税的申报资料，需税款到达企业账户退税办结后，方可办理迁移；其他情况，对已申报尚未退税的资料，经迁入地税务机关将企业变更表情况上报市局进出口处后，由市局进出口处系统管理员统一将迁移企业在退税审核系统中的数据完成迁移后，方可在迁入地税务机关办理退税。

但需要注意的是，在这些地方，虽然明确了企业迁移中退税未结事项的办理程序，但是只允许对还没有申报的退税转移到迁移后的企业中去，对退税已经获批的企业不能迁移，否则迁移后的企业无法办理退税。而企业的出口处于不断的进行过程中，为了保证出口退税款的顺利取得，在迁移前，企业必须主动暂停办理出口退税的申报，否则一旦申报就可能无法办理正常的迁移。当然，目前无论是合并、分立还是企业迁移，都没有全国统一的出口退税操作规范，地方的操作模式在全国能否执行还存在不确定性。

（二）退税主体消失导致的企业重组中的进项税额无法转移问题

对于出口企业而言，保持出口业务的连续性是企业运营的基本要求，在没有事前充分规划的前提下，因企业重组而提前停止正常出口业务的情况相当罕见。在企业重组过程中，更多的企业则是继续维持现有的出口业务。而在出口退税中，退还的实际是增值税的进项税额。因此，重组后存续的企业能否对重组前已出口但未完成退税手续的出口业务最终办理退税，需要重点考虑的一个事项就是重组前出口业务相应的进项税额能否转移到重组后的承继企业。

企业购货认证发票信息转移的不确定性。如前所述，在企业重组中，原注销企业的进项税额可以转入到重组后的承继企业。然而，需要注意，此种情况转入的是进项税额的金额，而非增值税专用发票（或海关进口增值税专用缴款书）信息，重组前的企业为出口而购进货物的增值税专用发票号码（或海关进口增值税专用缴款书）、货物名称、计量单位、金额和税额等无法转人到新企业。而在企业出口退税申报时，这些信息又是必不可少的。在税务机关对企业出口退税的审核中，如果没有重组前企业购货的相关记录，则重组后的企业无法办理重组前企业出口货物的退税。

从现有规则来看，目前还没有相关法规对重组前企业购货信息允许转移到重组后企业的具体操作办法，考虑到国家税务总局公告 2013 年第 65 号允许重组后的企业承继重组前企业的出口退税，在实际操作中，各地税务机关可能摸索出一些可行之路，但这些都取决于出口退税系统支持和税务机关对重组退税承继的宽容程度。

（三）退税主体消失导致的企业重组中的报关单电子信息转移问题

出口退税要求报关单电子信息齐全，如果货物由重组前的企业出口，但是报关单电子信息在重组前的企业注销之前还没有收到，要在重组后的承继企业办理出口退税，则报关单电子信息必须转移到重组后的承继企业，否则重组后承继企业的主管税务机关无法接收来自中国电子口岸的相关出口信息，无法为承继企业办理出口退税与增值税进项税额转移。和外贸出口企业购货信息转移不同的是，出口报关单电子信息的转移在现阶段几乎是不可能的事情。企业出口的货物报关出口后，报关单电子信息将由海关部门传递到中国电子口岸，由企业确认后，中国电子口岸再将信息传递给国家税务总局，最后由国家税务总局将出口信息清分到各地税务机关。由于这一信息传递过程不是即时的，因此，对持续经营出口业务的企业而言，如果因为重组而注销了原出口企业，在原企业出口的货物，其报关单电子信息只会传递给重组前的企业。而在重组后，承继企业在对原重组前企业未申报的出口报关明细提出退税申请时，将会出现无法在电子口岸中查找到相关出口信息，而国家税务总局又不能将原企业的出口信息传递给重组后的承继企业，最终重组后的承继企业在办理出口退税时，无法获取重组前企业在注销前所出口的货物出口报关信息，导致重组后的承继企业无法办理该货物的出口货物退税。

三、出口退运中的出口退税问题

在企业的日常经营中，经常出现企业出口的货物由于质量、规格等不符合境外客户要求而退货的现象。在现有的海关法规下，这种退货可能衍生出“出口退运”“一般贸易方式回购”“修理物品”等多种方式。然而，退货方式的不同，决定了海关对该退货处理的税收差异，进而会导致出口退税的处理差异。

（一）海关对出口退运的税务处理

《海关进出口货物征税管理办法》第五十七条规定，因品质或者规格原因，出口货物自出口放行之日起1年内原状退货复运进境的，纳税义务人在办理进口申报手续时，应当按照规定提交有关单证和证明文件。经海关确认后，对复运进境的原出口货物不予征收进口关税和进口环节海关代征税。也就是说，办理海关上的退运需要满足以下三个条件：

1. 品质或规则原因。目前没有文件规定出口货物因品质问题退运时需要提供相关检测机构的报告，但在实践中，不少海关出于对“品质问题”的判定，通常需要购买方提供由第三方检测机构出具的质量检测报告，或销售方通过商检等部门出具的书面报告，以证实出口货物的质量与相应出口合同中规定的货物质量标准不同，在此类情况下，还涉及向商检及海关对退货的解释工作。

2. 1年之内退运。在此种情况下，退运进口到港日期距出口报关单上显示出口日期应在1年之内，如超过此日期，则不能采取退运的方式，也不能在退回时免征进口关税和增值税。

3. 原状入境。无论是全部还是部分退运，均要求原状入境，原状不仅指物体形态，也包含退运时的发票、合同单价、箱单、提单上的品名、型号等数据和出口时的一致。退运时要尽量保持原退运货物包装的完整性，至少要保留原产地证书，以获得海关对退运的认可。

根据《海关总署、国家税务总局关于加强协调配合严格出口退税报关单管理和加强防伪鉴别措施的联合通知》（署监〔1996〕32号）的规定，出口企业将货物报关实际离境出口后，因故发生退运情况，凡海关已签发出口退税报关单的，出口企业须出具主管其出口退税的地（市）国家税务局签发的《出口商品退运已补税证明》，海关方能办理退运手续。

因此，对于此类退运，需要由企业到税务机关申请开具《出口货物退运已补税（未退税）证明》，凭此证明、相关质量检测不合格的报告、进口发票、提单、原出口报关单等向海关办理退运手续。

（二）税务机关对出口退运的税务处理

境内企业出口货物后，已经办理相关出口退税手续的，由于货物退运，该批货物并没有真正出口到境外，因此涉及原已经退还的出口退税的处理。

企业出口货物发生退运的，需在出口退税申报系统进行退运证明录入，生成电子数据，持纸质退运已补税（未退税）证明申请表等资料去主管税务机关申请开具《出口货物退运已补税（未退税）证明》，并携其到海关申请办理出口货物退运手续。企业发生退运，已申报退税的，需先补税，未申报退税的，不需补税。

四、出口退税中的其他问题

（一）已退税改为免税的处理

《国家税务总局关于出口企业申报出口货物退（免）税提供收汇资料有关问题的

公告》（国家税务总局公告2013年第30号，以下简称“30号公告”）规定，对于此类情况，不采取直接缴回出口退税的方式，而是在确定免税的次月的增值税纳税申报期，对原已经申报的出口退税，由出口企业用负数申报冲减原退（免）税申报数据，并按现行会计制度的有关规定进行相应调整，出口企业当期退税额不足冲减的，应补缴差额部分的税款。

（二）申报出口退税敏感期注意事项

根据《国家税务总局关于发布〈出口货物劳务增值税和消费税管理办法〉的公告》（国家税务总局公告2012年第24号，以下简称“24号公告”）规定：出口企业应在货物报关出口之日次月起至次年4月30日前的各增值税纳税申报期内，收齐有关凭证（无纸化申报除外，下同）和信息，向主管税务机关申报办理出口货物增值税退（免）税及消费税退税。经主管税务机关批准的，在增值税纳税申报期以外的其他时间也可办理退（免）税申报。同时，《国家税务总局关于〈出口货物劳务增值税和消费税管理办法〉有关问题的公告》（国家税务总局公告2013年第12号，以下简称“12号公告”）规定，出口企业或其他单位出口并按会计规定销售的货物，须在销售的次月进行增值税纳税申报，逾期后企业不得申报退（免）税。

（三）丢失增值税专用发票办理出口退税的处理

根据《国家税务总局关于发布〈出口货物劳务增值税和消费税管理办法〉的公告》（国家税务总局公告2012年第24号）第八条规定：出口企业和其他单位购进出口货物劳务取得的增值税专用发票，应按规定办理增值税专用发票的认证手续。进项税额已计算抵扣的增值税专用发票，不得在申报退（免）税时提供。出口企业和其他单位丢失增值税专用发票的发票联和抵扣联的，经认证相符后，可凭增值税专用发票记账联复印件及销售方所在地主管税务机关出具的丢失增值税专用发票已报税证明单，向主管税务机关申报退（免）税。出口企业和其他单位丢失增值税专用发票抵扣联的，在增值税专用发票认证相符后，可凭增值税专用发票的发票联复印件向主管出口退税的税务机关申报退（免）税。

（四）分公司办理货物出口退税的规定

要办理出口退税，通常退税单位需要取得自己出口货物的报关单电子信息。因此，在总公司和分公司同时以各自名义出口时，分公司和总公司必须具有不同的海关注册登记编码，否则分公司出口的货物报关单信息无法由分公司查询到。但根据关于实施《中华人民共和国海关对报关单位注册登记管理规定》（海关总署公告2005年第18号）第九条的规定：进出口货物收发货人的分支机构无论其是否取得“对外贸易经营者备案登记表”，都不能在海关办理注册登记。若分支机构需要报关，应使用总公司的注册登记编码。也就是说，分公司通常无法以自己的名义出口货物，其出口行为只能以总公司的名义进行，这样报关单的信息将传递给总公司，而分公司由于无法接收到报关单电子信息，将无法办理出口退税。

然而，要注意到，报关单电子信息传递到出口单位并非退税的必要条件，在代理出口的情况下，出口单位并不会直接接收到报关单电子信息，但出口单位可以办理出口退税。而在出口退税实践中，一些分公司是可以取得海关单独的注册登记编码的，自然也可以自己出口货物并相应接收到报关单信息以办理出口退税。此外，分公司也可以向税务机关提出特殊申请，办理出口货物退税。

（五）其他情形

在出口业务过程中，由于没有出口经营权或其他原因，以第三方名义办理的出口，应做好事前规划，防止“被退税”。

在出口业务中，为防范税务风险，要确保海运流、发货流、发票的一致。

在出口业务退税过程中，对于委托代退税，应进行不定期的检查和认真核对，防范在受托方不按规定操作下带来的税务风险。

在出口业务退税过程中，对联合体名义进行出口的，由于没有在中国注册登记，退税存在一定的困难。

第四节　境外工程出口业务税务规划

一、出口退税规划注意事项

出口退税政策是国家进行宏观调控的一个重要手段，近年来出口退税政策频繁变化，出口退税率也多次调整，也说明了国家现非常重视出口退税对经济发展的影响，出口退税率不可能大幅度地降低，因为那样将给我们国家长期稳定发展的出口贸易带来不利影响，所以采取的是选择性的降低出口退税率。虽然出口退税政策不断的变化是有原因的，但是短时间内大量的修改和变动对企业会产生很大的不利影响，会使企业感到无所适从。在这种情况下，企业可以通过税收规划，将国家优惠政策与税收规划手段结合起来，对未来税收政策的走向进行预测，在合法的范围内，制订灵活、有效的税收规划方案，给企业带来更多的利益，以维持企业的生存发展。当然，出口退税税收规划的方法远不止以上所叙述的内容，但是无论哪一种方式，纳税人都应该配合税务机关做好登记、备查等工作，同时也要及时收集完整出口退税的单证，在合法的范围内操作，在不损害国家利益的前提下，为企业的收益努力。

对于出口物资要按照国家海关总署发布的《商品综合分类表》中的商品编码进行正确的归类，并进行报检报关，不要出现商品归类错误，如将原来高出口退税率的物资，在报关时归类成低出口退税率的商品编码，从而造成出口退税税款的损失。

（一）做好退税基础性工作

搞好出口退税，基础工作很重要。出口退税的核心是“一票一单”，即增值税专用发票、出口货物报关单。这两个凭证的基本信息如增值税发票抬头、纳税人识别号、设备名称、数量、单位等应严格保持一致。具体措施如下：

1. 严格审核供货商。在签订出口货物的国内采购合同时，应首先明确供货商的性质，并且在合同中明确规定供货商应提供准确的增值税专用发票。如果不能提供或开票错误给企业造成损失的，必须从合同价款中扣除相应的应退税额，以弥补企业的损失。

2. 及时提供准确有效的开票信息。增值税专用发票由供货商办理，为了使供货商能及时准确地开具，企业必须及时、准确地提供发票抬头、纳税人识别号、货物信息尤其是单位报关时必须使用的法定单位信息，为了与增值税专用发票上的货物单位保持一致，企业应及时确定货物的报关单位，否则供货商在开票时非常容易出错。

3. 审核退税资料。接到供货商递交的增值税专用发票时应严格核实相关信息的准确性，只有准确无误的凭证才能顺利退税，如果信息有误则必须退回修改。

（二）做好货物发运后的退税凭证整理工作

货物发运后企业应对各种退税凭证进行收集、整理、核对，将有误的凭证及时进行修改，对没开出增值税专用发票的供货商进行催开。

企业对有关退税凭证的审核内容有：

1. 检查增值税专用发票上的购货单位名称、纳税人识别号、银行账号等项目是否与退税申报企业相符。

2. 检查增值税专用发票的票面内容、版式种类、版本号及防伪标记是否正确。

3. 检查由防伪税控开具的增值税专用发票，是否经防伪税控系统认证。

4. 检查报关单是否为黄色的盖有海关验讫章的“出口退税专用联”，以及报关单的出口数量、销售金额与企业申报数是否一致，报关的价格与价值有无明显的偏离。检查报关单上出口商品的计量单位与企业申报出口货物计量单位是否一致。

二、合理分割报关

国际工程承包项下出口货物多采用集中发运的方式进行，由于货物量大、货杂，出口报关时往往不能够采用一票报关单进行申报，这时需要按照发运货物的金额和凭证准备情况对报关单进行分割。报关单的分割也得遵循一定的技巧，分割得当的报关单不仅有利于企业出口退税工作的进行，而且可以加快货物的通关速度。

报关人员在整理报关资料时应主要从凭证和金额两个方面入手，对报关单进行合理的分割。

从凭证方面分割报关单时应遵循的原则有：

1. 将已正确开立增值税专用发票的货物列在同一票报关单上；

2. 将已开立增值税专用发票但信息有误，退回修改的货物列在同一票报关单上；

3. 将经过与供货商联系，确定能开立增值税专用发票的货物列在同一票报关单上；

4. 将确定不能开立增值税专用发票货物列在一票报关单上。

从报关单金额方面分割时应遵循的原则是：切忌整批货物使用一票报关单出口，根据该批货物的价值，合理均匀地分割报关单金额。如一批 2 000 万美元的货物，通常可分为 10 票报关单进行申报，将每票报关单的金额确定在 200 万美元左右比较合适。

三、利用选择供货商进行税收规划

企业从小规模纳税人购入准许退税的货物，不会产生企业额外的自负税款。从一般纳税人购入的货物由于征税率和退税率的不同，就会产生税率差导致的自负税款。因此当企业可以在小规模纳税人企业找寻到有相同质量、符合规格的货物，而且货物不含税价格相等或者是高出的金额小于向一般纳税人购入时的自负税款，在这样的情况下，建议选择向小规模纳税人购进货物。

四、发票与报关单匹配

根据《国家税务总局关于〈出口货物劳务增值税和消费税管理办法〉有关问题的公告》（国家税务总局公告 2013 年第 12 号）第二条第五项规定：2013 年 5 月 1 日以后报关出口的货物（以出口货物报关单上的出口日期为准），除下款规定以外，出口企业或其他单位申报出口退（免）税提供的出口货物报关单上的第一计量单位、第二计量单位，及出口企业申报的计量单位，至少有一个应同与其匹配的增值税专用发票上的计量单位相符，且上述出口货物报关单、增值税专用发票上的商品名称须相符，否则不得申报出口退（免）税。如属同一货物的多种零部件需要合并报关为同一商品名称的，企业应将出口货物报关单、增值税专用发票上不同商品名称的相关性及不同计量单位的折算标准向主管税务机关书面报告，经主管税务机关确认后，可申报退（免）税。

“一带一路”建筑施工企业在出口报关时要结合税务总局规定，做好报关规划，避免损失。

第五节 境外工程出口业务税务案例

一、中国境内出口退税管理

A建筑施工企业集团积极响应国家“一带一路”倡议，践行“走出去”战略，深耕境外建筑市场，201×年在甲国以集团公司名义，以EPC总承包方式承揽了一批工程项目。

截至2018年6月，A建筑施工企业围绕工程物资境外采购，共完成六个批次出口退税，退税金额1 630.79万元人民币，占出口货值10.06%，为项目创效发挥了作用。基本做法如下：

1. 贸易结算方法的选择。国际上通用的贸易结算方法有离岸价（FOB）、到岸价（CIF）和保税区价（CIP）核算模式。

A建筑施工企业以国内集团公司名义采购出口，自行报关，完成出口退税工作，将税款退入集团账户。按照与海运公司签订的货物门对门物流服务合同，将海上运输由海运公司完成，降低海运过程风险。到港后以业主单位名义办理免税清关，加快清关进程，降低货物滞港风险。

2. 办理货物报关出口。由于境外EPC项目的特点，采购（P）阶段的工作相当复杂，尤其是机场、供水项目，开工以来已有19类1 553项，1万多个品种生活办公物资、12类214台（套）通用设备的采购。由于工程物资种类繁多，供应商提供的货物名称无法与海关关税表匹配，海关部门经常以此拒绝货物的装箱发运，出口的货物需分门别类统一归纳后报关。

在集港货物经分门别类与检验检疫验收合格后、装箱、集港报关发运后，采购负责人根据合同、报关单及装箱清单明细督促供应商开具增值税专用发票，准备办理货物出口退税的工作。

3. 办理出口退税准备工作。

（1）将发票和报关单、采购合同一一对应，核对报关单上货物品名、销售单位、出口单位、合同金额等信息与报关单、采购合同是否一致，由于报关单上货币单位为美元，增值税发票货币单位是人民币，通常需要按照提供箱单发票当日汇率换算成人民币进行核算。对于不符合出口退税规定的发票要退回原开票单位重新按要求开具增值税专用发票。

（2）由采购部门报关员、采购人员负责完善报关单、增值税专用发票、移交清单汇总表。移交清单主要包括：报关单号码、发票号码、发票代码、开票日期、购买方信息、货物名称、单位、数量、税率、金额（发票不含税金额、税额）、销售方信息、二联增值税专用发票及发票份数。

（3）财务部门逐一核对发票与发票移交清单汇总表，确保所有信息正确无误。

4. 办理出口退税工作。

（1）财务部门对于所有的符合出口退税条件的增值税专用发票进行登记并办理发票认证工作。

（2）在发票认证无误后，将报关单、增值税发票抵扣联、报关单出口退税发票移交清单汇总表一并移交集团公司税务科负责出口退税人员，移交清单双方签字确认后各留存一份。

（3）委托退税专员完成出口退税工作后，出口退税款直接汇到集团公司指定银行账户。出口报关报检流程见图5－4。

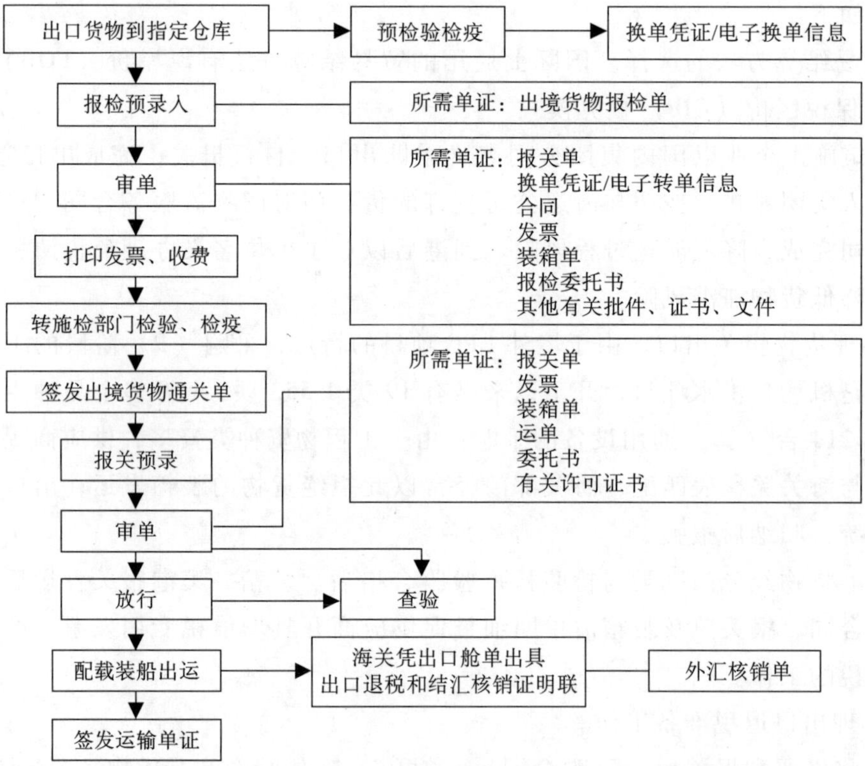

图5－4 出口报关报检流程

二、海洋物流运输管理

1. 海洋船舶类型的选择。一般情况，中国境内发往甲国的海洋船舶中，分为集装箱船舶和散杂货配船舶两种。集装箱船舶每周有固定的船期，散杂货配发船没有固定时间，一个月甚至两个月才会有一艘船舶前往甲国。海运时间也不固定，发船后一个月甚至两个月才能到达甲国港口。在境外项目施工中，工期是影响项目成本的关键因素，货运时间也就显得尤其重要。对项目工期有重大影响的货物，能装进集装箱的，全部采用集装箱发运，缩短发运时间，为项目锁定工期，节省成本。

2. 始发港口、目的港口选择。国内发运物资主要由青岛、天津、上海及黄埔四个港口发运，目的港为甲1港、甲2港、甲3港、甲4港、乙国A港。由于始发港口较多且分散，就需要根据货物产地分布情况就近选择最优港口进行发运，以降低门对门服务陆运成本。

目的港之一的甲1港口是全球最为复杂的海滨浅水港之一。雨季浪高，旱季管涌暗流涌动。大型集装箱船舶无法靠近码头，小型驳船受暗流管涌影响，无法靠岸。此外，在满足自然条件情况下，甲3港口仅能同时提供2个泊位停靠船舶卸货，码头每年仅有约120天作业时间，处理货物装卸的能力非常低，有些集装箱货物滞港时间长达130天。基于此现状，我们通过对比分析，考察了临近××项目施工现场的乙国A港口，经过费用测算、海上航行、清关、运到工地时间的对比，乙国A港口各项指标均优于甲国各港口，最终将国内货物发运至乙国A港转关，有效地降低了项目工程成本，缩短了材料采购时间。

3. 订舱、提箱、装箱流程。海洋运输物资依据货物的体积和重量对比，孰高者取高值计算海运费用预配集装箱的数量，然后确定舱位，从船务公司提前把集装箱提取出来。在发运前5日内完成全部货物的集港及装箱，否则就会延期至下一期发运。

4. 报关、查验、放行、装船流程。完成装箱后，由货代审核完报关资料递交海关相关部门进行审核放单，然后把集装箱送往海关监管区，等待海关查验，放行后送往港口待装区域等待装船。

三、合理选择业务主体进行税务规划

在境外所在国进口环节，不仅可以以承包商名义进口货物，征得业主同意后，也可采用变更进口主体方式，以业主名义进口并进行税务规划。

（一）货物进口主体的选择

A公司201×年与甲国交通部签订了某机场总承包合同。合同总金额为4 500万美元，其中需要自境外采购的通导设备、弱电设备、暖通设备、行李安检设备总金额为1 300万美元，剩余3 200万美元为安装和土建工程。以上需进口设备关税平均水平为20%。

根据甲国政府2014年修订版《海关编码》规定，甲国用于公共工程的物资进口可以办理免税，承包方对用于公共民生工程采购的货物可以以发包方的名义进口，享受免税待遇。这就为公司境外采购带来两种选择，一是自行进口；二是以发包方名义进行境外采购。若以发包方名义采购，虽可享受免关税优惠待遇，但因购货发票跨法人主体，按照当地准则，此部分合同价值不能确认收入和成本；若自行采购，则需按合同总价进行收入和成本核算。两种方案税务结果对比如下：

方案一：自行进口，按合同总价办理工程结算。

每月按照现场完工进度与业主进行计量，最终计量金额为4 500万美元。根据甲国税法规定，总包方应在完成计量和收到业主拨款时按收款额的6.5%预交工业税，即中国的企业所得税，并在年度末汇算清缴。汇算清缴时超交税款的，可在今后5年内抵消。实操过程中，很少有企业能够退回多交的税款。因此，第一，工业税税负可按合同价4 500万美元和6.5%进行预估，计292.5万美元。第二，印花税按结算价的1%缴纳，计45万美元。第三，材料设备进口关税按平均20%税率估算为260万美元。以上三项合计，企业围绕本项目实际税负为597.5万美元。这里没有考虑其他一些零星税费，比如围绕项目施工租赁房屋发生的房产税。

方案二：委托业主进口，按进口货物和其他工程分别办理工程决算，按照半口径核算境外账。

将1 300万美元设备、材料以业主名义进口并办理免税清关，可节省关税260万美元。同时，企业外文账不做全口径核算，仅按剩余合同额3 200万美元核算收入，预估应缴纳工业税208万美元；印花税金额也因收入金额减少而少缴，仅需缴纳32万美元。以上两项合计，项目实际税负约240万美元。

对比以上纳税结果，较规划前节约税费357.5万美元，占合同总金额的7.94%。

（二）清关操作流程

1. 代理清关行的选择。清关工作需根据货物类型、轻重缓急以及目的港卸货能力，把握进口清关途径，研究甲国有关政策，选择不同的物流和清关代理行。进口清关工作通常委托清关行办理，进口商只需根据清关行要求，提供相应的进口报关资料即可。因此，选择品牌和口碑佳、清关能力强的代理清关行至关重要。在甲国，还需充分考虑清关行与海关、与业主的关系。口碑实力俱佳的清关行，往往代理费略高，具体需要双方洽谈。

2. 办理免税清关。具体做法是将相关资料依次递交给业主、税务局审核，由税务局出具免税文件。再将业主和税务局出具的免税证明文件递交给海关后进行免税清关。除正常的港杂费、装卸费、文件费等费用外，无其他费用。

四、设备物资进出口费用预控管理

进出口货物缴纳费用分为始发港和目的港两大类。始发港发生的费用包括海运、订舱、装箱、报关、查验、商检等18项费用。该类费用标准相对透明，一般经报价对比即可有效控制，由船运公司收取。目的港发生的费用分别由海运公司、海关、港务、船务公司四家单位直接收取或代收代缴，共由十大项费用构成。其中八项属于固定费用、照章缴纳，具体包括关税、服务费、通讯费、保险费、EP17、打孔费、许可证费和清关代理费。其中海关又包括进口税、印花税及海关佣金，是按照货值及规定的关税税率计算缴纳，由海运公司代收代交。海运公司直接收取的费用为海运费，根据双方合同约定支付。

第六章
境内抵免税务实务与规划

随着国家“一带一路”倡议的稳步推进以及我国企业境外投资日益增加，企业境外所得的境内所得税抵免问题（以下简称境内抵免）已经成为“走出去”建筑施工企业的重要关注点。根据最新政策规定，对我国居民企业分回境内符合条件的境外所得，在分国（地区）别不分项抵免方法的基础上，增加不分国（地区）不分项的综合抵免方法，并由三级抵免扩大至五级抵免。同时，针对“走出去”企业在境外采取总分包或联合体形式承包工程，可以将总承包企业或联合体主导方企业开具的《境外承包工程项目完税凭证分割单》作为境外所得完税证明或纳税凭证进行税收抵免，该政策有效解决了因实施主体不一致所引发的无法抵免难题。本章将对企业境外所得的境内所得税抵免政策和抵免税务实务进行介绍，通过合法前提下的税务规划，为我国“走出去”建筑施工企业所得税境内抵免及重复纳税问题提供有益借鉴和参考。

第一节　境内抵免业务基本情况

一、境内抵免业务背景介绍

（一）国际重复征税问题简析

国际税收中有三种基本的税收管辖权，即居民管辖权、公民管辖权和地域管辖权。

多数国家（地区）选择双重管辖权，即同时运用居民管辖权和地域管辖权。对本国居民运用居民管辖权，对其来源于境内、境外的所得征税。对本国非居民则行使来源地管辖权，仅对其来源于该国境内的所得征税。双重管辖权必然会导致对同一纳税人或不同纳税人的同一课税对象进行重复征税，增加了纳税的税负，从而限制了资本、技术等要素的国际流动。在国际税收实践中，多数国家（地区）对居民纳税人的境外所得采用抵免法消除国际重复征税，具体来说，是指对纳税人来源于境内外的全部所得课征所得税时，允许以其在境外缴纳的所得税税款全部或部分抵免境内企业应纳税款。我国也采用该方法消除国际重复征税，对居民企业境外所得给予税收抵免，一方面有助于消除国际重复征税；另一方面也有利于促进本国企业“走出去”，开拓国际市场，增强本国企业国际竞争力。

（二）避免国际重复征税基本方法

1. 扣除法。扣除法是一国政府对本国居民的境外所得征税时，允许其将该所得负担的境外税款作为费用从应税境外所得中扣除，仅对扣除后的余额征税。但是以扣除法避免国际重复征税的效果并不理想，因为居民在境外的实际净收入是已经纳过税的税后收入，理论上讲这部分收入不应该再次被征税，否则就造成了一笔所得两次纳税。从这个意义上讲，扣除法仅仅是缓和了重复征税的程度。尽管扣除法对跨国纳税人有一定吸引力，即将境外已纳税款作为费用扣除本身，意味着费用范围的扩大。

由于扣除法不能彻底解决国际重复征税问题，而且它不鼓励居住国的纳税人对外投资，所以不主张在国与国之间签订的双重功能征税协定中采扣除法解决国际重复征税问题。

2. 减免法。减免法又称低税率法，即一国对本国居民的境外所得在标准税率的基础上减免一定比例，按比较低的税率征税；对其境内所得按照正常的标准税率征税。减免法能在一定程度上减轻重复征税，但是仍然不能免除国际重复征税。

3. 免税法。免税法是指一国政府对本国居民的境外所得全部或部分免予征税，可以分为全部免税法和累进免税法两种。全部免税法是指一国政府对本国居民的境外所得不予征税，并且在确定对其境内所得征税的税率时也不考虑这笔免予征税的境外所得。累进免税法是指一国政府对本国居民的境外所得不予征税，但在确定对其境内所得征税的税率时要将这笔免予征税的境外所得与境内所得汇总一并考虑。全部免税法能够彻底消除国际重复征税，但其建立在居住国放弃对居民境外所得征税权的基础上，不利于兼顾来源国、居住国的实际利益，同时与公平原则不符，故实践中较少采用，主要是一些“避税天堂”的国家和地区在采用。

4. 抵免法。抵免法是指一国政府在对本国居民境外所得征税时，准许其将在境外已向外国政府缴纳的所得税税款，从应向本国缴纳的所得税税款中扣除，从而实际征收的税款只为该居民应纳本国税款与已纳外国税款的差额，以达到避免重复课税的目的。由于抵免法既承认所得来源国的优先征税地位，又不要求居住国完全放弃对本国居民境外所得的征税权，所以它有利于维护各国的税收权益。但是，抵免法对本国跨国公司的海外投资特别是高税率国家（地区）的跨国公司有很大的抑制作用。尤其是在全球经济一体化的条件下，跨国公司之间的竞争异常激烈，抵免法会迫使跨国公司把总部搬到低税率国家（地区）。因此，越来越多的国家（地区）已经或正在准备放弃抵免法，转而实行免税法。尽管如此，就世界范围来看，抵免法的使用还是相当普遍的。① 此外，目前《经合组织范本》和《联合国范本》都将抵免法列为已签订了税收协定的国家（地区）可选的避免双重征税的一种方法。目前，我国无论是境内税法还是对外谈签的税收协定都采用抵免法来解决跨国所得的双重征税问题。

目前，我国对企业和个人境外税收主要采用抵免法。下面将从境内抵免政策和实务进行详细论述。

二、现行境内抵免政策解析

（一）企业所得税境内抵免政策

近年来，我国陆续出台了多个税收文件对企业所得税境内抵免政策进行了规范与明确，对于鼓励我国企业"走出去"起到了积极作用（见表6-1）。尤其是随着国家"一带一路"倡议的实施以及我国企业境外投资日益增加，国家税务机关在完善境外所得税抵免政策的税收征管方面采取了更为积极的税收支持措施，一定程度上减轻了纳税人负担，消除了"走出去"企业的后顾之忧，为"走出去"企业营造了更加良好的政策环境。

表6-1　　企业境外所得税抵免政策一览表

法律法规	条文	主要内容解读
《企业所得税法》	第十七条	境外营业机构的亏损不得抵减境内营业机构盈利
	第二十三条	居民企业来源于中国境外的应税所得已在境外缴纳的所得税税额，可以从其当期应纳税额中限额抵免，超过抵免限额的余额部分可在5年之内弥补
	第二十四条	居民企业从其直接或者间接控制的外国企业分得的来源于中国境外的股息、红利等权益性投资收益，外国企业在境外实际缴纳的所得税税额中属于该项所得负担的部分，可以作为该居民企业的可抵免境外所得税税额

① 朱青：《国际税收》第九版，中国人民大学出版社2018年版，第72页。

续表

法律法规	条文	主要内容解读
《企业所得税法实施条例》	第七条	规定了如何判断中国境内、境外所得来源地的原则
	第七十七条	已在境外缴纳的所得税税额是指企业来源于中国境外的所得依照中国境外税收法律以及相关规定应当缴纳并已实际缴纳的企业所得税性质的税款
	第七十八条	规定了分国（地区）不分项的抵免计算原则，列示了抵免限额的计算公式
	第七十九条	解释了企业所得税法第二十三条中5年弥补期间的起算时点
	第八十条	规定了居民企业直接控制和间接控制外国企业的最低持股比例不得低于20%
	第八十一条	企业依法抵免企业所得税税额，需要提供中国境外税务机关出具的税款所属年度的有关纳税凭证
政策文号	主要内容解读	
《关于企业境外所得税收抵免有关问题的通知》（财税〔2009〕125号）	对企业取得境外所得计征企业所得税时抵免境外已纳或负担所得税额的境外所得税税额、抵免限额、境外应纳税所得额、可抵免境外所得税税额、境外所得间接负担的税额进行税收抵免、税收协定减免、简易方法抵免等有关问题进行了明确	
《企业境外所得税抵免操作指南》（国家税务总局公告2010年第1号）	根据企业所得税法及实施条例、财税〔2009〕125号有关规定，详细规定了企业境外所得抵免各项政策要求（但需要注意的是，该操作指南中废除了第22项条款中“经企业主管税务机关确认”内容）	
《关于企业境外承包工程税收抵免凭证有关问题的公告》（国家税务总局公告2017年第41号）	明确了企业以总分包或联合体方式在境外实施工程项目，其来源于境外所得已在境外缴纳的企业所得税税额，可以总承包企业或联合体主导方企业开具的《境外承包工程项目完税凭证分割单》作为境外所得完税证明或纳税凭证进行税收抵免	
《关于完善企业境外所得税收抵免政策问题的通知》（财税〔2017〕84号）	明确了企业对境外投资所得可以自行选择分国（地区）别不分项抵免方法（以下简称分国抵免法）或不分国（地区）别不分项的综合抵免方法（以下简称综合抵免法），一经选择，5年内不得改变。同时，扩大境外所得税收抵免层级，将抵免层级由三层扩大至五层	

1. 可抵免所得范围。依据企业所得税法相关规定，可抵免境外所得的范围主要包括两类：一类是直接所得；另一类是间接所得。

（1）直接所得是指境内企业单位或其境外分支机构直接来源于境外的所有所得，含日常经营性所得、投资性所得以及其他非经营性营业外所得等。

（2）间接所得是指居民企业从其直接或者间接控制的外国企业分得的来源于中国境外的股息、红利等权益性投资收益。但是我们需要注意，并不是所得有间接所得均可以在境内办理所得税抵免，必须是来源于符合财税〔2009〕125号文和财税〔2017〕84号文中规定的境内企业单位或其境外分支机构持股条件的境外企业单位的股息、红利等权益性投资收益等税后所得才可以办理抵免。应满足的持股条件主要有两点：一是境内企业对外国企业持股的层级不得超过五层；二是最终持股比例和每一层持股比例均不得低于 20%。

2. 可抵免所得税税额。可抵免境外所得税税额，是指企业来源于中国境外的所得依照中国境外税收法律以及相关规定应当缴纳并已实际缴纳的企业所得税性质的税款，而不拘泥于名称。在不同的国家（地区），对于企业所得税的称呼有着不同的表述，如法人所得税、公司所得税等。判定是否属于企业所得税性质的税额，主要看其是否是针对企业净所得征收的税额。实践中，可以结合税收协定中企业所得税税种、对方企业提供的对方国家（地区）相关税法等渠道来判断。例如，中国企业在某境外国家（地区）缴纳的货劳税，属于非企业所得税性质的税款，不允许在境内抵免。

不可作为可抵扣境外所得税税额的情形有以下几种：

（1）按照境外所得税法律及相关规定属于错缴或错征的境外所得税税款。企业应向境外税务机关申请予以退还，而不应作为境外已交税额向中国申请抵免企业所得税。

（2）按照税收协定规定不应征收的境外所得税税款。企业应向征税国家（地区）申请退还不应征收的税额；该项税额还应包括，企业就境外所得在来源国纳税时适用税率高于税收协定限定税率所多缴纳的所得税税额。

（3）因少缴或迟缴境外所得税而追加的利息、滞纳金或罚款。

（4）境外所得税纳税人或者其利害关系人从境外征税主体得到实际返还或补偿的境外所得税税款。如果有关国家（地区）为了实现特定目标而规定不同形式和程度的税收优惠，并采取征收后由政府予以返还或补偿方式退还的已缴税额，对此，企业应从其境外所得可抵免税额中剔除该相应部分。

（5）按照我国企业所得税法及其实施条例规定，已经免征我国企业所得税的境外所得负担的境外所得税税款。如果我国税收法律法规做出对某项境外所得给予免税优惠规定，企业取得免征我国企业所得税的境外所得的，该项所得的应纳税所得额及其缴纳的境外所得税额均应从计算境外所得税额抵免的境外应纳税所得额和境外已纳税额中减除。

（6）按照国务院财政、税务主管部门有关规定已经从企业境外应纳税所得额中扣除的境外所得税税款。如果我国税法规定就一项境外所得的已纳所得税额仅作为费用从该项境外所得额中扣除的，就该项所得及其缴纳的境外所得税额不应再纳入境外税额抵免计算。

3. 境外所得抵免方式。在对境外所得进行抵免时，对来源于境外的不同类型的所得，需要采取不同的方式来进行税收抵免的计算（详见表 6-2）。具体来说，根据所得类型及其他因素，可以将境外所得的税收抵免分为直接抵免、间接抵免和税收饶让抵免三种方式。

（1）直接抵免。企业直接作为纳税人就其境外所得在境外缴纳的所得税额在我国应纳税额中抵免。直接抵免主要适用于企业就来源于境外的营业利润所得在境外所缴纳的企业所得税，以及就来源于或发生于境外的股息、红利等权益性投资所得、利息、租金、特许权使用费、财产转让等所得在境外被源泉扣缴的预提所得税。

（2）间接抵免。境外企业就分配股息前的利润缴纳的外国所得税额中由我国居民企业就该项分得的股息性质的所得间接负担的部分，在我国的应纳税额中抵免。

（3）税收饶让抵免。在税收协定存在税收饶让条款情形下，企业因在对方国家（地区）享受税收优惠而减免的企业所得税性质的税金，在中国境内视同已在境外实际缴纳的税款办理税收抵免。

表 6-2　境外所得抵免相关政策规定一览表

抵免方式	涉及的企业实体	可抵免所得税税额范围	实际抵免所得税
直接抵免	境外分公司及常设机构	企业就来源于境外的营业利润所得在境外实际缴纳的企业所得税	以境外分公司或境内企业名义缴纳的境外企业所得税
	向境外提供服务但不构成常设机构	企业就来源于或发生于境外的股息、红利等权益性投资所得、利息、租金、特许权使用费、财产转让等所得在境外被源泉扣缴的预提所得税	
间接抵免	境外符合条件的被投资企业	企业从符合持股条件的境外子公司取得的股息、红利等权益性投资收益所得已在境外缴纳的企业所得税中与境内企业取得股息匹配的部分税额	以境外持股公司名义缴纳及间接负担的境外企业所得税
税收饶让抵免	上述三类	在境外享受减免税待遇，在境内视同境外已缴纳税额	减免的上述两类企业所得税

4. 境外所得实际抵免方法。如上文所述，2017 年以前，企业按照《企业所得税法实施条例》《关于企业境外所得税收抵免有关问题的通知》（财税〔2009〕125 号）规定，只能按照“分国抵免法”计算其可抵免境外所得税税额和抵免限额。而财税〔2017〕84 号文件规定，自 2017 年 1 月 1 日起，企业可以自行选择“分国抵免法”或是“综合抵免法”，计算其可抵免境外所得税税额和抵免限额。上述方式一经选择，5 年内不得改变。

（1）分国抵免法。企业是以一个国家（地区）为维度计算可抵免境外所得税额和抵免限额。同一投资架构层级的位于不同国家（地区）之间的企业盈亏不得相互弥补。

（2）综合抵免法。企业是以同一投资架构层级为维度，计算可抵免境外所得税额和抵免限额。位于同一投资架构层级的位于不同国家（地区）之间的企业盈亏是可以相互弥补的。

相对于分国抵免法，综合抵免法更加全面系统地考虑了企业境外投资整体经营情况，有利于平衡不同国家（地区）间盈亏不均、高低税率不同的现实困难，降低企业整体税负。

5. 间接抵免持股比例及层级。我们在上文中提到境外所得中的间接所得抵免必须符合一定的持股比例条件，境内企业才可以进行抵免。自 2017 年 1 月 1 日起，企业在境外取得的股息所得，在按规定计算该企业境外股息、红利所得的可抵免所得税额和抵免限额时，直接或者间接持有 20% 以上股份的外国企业层级，由财税〔2009〕125 号文件规定的三层，调整为五层。

第一层：企业直接持有 20% 以上股份的外国企业；

第二层至第五层：单一第一层外国企业直接持 20% 以上股份，且由单一居民企业直接持有或通过一个或多个符合财税〔2009〕125 号文件第六条规定持股方式的外国企业间接持有总和达到 20% 以上股份的外国企业。

但是，值得注意的是，虽然现行税收政策对间接抵免方式下持有外国企业股权比例有不低于 20% 的规定，在实践中，我们除了关注符合条件的持股比例时，还应关注我国与具体国家（地区）间签署的税收协定中的例外规定。例如《中华人民共和国政府和越南社会主义共和国政府关于对所得避免双重征税和防止偷漏税的协定》第二十三条第二款规定：从越南取得的所得是越南居民公司支付给中国居民公司的股息，同时该中国居民公司拥有支付股息公司股份不少于 10% 的，该项抵免应考虑支付该股息公司就该项所得缴纳的越南税收。根据税收协定优先的适用原则，境内企业持股比例虽然未达到 20% 以上，但仍然可以对该项所得缴纳的越南税收进行抵免。

我们将在"境内抵免实务"章节中对税收协定优先原则做进一步分析。

6. 税收饶让抵免。企业从与我国政府订立税收协定（或安排）的国家（地区）取得的所得，按照该国（地区）税收法律享受了免税或减税待遇，且该免税或减税的数额按照税收协定规定应视同已缴税额在中国的应纳税额中抵免的，该免税或减税数额可作为企业实际缴纳的境外所得税额用于办理税收抵免。

简而言之，企业可以依据税收协定相关免税或减税待遇，将在境外享受的免税或减税待遇视同其作为境外已缴税额在中国的应纳税额中予以抵免。但下列情形除外：

（1）企业对境外所得采用财税〔2009〕125 号文第十条规定的简易办法计算抵免额的，不适用税收饶让抵免；

（2）企业取得的境外所得根据来源国税收法律法规不判定为所在国应税所得，而按中国税收法律法规规定属于应税所得的，不属于税收饶让抵免范畴，应全额按中国税收法律法规规定缴纳企业所得税。

此外，虽然国家税务总局〔2015〕70 号公告将纳税人在使用税收饶让抵免的程序由"企业申请，主管税务机关核准"变更为备案管理，但是考虑税收饶让抵免涉及境外国家（地区）的税收优惠政策等事宜，较为复杂，企业仍需在事前与主管税务机关就饶让抵免做好相应沟通工作，取得税务机关的支持和认可。

7. 简易办法计算抵免。属于以下情形的，经企业申请，主管税务机关核准，可以采取简易办法对境外所得已纳税额计算抵免：

（1）企业从境外取得营业利润所得以及符合境外税额间接抵免条件的股息所得，虽有所得来源国政府机关核发的具有纳税性质的凭证或证明，但因客观原因无法真实、准确地确认应当缴纳并已经实际缴纳的境外所得税税额的，除就该所得直接缴纳及间接负担的税额在所得来源国的实际有效税率低于我国企业所得税法第四条第一款规定税率50%以上的外，可按境外应纳税所得额的12.50%作为抵免限额，企业按该国税务机关或政府机关核发具有纳税性质凭证或证明的金额，其不超过抵免限额的部分，准予抵免；超过的部分不得抵免。

属于本款规定以外的股息、利息、租金、特许权使用费、转让财产等投资性所得，均应按境外所得抵免的其他规定计算境外税额抵免。

（2）企业从境外取得营业利润所得以及符合境外税额间接抵免条件的股息所得，凡就该所得缴纳及间接负担的税额在所得来源国的法定税率且其实际有效税率明显高于我国的，可直接以按规定计算的境外应纳税所得额和我国企业所得税法规定的税率计算的抵免限额作为可抵免的已在境外实际缴纳的企业所得税税额。法定税率明显高于我国的境外所得来源国名单由财政部、国家税务总局公布并根据实际情况适时调整。

属于本款规定以外的股息、利息、租金、特许权使用费、转让财产等投资性所得，均应按境外所得抵免的其他规定计算境外税额抵免。

（二）个人所得税境内抵免政策

尽管越来越多的中国建筑企业在"一带一路"沿线国家和地区中倾向于实施本土化人才策略，但大部分建筑企业现阶段仍普遍采用从境内外派中国雇员方式参与境外公司和项目管理，尤其是技术、管理岗位人才。中境外派员工一方面要依照境内个人所得税法律规定缴纳个人所得税；另一方面，绝大多数情况下，还由于在境外派驻国实际工作逗留时间超过规定时间，或者任职境外机构符合常设机构条件，须向外国税务机关申报缴纳当地个人所得税，从而出现了个人双重征税和回国抵免问题。

下面，我们对与中国建筑企业外派员工相关的个人所得税政策要点进行简要解析。

1. 个人境外所得范围。对个人而言，来源于中国境外的所得不等同于由境外支付的所得，下列包括现金、实物、有价证券和其他形式的经济利益所得，不论支付地点是否在中国境外，均为来源于中国境外的所得：

（1）因任职、受雇、履约等而在中国境外提供劳务取得的所得；

（2）将财产出租给承租人在中国境外使用而取得的所得；

（3）转让中国境外的建筑物、土地使用权等财产或者在中国境外转让其他财产取得的所得；

（4）许可各种特许权在中国境外使用而取得的所得；

(5) 从中国境外的公司、企业以及其他经济组织或者个人取得的利息、股息、红利所得；

(6) 税收法律、法规规定的其他所得。

2. 境内派出企业的法律义务。

(1) 中国境内的企业，凡有外派员工的，无论是否支付或负担其所得，都应在每一公历年度终了后30日内向主管税务机关提供上年度外派人员的基本信息、境内外收入状况及缴纳税收情况，报送《外派人员情况表》和税务机关要求的其他资料。《外派人员情况表》的内容主要包括：外派人员的姓名、身份证或护照号码、职务、派往国家和地区、境外工作单位名称和地址、合同期限、境内外收入状况、境内住所及缴纳税收情况等。

(2) 中国境内企业将其雇员派往境外工作，并支付或负担其所得的，境内派出单位为个人所得税扣缴义务人，外派人员的税款由境内派出单位负责代扣代缴。

扣缴义务人应当在发放工资薪金的次月15日内向其主管税务机关报送纳税申报表以及税务机关要求报送的其他资料，并将税款缴入国库。

3. 外派员工的法律义务。企业外派员工应就其取得的境外所得依法自行申报纳税：境外所得来源于两处以上的；取得境外所得没有扣缴义务人，或者扣缴义务人未按规定扣缴税款的。

(1) 申报期限。自行申报纳税的纳税人，应在取得境外所得的次年3月1日至6月30日内办理个人所得税汇算清缴。

(2) 申报地点。有境内派出单位，向其派出单位所在地的主管税务机关申报。其他纳税人向中国境内户籍所在地主管税务机关申报，在中国境内有户籍，但户籍所在地与中国境内经常居住地不一致的，选择并固定向其中一地主管税务机关申报。在中国境内没有户籍的，向境内经常居住地主管税务机关申报。

(3) 申报方式。按要求应进行境外所得自行申报的，可前往主管税务机关办税服务厅申报，或采用邮寄方式申报。被中国境内派出机构派往境外机构任职、受雇的外派人员，其境外所得由境外机构支付、负担的，可委托其境内派出机构办理纳税申报。

没有境内派出机构的外派员工，可以委托有税务代理资质的中介机构或者他人代为办理纳税申报。需要注意的是，中介机构或其他个人代为办理自行纳税申报时，应附送委托申报协议（合同）。

(4) 申报资料。外派员办理个人所得税自行申报时需报送本人签名的《个人所得税自行纳税申报表》，同时报送个人有效身份证件的复印件（具体申报资料以2018年修订后个人所得税法实施条件及税务机关的通知为准）。

4. 境外个人所得税抵免。根据《中华人民共和国个人所得税法》（2018年第七次修正）第七条规定，居民个人从中国境外取得的所得，可以从其应纳税额中抵免已在境外缴纳的个人所得税税额，但抵免额不得超过该纳税人境外所得依照本法规定计算的应纳税额。

（1）可抵免的境外税额。可抵免的境外税额是指同时满足以下条件的境外税额：从中国境外取得的所得，依照该所得来源国家（地区）的法律应当缴纳并实际已经缴纳的个人所得税款；能提供境外税务机关填发的完税凭证或其他完税证明材料原件。

（2）不得抵免的境外税额。

①按照境外所得税法律及相关规定属于错缴或错征的境外所得税税款；

②按照税收协定规定不应征收的境外所得税税款；

③因少缴或迟缴境外所得税而追加的利息、滞纳金或罚款。

（3）抵免税额的计算。在计算抵免税额前，应按照分国（地区）不分项的原则计算扣除限额。也就是说，扣除限额是该外派员工在同一国家或者地区内取得不同所得项目的应纳税额之和。在境外一个国家或者地区实际已经缴纳的个人所得税税额，低于这个国家或者地区扣除限额的，应当在中国缴纳差额部分的税款；超过该国家或者地区扣除限额的，其超过部分不得在本纳税年度的应纳税额中扣除，但是可以在以后纳税年度的该国家或者地区扣除限额的余额中补扣。补扣期限最长不得超过5年。

个人境外所得境内申报主要分为境内企业代扣代缴和个人自行申报两种类型。实务工作中，比较常见的模式为外派人员至境外单位，工资薪金由境外单位直接支付并负担。基于此种实际情况，很多境内单位仅从未构成代扣代缴义务考虑，未对外派人员个人所得税申报予以重视。但是，我们同时需要注意国税发〔1998〕126号文中“个人所得由境外任职、受雇的中方机构支付、负担的，可委托其境内派出（投资）机构代征税款”条款。该条款可能造成境内派出机构形成实质上的“代扣代缴”义务，各建筑企业应予以重视和防范相应的税收征管风险。

第二节 境内抵免业务税务实务

一、企业所得税境内抵免实务

（一）境内抵免应考虑的有关因素

1. 税法规定。企业境外所得在境内抵免税收，首先需要考虑中国税法有关规定。如前文介绍，目前，我国对境外所得税收抵免政策不断进行了完善。企业可以选择“分国抵免法”［“分国（地区）不分项”］，或者选择“综合抵免法”［“不分国（地区）不分项”］计算其来源于境外的应纳税所得额，并依照企业所得税法及实施条例规定的25%的境内企业所得税税率，分别计算其可抵免境外所得税税额和抵免限额。此外，还要综合企业的实际情况，根据税法规定选择直接抵免、间接抵免、税收饶让抵免或简易方法计算抵免。

2. 境内外企业组织形式。不同的境内企业与境外企业组织形式，对应的境外所得境内抵免方式存在差异。如同一法人实体的总公司与海外分公司、总机构与海外分支机构之间的境外所得抵免只能适用直接抵免，境内企业与境外持股子公司之间的境外所得抵免则采用间接抵免。

3. 境内外税率差异。境内外所得税税率差异也会影响抵免方法的选择。一般情况下，企业经营涉及的境外国家（地区）间税率存在高低不同情形时，如果设立在不同国家（地区）的所属境外企业都实现盈利，原则上应考虑采用综合抵免法对境外所得抵免。因为该方法有利于平衡境外不同国家（地区）间的税负，增加企业可抵免税额，有效降低企业境外所得总体税收负担。如果选择分国抵免法，则有可能低税率国的抵免不足，高税率国出现超限额抵免，企业就要承担较重的总体税负，也会影响企业的实际现金流量。

［**例6－1**］我国某建筑企业2017年境内应纳税所得为1 700万元，适用企业所得税税率为25%；来源于境外A国的营业所得折合人民币100万元，并在A国已实际缴纳当地企业所得税折合人民币30万元；来源于境外B国的特许权使用费200万元，并在B国缴纳预提所得税10万元。

（1）分国抵免法。

中国境内、境外所得应纳税总额＝(1 700＋100＋200)×25%＝500（万元）

A国所得税抵免限额＝500×100÷(1 700＋100＋200)＝25（万元）

B国所得税抵免限额＝500×200÷(1 700＋100＋200)＝50（万元）

境外所得税抵免限额合计＝25＋50＝75（万元）

由于在B国实际缴纳的预提所得税税额为10万元，所以当年可用抵免限额为10万元，抵免后企业应缴纳境内企业所得税税额＝500－25－10＝465（万元）

（2）综合抵免法。

中国境内、境外所得应纳税总额＝(1 700＋100＋200)×25%＝500（万元）

来源于境外所得税抵免限额＝500×(100＋200)÷(1 700＋100＋200)＝75（万元）

而其实际缴纳境外所得税税额（含预提所得税）＝Q30＋10＝40(万元)

没有超过抵免限额,故2017年度来源于境外的抵免额为40万元。

抵免后企业应缴纳境内企业所得税税额＝500－30－10＝460(万元)

由此可见,企业在综合抵免法下的集团税负低于分国抵免法下的集团税负。

4. 境内外盈亏不平衡。我国税法不允许用境外亏损抵减境内企业的利润,《中华人民共和国企业所得税法》第十七条规定:“企业在汇总计算缴纳企业所得税时,其境外营业机构的亏损不得抵减境内营业机构的盈利。”2017 年前,境外不同国家(地区)间的盈亏也不能互补,但根据财税〔2017〕84 号文件,我国已经允许企业选择不分国(地区)不分项计算来源于境外的应纳税所得额,意味着境外不同国家(地区)间的盈亏可以互补。

实践中,建筑企业在不同国家(地区)间经常会出现盈亏不平衡情况,那么如何选择抵免方法则需要综合考虑不同国家(地区)间盈利和亏损金额、所得税税率和境外已实际缴纳所得税税额。总体上看,如果境内盈利,而境外有盈有亏,当期境内、境外应纳税所得额大于零而且境外盈亏互补后应纳税所得额也大于零,综合抵免法下,抵免后当期境内、境外所得实际应纳税税额小于或等于分国抵免法,但是,分国抵免法计算的当期境外所得税抵免限额要大于综合抵免法,而结转以后 5 个年度补抵的抵免限额要小于综合抵免法。如果境外亏损金额未来预期没有来源于同国的盈利弥补,应优先考虑采用综合抵免法,有利于增加后 5 年可抵免境外所得税税额,从而降低未来应支付的所得税税额现金支出。下面举例予以说明。

[例 6 - 2] 我国某建筑企业 2018 年取得境内经营应纳税所得额 500 万元,企业所得税税率 25%;设在境外 A 国的分公司当年取得应税所得折合人民币 2 000 万元,A 国公司所得税税率为 30%;设在境外 B 国的分公司当年发生亏损折合人民币 - 500 万元,B 国公司所得税税率为 20%;设在境外 C 国的分公司当年取得应税所得折合人民币1 000 万元,C 国公司所得税税率为 25%。该公司的境外所得均已在当地实际缴纳公司所得税,其中,A 国缴纳税款折合人民币 600 万元,C 国缴纳税款折合人民币 250 万元。下面,分别用分国抵免法和综合抵免法计算抵免限额以及境内、境外实际应缴所得税。

(1)分国抵免法:

中国境内、境外所得应纳税总额 = (500 + 2 000 + 1 000) × 25% = 875(万元)

A 国所得税抵免限额 = 875 × 2 000 ÷ (500 + 2 000 + 1 000) = 500(万元)

C 国所得税抵免限额 = 875 × 1 000 ÷ (500 + 2 000 + 1 000) = 250(万元)

境外所得税抵免限额合计为 750 万元(500 + 250),与可实际抵免税额相等

抵免后企业应缴纳境内企业所得税税额 = 875 - 750 = 125(万元)

以后 5 个年度可补抵境外所得税税额 = (600 + 250) - 750 = 100(万元)

由于 B 国 2017 年经营发生亏损,也没有在当地补缴公司所得税,采用分国抵免法不存在抵免问题,亏损的 500 万元只能用以后年度来源于 B 国的经营所得弥补。

(2)综合抵免法:

中国境内、境外所得应纳税总额 = (500 + 2 000 - 500 + 1 000) × 25% = 750 (万元)

境外所得税抵免限额合计 = 750 × (2 000 - 500 + 1 000) ÷ (500 + 2 000 - 500 +

1 000）=625（万元）

抵免后企业应缴纳境内企业所得税税额 =750 - 625 = 125（万元）

以后5个年度可补抵境外所得税税额 =（600 +250）- 625 = 225（万元）

在综合抵免法下，B国2017年经营亏损金额已用来自A国和C国的经营所得当年弥补，从而当年境外汇总抵免限额小于分国抵免法，剩余225万元可以在以后5个年度补抵。

由于上述两种方法计算出企业应缴纳境内企业所得税税额完全相等，从未来现金流量角度考虑，综合抵免法更有利，见表6-3。

表6-3　分国抵免法与综合抵免法示例　　单位：万元

<table>
<tr><td>国别</td><td>应税所得</td><td>税率</td><td>已纳税额</td></tr>
<tr><td>中国</td><td>500</td><td>25%</td><td></td></tr>
<tr><td>A国</td><td>2 000</td><td>30%</td><td>600</td></tr>
<tr><td>B国</td><td>-500</td><td>20%</td><td></td></tr>
<tr><td>C国</td><td>1 000</td><td>25%</td><td>250</td></tr>
<tr><td colspan="2">项目</td><td>分国抵免法</td><td>综合抵免法</td></tr>
<tr><td colspan="2">境外应纳税所得额</td><td>3 000</td><td>2 500</td></tr>
<tr><td colspan="2">中国境内、境外应纳税所得总额</td><td>3 500</td><td>3 000</td></tr>
<tr><td colspan="2">中国境内、境外依照中国税法规定计算的应纳税总额</td><td>875</td><td>750</td></tr>
<tr><td rowspan="3">境外所得税抵免限额</td><td>A国</td><td>500</td><td rowspan="3">625</td></tr>
<tr><td>B国</td><td>0</td></tr>
<tr><td>C国</td><td>250</td></tr>
<tr><td rowspan="4">实际可抵免境外所得税额</td><td>A国</td><td>500</td><td rowspan="3">625</td></tr>
<tr><td>B国</td><td>250</td></tr>
<tr><td>C国</td><td>0</td></tr>
<tr><td>合计</td><td>750</td><td>625</td></tr>
<tr><td colspan="2">抵免后应缴纳境内企业所得税税额</td><td>125</td><td>125</td></tr>
<tr><td colspan="2">以后5个年度可补抵境外所得税税额</td><td>100</td><td>225</td></tr>
</table>

[例6-3] 我国某建筑企业2018年取得境内经营应纳税所得额500万元，企业所得税税率为25%；设在境外A国的分公司当年取得应税所得折合人民币2 000万元，A国公司所得税税率为30%；设在境外B国的分公司当年取得应税所得折合人民币1 000万元，B国公司所得税税率为20%；设在境外C国的分公司当年发生亏损折合人民币-1 500万元，C国公司所得税税率为25%。该公司的境外所得均已在当地实际缴纳公司所得税，其中，A国缴纳税款折合人民币600万元，B国缴纳税款折合人民币200万元。下面，分别用分国抵免法和综合抵免法计算抵免限额以及境内、境外实际应缴所得税。

（1）分国抵免法：

中国境内、境外所得应纳税总额 =（500 + 2 000 + 1 000）×25% = 875（万元）

A 国所得税抵免限额 = 875 × 2 000 ÷（500 + 2 000 + 1 000）= 500（万元）

B 国所得税抵免限额为 250 万元［875 × 1 000 ÷（500 + 2 000 + 1 000）］，大于在 B 国实际缴纳的所得税款 200 万元，则只能以 B 国境外实际缴纳税款 200 万元为限进行境内抵免

境外所得税抵免限额合计 = 500 + 250 = 750（万元）

境外所得实际可抵免税额合计 = 500 + 200 = 700（万元）

抵免后企业应缴纳境内企业所得税税额 = 875 − 700 = 175（万元）

以后 5 个年度可补抵境外所得税税额 =（600 + 200）− 700 = 100（万元）

由于 C 国 2017 年经营发生亏损，也没有在当地补缴公司所得税，采用分国抵免法不存在抵免问题，亏损的 1 500 万元只能用以后年度来源于 B 国的经营所得弥补。

（2）综合抵免法：

中国境内、境外所得应纳税总额 =（500 + 2 000 + 1 000 − 1 500）×25%
= 500（万元）

境外所得税抵免限额合计为 375 万元［500 ×（2 000 + 1 000 − 500）÷（500 + 2 000 + 1 000 − 500）］，与可实际抵免税额相等。

抵免后企业应缴纳境内企业所得税税额 = 500 − 375 = 125（万元）

以后 5 个年度可补抵境外所得税税额 =（500 + 200）− 375 = 425（万元）

在综合抵免法下，C 国 2017 年经营亏损金额已用来自 A 国和 B 国的经营所得当年弥补，从而当年境外汇总抵免限额小于分国抵免法，剩余 425 万元可以在以后 5 个年度补抵。

由于上述两种方法计算得出，抵免后企业应缴纳境内企业所得税税额综合抵免法下小于分国抵免法，且结转以后 5 个年度可补抵税额综合抵免法下大于分国抵免法，综合考虑来看，综合抵免法更有利。举例见表 6－4。

表 6－4　分国抵免法与综合抵免法示例　单位：万元

国别	应税所得	税率	已纳税额
中国	500	25%	
A 国	2 000	30%	600
B 国	1 000	20%	200
C 国	−1 500	25%	

续表

<table>
<tr><th colspan="2">项目</th><th>分国抵免法</th><th>综合抵免法</th></tr>
<tr><td colspan="2">境外应纳税所得额</td><td>3 000</td><td>1 500</td></tr>
<tr><td colspan="2">中国境内、境外应纳税所得总额</td><td>3 500</td><td>2 000</td></tr>
<tr><td colspan="2">中国境内、境外依照中国税法规定计算的应纳税总额</td><td>875</td><td>500</td></tr>
<tr><td rowspan="3">境外所得税抵免限额</td><td>A 国</td><td>500</td><td rowspan="3">375</td></tr>
<tr><td>B 国</td><td>250</td></tr>
<tr><td>C 国</td><td>0</td></tr>
<tr><td rowspan="4">实际可抵免境外所得税额</td><td>A 国</td><td>500</td><td rowspan="3">375</td></tr>
<tr><td>B 国</td><td>200</td></tr>
<tr><td>C 国</td><td>0</td></tr>
<tr><td>合计</td><td>700</td><td>375</td></tr>
<tr><td colspan="2">抵免后应缴纳境内企业所得税税额</td><td>175</td><td>125</td></tr>
<tr><td colspan="2">以后 5 个年度可补抵境外所得税税额</td><td>100</td><td>425</td></tr>
</table>

（二）境内抵免操作实务

根据我国税法规定，企业取得境外所得，其在中国境外已经实际直接缴纳和间接负担的企业所得税性质的税额，进行境外税额抵免计算的基本项目包括：境内、境外所得［分国别（地区）］的应纳税所得额、可抵免税额、抵免限额和实际抵免税额。不能按照有关税收法律法规准确计算实际可抵免的境外所得税税额的，不应给予税收抵免。

1. 境内应纳税所得额。企业首先应该根据我国税法规定，计算出境内应纳税所得额。

直接法下，境内应纳税所得额 = 境内收入总额 - 不征税境内收入 - 免税境内收入 - 各项扣除 - 以前年度亏损

间接法下，境内应纳税所得额 = 境内会计利润 + 纳税调整增加额 - 纳税调整减少额

2. 境外应纳税所得额。企业应按照企业所得税法及其实施条例以及其他有关规定确定中国境外所得（境外税前所得），计算境外应纳税所得额。

境外应纳税所得额 = 境外税前所得 - 计算企业应纳税所得总额时已按税法规定扣除的有关成本费用中与境外所得有关的部分进行对应调整扣除。

第一步，还原境外所得税额。根据所得税法实施条例规定确定的境外所得，在计算适用境外税额直接抵免的应纳税所得额时，应为将该项境外所得直接缴纳的境外所得税额还原计算后的境外税前所得；上述直接缴纳税额还原后的所得中属于股息、红利所得的，在计算适用境外税额间接抵免的境外所得时，应再将该项境外所得间接负

担的税额还原计算，即该境外股息、红利所得应为境外股息、红利税后净所得与就该项所得直接缴纳和间接负担的税额之和。

[例 6－4] 中国某建筑企业 A，在境外 B 国设立甲子公司从事工程承包业务，当地公司所得税税率为 30%，和中国政府签订的税收协定规定的股息预提税税率为 10%。2016 年度此企业从甲公司实际收到股息折合人民币 630 万元，已知甲公司在所在国按税法规定缴纳了当地所得税税额为折合人民币 300 万元，实际缴纳股息预提税税额折合人民币 70 万元。请计算此 A 企业来自于 B 国的境外应纳税所得额。

来源于 B 国的境外税前应纳税所得额＝境外股息、红利税后净所得＋该项所得直接缴纳和间接负担的税额之和＝630＋300＋70＝1 000（万元）

第二步，调整扣除有关成本费用项目。对上述税额还原后的境外税前所得，应再就计算企业应纳税所得总额时已按税法规定扣除的有关成本费用中与境外所得有关的部分进行对应调整扣除后，计算为境外应纳税所得额。

[例 6－5] 接上例。A 企业为甲子公司在境外经营支付和实际承担的有关项目投标、融资成本和其他管理费用共 30 万元人民币，请计算 A 企业来自甲公司的境外应纳税所得额。

来源于 B 国的境外应纳税所得额＝境外税前所得额－与境外所得有关的成本扣除额
＝1 000－30＝270（万元）

（1）中国企业在境外投资设立不具有独立纳税地位的分支机构，其来源于境外的所得，以境外收入总额扣除与取得境外收入有关的各项合理支出后的余额为应纳税所得额。

（2）居民企业应就其来源于境外的股息、红利等权益性投资收益，以及利息、租金、特许权使用费、转让财产等收入，扣除按规定计算的与取得该项收入有关的各项合理支出后的余额为应纳税所得额。

（3）在计算境外应纳税所得额时，企业为取得境内、境外所得而在境内、境外发生的共同支出，与取得境外应税所得有关的、合理的部分，应在境内、境外［分国别（地区），下同］应税所得之间，按照资产比例、收入比例、员工工资支出比例等合理比例或其他合理比例进行分摊后扣除（详见表 6－5）。

[例 6－6] 境外应纳税所得额的计算。某建筑集团企业 2016 年收到从境外 A 国控股公司投资分红 300 万元扣除已在 A 国扣缴的预提所得税 30 万元后的 270 万元，某建筑集团 2016 年应纳税所得总额为 2 000 万元，已在应纳税所得总额中扣除的该笔境外投资的成本为 20 万元，分析并计算该建筑集团应纳税所得总额中境外分红收入的应纳税所得额：

[分析] 来源于境外分红收入的应纳税所得额，应为已缴纳境外预提所得税前的分红收入总额，再对应调整扣除相关成本费用等。

境外分红应税收入总额 = 税后分红 270 + 已扣除税额 30 = 300（万元）

对应调整扣除相关成本费用后的应纳税所得额 = 300 − 20 = 280（万元）

该境外分红收入用于计算境外税额抵免限额的应纳税所得额为 280 万元。

表 6－5　各类境外所得允许扣除项目

来源于境外所得的类型	允许扣除项目
股息、红利	与境外投资业务有关的项目研究、融资成本和管理费用
利息	为取得该项利息而发生的相应的融资成本和相关费用
租金（融资租赁业务）	融资成本
租金（经营租赁业务）	租赁物相应的折旧或折耗
特许权使用费	提供特许使用的资产的研发、摊销等费用
财产转让	被转让财产的成本净值和相关费用

3. 可抵免境外所得税额。可抵免境外所得税税额，是指企业来源于中国境外的所得依照中国境外税收法律以及相关规定应当缴纳并已实际缴纳的企业所得税性质的税款。

可抵免境外所得税税额的基本条件为：

（1）企业来源于中国境外的所得依照中国境外税收法律以及相关规定计算而缴纳的税额。

（2）缴纳的属于企业所得税性质的税额，而不拘泥于名称。

（3）限于企业应当缴纳且已实际缴纳的税额。税收抵免旨在解决重复征税问题，仅限于企业应当缴纳且已实际缴纳的税额（除另有饶让抵免或其他规定外）。

（4）可抵免境外所得税税额，若是税收协定非适用所得税项目，或来自非协定国家（地区）的所得，无法判定是否属于对企业征收的所得税税额的，应报国家税务总局裁定。

4. 可抵免境外所得税限额和实际抵免税额。依据我国税法规定，符合境内抵免的境外所得税额不能超过按我国税法规定计算的应纳税所得税税额，所以，对于来源于境外的所得税税额有限额规定。具体可按分国抵免法和综合抵免法计算，由企业自行选择确定，且 5 年内不得改变。

（1）分国抵免法：

某国（地区）所得税抵免限额 = 中国境内、境外所得依照企业所得税法及实施条例的规定计算的应纳税总额 × 来源于某国（地区）的应纳税所得额 ÷ 中国境内、境外应纳税所得总额

这里需注意三点：

①如果境外所得弥补了境内亏损，“来源于某国（地区）的应纳税所得额”应按弥补境内亏损后的应纳税所得额计算。

②企业按照企业所得税法及其实施条例和财税〔2009〕125号文件的有关规定计算的当期境内、境外应纳税所得总额小于零的，应以零计算当期境内、境外应纳税所得总额，其当期境外所得税的抵免限额也为零。故不宜按该境外应纳税所得额直接乘以其实际适用的税率或税收负担率得出抵免限额。境外盈利在境外已纳的可予抵免但未能抵免的税额，可以在以后5个纳税年度内进行结转抵免。

③中国境内、境外所得依照企业所得税法及实施条例的规定计算的应纳税总额的税率，除国务院财政、税务主管部门另有规定外，应为企业所得税法定税率25%。目前，《财政部、国家税务总局关于高新技术企业境外所得适用税率及税收抵免问题的通知》（财税〔2011〕47号）特别规定，以境内、境外全部生产经营活动有关的研究开发费用总额、总收入、销售收入总额、高新技术产品（服务）收入等指标申请并经认定的高新技术企业，其来源于境外的所得可以享受高新技术企业所得税优惠政策，即对其来源于境外所得可以按照15%的优惠税率缴纳企业所得税，在计算境外抵免限额时，可按照15%的优惠税率计算境内外应纳税总额。

（2）综合抵免法：

来自境外所得税抵免限额 = 境外应纳税所得额总额 × 25%

企业在计算实际应抵免的境外已缴纳和间接负担的所得税税额时，在境外一国（地区）当年缴纳和间接负担的符合规定的所得税税额低于所计算的该国（地区）抵免限额的，应以该项税额作为境外所得税抵免额从企业应纳税总额中据实抵免。

超过抵免限额的，当年应以抵免限额作为境外所得税抵免额进行抵免，超过抵免限额的余额允许从次年起在连续5个纳税年度内，用每年度抵免限额抵免当年应抵税额后的余额进行弥补。

企业当年境外一国（地区）可抵免税额中既有属于当年已直接缴纳或间接负担的境外所得税额，又有以前年度结转的未逾期可抵免税额时，应首先抵免当年已直接缴纳或间接负担的境外所得税额后，抵免限额有余额的，可再抵免以前年度结转的未逾期可抵免税额，仍抵免不足的，继续向以后年度结转。

[例6-7] 可抵免境外所得税限额和实际可抵免税额的计算

中国建筑企业A公司在境外甲、乙、丙国分别设立了B1、B2、B3分公司。2017年度A公司会计净利润为2 200万元。其中，境内营业净利润为2 000万元；设在甲国B1分公司营业净利润为300万元，已在甲国缴纳所得税90万元；设在乙国B2分公司营业净利润为100万元，已在乙国缴纳所得税10万元；设在丙国B3分公司发生亏损200万元，在丙国未缴纳所得税。假设没有其他调整扣除成本费用（以上金额货币单位均为人民币），请计算A公司2017年度可抵免境外所得税限额和实际可抵免税额。

[分析] ①分国抵免法：

境外应纳税所得额为400万元（300+100），丙国亏损-200万元，不得抵减甲境内和甲、乙国营业净利润。

境内、境外应纳税所得总额 = 2 000 + 400 = 2 400（万元）

境内、境外所得应纳税总额 = 2 400 × 25% = 600（万元）

来源于甲国的境外所得税抵免限额 = 600 × 300 ÷ 2 400 = 75（万元）

甲国实际可抵免境外所得税税额为 75 万元，因为在甲国实际已缴纳所得税税额 90 万元大于境外所得税抵免限额 75 万元。

来源于乙国的境外所得税抵免限额 = 600 × 100 ÷ 2 400 = 25（万元）

乙国实际可抵免境外所得税税额 = 10 万元，因为在乙国实际已缴纳所得税税额 10 万元 < 境外所得税抵免限额 25 万元，剩余 15 万元可在以后 5 个年度内补抵来自于乙国的可抵免境外所得税税额。

来源于丙国的境外所得税抵免限额 = 0，因为 B3 分公司发生亏损 -200 万元，且在丙国未缴纳所得税。

A 企业实际可抵免境外所得税税额 = 甲国实际可抵免境外所得税税额 + 乙国实际可抵免境外所得税税额 = 75 + 10 = 85（万元）

A 企业 2017 年度实际应缴企业所得税税额 = 境内、境外所得应纳税总额 - 实际可抵免境外所得税税额 = 600 - 85 = 515（万元）

②综合抵免法：

境外应纳税所得额为 200 万元（300 + 100 - 200），甲、乙两国营业利润可以弥补丙国亏损 -200 万元。

境内、境外应纳税所得总额 = 2 000 + 200 = 2 200（万元）

境内、境外所得应纳税总额 = 2 200 × 25% = 550（万元）

境外所得税抵免限额 = 境外应纳税所得额 × 25% = 200 × 25% = 50（万元）

A 企业实际可抵免境外所得税税额 = 50 万元，因为 A 企业在甲乙两国实际缴纳所得税税额合计为 100 万元（90 + 10），大于境外所得税抵免限额 50 万元，所以实际抵免境外所得税税额为 50 万元。

A 企业 2017 年度实际应缴企业所得税税额 = 境内、境外所得应纳税总额 - 实际可抵免境外所得税税额 = 550 - 55 = 500（万元）

5. 税收饶让可抵免所得税额。企业从与我国政府订立税收协定（或安排）的国家（地区）取得的所得，按照该国（地区）税收法律享受了免税或减税待遇，且该免税或减税的数额按照税收协定规定应视同已缴税额在中国的应纳税额中抵免的，该免税或减税数额可作为企业实际缴纳的境外所得税额用于办理税收抵免。税收饶让可以使企业真正享受税收优惠，假设没有税收饶让，企业在境外享受的税收减免，回中国还需要补缴相应税款，相当于没有适用税收优惠。表 6-6 列示了我国对外签署税收协定我方给予的饶让规定。

目前，我国税收饶让抵免的方式主要有差额饶让（普通饶让）抵免和定率饶让抵免两种。

政府间税收协定约定定率饶让抵免（主要为投资所得）的，饶让抵免税额为按该定率计算的应纳境外所得税额超过实际缴纳的境外所得税额的数额。

税收协定规定列举一国税收优惠额给予饶让抵免的，饶让抵免税额为按协定国家（地区）税收法律规定税率计算的应纳所得税额超过实际缴纳税额的数额，即实际税收优惠额。

表 6－6 我国对外签署税收协定我方给予饶让规定一览表

饶让类型	“一带一路”沿线国家或地区
普通饶让抵免	马来西亚、泰国、巴基斯坦、印度、越南、毛里求斯、韩国、文莱、斯里兰卡、阿曼、保加利亚、马其顿
定率饶让抵免	巴基斯坦（股息：15%，利息：10%，特许使用权：15%，技术服务费：15%）
	泰国（股息：10%，利息：10%，特许使用权：10%）
	越南（股息：10%，利息：10%，特许使用权：10%）
	科威特（股息：10%—20%，利息：20%，特许使用权：20%）

上述定率抵免指对境外所得按照一定的比例进行抵免。见以下案例分析。

[例 6－8] 中国居民企业 A 从境外某国取得的税后利息 95 万元，在境外国缴纳的预提所得税为 5 万元。根据中国和该国的税收协定，对于来自该国的利息所得，一律按 10% 的比率定率抵免。因此，该利息所得在中国可抵免的境外所得税税额计算如下：

A 企业可抵免的境外所得税税额 = (95＋5) ×10% ＝10（万元）

[例 6－9] 我国居民企业 A 公司企业所得税税率为 25%，2017 年企业境内应纳税所得额为 2 000 万元，取得投资境外甲国全资子公司的税后收益 450 万元，甲国所得税税率为 20%，该子公司享受 10% 的优惠税率，我国与甲国签订含有税收饶让条款的税收协定，A 公司 2017 年度在我国汇总纳税时实际应缴纳企业所得税为多少。

[分析]

境外甲国全资子公司 2017 年境外实际缴纳企业所得税＝450÷（1－10%）×10%＝50（万元）

视同在境外已缴纳 2017 年度企业所得税＝450÷（1－10%）×20%＝100（万元）

境外所得抵免限额＝450÷（1－10%）×25%＝125（万元）

A 公司 2017 年在我国汇总纳税时实际应缴纳企业所得税＝［2 000＋450÷（1－10%）］×25%－100＝525（万元）

需要特别注意的是，实行税收饶让抵免的前提是境外对境内企业取得的该项所得实行减免税。但若境内企业取得的境外所得根据来源国税收法律法规不判定为所在国应税所得，但按中国税收法律法规规定属于应税所得的，不属于税收饶让抵免范畴，应全额按中国税收法律法规规定缴纳企业所得税。

6. 简易办法计算抵免限额。根据我国税法规定，采用简易办法对境外所得已纳税额的抵免计算，抵免限额计算公式可简化为：境外所得可抵免限额 = 来源于某国（税前）应纳税所得额 × 12.50%。由于简易办法要求非常严格，实践中能够申请并得到境内主管税务机关批准的执行的“走出去”建筑企业非常少。

采用简易办法办理境外所得抵免应遵循的原则：

（1）采用简易办法也须遵循分国抵免法原则。

（2）居民企业从境外未达到直接持股20%条件的境外子公司取得的股息所得，以及取得利息、租金、特许权使用费、转让财产等所得，向所得来源国直接缴纳的预提所得税额，应按有关直接抵免的规定正常计算抵免。

7. 境外分支机构与我国对应纳税年度的确定。企业在境外投资设立不具有独立纳税地位的分支机构，其计算生产、经营所得的纳税年度与我国规定的纳税年度不一致的，与我国纳税年度当年度相对应的境外纳税年度，应为在我国有关纳税年度中任何一日结束的境外纳税年度。

企业取得上款以外的境外所得实际缴纳或间接负担的境外所得税，应在该项境外所得实现日所在的我国对应纳税年度的应纳税额中计算抵免。

如果分支机构所在国纳税年度的规定与我国规定的纳税年度不一致的，在确定该分支机构境外某一年度的税额如何对应我国纳税年度进行抵免时，境外分支机构按所在国规定计算生产经营所得的纳税年度与其境内总机构纳税年度相对应的纳税年度，应为该境外分支机构所在国纳税年度结束日所在的我国纳税年度。

企业取得境外股息所得实现日为被投资方做出利润分配决定的日期，不论该利润分配是否包括以前年度未分配利润，均应作为该股息所得实现日所在的我国纳税年度所得计算抵免。

[例6-10] 境外分支机构纳税年度判定

某居民企业在A国的分公司，按A国法律规定，计算当期利润年度为每年7月1日至次年6月30日。

[分析] 该分公司按A国规定计算2017年7月1日至2018年6月30日期间，即A国2017—2018年度的营业利润及其已纳税额，应在我国2018年度计算纳税及境外所得税额抵免。

8. 境外各国别间盈亏互补。在企业选择综合抵免法计算境外应税所得情形下，境外不同国家（地区）之间的盈亏可以相互弥补。但分国抵免法下不允许。

[例6-11] 境外国别间亏损弥补

中国居民A企业2017年度境内外净所得为500万元。其中，境内应纳税所得额为600万元；设在甲国的分支机构当年度应纳税所得额为300万元；设在乙国的分支机构当年度应纳税所得额为－500万元；A企业当年度从乙国取得利息所得的应纳税所得额为100万元。调整计算该企业当年度境内、外所得的应纳税所得额。

［分析］分国抵免法：A企业当年度境内外净所得为500万元，境外亏损不得用境内或境外其他国盈利抵减，其发生在乙国分支机构的当年度亏损额500万元，仅可以用从该国取得的利息100万元弥补，未能弥补的非实际亏损额400万元，不得从当年度企业其他盈利中弥补。因此，相应调整后A企业当年境内、外应纳税所得额为：

境内应纳税所得额＝600（万元）

甲国应纳税所得额＝300（万元）

乙国应纳税所得额＝－400（万元）

A企业当年度应纳税所得总额＝900（万元）

A企业当年度境外乙国未弥补的非实际亏损额为400万元，允许A企业以其来自乙国以后年度的所得无限期结转弥补。

综合抵免法：A企业当年度境内外净所得为500万元，境外不同国家（地区）之间的盈亏可以相互弥补。其发生在乙国分支机构的当年度亏损额500万元，可以用从该国取得的利息100万元和甲国应纳税所得额300万元弥补，未能弥补的非实际亏损额100万元。因此，相应调整后A企业当年境内、外应纳税所得额为：

境内应纳税所得额＝600（万元）

甲国应纳税所得额＝0

乙国应纳税所得额＝－100（万元）

A企业当年度应纳税所得总额＝600（万元）

A企业当年度境外乙国未弥补的非实际亏损额为100万元，允许A企业以其来自乙国以后年度的所得无限期结转弥补。

9. 境外盈利弥补境内亏损。企业在汇总计算缴纳企业所得税时，境外亏损不得抵减境内盈利，但可以用境外盈利弥补境内亏损。

［例6－12］境外盈利弥补境内亏损时，境外已缴税额如何处理，相关数据如表6－7所示。

表6－7 境外盈利弥补境内亏损情况表 金额单位：万元

项　目	境内企业	境外营业机构	境外已纳税额	抵免限额	结转以后年度抵免余额
税率	0.25	0.30	—	—	—
第一年利润	－100	100	30	0	30
第二年利润	100	100	30	25	35

［分析］

第一年：应纳税所得额＝－100＋100＝0，抵免限额为0，境外已缴税额结转下一

年度弥补余额为 30 万元

第二年：应纳税所得额 = 100 + 100 = 200（万元）

当年境外所得税税额 = 30（万元）

抵免限额 = 200 × 25% ÷ [100 ÷ 200] = 25（万元）（< 30 万元）

实际抵免境外所得税额 = 25（万元）

留待以后结转抵免税额 = 30 − 25 + 30 = 35（万元）

10. 境内抵免货币汇率换算。企业取得的境外所得已直接缴纳和间接负担的税额为人民币以外货币的，在以人民币计算可予抵免的境外税额时，凡企业记账本位币为人民币的，应按企业就该项境外所得记入账内时使用的人民币汇率进行换算；凡企业以人民币以外其他货币作为记账本位币的，应统一按实现该项境外所得对应的我国纳税年度最后一日的人民币汇率中间价进行换算。

[例 6－13] 中国居民企业 A 公司 2017 年度境内外应纳税所得额为 2 000 万元，A 公司记账本位币为人民币，A 企业设立在甲国的 B 子公司 2017 年度直接缴纳所得税为 15 万美元，缴纳入账时美元兑人民币汇率为 6.35，间接负担的所得税为 5 万美元，缴纳入账时美元兑人民币汇率为 6.50。甲国企业所得税税率为 20%，2017 年 B 公司缴纳直接和间接所得税全部能够在境内进行抵免。计算 A 公司 2017 年度可抵免企业所得税金额和应交企业所得税金额。

[分析] 根据境内抵免货币汇率换算规定，2017 年度境内可抵免所得税额 = 15 × 6.35 + 5 × 6.50 = 127.70（万元）

2017 年应交企业所得税 = 2 000 × 25% − 127.75 = 372.25（万元）

[例 6－14] 如上例中居民 A 公司记账本位币为美元，2017 年度境内外应纳税所得额为 306.28 万美元，2017 年 12 月 31 日美元兑人民币中间价为 6.53，其他条件不变。计算 A 公司 2017 年度可抵免企业所得税金额和应交企业所得税金额。

[分析] 根据境内抵免货币汇率换算的规定，2017 年度境内可抵免所得税额 = (15 + 5) × 6.53 = 130.60（万元）

2017 年应交企业所得税 = 300 × 6.53 × 25% − 130.60 = 359.15（万元）

11. 税收协定优先原则的运用。中国政府同外国政府订立的有关税收的协定与现有税收法规有不同规定的，依照协定的规定办理。

税收协定属于国际法的范畴。双边税收协定由缔约国双方政府谈判后达成，经过各自国家（地区）的立法程序后生效，因此对于缔约国政府具有法律上的约束力。当国际税收协定与境内税法不一致时，纳税人适用税收协定一般遵循以下原则：一是税收协定优先的原则，即境内税收法律法规规定税率高于税收协定的，按税收协定执行；二是孰优的原则，即境内法规定税率低于税收协定的，按境内法执行。

12. 高新技术企业境外所得适用税率及抵免。以境内、境外全部生产经营活动有关的研究开发费用总额、总收入、销售收入总额、高新技术产品（服务）收入等指标申请并经认定的高新技术企业，其来源于境外所得可以按照15%的优惠税率缴纳企业所得税，在计算境外抵免限额时，可以按照15%的优惠税率计算境内外应纳税总额。

（三）境内抵免日常管理

1. 完税证明或纳税凭证管理。

（1）及时取得。完税证明或纳税凭证是否及时取得影响到企业境内所得税抵扣的时效性，在境外的企业缴纳企业所得税时应及时取得纳税凭证并及时办理完税证明文件。一般情况下，境外纳税凭证包括企业填报的企业所得税纳税申报表、企业支付的企业所得税银行凭证、税务局税款收取票据凭证、税务局征收的预提税凭证等直接或间接纳税凭证以及税收优惠、减免的政策文件。

（2）翻译认证。因境外企业取得的完税证明、纳税性质的文件一般是按照境外所在国规定的相关法律和语言规定的，如直接拿回境内主管税务机关进行申报抵免会存在语言及理解障碍等问题。企业在取得相关文件时应安排专人对文件进行翻译，必要时还可经过中国驻境外国家大使馆予以认证。同时，译本需注明与原本无异议并加盖企业公章后，提交境内总部机构作为企业所得税清缴汇算抵免的依据。

（3）按期抵免。根据我国《企业所得税法》规定，年度企业所得税清缴汇算期限一般为次年1月1日至5月31日。企业境外机构取得的直接和间接纳税凭证，税收减免、优惠政策文件，境外机构完税证明等文件应及时报送境内企业税务管理业务部门。境内业务部门收到可抵免相关文件后，在年度企业所得税清算汇算时应及时向主管税务部门报送境外机构相关资料，及时办理境外税收抵免，避免错过了税收抵免时限而给企业带来损失。

（4）妥善保管。企业纳税凭证、完税证明文件等文件属于企业重要的文件资料，再加上境内、外税务主管机构可能会对企业所得税进行审计、稽查的需要，企业对取得税收抵免的文件资料应建立专人保管制度。重要的文件应建立台账管理，对文件进行编号以方便查阅，防止因保管不善给企业带来税务风险和损失。

2. 总分包或联营体模式下日常管理。国家税务总局2017年第41号公告规定企业以总分包或联合体方式在境外实施工程项目，其来源于境外所得已在境外缴纳的企业所得税税额，可以总承包企业或联合体主导方企业开具的《境外承包工程项目完税凭证分割单》作为境外所得完税证明或纳税凭证进行税收抵免，解决了以前总分包或联营体模式下由于主体不一致导致所得税境内抵免难题。

（1）总体要求。

①境外缴纳的企业所得税税额分配时，可采用实际取得的收入、工作量等因素确定的合理比例进行分配，同一项目分配方法应当一致，且在项目存续期内不得改变。

②联合体主导方可按合同收入占比孰高原则或事先约定进行确定。

③总承包企业、联合体作为境外纳税主体，应就其在境外缴纳的企业所得税税额，由总承包方、联合体主导方填制《分割单（总分包方式）》《分割单（联合体方式）》后提交主管税务机关备案，并将以下资料留存备查。

④总承包企业或联合体主导方企业应按项目分别建立分割单台账，准确记录境外所得缴纳税额分配情况。

⑤分包企业或联合体各方企业申报抵免时，应将《分割单（总分包方式）》或《分割单（联合体方式）》复印件提交主管税务机关备案。

⑥总承包企业、分包企业及联合体各方企业主管税务机关在后续管理过程中发现企业存在多抵免税款情况的，应及时将信息告知相关各方企业的主管税务机关。

（2）备案资料。总承包模式下留存备查资料包括：

①总承包企业与境外发包方签订的总承包合同；

②总承包企业与分包企业签订的分包合同，如建设项目再分包的，还需留存备查分包企业与再分包企业签订的再分包合同；

③总承包企业境外所得相关完税证明或纳税凭证；

④境外所得缴纳的企业所得税税额按收入、工作量等因素确定的合理比例分配的计算过程及相关说明。

联合体模式下留存备查资料：

①联合体与境外发包方签订的工程承包合同；

②各方企业组建联合体合同或协议；

③联合体境外所得相关完税证明或纳税凭证；

④境外所得缴纳的企业所得税税额按收入、工作量等因素确定的合理比例分配的计算过程及相关说明。

（3）备案表参考格式见表6－8、表6－9。

3. 境内抵免其他注意事项。

（1）不同类型所得税抵免资料。

①取得境外分支机构的营业利润需提供境外分支机构会计报表；境外分支机构所得依照中国《企业所得税法》及其实施条例规定计算的应纳税额的计算过程及说明资料；具有资质的机构出具的有关分支机构审计报告等。

②取得境外股息、红利需提供集团组织架构图；被投资公司章程；境外企业有权决定利润分配的机构做出的决定书等。

③取得境外利息、租金、特许权使用费、转让财产等需提供依照中国境内《企业所得税法》及其实施条例规定计算的应纳税额的资料及计算过程；项目合同文件等。

表 6-8　　境外承包工程项目完税凭证分割单（总分包方式）

备案年度：____年　　　　税款所属年度：____年

<table>
<tr><td colspan="12">总承包企业及项目基本情况</td></tr>
<tr><td rowspan="2">总承包企业名称</td><td rowspan="2">纳税人统一社会信用代码（纳税人识别号）</td><td rowspan="2">主管税务机关</td><td rowspan="2">项目名称</td><td rowspan="2">项目编号</td><td rowspan="2">项目所在国家（地区）</td><td rowspan="2">合同金额</td><td rowspan="2">项目起止时间</td><td colspan="2">总承包企业境外所得当年度缴纳企业所得税税额（综合税额）</td><td colspan="2">总承包企业境外所得累计缴纳企业所得税税额（综合税额）</td></tr>
<tr><td>外币</td><td>折合人民币</td><td>外币</td><td>折合人民币</td></tr>
<tr><td></td><td></td><td></td><td></td><td></td><td></td><td></td><td></td><td></td><td></td><td></td><td></td></tr>
<tr><td colspan="2">完税凭证号码
□单一所得税凭证
□综合性税收凭证</td><td colspan="2">总承包企业当年度可抵免企业所得税税额（综合税额）</td><td colspan="2">总承包企业当年度分割的企业所得税税额（综合税额）</td><td colspan="2">总承包企业累计分割的企业所得税税额（综合税额）</td><td colspan="4">分配说明</td></tr>
<tr><td colspan="2"></td><td colspan="2"></td><td colspan="2"></td><td colspan="2"></td><td colspan="4"></td></tr>
<tr><td colspan="7">分包企业分配、再分配基本情况</td><td colspan="5">再分包企业分配基本情况</td></tr>
<tr><td>分包企业名称</td><td>纳税人统一社会信用代码（纳税人识别号）</td><td>主管税务机关</td><td>分配比例</td><td>分配税额</td><td>本企业抵免税额</td><td>分配给再分包企业税额</td><td>再分包企业名称</td><td>纳税人统一社会信用代码（纳税人识别号）</td><td>主管税务机关</td><td>分配比例</td><td>分配税额</td></tr>
<tr><td rowspan="3">（分包企业 1）</td><td rowspan="3"></td><td rowspan="3"></td><td rowspan="3"></td><td rowspan="3"></td><td rowspan="3"></td><td rowspan="3"></td><td>（再分包企业 1.1）</td><td></td><td></td><td></td><td></td></tr>
<tr><td>（再分包企业 1.2）</td><td></td><td></td><td></td><td></td></tr>
<tr><td colspan="3">小计</td><td></td><td></td></tr>
<tr><td rowspan="3">（分包企业 2）</td><td rowspan="3"></td><td rowspan="3"></td><td rowspan="3"></td><td rowspan="3"></td><td rowspan="3"></td><td rowspan="3"></td><td>（再分包企业 2.1）</td><td></td><td></td><td></td><td></td></tr>
<tr><td>（再分包企业 2.2）</td><td></td><td></td><td></td><td></td></tr>
<tr><td colspan="3">小计</td><td></td><td></td></tr>
<tr><td colspan="3">合计</td><td>—</td><td></td><td></td><td></td><td>—</td><td>—</td><td>—</td><td>—</td><td></td></tr>
</table>

表 6 - 9

境外承包工程项目完税凭证分割单（联合体方式）

备案年度：____年　　　　税款所属年度：____年

<table>
<tr><td colspan="12">主导方企业及项目基本情况</td></tr>
<tr><td rowspan="2">主导方企业名称</td><td rowspan="2">纳税人统一社会信用代码（纳税人识别号）</td><td rowspan="2">主管税务机关</td><td rowspan="2">项目名称</td><td rowspan="2">项目编号</td><td rowspan="2">项目所在国（地区）</td><td rowspan="2">合同金额</td><td rowspan="2">项目起止时间</td><td colspan="2">联合体企业境外所得当年度缴纳所得税税额（综合税额）</td><td colspan="2">联合体企业境外所得累计缴纳所得税税额</td></tr>
<tr><td>外币</td><td>折合人民币</td><td>外币</td><td>折合人民币</td></tr>
<tr><td></td><td></td><td></td><td></td><td></td><td></td><td></td><td></td><td></td><td></td><td></td><td></td></tr>
<tr><td colspan="2">完税凭证号码
□单一所得税凭证
□综合性税收凭证</td><td colspan="3">联合体企业当年度分割的所得税税额（综合税额）</td><td colspan="3">联合体企业累计分割的所得税税额（综合税额）</td><td colspan="4">分配说明</td></tr>
<tr><td colspan="2"></td><td colspan="3"></td><td colspan="3"></td><td colspan="4"></td></tr>
<tr><td colspan="12">联合体各方企业分配基本情况</td></tr>
<tr><td>序号</td><td colspan="2">联合体各方企业名称</td><td colspan="2">纳税人统一社会信用代码（纳税人识别号）</td><td colspan="3">主管税务机关</td><td colspan="2">分配比例</td><td colspan="2">分配税额</td></tr>
<tr><td></td><td colspan="2"></td><td colspan="2"></td><td colspan="3"></td><td colspan="2"></td><td colspan="2"></td></tr>
<tr><td colspan="8">合计</td><td colspan="2">—</td><td colspan="2"></td></tr>
<tr><td colspan="5">谨声明：本表是根据《中华人民共和国企业所得税法》《中华人民共和国企业所得税法实施条例》及企业所得税相关规定填报的，是真实的、可靠的、完整的。
纳税人名称：（盖章）
年　月　日</td><td colspan="7">主管税务机关受理专用章：
受理人：
受理日期：　年　月　日</td></tr>
</table>

（2）申请享受税收饶让抵免资料。

①本企业及其直接或间接控制的外国企业在境外所得或免税及减税的依据及证明文件，或有关审计报告披露该企业享受的优惠政策的文件。

②企业在其直接或间接控制的外国企业的参股比例等情况的证明文件。

③间接抵免税额或者饶让抵免税额的计算过程。

④由本企业直接或间接控制的外国企业的财务会计资料。

（3）采用简易办法计算抵免资料。

①取得境外分支机构的营业利润所得需提供企业申请表及有关情况说明；来源国（地区）政府机关核发的具有纳税性质的凭证和证明文件。

②取得符合境外税额间接抵免条件的股息所得需提供企业申请及有关情况说明；符合《企业所得税法》第二十四条规定的有关股权证明的文件或凭证文件。

（4）做好境外所得税抵免的基础工作。

①要积极收集境外公司、常设机构所在国有关税收法律体系信息，了解并掌握其税法计算要点，建立起规范的境外所得税核算体系。

②企业在境内、外应税所得之间分摊共同支出的比例要及时报送主管税务机关备案。

③分国别（地区）分别建立独立的境外所得税结转抵免管理台账，跟踪管理非实际亏损额的抵扣情况。

④搜集境外企业所得税性质税款判定的法律依据。

⑤重视境外税收凭证的管理，按时取得当地完税凭证，妥善保管并将扫描件传至境内企业本部留底备查。

二、汇算清缴抵免操作实务

（一）新旧企业所得税纳税申报表变化解读

1. 修订背景。《年度纳税申报表（A类，2014年版）》发布以来，对协助纳税人履行纳税义务，提高纳税遵从度，加强企业所得税科学化、专业化、精细化管理发挥了积极作用。但是，随着企业所得税相关政策不断完善，税务系统“放管服”改革不断深化，《年度纳税申报表（A类，2014年版）》已不能满足纳税申报需要。为全面落实企业所得税相关政策，进一步优化税收环境，减轻纳税人办税负担，国家税务总局在广泛征求各方意见的基础上，对企业所得税年度纳税申报表进行了优化、简化，发布《中华人民共和国企业所得税年度纳税申报表（A类，2017年版）》（以下简称《年度纳税申报表（A类，2017年版）》）。

2. 修订原则。《年度纳税申报表（A类，2017年版）》在保持上一版纳税申报表整体架构相对稳定的基础上，遵循“精简表单、优化结构、方便填报”的原则，进一步优化纳税人填报体验，在填报难度上做“减法”，在填报质量上做“加法”，在填报服务上做“乘法”。具体遵循以下原则：

（1）报表结构更合理。为便利纳税人申报，缩减申报准备时间，《年度纳税申报表（A类，2017年版）》精简了表单，表单数量减少10%，进一步减轻了纳税人填报负担。

（2）落实政策更精准。2017年，党中央、国务院做出一系列重大决策部署，助力供给侧结构性改革，鼓励企业创新发展。为了贯彻落实好所得税优惠相关政策，国家税务总局对《年度纳税申报表（A类，2017年版）》相应附表及表单栏次进行了优化与调整。

（3）填报过程更便捷。为使纳税人能够准确填报，《年度纳税申报表（A类，2017年版）》进一步优化了报表勾稽关系，为智能填报创造条件。例如，网上申报的纳税人，小微企业优惠金额、项目所得减免优惠金额等事项均可根据纳税人填报的基础数据自动计算、填写。

3. 主要变化。《年度纳税申报表（A类，2017年版）》主要在以下几方面进行了优化。

（1）根据政策变化对部分表单和数据项进行了调整。为落实捐赠支出扣除政策、研发费用加计扣除政策、高新技术企业和软件、集成电路企业优惠政策等一系列税收政策，修订了《捐赠支出及纳税调整明细表》（A105070）、《研发费用加计扣除优惠明细表》（A107012）、《高新技术企业优惠情况及明细表》（A107041）、《软件、集成电路企业优惠情况及明细表》（A107042）等表单，调整了《期间费用明细表》（A104000）、《纳税调整项目明细表》（A105000）、《企业重组及递延纳税事项纳税调整明细表》（A105100）、《特殊行业准备金及纳税调整明细表》（A105120）、《符合条件的居民企业之间的股息、红利等权益性投资收益优惠明细表》（A107011）、《抵扣应纳税所得额明细表》（A107030）等表单的部分数据项。

（2）对部分表单进行了精简。为减轻纳税人填报负担，取消原有的《固定资产加速折旧、扣除明细表》（A105081）、《资产损失（专项申报）税前扣除及纳税调整明细表》（A105091）、《综合利用资源生产产品取得的收入优惠明细表》（A107012）和《金融、保险等机构取得的涉农利息、保费收入优惠明细表》（A107013）。

（3）对部分表单的数据项进行了优化。为减少涉税信息重复填报，对《企业基础信息表》（A000000）、《资产折旧、摊销及纳税调整明细表》（A105080）、《资产损失税前扣除及纳税调整明细表》（A105090）、《免税、减计收入及加计扣除优惠明细表》（A107010）、《所得减免优惠明细表》（A107020）、《减免所得税优惠明细表》（A107040）、《企业所得税汇总纳税分支机构所得税分配表》（A109010）等表单的数据项进行了调整和优化。

（4）对部分表单数据项的填报口径和逻辑关系进行了优化和明确。根据企业所得税政策调整和实施情况，对《中华人民共和国企业所得税年度纳税申报表（A类）》（A100000）、《职工薪酬支出及纳税调整明细表》（A105050）、《企业所得税弥补亏损明细表》（A106000）、《境外所得税收抵免明细表》（A108000）、《境外所得纳税调整后所得明细表》（A108010）、《境外分支机构弥补亏损明细表》（A108020）、《跨年度结转抵免境外所得税明细表》（A108030）、《跨地区经营汇总纳税企业年度分摊企业所得税明细表》（A109000）部分数据项的填报口径和逻辑关系进行了优化和明确。

（二）纳税申报表抵免涉及有关事项解析

企业所得税年度申报表中关于境外所得税收抵免的计算逻辑为：按照企业全部利润总额剔除计入会计利润的境外所得及纳税调整、弥补亏损等计算出企业境内的应纳税所得额及应纳所得税额，按照境内所得应纳税额加上境外所得应纳税额，再减去境外所得允许抵免的税额，得到全年应纳税额。主要涉及《境外所得税收抵免明细表》（A108000）、《境外所得纳税调整后所得明细表》（A108010）、《境外分支机构弥补亏损明细表》（A108020）、《跨年度结转抵免境外所得税明细表》（A108030），《纳税调整项目明细表》（A105000）第28行“（十五）境外所得分摊的共同支出”以及主表第14行“减：境外所得”、第29行“加：境外所得应纳所得税额”、第30行“减：境外所得抵免所得税额”填报。如有用境外盈利弥补境内当期或以前年度亏损的，还涉及《企业所得税弥补亏损明细表》（A106000）。较之2014年版申报表，2017年版申报表对与境外税收抵免有关的表单未做修订，但由于2017年1月1日后，企业可采用综合抵免法的综合抵免方式，因此，相应表单的填报有一定变化，具体填报方面详见（三）汇算清缴抵免事项填报流程指南。

（三）汇算清缴抵免事项填报流程指南

1.《年度纳税申报表》（A100000）填报。

（1）表单格式见表6－10。

表6－10　A100000　中华人民共和国企业所得税年度纳税申报表（A类）

行次	类　别	项　目	金　额
1	利润总额计算	一、营业收入（填写A101010/101020/103000）	
2		减：营业成本（填写A102010/102020/103000）	
3		减：税金及附加	
4		减：销售费用（填写A104000）	
5		减：管理费用（填写A104000）	
6		减：财务费用（填写A104000）	
7		减：资产减值损失	

续表

行次	类别	项目	金额
8	利润总额计算	加：公允价值变动收益	
9		加：投资收益	
10		二、营业利润（1-2-3-4-5-6-7+8+9）	
11		加：营业外收入（填写A101010/101020/103000）	
12		减：营业外支出（填写A102010/102020/103000）	
13		三、利润总额（10+11-12）	
14	应纳税所得额计算	减：境外所得（填写A108010）	
15		加：纳税调整增加额（填写A105000）	
16		减：纳税调整减少额（填写A105000）	
17		减：免税、减计收入及加计扣除（填写A107010）	
18		加：境外应税所得抵减境内亏损（填写A108000）	
19		四、纳税调整后所得（13-14+15-16-17+18）	
20		减：所得减免（填写A107020）	
21		减：弥补以前年度亏损（填写A106000）	
22		减：抵扣应纳税所得额（填写A107030）	
23		五、应纳税所得额（19-20-21-22）	
24	应纳税额计算	税率（25%）	
25		六、应纳所得税额（23×24）	
26		减：减免所得税额（填写A107040）	
27		减：抵免所得税额（填写A107050）	
28		七、应纳税额（25-26-27）	
29		加：境外所得应纳所得税额（填写A108000）	
30		减：境外所得抵免所得税额（填写A108000）	
31		八、实际应纳所得税额（28+29-30）	
32		减：本年累计实际已缴纳的所得税额	
33		九、本年应补（退）所得税额（31-32）	
34		其中：总机构分摊本年应补（退）所得税额（填写A109000）	
35		财政集中分配本年应补（退）所得税额（填写A109000）	
36		总机构主体生产经营部门分摊本年应补（退）所得税额（填写A109000）	

（2）填报说明。本表是在纳税人会计利润总额的基础上，加减纳税调整等金额后计算出“纳税调整后所得”。会计与税法的差异（包括收入类、扣除类、资产类等差异）通过《纳税调整项目明细表》（A105000）集中填报。

本表包括利润总额计算、应纳税所得额计算、应纳税额计算三个部分。

①“利润总额计算”中的项目，按照国家统一会计制度规定计算填报。实行企业会计准则、小企业会计准则、企业会计制度、分行业会计制度纳税人其数据直接取自利润表；实行事业单位会计准则的纳税人其数据取自收入支出表；实行民间非营利组织会计制度纳税人其数据取自业务活动表；实行其他国家（地区）统一会计制度的纳

税人，根据本表项目进行分析填报。

②“应纳税所得额计算”和“应纳税额计算”中的项目，除根据主表逻辑关系计算的外，通过附表相应栏次填报。

2.《境外所得税抵免明细表》（A108000）填报。

（1）表单格式见表6-11。

（2）填报说明。本表填报本年来源于或产生于不同国家、地区的所得按照税收规定计算应缴纳和应抵免的企业所得税。纳税人若选择“分国（地区）不分项”的境外所得抵免方式，应根据表A108010、表A108020、表A108030分国（地区）别逐行填报本表；纳税人若选择“不分国（地区）不分项”的境外所得抵免方式，应按照税收规定计算可抵免境外所得税税额和抵免限额，并根据表A108010、表A108020、表A108030的合计金额填报本表第1行。

①第1列“国家（地区）”：纳税人若选择“分国（地区）不分项”的境外所得抵免方式，填报纳税人境外所得来源的国家（地区）名称，来源于同一国家（地区）的境外所得合并到一行填报；纳税人若选择“不分国（地区）不分项”的境外所得抵免方式，填报“不分国（地区）不分项”。

②第2列“境外税前所得”：填报《境外所得纳税调整后所得明细表》（A108010）第14列的金额。

③第3列“境外所得纳税调整后所得”：填报《境外所得纳税调整后所得明细表》（A108010）第18列的金额。

④第4列“弥补境外以前年度亏损”：填报《境外分支机构弥补亏损明细表》（A108020）第4列和第13列的合计金额。

⑤第5列“境外应纳税所得额”：填报第3-4列的余额。当第3-4列<0时，本列填报0。

⑥第6列“抵减境内亏损”：当纳税人选择用境外所得弥补境内亏损时，填报纳税人境外所得按照税收规定抵减境内的亏损额（包括弥补的当年度境内亏损额和以前年度境内亏损额）；当纳税人选择不用境外所得弥补境内亏损时，填报0。

⑦第7列“抵减境内亏损后的境外应纳税所得额”：填报第5-6列的余额。

⑧第8列“税率”：填报法定税率25%。符合《财政部国家税务总局关于高新技术企业境外所得适用税率及税收抵免问题的通知》（财税〔2011〕47号）第一条规定的高新技术企业填报15%。

⑨第9列“境外所得应纳税额”：填报第7×8列的金额。

⑩第10列“境外所得可抵免税额”：填报表A108010第13列的金额。

⑪第11列“境外所得抵免限额”：境外所得抵免限额按以下公式计算：

抵免限额=中国境内、境外所得依照企业所得税法和条例的规定计算的应纳税总

表 6－11　A108000　　境外所得税抵免明细表

行次	国家（地区）	境外税前所得	境外所得纳税调整后所得	弥补境外以前年度亏损	境外应纳税所得额	抵减境内亏损	抵减境内亏损后的境外应纳税所得额	税率	境外所得应纳税额	境外所得可抵免税额	境外所得抵免限额	本年可抵免境外所得税额	未超过境外所得税抵免限额的余额	本年可抵免以前年度未抵免境外所得税额	简易办法计算抵免限额				
															按低于12.50%的实际税率计算	按12.50%计算	按25%计算	小计	境外所得抵免所得税额合计
	1	2	3	4	5（3－4）	6	7（5－6）	8	9（7×8）	10	11	12	13（11－12）	14	15	16	17	18（15＋16＋17）	19（12＋14＋18）

额×来源于某国（地区）的应纳税所得额÷中国境内、境外应纳税所得总额

⑫第12列“本年可抵免境外所得税额”：填报纳税人本年来源于境外的所得已缴纳所得税在本年度允许抵免的金额。填报第10列、第11列孰小值。

⑬第13列“未超过境外所得税抵免限额的余额”：填报纳税人本年在抵免限额内抵免完境外所得税后有余额的，可用于抵免以前年度结转的待抵免的所得税额。本列填报第11－12列的余额。

⑭第14列“本年可抵免以前年度未抵免境外所得税额”：填报纳税人本年可抵免以前年度未抵免、结转到本年度抵免的境外所得税额。填报第10列、《跨年度结转抵免境外所得税明细表》（A108030）第7列孰小值。

⑮第15列至第18列由选择简易办法计算抵免额的纳税人填报。

第15列“按低于12.50%的实际税率计算的抵免额”：纳税人从境外取得营业利润所得以及符合境外税额间接抵免条件的股息所得，所得来源国（地区）的实际有效税率低于12.50%的，填报按照实际有效税率计算的抵免额。

第16列“按12.50%计算的抵免额”：纳税人从境外取得营业利润所得以及符合境外税额间接抵免条件的股息所得，除第15列情形外，填报按照12.50%计算的抵免额。

第17列“按25%计算的抵免额”：纳税人从境外取得营业利润所得以及符合境外税额间接抵免条件的股息所得，所得来源国（地区）的实际有效税率高于25%的，填报按照25%计算的抵免额。

⑯第19列“境外所得抵免所得税额合计”：填报第12＋14＋18列的合计金额。

3.《境外所得纳税调整后所得明细表》（A108010）填报。

（1）表单格式见表6－12。

（2）填报说明。本表填报本年来源于或发生于不同国家、地区的所得按照税收规定计算的境外所得纳税调整后所得。对于境外所得税收抵免方式选择“不分国（地区）不分项”的纳税人，也应按照规定计算可抵免境外所得税税额，并按国（地区）别逐行填报。

①第1列“国家（地区）”：填报纳税人境外所得来源的国家（地区）名称，来源于同一个国家（地区）的境外所得可合并到一行填报。

②第2列至第9列“境外税后所得”：填报纳税人取得的来源于境外的税后所得，其中：第3列股息、红利等权益性投资所得包含通过《受控外国企业信息报告表》（国家税务总局公告2014年第38号附件2）计算的视同分配给企业的股息。

③第10列“直接缴纳的所得税额”：填报纳税人来源于境外的营业利润所得在境外所缴纳的企业所得税，以来源于或发生于境外的股息、红利等权益性投资所得、利息、租金、特许权使用费、财产转让等所得在境外被源泉扣缴的预提所得税。

④第11列“间接负担的所得税额”：填报纳税人从其直接或者间接控制的外国企

表 6－12　A108010　境外所得纳税调整后所得明细表

行次	国家（地区）	境外税后所得								境外所得可抵免的所得税额				境外税前所得	境外分支机构收入与支出纳税调整额	境外分支机构调整分摊扣除的有关成本费用	境外所得对应调整的相关成本费用支出	境外所得纳税调整后所得
		分支机构营业利润所得	股息、红利等权益性投资所得	利息所得	租金所得	特许权使用费所得	财产转让所得	其他所得	小计	直接缴纳的所得税额	间接负担的所得税额	享受税收饶让抵免税额	小计					
	1	2	3	4	5	6	7	8	9（2+3+4+5+6+7+8）	10	11	12	13（10+11+12）	14（9+10+11）	15	16	17	18（14+15－16－17）

业分得的来源于中国境外的股息、红利等权益性投资收益，外国企业在境外实际缴纳的所得税额中属于该项所得负担的部分。

⑤第 12 列“享受税收饶让抵免税额”：填报纳税人从与我国政府订立税收协定（或安排）的国家（地区）取得的所得，按照该国（地区）税收法律享受了免税或减税待遇，且该免税或减税的数额按照税收协定应视同已缴税额的金额。

⑥第 15 列“境外分支机构收入与支出纳税调整额”：填报纳税人境外分支机构收入、支出按照税收规定计算的纳税调整额。

⑦第 16 列“境外分支机构调整分摊扣除的有关成本费用”：填报纳税人境外分支机构应合理分摊的总部管理费等有关成本费用，同时在《纳税调整项目明细表》（A105000）进行纳税调增。

⑧第 17 列“境外所得对应调整的相关成本费用支出”：填报纳税人实际发生与取得境外所得有关但未直接计入境外所得应纳税所得的成本费用支出，同时在《纳税调整项目明细表》（A105000）进行纳税调增。

⑨第 18 列“境外所得纳税调整后所得”：填报第 14 + 15 − 16 − 17 列的金额。

4.《境外分支机构弥补亏损明细表》（A108020）填报。

（1）表单格式见表 6 − 13。

（2）填报说明。本表适用于取得境外所得的纳税人填报，填报境外分支机构本年及以前年度发生的税前尚未弥补的非实际亏损额和实际亏损额、结转以后年度弥补的非实际亏损额和实际亏损额，并按国（地区）别逐行填报。纳税人选择“分国（地区）不分项”的境外所得抵免方式，在汇总计算境外应纳税所得额时，企业在境外同一国家（地区）设立不具有独立纳税地位的分支机构，按照企业所得税法及实施条例的有关规定计算的亏损，不得抵减其境内或他国（地区）的应纳税所得额，但可以用同一国家（地区）其他项目或以后年度的所得按规定弥补。纳税人选择“不分国（地区）不分项”的境外所得抵免方式，按照《财政部税务总局关于完善企业境外所得税收抵免政策问题的通知》（财税〔2017〕84 号）规定填报。在填报本表时，应按照国家税务总局公告 2010 年第 1 号第 13、14 条有关规定，分析填报企业的境外分支机构发生的实际亏损额和非实际亏损额及其弥补、结转的金额。

①第 2 列至第 5 列“非实际亏损额的弥补”：填报纳税人境外分支机构非实际亏损额未弥补金额、本年发生的金额、本年弥补的金额、结转以后年度弥补的金额。

②第 6 列至第 19 列“实际亏损额的弥补”：填报纳税人境外分支机构实际亏损额弥补金额。

5.《跨年度结转抵免境外所得税明细表》（A108030）填报。

（1）表单格式见表 6 − 14。

表 6-13　A108020　境外分支机构弥补亏损明细表

行次	国家（地区）	非实际亏损额的弥补				实际亏损额的弥补													
		以前年度结转尚未弥补的非实际亏损额	本年发生的非实际亏损额	本年弥补的以前年度的非实际亏损额	结转以后年度弥补的非实际亏损额	以前年度结转尚未弥补的实际亏损额						本年发生的实际亏损额	本年弥补的以前年度实际亏损额	结转以后年度弥补的实际亏损额					
						前五年	前四年	前三年	前二年	前一年	小计			前四年	前三年	前二年	前一年	本年	小计
	1	2	3	4	5（2+3-4）	6	7	8	9	10	11（6+7+8+9+10）	12	13	14	15	16	17	18	19（14+15+16+17+18）

表 6－14　A108030　　　　跨年度结转抵免境外所得税明细表

行次	国家（地区）	前五年境外所得已缴所得税未抵免余额						本年实际抵免以前年度未抵免的境外已缴所得税额						结转以后年度抵免的境外所得已缴所得税额					
		前五年	前四年	前三年	前二年	前一年	小计	前五年	前四年	前三年	前二年	前一年	小计	前四年	前三年	前二年	前一年	本年	小计
	1	2	3	4	5	6	7（2＋3＋4＋5＋6）	8	9	10	11	12	13（8＋9＋10＋11＋12）	14（3－9）	15（4－10）	16（5－11）	17（6－12）	18	19（14＋15＋16＋17＋18）

（2）填报说明。本表适用于取得境外所得的纳税人填报，填报本年发生的来源于不同国家或地区的境外所得按照我国税收法律、法规的规定可以抵免的所得税额，并按国（地区）别逐行填报。

①第2列至第7列"前五年境外所得已缴所得税未抵免余额"：填报纳税人前五年境外所得已缴纳的企业所得税尚未抵免的余额。

②第8列至第13列"本年实际抵免以前年度未抵免的境外已缴所得税额"：填报纳税人用本年未超过境外所得税款抵免限额的余额抵免以前年度未抵免的境外已缴所得税额。

③第14列至第19列"结转以后年度抵免的境外所得已缴所得税额"：填报纳税人以前年度和本年未能抵免并结转以后年度抵免的境外所得已缴所得税额。

6. 其他有关报表填报。《中华人民共和国企业所得税年度纳税申报表》（A100000）第14行"境外所得"：填报纳税人取得的境外所得且已计入利润总额的金额。本行根据《境外所得纳税调整后所得明细表》（A108010）填报。

《中华人民共和国企业所得税年度纳税申报表》（A100000）第29行"境外所得应纳所得税额"：填报纳税人来源于中国境外的所得，按照我国税收规定计算的应纳所得税额。本行根据《境外所得税收抵免明细表》（A108000）填报。

《中华人民共和国企业所得税年度纳税申报表》（A100000）第30行"境外所得抵免所得税额"：填报纳税人来源于中国境外所得依照中国境外税收法律以及相关规定应缴纳并实际缴纳（包括视同已实际缴纳）的企业所得税性质的税款（准予抵免税款）。本行根据《境外所得税收抵免明细表》（A108000）填报。

《纳税调整项目明细表》（A105000）第28行"（十五）境外所得分摊的共同支出"：第3列"调增金额"为《境外所得纳税调整后所得明细表》（A108010）第10行第16+17列的合计金额。

如有用境外盈利弥补境内当期或以前年度亏损的，应填报《企业所得税弥补亏损明细表》（A106000）。

（四）汇算清缴案例分析

1. 综合抵免法境外所得税收抵免填报。

[**例6-15**] 中国居民A企业（所得税税率25%）主要经营范围为对外工程承包，因业务需要在境外多个国家和地区设立了分支机构。2017年度A企业境内实现会计利润总额-7 195.63万元。所得税年度汇算清缴时A企业按照中国税法政策对2017年收入及成本费用等项目进行了纳税调整。其中，免税、减计收入项目调减应税所得2 074.43万元，成本费用项目调增应税所得982.37万元，成本费用项目调减应税所得918.26万元，2017年度已在中国境内预缴企业所得税7.78万元。

2017年A企业境外各分支机构税后所得合计22 110.31万元，境外实际缴纳企业所得税 178.50 万元，境外税前应税所得 22 288.81 万元，境外分支机构收入与支出纳税调增 2 561.87 万元，纳税调整后境外应税所得 24 850.68 万元，可税前抵扣的境外以前年度未弥补亏损 1 833.97 万元，当年境外缴纳企业所得税 178.50 万元全部取得完税证明，本案例中币种均为人民币。境外分支机构应纳税所得额计算过程详见表 6－15。

表 6－15　　A 企业境外分支机构 2017 年应纳税所得额计算表　　单位：万元

国家/地区	境外税后所得	境外直接缴纳所得税	境外税前所得	收入与支出纳税调整	境外所得纳税调整后所得
中国香港	－266.74	—	－266.74	-	－266.74
老挝	174.28	—	174.28	191.07	365.34
阿尔及利亚	－1 075.18	50.23	－1 024.96	109.37	－915.58
尼日尔	1 338.99	—	1 338.99	－14.98	1 324.02
苏丹	－52.54	—	－52.54	0.03	－52.51
阿拉伯联合酋长国	－279.91	-	－279.91	8.51	－271.40
塞拉利昂	64.36	—	64.36	27.86	92.23
巴布亚新几内亚	143.67	122.80	266.47	－14.39	252.07
安哥拉	12 632.80	—	12 632.80	2 199.40	14 832.21
印度尼西亚	9 663.35	5.47	9 668.83	24.33	9 693.15
马来西亚	28.59	—	28.59	24.66	53.25
孟加拉国	－261.36	—	－261.36	6.01	－255.36
合计	22 110.31	178.50	22 288.81	2 561.87	24 850.68

A 企业采用综合抵免法计算并填报 A 企业当年度应纳所得税额：

（1）计算过程如下：

境内应纳税所得额 = －7 195.63 + 982.37 － 918.26 － 2 074.43 = －9 205.95（万元）

境外应纳税所得额合计 = 24 850.68 － 1 833.97 = 23 016.71（万元）

境内外应纳税所得额合计 = －9 205.95 + 23 016.71 = 13 810.76（万元）

境外所得境内抵免限额 = 13 810.76 × 25% = 3 452.69（万元）

境外已实际缴纳所得税税额 = 178.50（万元）

根据孰小原则，可实际抵免的所得税税额为 178.50 万元。

A 企业应缴纳企业所得税 = 境内外应纳税所得额 × 25% － 境外可抵免所得税 － 境内已预缴所得税

= 13 810.76 × 25% － 178.50 － 7.78 = 3 266.41（万元）

（2）申报表填列见表 6－16 至表 6－18。

表 6－16　A108000　　境外所得税抵免明细表　　单位：万元

行次	国家（地区）	境外税前所得	境外所得纳税调整后所得	弥补境外以前年度亏损	境外应纳税所得额	抵减境内亏损	抵减境内亏损后的境外应纳税所得额	税率	境外所得应纳税额	境外所得可抵免税额	境外所得抵免限额	本年可抵免境外所得税额	未超过境外所得税抵免限额的余额	本年可抵免以前年度未抵免境外所得税额	境外所得抵免所得税额合计
	1	2	3	4	5（3－4）	6	7（5－6）	8	9（7×8）	10	11	12	13（11－12）	14	19（12＋14）
		22 110.31	24 850.68	1 833.97	23 016.71	9 205.95	13 810.76	25%	3 452.69	178.50	3 452.69	178.50	3 274.19	－	178.50

备注：因本案例未涉及 A108000 表 15—18 列简易计税相关问题，上表略去此内容。

表 6－17　A108010　　境外所得纳税调整后所得明细表　　单位：万元

行次	国家（地区）	境外税后所得								境外所得可抵免的所得税额				境外税前所得	境外分支机构收入与支出纳税调整额	境外分支机构调整分摊扣除的有关成本费用	境外所得对应调整的相关成本费用支出	境外所得纳税调整后所得
		分支机构营业利润所得	股息、红利等权益性投资所得	利息所得	租金所得	特许权使用费所得	财产转让所得	其他所得	小计	直接缴纳的所得税额	间接负担的所得税额	享受税收饶让抵免税额	小计					
	1	2	3	4	5	6	7	8	9（2＋3＋4＋5＋6＋7＋8）	10	11	12	13（10＋11＋12）	14（9＋10＋11）	15	16	17	18（14＋15－16－17）
1		22 110.31							22 110.31	178.50			178.50	22 288.81	2 561.87			24 850.68

表 6－18　A100000　中华人民共和国企业所得税年度纳税申报表（A 类）

行次	类别	项　目	金额（万元）
1	利润总额计算	一、营业收入（填写 A101010/101020/103000）	
2		减：营业成本（填写 A102010/102020/103000）	
3		减：税金及附加	
4		减：销售费用（填写 A104000）	
5		减：管理费用（填写 A104000）	
6		减：财务费用（填写 A104000）	
7		减：资产减值损失	
8		加：公允价值变动收益	
9		加：投资收益	
10		二、营业利润（1－2－3－4－5－6－7＋8＋9）	
11		加：营业外收入（填写 A101010/101020/103000）	
12		减：营业外支出（填写 A102010/102020/103000）	
13		三、利润总额（10＋11－12）	15 093. 18
14	应纳税所得额计算	减：境外所得（填写 A108010）	22 288. 81
15		加：纳税调整增加额（填写 A105000）	982. 37
16		减：纳税调整减少额（填写 A105000）	918. 26
17		减：免税、减计收入及加计扣除（填写 A107010）	2 074. 43
18		加：境外应税所得抵减境内亏损（填写 A108000）	9 205. 95
19		四、纳税调整后所得（13－14＋15－16－17＋18）	
20		减：所得减免（填写 A107020）	
21		减：弥补以前年度亏损（填写 A106000）	
22		减：抵扣应纳税所得额（填写 A107030）	
23		五、应纳税所得额（19－20－21－22）	
24	应纳税额计算	税率（25%）	
25		六、应纳所得税额（23×24）	
26		减：减免所得税额（填写 A107040）	
27		减：抵免所得税额（填写 A107050）	
28		七、应纳税额（25－26－27）	
29		加：境外所得应纳所得税额（填写 A108000）	3 452. 69
30		减：境外所得抵免所得税额（填写 A108000）	178. 50
31		八、实际应纳所得税额（28＋29－30）	3 274. 19
32		减：本年累计实际已缴纳的所得税额	7. 78
33		九、本年应补（退）所得税额（31－32）	3 266. 41
34		其中：总机构分摊本年应补（退）所得税额（填写 A109000）	
35		财政集中分配本年应补（退）所得税额（填写 A109000）	
36		总机构主体生产经营部门分摊本年应补（退）所得税额（填写 A109000）	

2. 境外盈利弥补境内以前年度亏损。

［例 6－16］中国居民企业 A（所得税税率 25%），2016 年度中国境内应纳税所得额为－10 210. 47 万元。在甲国设立分支机构 B（所得税税率 20%），当年应纳税所得额 71 591. 13 万元，2016 年度可抵免境外已缴纳企业所得税 14 009. 31 万元，境内已预

缴企业所得税7.24万元，已知A企业历年亏损及弥补情况见表6－19。

表6－19　企业所得税弥补亏损明细表　单位：万元

行次	项目	年度	纳税调整后所得	本年度实际弥补的以前年度亏损	可结转以后年度弥补的亏损额（境外弥补前）
		1	2	10	11
1	前五年度	2010	－2 030.34	1 355.04	×
2	前四年度	2011	－1 610.47	－	1 610.47
3	前三年度	2012	－1 002.45	－	1 002.45
4	前二年度	2013	－57.32	－	57.32
5	前一年度	2014	3 101.93	－	－
6	本年度	2015	1 355.04	－	－
7	可结转以后年度弥补的亏损额合计				2 670.24

现A企业选择以境外盈利抵减境内亏损，A企业2016年度应纳税额计算及申报表填列如下（假设不考虑境外机构成本费用分配、境内投资抵扣等相关因素）：

①计算可以弥补的以前年度亏损。在A106000明细表外计算可弥补的以前年度亏损，2011年可弥补亏损1 610.47万元，2012年可弥补亏损1 002.45万元，2013年可弥补亏损57.32万元，将此结果填列A106000明细表第10列，如表6－20所示。

根据计算，2016年度A企业实际弥补以前年度亏损2 670.24万元。

②计算2016年度实际可抵免税额和应纳税额

境内外应纳税所得额合计＝－10 210.47＋71 591.13＝61 380.66（万元）

抵减境内以前年度亏损后的境内外应纳税所得额合计＝61 380.66－2 670.24
＝58 710.42（万元）

境外所得抵免限额＝58 710.42×25%＝14 677.61（万元）

应缴纳企业所得税额＝境内外应纳税所得×25%－境外可抵免所得税－境内已预缴所得税
＝58 710.42×25%－14 009.31－7.24＝661.06（万元）

③申报填写见表6－21至表6－22。

（五）汇算清缴抵免重点事项风险提示

1. 完税证明或纳税凭证不规范。由于各国税制及税收管理规范程度存在巨大差异，中国的建筑企业在境外设立项目公司或项目经理部从事境外经营活动，即使依照项目公司或常设机构所在地税收法律缴纳境外税收后，也会经常碰到无法取得合乎境内抵免要求的境外政府机关核发的具有纳税性质的凭证和证明，包括但不限于业主预提所得税证明无法取得、境外完税证明或纳税凭证样式怪异、取得境外完税证明或纳税证明的时间超过一年以上、境外完税主体与合同签订主体不一致等情形，有可能得

表 6－20 A106000 企业所得税弥补亏损明细表 单位：万元

行次	项目	年度	可弥补亏损所得	合并、分立转入（转出）可弥补的亏损额	当年可弥补的亏损额	以前年度亏损已弥补额					本年度实际弥补的以前年度亏损额	可结转以后年度弥补的亏损额
						前四年度	前三年度	前二年度	前一年度	合计		
		1	2	3	4	5	6	7	8	9	10	11
1	前五年度	2011	－1 610.47	–	－1 610.47					–	1 610.47	–
2	前四年度	2012	－1 002.45	–	－1 002.45	×				–	1 002.45	–
3	前三年度	2013	－57.32	–	－57.32	×	×			–	57.32	–
4	前二年度	2014	3 101.93	–	–	×	×	×		–	–	–
5	前一年度	2015	1 355.04	–	–	×	×	×	×	×	–	–
6	本年度	2016	61 380.66	–	–	×	×	×	×	×	2 670.24	–
7	可结转以后年度弥补的亏损额合计											–

表 6－21　A108000　**境外所得税抵免明细表**

单位：万元

行次	国家（地区）	境外税前所得	境外所得纳税调整后所得	弥补境外以前年度亏损	境外应纳税所得额	抵减境内亏损	抵减境内亏损后的境外应纳税所得额	税率	境外所得应纳税额	境外所得可抵免税额	境外所得抵免限额	本年可抵免境外所得税额	未超过境外所得税抵免限额的余额	本年可抵免以前年度未抵免境外所得税额	境外所得抵免所得税额合计
	1	2	3	4	5（3－4）	6	7（5－6）	8	9（7×8）	10	11	12	13（11－12）	14	19（12＋14）
					71 591.13	12 880.72	58 710.42	25%	14 677.61	11 115.71	14 677.61	11 115.71	3 561.90	2 893.60	14 009.31

表 6－22　A100000　中华人民共和国企业所得税年度纳税申报表（A 类）　单位：万元

行次	类　别	项　目	金　额
1	利润总额计算	一、营业收入（填写 A101010/101020/103000）	
2		减：营业成本（填写 A102010/102020/103000）	
3		减：税金及附加	
4		减：销售费用（填写 A104000）	
5		减：管理费用（填写 A104000）	
6		减：财务费用（填写 A104000）	
7		减：资产减值损失	
8		加：公允价值变动收益	
9		加：投资收益	
10		二、营业利润（1－2－3－4－5－6－7＋8＋9）	
11		加：营业外收入（填写 A101010/101020/103000）	
12		减：营业外支出（填写 A102010/102020/103000）	
13		三、利润总额（10＋11－12）	51 947. 82
14	应纳税所得额计算	减：境外所得（填写 A108010）	57 015. 89
15		加：纳税调整增加额（填写 A105000）	350. 13
16		减：纳税调整减少额（填写 A105000）	6 752. 18
17		减：免税、减计收入及加计扣除（填写 A107010）	1 410. 59
18		加：境外应税所得抵减境内亏损（填写 A108000）	12 880. 72
19		四、纳税调整后所得（13－14＋15－16－17＋18）	–
20		减：所得减免（填写 A107020）	–
21		减：弥补以前年度亏损（填写 A106000）	2 670. 24
22		减：抵扣应纳税所得额（填写 A107030）	–
23		五、应纳税所得额（19－20－21－22）	–
24	应纳税额计算	税率（25%）	
25		六、应纳所得税额（23×24）	–
26		减：减免所得税额（填写 A107040）	–
27		减：抵免所得税额（填写 A107050）	–
28		七、应纳税额（25－26－27）	–
29		加：境外所得应纳所得税额（填写 A108000）	14 677. 60
30		减：境外所得抵免所得税额（填写 A108000）	14 009. 31
31		八、实际应纳所得税额（28＋29－30）	668. 30
32		减：本年累计实际已缴纳的所得税额	7. 24
33		九、本年应补（退）所得税额（31－32）	661. 06
34		其中：总机构分摊本年应补（退）所得税额（填写 A109000）	
35		财政集中分配本年应补（退）所得税额（填写 A109000）	
36		总机构主体生产经营部门分摊本年应补（退）所得税额（填写 A109000）	

不到境内主管税务机关的认可，从而给企业带来企业所得税汇算清缴时无法实现所得税抵免的风险。

2. 综合抵免与抵免层级增加给抵免提出了更高要求。目前众多建筑施工企业参与“一带一路”工程，因财税管理人员知识水平等限制，主要还是采用单一链条投资架构开展境外投资，国家综合抵免与抵免层级增加等众多利好措施接连出台以后，部分企业开始尝试多链条投资架构，在不同国家（地区）开展境外投资。多链条投资和综合抵免，除考虑投资层级因素外，还应统筹考虑抵免层级和是否能够调剂不同国家（地区）的税收抵免额，给财税人员知识结构和业务水平提出了更高的要求和挑战。

三、个人所得税境内抵免实务

（一）境内派出机构个人所得税管理要求

1. 代扣代缴外派员工个人所得税。根据我国税法规定，一般情况下，境外派出员工的境内企业要履行个人所得税扣缴义务。并应当在发放工资薪金的次月15日内向其主管税务机关报送纳税申报表以及税务机关要求报送的其他资料，并将税款缴入国库。

2. 履行年度报告义务。境内的公司、企业和其他经济组织以及政府部门，凡有境外外派人员的，扣缴义务人应在每一公历年度终了后30日内向派出单位所在地主管税务机关报送外派人员情况。内容主要包括：外派人员的姓名、身份证或护照号码、职务、派往国家和地区、境外工作单位名称和地址、合同期限、境内外收入状况、境内住所及缴纳税收情况等。

（二）外派员工个人自行申报

1. 个人自行申报政策规定。取得境外所得的纳税人需在规定的期限内，向境内主管税务机关自行申报纳税。

（1）应纳税额的计算。纳税人境外所得应按照“分国分项”的方法计算应纳税额。也就是说，同一国家（地区）同一项目所得来源于两处以上的应合并计算，但不同国家或者地区和不同应税项目，应分别依照税法规定的费用减除标准和适用税率计算应纳税额。

（2）费用扣除。纳税人的境外所得按照有关规定交付给派出单位的部分，只要能提供有效合同或有关凭证，经过主管税务机关审核后，可以从境外所得中扣除。纳税人兼有来源于中国境内、境外所得的，应按个人所得税法及其实施条例的规定分别减除费用，并分别计算纳税。

（3）境外工资薪金的计算方法。需要注意的是，与代扣代缴的工资薪金不同，个人当年因任职或受雇在中国境外提供劳务取得的工资薪金所得，如按规定需要办理自行纳税申报时，应按该所得当年所属月份平均分摊计算个人所得税：

应纳税额 =（全年收入额 - 三险一金全年汇总额 - 减除费用全年合计额）÷12×适用税率 - 速算扣除数）×12

（4）外国货币的折算。如果纳税人取得的所得是外国货币，应当按照代扣代缴或自行申报的上一月最后一日人民币汇率中间价，折合成人民币计算应纳税所得额。纳税人在年度终了后办理境外所得自行申报时，对已经按月或者按次预缴税款的外国货币所得，无需重新折算；对应当补缴税款的所得部分，按照上一纳税年度最后一日人民币汇率中间价，折合成人民币计算应纳税所得额。

（5）境外税额的抵免。为了避免重复征税，同时维护我国的税收权益，根据中国税法规定，纳税人从中国境外取得的所得，准予其从应纳税额中扣除已在境外实际缴纳的个人所得税税款，但准予抵免或扣除的实缴境外税款最多不得超过该纳税人境外所得依照中国税法规定计算的应纳税额（抵免限额）。低于扣除限额的，应当缴纳差额部分的税款；超过扣除限额的，其超过部分不得在本纳税年度的应纳税额中扣除，但是可以在以后纳税年度的该国家或者地区扣除限额的余额中补扣，补扣期限最长不得超过5年。

2. 个人自行申报需提供资料。

（1）《个人所得税自行纳税申报表（B表）》。

（2）《个人所得税基础信息表（B表）》（初次申报或在信息发生变化时填报）。

（3）纳税义务人依照规定申请扣除已在境外缴纳的个人所得税税额时，应提供境外税务机关填发的税款缴纳凭证原件。

（4）个人有效身份证件原件及复印件。

（三）个人境外所得应纳税额计算

我国个人所得税的抵免限额计算采用分国限额法，即分别来自不同国家或地区的不同应税项目，按照中国税法规定的标准和适用税率计算抵免限额。对于同一国家（地区）同一项目所得来源于两处以上的应合并计算，但不同国家（地区）和不同应税项目，应分别依照税法规定的费用减除标准和适用税率计算应纳税额。

［例6－17］ 中国居民A先生2017年1—12月期间前往甲国任职，取得工资收入265 800元人民币，特许权使用费收入6 000元；同时，又在乙国取得利息收入2 000元；收入均由境外单位支付，税款均由个人负担。A先生没有委托其境内派出机构办理年度纳税申报。

［分析］

1. 由于A先生的收入均由境外单位支付，且没有委托其境内派出机构办理纳税申报。因此，A先生应在年度终了后30日内办理年度自行申报。

2. 在计算A先生2017年度境外所得的应纳个人所得税时，应区分甲国和乙国不同所得项目，分别计算两个国家各项应纳个人所得税。

（1）甲国工资、薪金所得按我国税法规定计算的应纳税额为：［（265 800－4 800×12）÷12×适用税率－速算扣除数］×12＝（17 350×25%－1 005）×12＝39 990（元）

（2）甲国特许权使用费所得按我国税法规定计算的应纳税额为：6 000×（1－

20%）×20%＝960（元）

（3）在乙国取得的利息所得按我国税法规定计算的应纳税额为：

2000×20%＝400（元）

（四）境外税额抵免计算方法

纳税人从中国境外取得的应税所得，可以在应纳税额中抵免已在境外缴纳的个人所得税税额。纳税人在计算抵免税额前，应按照分国抵免法的原则计算扣除限额，即扣除限额是该纳税人在同一国家（地区）内取得不同所得项目的应纳税额之和。在境外一个国家（地区）实际已经缴纳的个人所得税税额，低于这个国家或者地区扣除限额的，其超过部分不得在本纳税年度的应纳税额中扣除，但是可以在以后纳税年度的该国家或者地区扣除限额的余额中补扣，补扣期限最长不得超过5年。

［**例6－18**］2017年度，上一案例中的A先生已分别按甲国和乙国税法规定，分别缴纳了个人所得税18 250元和500元，A先生境外已纳税额如何抵免并计算A先生2017年度在中国补缴个人所得税金额。

［**分析**］

1. 分别汇总甲国和乙国不同所得项目的应纳税额，作为该国的抵免限额，然后分别抵减甲国和乙国的应纳税额。

2. 汇总甲国和乙国抵减后的应纳税额，计算A先生2017年度境外所得应纳的个人所得税。

（1）在甲国取得缴纳税款的抵扣：

甲国扣除限额＝39 990＋960＝40 950（元）

来源于甲国的所得应纳个人所得税＝40 950－18 250＝22 700（元）

A先生在甲国所得缴纳个人所得税18 250元，低于抵扣限额，可全额抵扣，并需在中国补缴个人所得税款22 700元。

（2）在乙国取得缴纳税款的抵扣：

乙国扣除限额＝400（元）

乙国未抵扣完的可抵扣税额＝500－400＝100（元）

A先生在乙国实际缴纳的税款超出了抵免限额，只能在限额内抵扣400元，不用补缴个人所得税款。乙国缴纳税款未抵扣完的100元，可在以后5年内该纳税人从乙国取得的所得中的征税扣除限额有余额时补扣。

（3）2017年度境外所得应纳的个人所得税＝22 700＋0＝22 700（元）

因此，2017年度A先生取得的境外所得应在中国补缴个人所得税22 700元。

第三节 境内抵免实务难点和规划

（一）多层持股比例抵免判断

近年来，随着我国企业越来越多地“走出去”参与国际竞争，很多企业在境外投资中需要专门架设中间层企业，超过三层以上的境外投资架构情况越来越普遍。一般来讲，投资架构越多层，面临的国际重复征税的压力越大，所以，需要抵免的层次也要同步适应。理论上，抵免层级越多，消除重复征税就越彻底，但抵免层级增多后，纳税人计算更为复杂、税务机关也会面临较大的征管压力。

根据财税〔2009〕125号文件规定，由居民企业直接或者间接持有20%以上股份的外国企业，限于符合以下持股方式的三层外国企业：

第一层：单一居民企业直接持有20%以上股份的外国企业；

第二层：单一第一层外国企业直接持有20%以上股份，且由单一居民企业直接持有或通过一个或多个符合本条规定持股条件的外国企业间接持有总和达到20%以上股份的外国企业；

第三层：单一第二层外国企业直接持有20%以上股份，且由单一居民企业直接持有或通过一个或多个符合本条规定持股条件的外国企业间接持有总和达到20%以上股份的外国企业。

抵免不超过三层的限制难以完全适应中国企业“走出去”的实际情况。为更好地鼓励中国企业“走出去”获取境外资源、市场、技术等关键要素，财税〔2017〕84号文件将抵免层级由三层扩大至五层。实施统一的五层抵免可以使中国企业境外所得抵免更加充分。

自2017年1月1日起，中国企业在境外取得的股息所得，在按规定计算该企业境外股息所得的可抵免所得税额和抵免限额时，由该企业直接或者间接持有20%以上股份的外国企业，可以按照财税〔2017〕84号文件规定的持股方式确定五层外国企业。

第一层：企业直接持有20%以上股份的外国企业；

第二层至第五层：单一上一层外国企业直接持有20%以上股份，且由该企业直接持有或通过一个或多个符合规定持股方式的外国企业间接持有总和达到20%以上股份的外国企业。

符合规定的“持股条件”是指，各层企业直接持股、间接持股以及为计算居民企业间接持股总和比例的每一个单一持股，均应达到20%的持股比例。

在多层级持股情况下，企业对来自境外股息、红利等权益性投资收益中，从最低一层外国企业起逐层计算的属于由上一层企业负担的税额，其计算公式如下：

本层企业所纳税额属于由一家上一层企业负担的税额 =（本层企业就利润和投资收益所实际缴纳的税额 + 符合规定的由本层企业间接负担的税额）×本层企业向一家上一层企业分配的股息（红利）÷本层企业所得税后利润额。

[**例6-19**] 中国居民企业A分别控股了四家公司甲国B1、甲国B2、乙国B3、乙国B4，持股比例分别为50%、50%、100%和100%；B1持有丙国C1公司30%股份，B2持有丙国C2公司50%股份，B3持有丁国C3公司50%股份，B4持有丁国C4公司50%股份；C1、C2、C3、C4分别持有戊国D公司20%、40%、25%和15%股份；D公司持有戊国E公司100%股份。图示见图6-1。

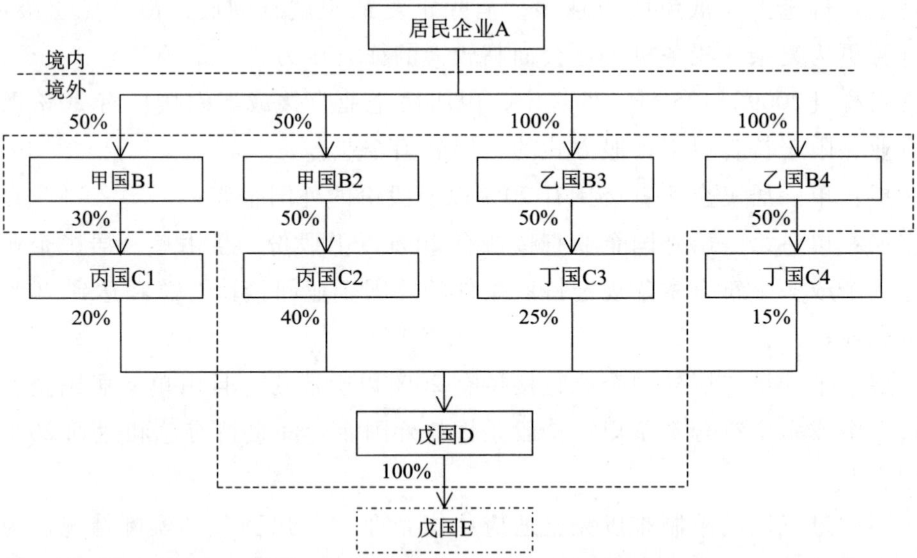

图6-1

(1) 第一层（B层）各公司间接抵免持股条件的判定：

B1、B2、B3、B4公司分别直接被A公司控股50%、50%、100%和100%，均符合间接抵免第一层公司的持股条件。

(2) 第二层（C层）各公司间接抵免持股条件的判定：

①C1公司虽然被符合条件的上一层公司B1控股30%，但仅受居民企业A间接控股15%（50%×30%），因此，属于不符合间接抵免持股条件的公司（但如果协定的规定为10%，则符合间接抵免条件）；

②C2公司被符合条件的上一层公司B2控股50%，且被居民企业A间接控股达到25%（50%×50%），因此，属于符合间接抵免持股条件的公司；

③C3公司被符合条件的上一层公司B3控股50%，且被居民企业A间接控股达到50%（100%×50%），因此，属于符合间接抵免持股条件的公司；

④C4 公司情形与 C3 公司相同，属于符合间接抵免持股条件的公司。

（3）第三层（D 层）各公司间接抵免持股条件的判定：

①虽然 D 公司被 C1 控股达到了 20%，但由于 C1 属于不符合持股条件的公司，所以，C1 对 D 公司的 20% 持股也不得再计入 D 公司间接抵免持股条件的范围，来源于 D 公司 20% 部分的所得的已纳税额不能进入居民企业 A 的抵免范畴；

②D 公司被 C2 控股达到 40%，但被 A 通过符合条件的 B2、C2 间接持股仅 10%，未达到 20%，因此，还不能由此判定 D 是否符合间接抵免条件；

③D 公司被 C3 控股达到 25%，且由 A 通过符合条件的 B3、C3 间接控股达 12.5%（100% ×50% ×25%），加上 A 通过 B2、C2 的间接控股 10%，间接控股总和达到 22.5%。因此，D 公司符合间接抵免条件，其所纳税额中属于向 C2 和 C3 公司分配的 65% 股息所负担的部分，可进入 A 公司的间接抵免范畴。

④D 公司被 C4 控股 15%，虽然 C4 自身为符合持股条件的公司，但其对 D 公司的持股不符合直接控股达 20% 的持股条件。因此，该 C4 公司对 D 公司 15% 的持股，不能计入居民企业 A 对 D 公司符合条件的间接持股总和之中；同时，D 公司所纳税额中属于向 C4 公司按其持股 15% 分配的股息所负担的部分，也不能进入居民企业 A 的间接抵免范畴。

（4）第四层（E 层）公司间接抵免持股条件的判定：

居民企业 A 通过其他公司对 E 的间接控制由于超过了三层（居民企业 A→B2（B3）→C2（C3）→D→E，E 公司处于向下四层），根据最多抵免五层的规定，根据上面的分析判断，由于 D 公司符合间接抵免条件，其所纳税额中属于向 C2 和 C3 公司分配的 65% 股息所负担的部分，而 D 公司对 E 公司持股 100%，E 公司向 D 公司分配的股息，如果再向上分配，则可进入 A 公司的间接抵免范畴，D 公司就 E 公司所得所汇总缴纳的税额部分，也可以在计算 A 公司间接负担税额时按规定比例还原并计算抵免额。

（二）境外抵免亏损弥补问题

《企业所得税法》第十七条规定，企业在汇总计算缴纳企业所得税时，其境外营业机构的亏损不得抵减境内营业机构的盈利。

1. 在具体计算时，企业在境外同一国家（地区）设立不具有独立纳税地位的分支机构，按照企业所得税法及实施条例的有关规定计算的亏损，如果采用分国抵免的，不得抵减其境内或他国（地区）的应纳税所得额，但可以用同一国家（地区）其他项目或以后年度的所得按规定弥补。

2. 如果采用综合抵免的，其在境外国（地区）产生的亏损可以弥补境外其他国（地区）产生的盈利，弥补之后仍为亏损的，不得弥补境内营业机构的盈利。

3. 根据我国税法规定，企业境外分支机构的亏损额有实际亏损额与非实际亏损额之分，各自弥补期限相应不同。

如果企业当期境内外所得盈利额与亏损额加总后和为零或正数，则其当年度境外分支机构的非实际亏损额可无限期向后结转弥补；如果企业当期境内外所得盈利额与亏损额加总后和为负数，则以境外分支机构的亏损额超过企业盈利额部分的实际亏损额，按5年期限进行亏损弥补，未超过企业盈利额部分的非实际亏损额仍可无限期向后结转弥补。

4. 如果企业境内所得为亏损，境外所得为盈利，境外盈利可以弥补境内当年度及以前年度亏损。如果企业境内为亏损，境外盈利分别来自多个国家（地区），则弥补境内亏损时，企业可以自行选择弥补境内亏损的境外所得来源国家（地区）顺序。企业已使用同期境外盈利全部或部分弥补了境内亏损的，被弥补的亏损不得再用以后年度境内盈利重复弥补。

需要特别说明的是，境外营业机构的亏损指企业在境外设立不具有独立纳税地位的分支机构或构成常设机构的营业利润，居民企业处置境外股权形成的资产损失，不属于“境外营业机构的亏损”，可以在计算居民企业应纳税所得总额时扣除。

[例6-20] 中国居民A企业2017年度境内外净所得为360万元。其中，境内所得的应纳税所得额为500万元；设在甲国的分支机构当年度应纳税所得额为100万元；设在乙国的分支机构当年度应纳税所得额为-300万元；A企业当年度从乙国取得利息所得的应纳税所得额为60万元（假设不考虑其他调整因素）。

（1）当A企业采用分国抵免法时：

A企业当年度境内外净所得为360万元，依据境外亏损不得在境内或他国盈利中抵减的规定，其发生在乙国分支机构的当年度亏损额300万元，仅可以用从该国取得的利息60万元弥补，未能弥补的非实际亏损额240万元，不得从当年度企业其他盈利中弥补。

因此，A企业当年境内、外应纳税所得额 = 500 + 100 = 600（万元）

其中：境内应纳税所得额为500万元，甲国应纳税所得额为100万元，乙国未弥补的非实际亏损额共240万元，允许以其来自乙国以后年度的所得无限期结转弥补。

（2）当A企业采用综合抵免法时：

境内应纳税所得额为500万元，甲国应纳税所得额为100万元，乙国应纳税所得额为-240万元，乙国亏损240万元可以抵减甲国100万元盈利，剩余-140万元非实际亏损留待以后年度无限期结转。

A企业当年度应纳税所得总额 = 500（万元）

我国目前现行的境外抵免关于亏损弥补的规定，给中国企业的抵免操作既带来困惑，同时也提供了一定的税收抵免安排规划空间，只要安排得当，可以享受递延纳税好处。

困惑的地方在于，如果企业选择用境外所得弥补境内亏损，从而会降低境外抵扣限额，反而可能会对企业不利，导致境外实际已纳并可抵免税额抵免不充分。另外，由于境内亏损已经通过境外盈利弥补，就不得再用以后年度的境内盈利重复弥补，如果弥补境内亏损的境外所得的当地实际承担税率低于25%，相当于增加了境内以后年度的所得税款现金支出压力。

我国税法规定，如果企业境内为亏损，境外盈利分别来自多个国家（地区），则弥补境内亏损时，企业可以自行选择弥补境内亏损的境外所得来源国家（地区）顺序，企业选择境外所得来源国家（地区）的权利是一个重要的税收规划点，企业应尽量选择用来源于低税率国家（地区）的盈利先去弥补境内亏损，这样操作可以降低境外盈利在境外已纳的可予抵免但未能抵免的税额，防止未来超过补抵期限不能抵扣。

我们的综合结论是，由于境外所得的境内抵免使用的税率不能超过法定税率25%，在存在境内亏损而境外盈利的情况下，企业应综合测算，推荐优先使用抵免限额，尽量不要往以后年度结转抵补，其次再考虑用境外盈利弥补境内亏损，将未抵免完的可予抵免境外税额向后结转。

（三）境内抵免规划

如前文所述，不可否认，现行境外所得税收抵免政策，对鼓励我国企业尤其是建筑企业“走出去”起到了非常积极的作用。随着“一带一路”建设的推进，我国建筑企业境外投资形式、投资架构层级和投资国别日益复杂化，许多企业在境外很多国家（地区）从事工程承包、基础设施投资等业务，面临的各种风险也日益突显。比较突出的现象是，在一个国家（地区）经营得风生水起，但业务扩展到另一国家（地区）可能就会陷入亏损的泥滩，盈亏不平衡情况越来越常见。境内现行的境外所得抵免政策虽然在不断完善，但仍然存在一些不足，比如建筑企业在境外缴纳的所得税性质的税款，只能在所得税汇算清缴按年抵免，而不能在境内季度所得税预缴申报中定期进行抵扣，会影响企业整体交纳税款的现金流量。

为缓解纳税和现金流量压力，中国建筑企业在境外开展经营活动，需要利用好境外所得抵免政策，合理做一些税收规划以递延中国纳税义务。

1. 分析选择公司组织形式。中国居民企业的境外分支机构（分公司、常设机构、项目部等）取得的境外所得，应在当年计入其应纳税所得额，缴纳中国企业所得税，并抵免境外所得税。

中国居民企业的境外子公司，通常在汇回利润时才需要缴纳中国企业所得税，同时抵免境外所得税（除非构成中国居民企业或受控外国企业）。

案例分析：某企业于A国与境外业主签订工程项目EPC合同，并依据当地法律规定需要子公司或分公司作为项目执行公司。假设子公司和分公司在当地的适用税率相同，在不考虑其他因素假设下，如果设立子公司进行EPC项目建设，子公司实现的项目利润不向境内母公司进行分配，当年就不构成境内纳税义务。但如果设立分公司执行项目建设，不管项目利润是否汇回境内，均应按照中国税法规定计算并缴纳企业所得税。

由此可见，设立境外子公司可有效递延中国纳税义务，从而在一定程度上缓解现金流量压力。

2. 合理设计境外投资架构。如果采取境内直接控股架构，即中国公司直接持有外国公司股权，如果境外子公司的实际税负低于25%，股息汇回中国需要立即按税率差补缴境内企业所得税。但如果采用间接控股架构，设立多层中间控股公司开展境外投资，则可以实现两方面的税收规划收益，一方面从最底层的公司向上一层公司分配的股息保留在境外不汇回境内，进行再投资，不构成中国纳税义务，从而递延中国纳税时间；另一方面，可以实现境外高税负国家（地区）和低税负国家（地区）投资收益的平衡和"稀释"，从整体上降低中国企业的境内所得税税负。但需注意"受控外国企业"的风险。

此外，我国税法规定，境外第二层及以下层级企业归属不同国家（地区）的，在计算居民企业负担境外税额时，均以境外第一层企业所在国（地区）为国别划分进行归集计算，而不论该第一层企业的下层企业归属何国（地区）。企业可以合理安排高低税率国家（地区）的股息汇回时间和金额，来达到少交税或不在中国补税的目的。

[例6-21] 税率高低不同国家（地区）股息汇回时间和金额安排。中国某建筑企业持有境外某国A公司100%的股权，A公司2016年和2017年度的税前利润均为100万美元。2017年底，A公司累计税后利润为160万美元。其中，来自2016年度的税后利润为90万美元（2016年所得税税率10%），来自2017年度的税后利润为70万美元（2017年所得税税率30%）。2018年1月，A公司向中国汇回股息100万美元。

（1）如果A公司汇回中国的股息100万美元中，90万美元来自于2016年度的税后利润，10万美元来自于2017年度的税后利润。根据我国税法规定计算出的股息应在境内补交企业所得税14.30万美元，抵免相关基本项目情况如表6-23所示。

表6-23　　抵免基本项目情况表　　单位：万美元

序号	项目	2016年	2017年	总计	计算备注
1	股息	90	10	100	
2	负担的境外所得税税额	10	4.30	14.30	境外实际缴纳的所得税×分回股息÷境外税后净利
3	抵免限额	25	3.60	28.60	境外应纳税所得额×25%×分回股息÷境外税后净利
4	实际抵免税额	10	3.60	13.60	根据抵免限额合计和负担的境外所得税税额合计孰小原则
5	应补税额			13.60	抵免限额－实际抵免税额
6	结转抵免额			0.70	

（2）如果A公司向汇回中国的股息100万美元中，30万美元来自于2016年度的税后利润，70万美元来自于2017年度的税后利润。根据我国税法规定计算出的股息应在境内补交企业所得税金额为0。抵免相关基本项目情况如表6－24所示。

表6－24 抵免基本情况表

单位：万美元

序号	项目	2016年	2017年	总计	计算备注
1	股息	30	70	100	
2	负担的境外所得税税额	3.30	30	33.30	境外实际缴纳的所得税×分回股息÷境外税后净利
3	抵免限额	8.33	25	33.30	境外应纳税所得额×25%×分回股息÷境外税后净利
4	实际抵免税额			33.30	根据抵免限额合计和负担的境外所得税税额合计孰小原则
5	应补税额			0	抵免限额－实际抵免税额
6	结转抵免额			0	负担的境外所得税税额－实际抵免税额

由此可见，对于来自不同年度不同税率的股息汇回，采用不同的顺序方法（所得来源确认方式）确认利润分配所属的年度，在境外企业各年度税率不一致的情况下，对可抵免的境外所得税产生的影响不同。如果将大部分股息认定为来自税率较高的年度，则可以实现境外所得税全额抵免的结果。企业可以合理安排高低税率国家（地区）的股息汇回时间和金额，来达到少交税或不在中国补税的目的，这是非常重要的税收规划点。

［例6－22］ 设立中间控股架构汇回股息。中国某建筑企业分别持有高税负国家（所得税税率30%）和低税负国家（所得税税率10%）的两家项目公司A公司和B公司100%的股权。已知A、B公司2016年度的税前利润均为100万美元，税后利润分别为70万美元和90万美元；假定在2017年度，A、B公司分别将税后利润的62.50%（A公司43.8万美元，B公司56.20万美元）进行分配并直接汇回中国母公司，中国母公司收到总计100万美元的股息汇回。

根据我国现行境外所得抵免政策，中国母公司收到A、B公司汇回的100万美元的股息需要补交企业所得税9.40万美元，境外已纳可抵免所得税税额未予抵免结转以后年度补抵税额3.20万美元。抵免基本项目计算如表6－25所示。

表6－25 抵免基本情况表

单位：万美元

序号	项目	低税负国家	高税负国家	总计	计算备注
1	股息	56.20	43.80	100	
2	负担的境外所得税税额	6.20	18.80	25	境外实际缴纳的所得税×分回股息÷境外税后净利

续表

序号	项目	低税负国家	高税负国家	总计	计算备注
3	抵免限额	15.60	15.60	31.20	境外应纳税所得额×25%×分回股息÷境外税后净利
4	实际抵免税额	6.20	15.60	21.80	根据抵免限额合计和负担的境外所得税税额合计孰小原则
5	应补税额	9.40	0	9.40	抵免限额－实际抵免税额
6	结转抵免额	0	3.20	0	负担的境外所得税税额－实际抵免税额

[**例6－23**] 接上例，如果中国企业通过一家全资香港控股H公司（股息收入和汇出均不征收香港所得税）分别持有高税负国家（所得税税率30%）和低税负国家（所得税税率10%）的两家项目公司A公司和B公司100%的股权。已知A、B公司2016年度的税前利润均为100万美元，税后利润分别为70万美元和90万美元；假定在2017年度，A、B公司分别将税后利润70万美元和90万美元全额汇回香港控股H公司，合计160万美元，对应的已纳境外所得税为40万美元。H公司再将100万美元作为股息汇回中国母公司。

根据我国现行境外所得抵免政策，中国母公司收到H公司汇回的100万美元的股息需要补交企业所得税6.40万美元，境外已纳可抵免所得税税额可全额抵免。

抵免基本项目计算如表6－26所示。

表6－26　抵免基本情况表　单位：万美元

序号	项目	H公司	总计	计算备注
1	股息	100	100	
2	负担的境外所得税税额	25	25	境外实际缴纳的所得税×分回股息÷境外税后净利
3	抵免限额	31.20	31.20	境外应纳税所得额×25%×分回股息÷境外税后净利
4	实际抵免税额	25	25	根据抵免限额合计和负担的境外所得税税额合计孰小原则
5	应补税额	6.40	6.40	抵免限额－实际抵免税额
6	结转抵免额	0	0	负担的境外所得税税额－实际抵免税额

通过比较，我们可以得出结论，和直接控股架构相比，通过利用中间控股公司，提高了实际抵免税额，减少了境外利润汇回中国需要补缴的企业所得税。“走出去”建筑企业通过对海外利润汇回的时间安排，可以在一定程度上递延缴纳中国的企业所得税。

第七章
BEPS 行动计划下信息披露业务税务实务

随着国际交往的日益频繁和深入发展，国际避税现象逐渐增多，避税手段也趋于复杂和多样。各主权国家为了维护其税收权益，纷纷出台一系列反避税规定，各国也不断加强沟通与配合。近年来，税基侵蚀和利润转移（BEPS）问题成为国际税收领域的热点议题。为了打击这种行为，“20 国集团”委托经济合作与发展组织（OECD）开展了相关研究。BEPS 行动计划发布后，得到了众多国家的积极响应，各国通过修改国内法及加强国际合作，将该行动计划的部分要求付诸实施。在此背景下，我国建筑施工企业在“走出去”过程中将面临更加透明的国际税收环境及更为严格的信息披露要求。本章将对 BEPS 行动计划的主要内容、BEPS 行动计划下信息披露业务税务实务进行介绍，为建筑施工企业准备国别报告与同期资料提供参考。

第一节　BEPS 行动计划概论

一、国际避税概述

国际避税是指跨国纳税人利用国与国之间的税制差异以及各国涉外税收法规和国际税法中的漏洞，在从事跨越国境的活动中，通过种种合法手段规避或减小其在有关国家纳税义务的行为。[①] 对于国际避税概念的理解，需注意以下两点：一是国内避税所规避的纳税义务仅为居住国的纳税义务，而国际避税的目的往往是减轻其全球总税负；二是国际偷税是纳税人在跨国经营活动中利用非法手段逃避其在有关国家已负有的纳税义务，是一种违法行为，而国际避税一般并不违反有关国家的税法，总体来说不属于违法行为。

国际避税的存在有其主观和客观原因。从主观角度而言，国际重复征税加重了跨国纳税人的负担，损害了跨国纳税人的切身利益，使其具有强烈的主观动机进行纳税安排，以达到规避或减轻税负的目的；从客观角度而言，国与国之间税收管辖权的差异、判定居民身份标准和判定所得来源地标准的差异、税率的差异、国际税收协定的存在、涉外税收法规中的漏洞、各国征管水平的差异以及其他非税因素的差异为跨国纳税人的国际避税活动创造了客观条件。

当前国际避税的方法多种多样，且带有隐蔽性，常见的主要方法包括以下几类：

（一）转让定价避税

转让定价即交易各方确定的交易价格，通常是指关联企业内部交易所确定的价格，它一般不同于独立交易的市场价格。跨国企业集团通过关联交易人为确定价格，将所得从高税负国家转移至低税负国家，从而减轻跨国企业集团的整体税负。

根据具体操作手段来划分，转让定价主要包括：

1. 商品购销中的价格转移。商品购销中的价格转移一般是由转出利润的公司向转入利润的公司高价支付材料款、低价收取销售款；转入公司与之相反，即通过“高进低出”或“低进高出”的方法，将本属于高税率国家的利润转移至低税率国家。

2. 无形资产的使用和转让。商标、版权、专利、专用技术等无形资产在跨国公司及其子公司中的使用与转让经常发生，通过多收或少收特许权使用费使母公司对子公司的成本施加影响，达到转移利润的目的。

3. 贷款往来中的利润转移。跨国公司向子公司提供贷款，通过多收、少收或不收利息来对子公司成本施加影响，达到转移利润的目的。

4. 劳务购销中的价格转移。与商品购销中的价格转移类似，它是通过劳务收费的高低来控制关联公司的成本和利润，达到避税的目的。

5. 有形资产购置或租赁中的价格转移。有形资产购置虽然属于资本性支出，但它的高低会影响折旧，进而影响生产成本。通过提高或降低资产购置价格和租赁价格，可实现利润转移。

（二）资本弱化避税

资本弱化，是指企业通过增加借贷款（债权性筹资）而减少股份资本（权益性筹

---

① 朱青：《国际税收（第八版）》，中国人民大学出版社 2018 年版，第 106 页。

资）比例的方式增加税前扣除，以降低企业税负的一种行为。借贷款支付的利息，作为财务费用一般可以税前扣除，而为股份资本支付的股息一般不得税前扣除。因此，有些企业为了加大税前扣除而减少应纳税所得额，在筹资时多采用借贷款而不是募集股份的方式，以此来达到避税的目的。资本弱化又称资本隐藏、股份隐藏或收益抽取，是指纳税人为达到减少纳税的目的，用贷款方式替代募股方式进行的投资或融资。由于各国对股息和利息的税收政策不同，当纳税人筹资时，会在贷款或发行股票两者中进行选择，以达到减轻税收负担的目的。根据 OECD 的解释，企业权益资本与债务资本的比例应为 1:1，当比值小于 1 时，即为资本弱化。

（三）利用国际避税地避税

国际避税地一般是某一国家或地区的政府为吸引外国资本流入，弥补自身资本不足，在本国或本地区划出一定区域为投资者提供税收优惠待遇，这种区域被称为国际避税地，又称税收天堂、避税港、离岸中心等。国际避税地主要包括五种：一是纯粹的国际避税地，不征收任何所得税的国家和地区，如巴哈马共和国、百慕大、开曼群岛等；二是一般的国际避税地，征收所得税但是税率较低的国家和地区，如瑞士、列支敦士登、爱尔兰等；三是所得税课征仅实行地域管辖权的国家和地区，如中国香港、巴拿马、利比里亚等；四是局部的国际避税地，一般实行正常的税收制度，但提供特殊税收优惠的国家和地区，如卢森堡、塞浦路斯、英属维尔京群岛等；五是与其他国家签订大量税收协定的国家和地区，如荷兰、卢森堡、比利时等。

跨国公司可以通过多种方式利用国际避税地进行避税。例如，居民企业进行国际避税的一个重要方法就是通过关联企业间的关联交易将利润的一部分转移给设在国际避税地的受控外国公司，并利用居住国推迟课税的有关规定将利润长期滞留在境外，不汇回国内或要求境外子公司对利润不作相应的分配，从而规避居住国实际上应缴纳的企业所得税。很多企业选择在英属维尔京群岛、开曼群岛等一些税率为零或税率极低的国际著名避税地设立关联公司，也就是我国税法上所说的“特别目的公司”。又如，选择与总公司所在国签订有可利用的税收协定的国际避税地，建立最适合避税的常设机构，通过收入与费用的分配向避税地常设机构转移应税所得等。

（四）滥用国际税收协定避税

滥用国际税收协定是指一个第三国居民利用其他两个国家之间签订的国际税收协定获取其本不应得到的税收利益，从而减轻其纳税义务。国与国之间签订的国际税收协定中通常都有互相向对方国家的居民提供所得税尤其是预提所得税的税收优惠政策，这些优惠政策可使缔约国双方的居民相互受益，但是非缔约国居民可采取设立导管公司或设置外国低股权的控股公司等手段而享受税收协定待遇，达到避税的目的。例如，甲、乙两国签订税收协定，本应使甲、乙两国的居民受益，然而第三国居民在甲或乙其中一国设立子公司，并使其成为当地的居民公司，该子公司完全由第三国居民所控制。这样，该子公司就可享受甲、乙两国签订的税收协定中的优惠待遇，然后该子公司再通过其与第三国居民之间的关联关系把收益传递给该第三国居民。这种做法表面上合法，其实并不符合缔约国之间缔结税收协定的意图。

（五）改变居民身份避税

目前大多数国家都同时实行居民管辖权和地域管辖权，居民企业负有无限纳税义务，非居民企业仅就其来源于本国的所得纳税。居民企业通过变更注册地或变更主要决策中心等把主要管理机构从高税国转移到低税国，或者转移到只实行地域管辖权的国家和地区，避免承担居民企业的无限纳税义务。

利用有关国家税法与税收协定的漏洞和缺陷，纳税人有时不迁移也可以规避或减轻其纳税义务。例如，纳税人虚假迁移其住所，即纳税人法律上已迁出高税国，但实际上并没有在其他任何国家取得住所。如果一个高税国的纳税人有足够证据证明他不是这个国家的居民，而是另一个国家的居民，那么尽管实际上他是这个国家的居民，他的纳税义务还是可以减轻，甚至消除。各个国家关于住所或居所的法律规定并不一样，法律解释也不相同，这使纳税人利用住所或居所的虚假迁移进行国际避税成为可能。

二、国际反避税概述

虽然国际避税不属于违法行为，但它对相关国家税收收入的影响与非法偷税行为是一样的。因此，世界各国都提出了反避税的要求，许多国家已经形成一套有效的反国际避税的方法与措施，国际上也不断加强合作与配合。在此背景下，常用的国际避税手段将更难操作，跨国企业面临更大的税务风险，在进行税收规划时需要更谨慎，以防遭受反避税调查，影响企业的声誉及经济利益。

目前，各国在反避税方面采取的措施主要包括三个方面：

第一，通过税收立法防范避税，如取消延期纳税，限制关联企业之间通过转让定价进行避税，限制子公司海外经营利润长期滞留在避税地等。当前世界各国的税法有繁有简，但无论繁简，许多国家的税法都有反避税的规定。这些反避税规定大体上包括特别反避税条款和一般反避税条款。例如，国家税务总局关于印发《特别纳税调整实施办法（试行）》的通知（国税发〔2009〕2号）提出的特别纳税调整，它是指税务机关出于实施反避税目的而对纳税人特定纳税事项所做的税务调整，包括针对纳税人转让定价、资本弱化、避税地避税及其他避税情况所进行的税务调整，是根据已经预见到的纳税人的避税手法做出的，是对常用反避税手段的一种归集。一般反避税条款作为兜底的补充性条款，主要是为了打击和遏制以规避税收为主要目的、其他反避税措施又无法涉及的避税行为，弥补特别反避税条款的不足。

第二，完善征管机制防范避税，如提高税务人员业务素质、积累丰富的税收管理经验、改进税收征管系统、加强对纳税人银行账户的审查等。任何一部完善的税法，无论其反避税措施如何具体，离开了训练有素、经验丰富的税务人员的组织实施，离开了先进的税收征管系统及其他有关部门的协作，都不过是一纸空文。

第三，在国际税收协定中加入反避税条款防范避税，如协定相互交换税收情报、在税收协定中确定各方都同意的转让定价方法等。第二次世界大战以后，随着社会经济的国际化和跨国公司活动规模的迅速扩大，跨国纳税人避税目的日益明显，使越来越多的国家认识到，单纯依靠本国力量进行反避税斗争难度越来越大，于是以签订双边或多边国际税收协定的形式进行国际合作成为国际反避税斗争的一种重要形式。国际上的双边或多边税收协定之所以能在反避税斗争中发挥作用，是因为税收协定签订国负有互相提供跨国纳税人情报的法律义务，从而使纳税人的避税活动受阻。

针对前一部分所述的国际避税常用手段，各国的反避税规定通常包括以下几类：

（一）转让定价规则

几乎所有的国家在税收立法中都有专门的应对转让定价规则，这些规则允许税务机关检查跨国公司与关联企业和个人间交易的价格，并对异常的价格进行调整。调整的依据就是没有关联关系的企业间独立竞争价格，如果没有独立竞争价格作为参考，那么可以分别按成本加价法、转售价格法、利润分劈法、可比利润法、交易净毛利法进行调整。

按照我国《中华人民共和国企业所得税法》和《中华人民共和国税收征管法》的有关规定，税务机关有权对企业与其关联方之间的业务往来是否符合独立交易原则进行审核评估和调查调整。对于不符合独立交易原则而减少应纳税收入或者所得额的关联交易，税务机关有权选择合理方法实施转让定价纳税调整。

（二）资本弱化规则

利用资本弱化避税问题已经引起各国税务当局的密切关注。OECD（经济合作与发展组织）提倡采用两种方法对付资本弱化，分别是正常交易法和固定比率法。正常交易法是指在决定贷款或募股资金的特征时，要看关联方的贷款条件是否与非关联方的贷款相同，如果不同，则关联方的贷款可能被视为隐蔽的募股，要按资本弱化法规处理对利息的征税。固定比率法是指如果公司资本结构超过特定的债务资本比率，则超过的利息不允许税前扣除，可以将超过的利息视同股息征税。发达国家税务当局主要采取这两种方法来对付资本弱化。美国、新西兰、加拿大、澳大利亚等大多数国家采用固定比率法，英国等少数国家采用正常交易法。

（三）受控外国企业规则

国际避税的重要手段之一是在避税地设立子公司，即受控外国企业（Controlled Foreign Corporation，CFC）或受控外国公司，利用避税地低税或无税的优势和延期纳税规定，将利润长期滞留在避税地公司，不做利润分配或只分配不汇回，从而规避居住国的税收。为了防范本国居民企业出现上述避税行为，各国采取了受控外国企业管理措施。纵观各国受控外国企业税制，虽然各自的具体规定存在着差别，但其基本框架是相同的，主要包括以下几个方面：

1. 受控外国企业定义。在如何界定某一外国企业是否属于受控外国企业的问题上，主要有控制标准、实际控制标准、推定拥有标准。

2. 受控外国企业规则适用的地域范围。有的国家将受控外国企业规则适用于全球范围的受控外国企业，大多数国家则适用于特定区域。

3. 受控外国企业规则适用的所得范围。对于界定哪些所得适用受控外国企业规则，存在着交易法和实体法的区别。交易法是对受控外国企业所从事的交易逐笔判断，准确但管理和遵从成本较高，目前只有美国等少数国家使用。实体法是将受控外国企业作为一个实体，如果它符合适用受控外国企业规则的条件，那么其全部收入将整体性地划归其股东，在股东居住国征税；相反，如果不符合受控外国企业规则的条件，则其全部所得均免于适用受控外国企业规则。

4. 受控外国企业所得的计算、归并及亏损处理。

5. 重复征税的处理。大多数国家对于划归本国纳税人的受控外国企业所得负担的外国税收都给予抵免待遇。

6. 受控外国企业规则适用的例外。这种例外主要包括积极活动例外、行业例外和小额例外。

（四）防止滥用税收协定

滥用税收协定是一种很普遍的现象，OECD、联合国和大多数国家都对这种做法持否定态度。

第一类防止滥用税收协定的措施是国内法措施。国内法措施可分为司法措施和立法措施。司法措施是指引入“实质重于形式”原则来对税收协定的内容进行解释，即透过公司合法交易的面纱来看该公司成立的目的是不是仅仅为了避税。立法措施是指通过国内税收立法来阻止税收协定滥用，瑞典、德国、美国都在其它国内法设有专门的反对税收协定被滥用的条款。

第二类防范税收协定滥用措施是通过双边或多边的税收条约。随着滥用税收协定避税现象的日益严重，越来越多的国家更注重在签订新的双边税收时引入反滥用条款，对于已签订的税收协定，则通过签订议定书的手段堵塞原有的漏洞。从国际上已签订的双边税收协定来看，涉及防范滥用税收协定的措施归纳起来主要有渠道法、透视法、回避法、善意法和排除法。

（五）防止通过纳税主体国际转移进行国际避税

对自然人利用移居国外的形式规避税收，有的国家规定，必须属于“真正的”和“全部的”移居才予以承认，方可脱离与本国的税收征纳关系，对“部分的”和“虚假的”移居则不予承认。如德国规定，纳税自然人虽已失去本国居民身份，但仍有经济联系的，应连续对其征收有关的所得税，视其为特殊的“非居民”。

对法人利用变更居民或公民身份的形式规避税收负担，有的国家对法人的国际转移给予有条件的允许。如荷兰曾规定，准许本国企业在战时或其他类似祸害发生时迁移到荷属领地，而不作避税处理，但对于其他理由的迁移，一般认为是以避税为目的，而不予承认，仍连续负有纳税义务。

三、BEPS 行动计划

BEPS（Base Erosion and Profit Shifting），即税基侵蚀和利润转移，是指跨国企业利用国际税收规则存在的不足，以及各国税制差异和征管漏洞，最大限度地减少其全球总体税负，甚至达到双重不征税的效果，造成对各国税基的侵蚀。

［例 7－1］2013 年 5 月，美国国会参议院举行听证会，就“海外避税”问题对美国苹果公司的高管们进行质询，所列举的几项重要避税事实如下：

（1）向海外（即美国以外）转移利润：统计显示，苹果公司 2012 年末拥有的 1 450 亿美元现金或现金资产中有 1 020 亿美元游离于美国海外，而且几乎没有缴税。

（2）海外关联公司的非税收居民身份：苹果公司在爱尔兰的两家关键的关联公司自我否定了爱尔兰的居民纳税人身份，也不承认为美国的税收居民，他们是苹果国际运营公司和苹果国际销售公司。

（3）滥用成本分摊协议：成本分摊协议是苹果公司把数百亿美元的利润转移到爱尔兰的主要工具之一。①

BEPS 的主要危害如下：首先，导致不公平竞争。部分跨境经营的企业可以从 BEPS 中获利，从而相较国内经营的企业更具竞争优势，导致竞争的不公平性。不正当竞争行为扰乱公平竞争的市场经济秩序，造成竞争秩序混乱，造成不公平竞争，进一步削弱和扼制了市场经济竞争机制应有的活力和作用，严重阻碍了技术进步和社会生产力的发展。其次，资源配置的效率降低。BEPS 的收益会扭曲投资决策，导致资源流向税前回报率低而税后回报率高的经营活动。最后，多国的财政收入减少。企业在没有实质性经营业务的情况下，既不在居住国纳税，也不在经营国纳税，导致国家财政收入减少。

在经济全球化的背景下，BEPS 愈演愈烈，引起了全球政治领袖及社会公众的高度关注。全球金融危机之后，主要发达国家高居不下的财政赤字、不断攀升的债务规模是形成 BEPS 倡议的内在原因，各主要媒体对于跨国公司避税行为的大幅报道是外在推动因素。2012 年 6 月，“20 国集团” G20 财长和央行行长会议同意通过国际合作应对 BEPS 问题，并委托 OECD 开展研究。2013 年 6 月，《BEPS 行动计划》由 OECD

① 宁琦、励贺林：“苹果公司避税案例研究和中国应对 BEPS 的紧迫性分析及策略建议”，《中国注册会计师》2014 年第 2 期。

发布，并于当年9月在G20圣彼得堡峰会上得到各国领导人背书。2015年10月，OECD发布了BEPS行动计划全部15项产出成果，包括13份最终报告和1份解释性声明。2016年，BEPS成果在各税收管辖区付诸实施。

（一）BEPS行动计划的核心内容①

1. 数字经济（行动计划1），根据数字经济下的商业模式特点，重新审视现行税收协定和转让定价规则存在的问题，并就国内立法和国际规则的调整提出建议。BEPS第一项成果是《关于数字经济面临的税收挑战的报告》（以下简称“报告”）。该报告指出，作为信息和通信技术创新的产物，数字经济带来了商业模式的演变和跨国公司全球价值链的整合，也对基于传统经济构建的税收规则体系形成巨大冲击。其中一个突出的问题就是跨国公司可能利用网络交易方式，避免在任何地方设立有形的经营场所，从而在全球范围内规避税收义务。此成果报告的结论是，数字经济因其对各经济行业的广泛渗透性、对无形资产的高度依赖性，以及对加速整合企业全球价值链的影响，成为BEPS的重灾区。但是，很难单独针对其制定政策，需要通过转让定价、防止协定滥用、受控外国公司制度等其他行动计划，以及相互协调的跨境交易增值税政策等措施，解决数字经济的BEPS问题。

2. 混合错配（行动计划2），针对利用同一实体、所得或交易在不同国家税收处理不同，以及滥用协定进行的税收筹划，提出对税收协定范本和国内法的修改建议。BEPS第二项成果是《消除混合错配安排的影响》。混合错配是指由于交易所涉及国家间在所得性质认定、实体性质认定、交易性质认定、税前扣除制度等方面的税制差异，对同一实体、所得、交易或金融工具进行不同的税务处理，从而产生国际重复征税或重复免税的问题。这一问题的提出和引起的重视，与金融危机后各国银行业向其他国家大量转移亏损导致的税基侵蚀有关。此成果报告分两部分，分别对国内法和税收协定范本提出修订建议，着力消除跨境交易中混合错配安排导致的税基侵蚀影响。

3. 受控外国公司规则（行动计划3），就如何强化受控外国公司规则、防止利润滞留或转移境外提出政策建议。BEPS第三项成果是《制定有效受控外国公司规则》。拥有外国子公司控制权的纳税人可以将其居民国或在特定情况下其他国家的税基转移至一家受控外国公司（CFC）。CFC规则就是应对受控外国公司为利润转移及长期纳税递延提供便利的风险。此成果报告分六个构成要素为制定有效的CFC规则提供建议：CFC的定义、CFC的豁免及门槛要求、收入的定义、收入的计算、收入的归属、防止和消除双重征税。

4. 利息扣除（行动计划4），针对利用利息支出和金融工具交易避税的问题，就国内立法和国际税收规则的调整提出建议。此项工作将与混合错配和受控外国公司规

① 中国注册会计师协会：《税法》，中国财政经济出版社2018年版。

则两项行动计划相协调。BEPS第四项成果是《对利用利息扣除和其他款项支付实现的税基侵蚀予以限制》。跨国集团可能通过调整企业内部债务数额减少税负，如将更多第三方债务转移到高税率国家、通过内部贷款产生超出实际第三方利息费用的扣除、利用第三方或集团内部融资为免税收入的产生进行融资等。报告建议根据固定比率规则来防止通过利息费用实现税基侵蚀，同时考虑各国的国情，全球集团比率规则可作为补充。各国制定的其他文件也允许作为固定比率规则和集团比率规则的补充，以减少这些规则对实体或BEPS风险较低情况下的影响。此外，此成果报告还建议制定有针对性的规则来支持上述方法，以防被人为规避；制定针对银行和保险业BEPS风险的特定规则等。

5. 有害税收实践（行动计划5），审议OECD成员国和非成员国的优惠税制，推动各国改变或废除“有害”所得税优惠制度，并提出解决有害税收竞争问题的建议。BEPS第五项成果是《考虑透明度和实质性因素有效打击有害税收实践》。有害税收实践是指各国通过降低税率、增加税收优惠等方式减轻纳税人负担，从而吸引具有高度流动性的生产要素和经济活动，以促进本国的经济发展。有害税收实践侵蚀他国税基，扭曲资本的流向，造成部分税负向劳动力、不动产和消费等流动性差的税基转移，并给跨国公司留下双重不征税的可乘之机。为此，此成果报告要求在2015年底前分三阶段完成对OECD成员国优惠税制的审议，制定对非成员国优惠税制的审议办法，并完善现有税制审议工作框架。报告突出强调BEPS框架下对无形资产优惠税制是否有害的判定，要以是否与实质经济活动相匹配，是否与他国交换信息为标准。

6. 税收协定滥用（行动计划6），针对各种滥用协定待遇的现象，对税收协定进行修补和明确，同时辅以必要的国内法修订，防止税收协定滥用。BEPS第六项成果是《防止税收协定优惠的不当授予》。协定滥用，泛指纳税人通过人为安排，不恰当地使用税收协定，获取本不应该获得的税收协定待遇。反协定滥用报告体现了四方面的成果：完善税收协定范本条款、国内法修改建议、明确税收协定的本意并非用以产生双重不征税、列举签订税收协定时通常应考虑的税收政策因素。

7. 常设机构（行动计划7），修订税收协定常设机构条款相关内容，防止通过人为规避常设机构逃避来源地纳税义务。BEPS第七项成果是《防止人为规避构成常设机构》。税收协定中常设机构的定义对于确定非居民企业在某国是否应缴纳所得税非常重要。为了防范企业针对现有常设机构定义采用的某些避税策略，防止企业滥用协定中关于常设机构豁免的规定，行动计划要求修改常设机构的定义。此成果报告对OECD协议文本，如对涉及通过佣金代理人或类似安排人为规避构成常设机构、通过特定活动常设机构豁免条款人为规避构成常设机构、人为规避构成常设机构的其他安排等问题的相关条款或注释提出了相应的修改建议，这将使得许多原本根据税收协议规定不征税或以很低税率征税的跨境所得被正当征税。

8. 无形资产、风险和资本、其他高风险交易（行动计划 8—10），制定规则，遏制集团内部和关联企业间通过无形资产、风险和资本的人为分配将利润转移至低税地区的避税行为。BEPS 第八至第十项成果：《确保转让定价结果与价值创造相匹配》。转让定价规则的国际现行准则如被不当使用，会导致利润分配与产生利润的经济活动不相匹配。第八至第十项的行动计划就是旨在通过建立一个全新的分析框架，确保转让定价结果与价值创造相匹配。第八项行动计划解决跨国公司通过在集团内转移无形资产来侵蚀税基和转移利润的问题。第九项行动计划解决集团成员之间转移风险或者过度分配资本来侵蚀税基和转移利润的问题。第十项行动计划防止跨国公司通过在第三方之间不会或很少发生的交易方式来侵蚀税基和转移利润的问题。此成果报告所遵循的原则是从全球价值链分析和价值贡献的角度确保运用转让定价规则能将利润分配给产生利润的相应经济活动，解决税收与实际经济活动相分离的问题。

9. 数据统计分析（行动计划 11），构建针对 BEPS 行为的数据收集体系和分析指标体系，设计监控及预警指标，开展分析研究以估算 BEPS 行为的规模和经济影响。BEPS 第十一项成果是《衡量和监控 BEPS》。税基侵蚀和利润转移除了造成巨额的税收流失外，还引发其他负面的经济影响，造成不公平的竞争环境，误导外商直接投资以及减少对所需公共基础设施的资金支持等。该计划旨在通过获取有效的数据和强化对数据的分析来衡量和监控 BEPS。此成果报告建议 OECD 与各国政府通力合作，共同对更多地企业所得税统计数据进行披露和分析，并采取国际通用的形式发布该数据。

10. 强制披露规则（行动计划 12），为加强税务机关对税收风险的监管和防控，针对纳税人应披露的交易内容、披露方式、相关惩罚措施和信息使用等提出建议性规则框架，帮助各国设计税收筹划方案披露机制。BEPS 第十二项成果是《强制披露规则》。强制披露规则的主要目的是通过向税务机关提供有关潜在的恶意或滥用税收筹划方案的早期信息，提升税收透明度并识别方案筹划方及方案使用者。此计划旨在通过设计相关制度增强税务机关和税收政策制定者获取信息的能力，使其有效管理税务风险，应对恶意税收筹划导致的税基侵蚀和利润转移问题。此成果报告建议在平衡信息披露的质量时效以及纳税人的遵从负担之间提供必要的灵活性。此成果报告还为国际税收筹划安排，以及如何在税务机关之间更有效地推动和实施信息交换与合作提供了建议。

11. 转让定价同期资料（行动计划 13），在考虑企业遵从成本的基础上，制定转让定价同期资料通用模板，提高税收透明度并减轻纳税人负担。BEPS 第十三项成果是《转让定价文档与国别报告》。此项行动旨在为税务机关开展转让定价分析评估和调查提供充足资料，提升信息透明度，有效应对跨国公司的税基侵蚀和利润转移问题。根据此成果报告，同期资料报送将包括分国别报告、主文档和本地文档，分别提供跨国企业分布在各国企业的收入分配、纳税情况以及其他与经济活动相关的指标、全球经营信息，以及一国税务机关所管辖的企业与集团内其他国家企业之间的主要交易信息，并与主文档共同作为进行转让定价评估的主要依据。

12. 争端解决（行动计划 14），在目前大部分双边税收协定还不包括仲裁条款、部分国家对纳税人申请相互协商程序有限制性规定的情况下，建立更为有效的争端解决机制，切实避免双重征税。BEPS 第十四项成果是《使争议解决机制更有效》。OECD 范本中的相互协商程序（Mutual Agreement Procedure，MAP）有助于缔约国主管机关在相互协商的基础上解决有关协定解释与适用的分歧和困难。该项行动计划旨在加强 MAP 的效力和效率。此成果报告提出了各国解决争议的最低标准：确保 MAP 相关的协定义务被全面而善意地履行，且 MAP 案件得到及时解决；确保行政程度的执行促进协定相关争议的预防和及时解决；确保纳税人在符合条件时可申请启动 MAP。

13. 多边工具（行动计划 15），开发一个可快速落实行动计划成果的法律工具，如签署多边协议，对现行协定条款进行修改和完善。BEPS 第十五项成果是《开发用于修订双边税收协定的多边工具》。应对 BEPS 问题涉及大量国内法和协定条款的制定或修订，为尽快实施各项措施，BEPS 项目参与国还在研究开发一个多边法律工具，以起到具有同时重新谈判数以千计的双边税收协定的效果。

（二）BEPS 行动计划的分类和联系

首先，BEPS 行动计划在落实要求上存在差异，根据建议执行标准来划分，可将 15 项行动计划分为 4 类（详见表 7－1）：最低标准、最佳实践、强化标准和辅助工具。第一类采用最低标准形式修订现有标准，即所有 G20 成员都一致认可，强烈建议其实施，并同意对实施情况进行监控。提出最低标准措施的行动计划有 4 项，包括有害税收实践、税收协定滥用、转让定价同期资料、争端解决。第二类采用最佳实践形式制定工作指引，即对一些相对远大的目标，各国表示会朝着这些目标努力，但实施需要较长的时间。采用最佳实践措施的行动计划包括数字经济、混合错配、受控外国公司规则、利息扣除、强制披露规则。第三类采用强化标准形式促进趋同，即对现有国际规则的强化，使用共同方法促进各国做法上的趋同。这类行动计划包括常设机构和转让定价（无形资产、风险和资本、其他高风险交易）。第四类是辅助工具形式，包括数据统计分析和多边工具。[①]

表 7－1　　　　BEPS 行动计划分类 1

执行标准类别	行动计划
最低标准	有害税收实践、税收协定滥用、转让定价同期资料、争端解决
最佳实践	数字经济、混合错配、受控外国公司规则、利息扣除、强制披露规则
强化标准	常设机构、无形资产、风险和资本、其他高风险交易
辅助工具	数据统计分析、多边工具

① 马伟、刘茵莹、黄宗寅：“对 BEPS 行动计划应用实践的思考”，《国际税收》2017 年第 3 期，第 52－56 页。

其次，BEPS 各项行动计划各有特点，除数字经济涉及增值税问题以外，其余主要涉及所得税。根据内容的性质和特点，可将 15 项行动计划分为 5 类（详见表 7-2）。

表 7-2　　BEPS 行动计划分类 2

内容性质类别	行动计划
应对数字经济带来的挑战	数字经济
协调各国企业所得税税制	混合错配、受控外国公司规则、利息扣除、有害税收实践
重塑现行税收协定和转让定价国际规则	税收协定滥用、常设机构、无形资产、风险和资本、其他高风险交易
提高税收透明度和确定性	数据统计分析、强制披露原则、转让定价同期资料、争端解决
开发多边工具促进行动计划实施	多边工具

BEPS 各项行动计划紧密联系，相互促进，共同发挥作用。第一，数字经济带来商业模式的巨大变化，使得利润转移更容易实现，BEPS 问题愈加严重，对现行转让定价、税收协定、受控外国公司规则等形成挑战，其真正的解决方案依赖于其他行动计划的实施。第二，有害税收实践是造成 BEPS 的原因之一，对其采取措施是减少恶意税收筹划、减少税收协定滥用行为的必要条件。第三，数据统计分析、强制披露原则、转让定价同期资料、争端解决等提高税收透明度和确定性的行动计划对于提高税务机关掌握的信息质量、综合分析 BEPS 规模和影响发挥着重要作用，也是其他行动计划得以实施的关键。

（三）BEPS 行动计划的影响

BEPS 项目虽然缘起欧美国家面临的财政困局，但其行动计划的实施将从国际规则和国内法两个层面改变现行跨境交易税收规则。BEPS 行动计划正在塑造更加透明的国际税收环境，实质经济活动和价值创造相匹配是 BEPS 行动计划的基本原则，也是未来各国税收法规的发展趋势。

从国内及国际税收法规层面而言，BEPS 行动计划将产生三个层次的规则协调。第一个层次涉及立法主权，是对各国国内税收立法的建议；第二个层次涉及双边谈判权，是对所得税领域的国际规则进行修订，主要是 OECD 税收协定范本及其注释和 OECD 转让定价指南；第三个层次涉及参与国各自税收立法主权和双边谈判权的让渡，力求形成多边法律工具，进行多边税收协调。

从国家层面而言，随着近年来跨国集团的中国公司在全球布局中承担的功能越来越丰富，在全球价值链中做出越来越大的贡献，这次 BEPS 行动计划提出的从经济行为发生地以及价值贡献角度对跨国公司利润进行分配的理念和方法为我国在今后的国际税收管理中争取和维护我国税收权益提供了机遇。另外，我国在参与国际规则制定方面仍与发达国家存在相当距离，行动计划的最终成果能在多大程度上符合我国利益和期望尚难以预测。无论行动计划的最终结果如何，我国都将面临接受新规则和履行义务的压力。

从跨境投资企业角度而言，投资东道国的税收遵从及税收优惠享受面临更严格的审查，原有的、常用的国际避税手段将在“后 BEPS 时代”变得更为艰难和隐蔽，这将加大企业的税收风险，影响企业的经营环境，并可能导致对企业的双重征税。BEPS 行动计划对纳税人的中长期影响具体体现在以下方面：第一，纳税人需要持续关注税收法规的修改和更新；第二，纳税人将面临更严格的申报要求与税务监管，税务机关将更加重视交易的经济实质，限制避税交易行为；第三，转让定价及相关的税收争议将日趋复杂，导致纳税人的税收遵从成本上升，纳税人需要付出更多精力和资源来管理跨境税务风险，解决税务争议。

第二节 “一带一路”国家对 BEPS 计划的响应

一、东道国反避税规定

避税是一个与逃税、骗税相对的概念，前者是基于法律许可的范围，通过一些事先的安排，使企业降低税收成本和税收风险而获得的税收收益，而后者属于违法行为，通常由税收征收管理法来对纳税人进行法律关系上的调整。避税虽不违法，但是越来越多的国家已经发现避税违反了税法的立法意图。因此，国家无法用税收征收管理法对纳税人进行调整时，就会采用反避税的措施来应对避税并对其加以防范和制止。

“一带一路”国家对国外企业主要从转让定价、资本弱化、受控外国企业三个方面进行规定防范税基侵蚀。本书根据不同国家采取的反避税规定进行归纳总结，供读者参考、学习。[①] 本节以及书后附录收集的资料截止到 2018 年 9 月，敬请各位读者在阅读和使用时充分考虑数据、税收法规等信息可能存在的变化和更新，同时建议“走出去”企业在实际遇到纳税申报、税收优惠申请、税收协定待遇申请等问题时，及时向企业的主管税务机关或专业机构咨询，避免不必要的税收风险及其带来的损失。

（一）转让定价

转让定价，即关联企业之间在销售货物、提供劳务、转让无形资产等时制定的价格。在跨国经济活动中，利用关联企业之间的转让定价进行避税已成为一种常见的避税方法。转让定价规则的宽严程度决定了跨国公司在该国税基的大小，进而决定了跨国经营税负的高低。各个国家都想要跨国经营企业所要上缴的税收更多地留在本国，因此很多国家都想办法将跨国经营活动纳入本国的税基，严管转让定价。对此，

① 资料来源：国家税务总局网站，http：//www. chinatax. gov. cn/n810219/n810744/n1671176/n1671206/index. html。

OECD 于 2018 年 7 月 3 日发布了关于金融交易转让定价分析的讨论稿（以下简称“讨论稿”）。作为 BEPS 第八至十项行动计划的后续工作，讨论稿是 OECD 发布的第一份关于金融交易转让定价问题的详细讨论，旨在为跨国企业和税务机关提供相关指引。

讨论稿包含了若干实例对相关原则进行说明。该讨论稿尚未在 OECD 达成共识。尽管讨论稿尚未最终定稿，但涉及关联金融交易的企业应重视该讨论稿，因其可以作为支持交易定价以及与税务机关进行谈判的重要参考。已有如下国家针对转让定价有明确的法律规定及纳税要求，在这些国家进行交易活动时应注重该国的反避税规定，以免因违反东道国的法规而遭受重罚。

“一带一路”国家中对转让定价有明确的法律规定的国家举例如下：

1. 阿尔巴尼亚针对转让定价的反避税规定。阿尔巴尼亚 2014 年 6 月颁布的新转让定价条例与 OECD《2010 年转让定价指南》协调一致。涉及受控交易在 2014 年 6 月 4 日及以后发生且有持续周期性的纳税人，首次要求保留转让定价文档，须在税务机关提出要求后的 30 日内提交文档。没有提交转让定价文档不会受到罚款，但是文档的提交使纳税人在与转让定价相关的审计调整中免于评估罚款。

2. 爱沙尼亚针对转让定价的反避税规定。爱沙尼亚税务机关有专员负责转让定价稽查。爱沙尼亚税务机关不仅会进行转让定价专项稽查，也会在对其他税种的日常税务稽查中审阅关联交易的定价并同时审查转让定价相关事项。如果居民纳税人与其关联方之间的交易价格不同于非关联方之间类似交易的价格，则税务机关可参考相同条件下非关联独立法人之间的交易价格确定企业的收入额（或者分配额），并就纳税人在非关联交易条件下应取得的收入或者减少的成本费用征收所得税。

外国企业在爱沙尼亚投资应按照当地的税法规定在年度所得税纳税申报时披露其与其他公司之间的关联交易情况，按照年度完整保存转让定价同期相关真实资料，并在当地税务机关规定的时间内提供真实资料，否则将面临严厉的处罚。另外，依据一般反避税规则，爱沙尼亚税务机关可运用经济实质原则，对支付给低税率辖区的款项与费用进行特别审查。

3. 白俄罗斯对转让定价的反避税规定。白俄罗斯税法规定了五种确定是否符合独立交易原则的转让定价规则。以下关联交易可能会被税务机关审核，从而利润税税基可能会被调整且税款被重新计算征缴：

（1）涉及房地产以及货物（服务及劳务）的。

（2）对外贸易超过 10 万白俄罗斯卢布的交易或关联方之间的交易。

（3）金额超过 10 万白俄罗斯卢布的境内所得税免税交易。

（4）大企业（税务部规定名单）金额发生跨境交易超过 100 万白俄罗斯卢布。

（5）政府规定名单产品的跨境交易超过 100 万白俄罗斯卢布的。

“一带一路”其他国家针对转让定价的反避税规定可查阅国家税务总局网站的投

资税收指南。

纵览“一带一路”国家转让定价规定，在东道国中，阿拉伯联合酋长国、巴林王国、文莱、巴勒斯坦、缅甸、约旦、不丹、伊朗和叙利亚等没有转让定价要求。到这些国家投资的中国企业在投资和经营时可以运用转让定价手段降低海外税负。对于有公平交易原则要求和有转让定价指南的国家，中国企业应遵循其税法规定，否则若遭受投资国的反避税调查会影响企业的信誉。

（二）资本弱化

资本弱化是指企业通过增加借贷款（债权性筹资）而减少股份资本（权益性筹资）比例的方式增加税前扣除，以降低企业税负的一种行为。借贷款支付的利息，作为财务费用一般可以税前扣除，而为股份资本支付的股息一般不得税前扣除。由于各国对股息和利息的税收政策不同，当纳税人筹资时，会在贷款或发行股票两者中进行选择，以达到减轻税收负担的目的。

“一带一路”国家中对资本弱化有明确的法律规定的国家举例如下：

1. 塞尔维亚关于资本弱化的反避税规定。纳税人向关联公司支付的利息可在税前扣除，前提是贷款金额不得超过当年年初与年末的平均权益的4倍（银行与租赁公司的适用比例为10:1）。此外，纳税人必须证明根据资本弱化规则可以税前扣除的利息金额符合公平交易原则，否则可能需要做相应的纳税调整。

2. 立陶宛关于资本弱化的反避税规定。资本弱化限制适用于向控制实体支付利息。如果债权人拥有支付利息公司50%以上的股权（或与相关个人共同持有50%以上的股权并且自身持股比例达到10%或以上），则债权人为控制实体。集团公司也为控制实体，适用4:1的债权股权比率，任何超过这一比例的债务利息都不可税前扣除。如果支付方能证明关联方会在相同情况下授予相同贷款，则资本弱化限制不适用。资本弱化限制不适用于金融机构提供的融资租赁服务。

3. 拉脱维亚关于资本弱化的反避税规则。资本弱化的判定标准：从企业所得税角度，利息费用的扣除应以下列各值的较低者为限，超出部分不得税前扣除——如果会计年度内利息支付超过300万欧元，则超过息税折旧及摊销前利润（EBITDA）30%的利息费用应纳入税基。

实际利息金额需要除以系数C。系数C采用以下公式计算：

$$C = D \div [(E - R) \times 4]$$

其中，D表示平均负债；E表示权益总额；R表示不是因利润分配产生的长期价值变动准备金及类似准备金的金额。

资本弱化规定不适用于信贷机构和保险企业。

“一带一路”其他国家针对资本弱化的反避税规定可查阅国家税务总局网站的投资税收指南。

纵览“一带一路”国家资本弱化规定，在东道国中对资本弱化没有限制的国家主要有阿拉伯联合酋长国、爱沙尼亚、巴勒斯坦、巴林王国、波黑等国家，到这些国家投资的中国企业可以采用债权投资方式，以获得减轻所得税税负的优惠；反之，到有“债务/权益”比例规定的这些国家投资的中国企业应在规定的比例内进行债权投资。

（三）受控外国企业

受控外国企业是指由居民企业，或者由居民企业和居民个人（以下统称中国居民股东，包括中国居民企业股东和中国居民个人股东）控制的设立在实际税负低于所得税法规定税率水平50%的国家（地区），并非出于合理经营需要对利润不做分配或减少分配的外国企业。控制，是指在股份、资金、经营、购销等方面构成实质控制。其中，股份控制是指由中国居民股东在纳税年度任何一天单层直接或多层间接单一持有外国企业10%以上有表决权股份，且共同持有该外国企业50%以上股份。中国居民股东多层间接持有股份按各层持股比例相乘计算，中间层持有股份超过50%的，按100%计算。

“一带一路”国家中对受控外国企业有明确的法律规定的国家举例如下：

1. 土耳其关于受控外国企业的反避税规定。当土耳其居民企业直接或间接控制外国企业至少50%的股本、股息或投票权，且符合以下情况时，将受到受控外国公司规则的限制：（1）外国受控企业收入总额中不低于25%由消极收入（如商业、农业或职业收入范畴以外的股息、利息、租金、许可证费或出售证券所得）组成；（2）受控外国企业所在国的有效税率低于10%；（3）受控外国企业的年度收入总额超过相当于10 000 土耳其里拉的外币。如果符合这些条件，无论该利润是否被分配，土耳其居民企业应将其按在受控外国企业资本中的份额比例享受的受控外国企业的利润包括在其当期利润中，并将以目前20%的税率缴纳土耳其公司所得税。

2. 以色列关于受控外国企业的反避税规定。以色列针对受控外国公司也有相应规定。由以色列股东“控制”拥有，并对累积未分配利润可以低于15%税率（2014年1月1日之前，低于20%的税率）的外国公司将被视为受控外国公司。在这种情况下，将控制受控外国公司的以色列控股股东视为收到按比例分配给他们的股息收入（视同股息）处理。实际进行利润分配时，除了境外税收抵免以外，以色列控股股东可就已缴纳以色列税的分红总额进行扣除，但扣除金额不能超过分配的金额。纳税人通常须披露与纳税有关的所有事实，尤其是关联方交易的情况。

3. 哈萨克斯坦关于受控外国企业的反避税规定。

哈萨克斯坦针对受控外国企业也有相关的规定。受控外国企业的财务利润或者受控外国企业常设机构的财务利润在外国缴纳利润税的情况下：有效税率低于20%时，应按照《哈萨克斯坦共和国税法》规定程序将该利润税在哈萨克斯坦共和国企业所得税计算时冲销；有效税率为20%及以上时，按照《哈萨克斯坦共和国税法》第296条之规定免于征税；居民的一个在哈萨克斯坦共和国缴税的受控外国企业以其财务利润向另一个受控外国企业支付红利时，应按照《哈萨克斯坦共和国税法》第 297 条第 4 款之规定，将该部分红利在收到红利的受控外国企业财务利润中扣除。

“一带一路”其他国家针对受控外国公司的规定可查阅国家税务总局网站的投资税收指南。

纵览“一带一路”国家受控外国企业规定，在东道国中对受控外国企业没有限制的国家主要有阿拉伯联合酋长国、埃及、巴勒斯坦、巴林王国、波黑等国家。到这些国家投资的中国企业可以采用受控外国企业方式获得减轻税负的优惠。

二、中国反避税规定

近年来，中国在国际税收征管协作方面取得快速进展。党的十九大以后，中国的国际税收合作重心由落实“20 国集团”G20 国际税改成果、打击国际逃避税（见表 7－3），转移到服务“一带一路”建设，助推全面开放新格局。这是贯彻以习近平同志为核心的党中央关于对外开放工作的重大部署，顺应经济全球化新趋势、国际形势新变化，响应国内改革发展新要求的必然选择。近年来，国家陆续出台了多个税收文件，打击税基侵蚀，并更加规范优化税收环境。

表 7－3　　　　中国反避税政策一览表

法律法规	主要内容解读
一般反避税管理办法（试行）（国家税务总局令第 32 号）	对企业实施的不具有合理商业目的而获取税收利益的避税安排实施的特别纳税调整；明确按照实质重于形式的原则实施特别纳税调整，并提出调整方法；明确税务机关在提出反避税调查时，企业反驳时需要提供的具体资料
关于非居民企业间接转让财产企业所得税若干问题的公告（国家税务总局公告 2015 年第 7 号）	明确了判断合理商业目的要考虑的因素；直接认定为不具有合理商业目的的几种情形；间接转让中国应税财产应认定为具有合理商业目的的条件；间接转让中国应税财产的交易双方及被间接转让股权的中国居民企业向主管税务机关报告股权转让事项应提交的资料；间接转让中国应税财产的交易双方和筹划方，以及被间接转让股权的中国居民企业应向主管税务机关提供的资料
关于企业向境外关联方支付费用有关企业所得税问题的公告（国家税务总局公告 2015 年第 16 号）	企业向境外关联方支付的劳务、特许权使用费等费用，未按照独立交易原则向境外关联方支付的费用，税务机关可以进行调整
关于完善关联申报和同期资料管理有关事项的公告（国家税务总局公告 2016 年第 42 号）	明确关联关系的概念、关联关系的主要内容及哪些企业需要报送年度关联业务往来报告表时填报国别报告；对准备同期资料的企业进行明确界定；详细阐述填报的具体要求
关于发布《特别纳税调查调整及相互协商程序管理办法》的公告（国家税务总局公告 2017 年第 6 号）	积极应用税基侵蚀和利润转移（BEPS）行动计划成果，有效执行我国对外签署的避免双重征税协定、协议或者安排，对企业关联交易申报的审核、同期资料的审核等都做了明确说明

（一）加强特别纳税调整事项的管理

2014 年国家税务总局令第 32 号的发布有效震慑了企业不符合商业意图的避税规划，建立了一套全面打击非居民避税和滥用税收协定/安排的一般反避税机制。企业的安排属于转让定价、成本分摊、受控外国企业、资本弱化等其他特别纳税调整范围的，应当首先适用其他特别纳税调整相关规定。税务机关会应用各种数据资源，如企业所得税汇算清缴、纳税评估、同期资料管理、对外支付税务管理、股权转让交易管理、税收协定执行等，发现一般反避税企业。主管税务机关会采用现场调查、发函协查和查阅公开信息等方式审核企业、筹划方、关联方以及与关联业务调查有关的其他企业提供的资料。对于境外资料的取得，税务机关会按规定启动税收情报交换程序，或者通过我国驻外机构调查收集有关信息。涉及需要提供境外关联方相关资料的，主管税务机关有时也会要求企业提供公证机构的证明。

（二）增强非居民企业间接转让财产的交易实质性判断力

国家税务总局公告 2015 年第 7 号的发布从制度上解决了境外投资者间接转让中国财产、规避中国税收的问题。非居民企业通过实施不具有合理商业目的的安排，间接转让中国居民企业股权等财产，规避企业所得税纳税义务的，应按照企业所得税法第四十七条的规定，重新定性该间接转让交易，确认为直接转让中国居民企业股权等财产。

（三）加强关联方支付费用的转让定价管理

国家税务总局公告 2015 年第 16 号的发布加强了对外支付费用的转让定价管理，是我国防止税基侵蚀、维护税基安全的重要制度贡献。企业向境外关联方支付费用，应当符合独立交易原则，未按照独立交易原则向境外关联方支付的费用，税务机关会对此进行调整。

企业向境外关联方支付费用，主管税务机关会要求企业提供其与关联方签订的合同或者协议，以及证明交易真实发生并符合独立交易原则的相关资料备案。

企业向境外关联方支付费用不符合独立交易原则的，税务机关会在该业务发生的纳税年度起 10 年内实施特别纳税调整。

（四）完善关联申报和同期资料管理

国家税务总局公告 2016 年第 42 号（以下简称"42 号公告"）为我国加强跨国企业税收监管迎来新的良好局面。规定实行查账征收的居民企业和在中国境内设立机构、场所并据实申报缴纳企业所得税的非居民企业向税务机关报送年度企业所得税纳税申报表时，应当就其与关联方之间的业务往来进行关联申报，附送《中华人民共和国企业年度关联业务往来报告表（2016 年版）》。附送的报告表中增加了国别报告申报表，同时明确了同期资料包括主体文档、本地文档和特殊事项文档三个层次的文档准备。

42号公告对关联业务报告和同期资料进行了规范，通过国别报告的结合在全球范围内建立有效的税收情报交换机制，提升透明度，防止税基的侵蚀。在满足合规要求的前提下，应准备尽量降低潜在转让定价的税务风险。

（五）加强特别纳税调查调整及相互协商程序管理

国家税务总局公告2017年第6号发布，围绕转让定价方法及特别纳税调整调查，将BEPS第8—10项行动计划形成的成果纳入其中，进一步落实BEPS第14项行动计划。税务机关以风险管理为导向，构建和完善关联交易利润水平监控管理指标体系，加强对企业利润水平的监控，通过特别纳税调整监控管理和特别纳税调查调整，促进企业税法遵从；税务机关通过关联申报审核、同期资料管理和利润水平监控等手段，对企业实施特别纳税调整监控管理，发现企业存在特别纳税调整风险的，会向企业送达《税务事项通知书》，提示其存在的税收风险。

随着42号公告的发布，国别报告和同期资料的填写报送都有了明确的要求，由于此问题比较复杂，本书将在第三节详细论述。

三、反避税规定对建筑施工企业跨境业务的影响

针对上述对“一带一路”国家税收政策的介绍，不难看出我国建筑企业在发生跨境业务时，不可避免地受到东道国税收政策的影响，如果东道国加入BEPS行动计划，那么对中国企业的反避税政策的限制将会进一步加强。

在税收筹划方面，BEPS行动计划对企业税收筹划管理带来的影响不可忽视。通过研究不难发现，跨国企业要合理降低税务成本，最常见的利润转移方法是通过关联交易之间的转让定价，通常跨国企业的产品都通过全球供应链来完成，从A国卖到B国，再卖到C国的关联企业，在一连串的转移后才到消费者。企业利用转让定价控制国际税收，考虑到每个国家的税收政策不同，把多一点的利润放在低税率国家，少一点利润放在高税率国家，这样企业在全球范围内所要缴纳的税收就会减少。由于各国的利润需要与实质经营活动挂钩，企业需合理使用转让定价这种方式。在关联交易转让定价规则中，BEPS第八项至第十项行动计划对确定关联企业之间的交易是否符合独立交易原则给出了大量建议及示例说明。企业跨境经营过程中涉及的转让定价风险将显著提升，相应导致在不同国家双重、多重征税的风险。在“后BEPS时代”，“走出去”的集团企业需要对集团各个法律实体完整地梳理功能、风险、资产的真实性，结合各国不同的转让定价规定，确定目前采取的关联交易定价是否仍符合各个国家的要求，在必要时考虑申请预约定价安排以降低双重征税风险。

信息披露要求方面，企业需要识别自身是否满足主体文档、国别报告报送的门槛要求，关注新规中对于主体文档报送内容的要求，如需要披露集团运营架构、集团业务描述及价值贡献因素，实体成员的价值贡献分析、无形资产安排、财务税务情况等。

各国对企业的信息披露要求将显著提高，各国税务机关的信息沟通也逐渐增强，企业的供应链、无形资产、人员调动等各类经营信息将比较透明地呈现在各国税务机关面前，如果在信息申报前不了解自身经营中存在的税务风险，或信息披露质量欠佳，都可能导致在面对税务机关审查时处于被动方。此外，42号公告将适用于2016年及以后纳税年度，企业将面临信息收集的时效性和成本控制的双重挑战，如果缺乏集团统一协调监控，缺乏可视化的进度和状态汇报、过分依赖个人能力或者收集方式较为原始，可能导致整个信息收集、资料准备过程费时费力且效果不尽如人意。因此，在“后BEPS时代”，中国跨境业务企业，特别是建筑企业，在境外的实践中将面临更加透明的信息披露义务和更具挑战性的国际税收环境。尽管“后BEPS时代”加强国际反避税合作是大趋势，但各国对BEPS成果如何在本国落地有独立判断标准和裁量权，且对新的国际税收规则形成统一认识需要一定时间，“后BEPS时代”国际税收不确定性风险可能加剧，跨国企业在经营过程中将会不可避免地面临更多的国际税收争议和分歧。

跨境企业做好以下几方面的应对工作有助于降低企业跨境业务可能产生的税务风险：一是制定符合独立交易原则的全球转让定价政策指南，并在执行中加强监督和管控。全球转让定价政策的制定应充分考虑“后BEPS时代”的要求，以经济实质为核心，以转让定价的结果与价值创造相匹配为基本原则，并充分考虑交易各方税务机关可能的不同理解和实践，平衡不同视角带来的风险，以实现对总体税收风险的整体评估和掌控。二是遵守合规性要求，做好国别报告、主体文档和本地文档“三级文档”的应对准备工作。对于国别报告，鉴于所需披露信息的敏感性和获取数据过程中可能出现的复杂情况，建议提早开始数据收集、评估系统整合、商业实质梳理、价值创造分析等方面的前期工作，及时识别国别报告可能带来的影响和风险，采取有效措施规避不利影响的发生。三是在跨国收购、并购中做好充分的尽职调查和风险管控，充分了解目标企业的转让定价和其他税务风险，做到知己知彼，进而制定相应的收购并购战略。四是及时跟进国际税收规则的发展变化，不但了解母国，更要了解经营所在地的税收规则和法规实践，提高风险识别管控能力，从全球视角管理集团税收风险。五是加强自身应对和管理跨国经营国际税务风险的能力，了解如何运用国内和国际税收框架下的救助机制，如启动相互协商程序等解决国际税收争议，必要时寻求国际税务专家的帮助。

第三节　国别报告与同期资料

2016年6月29日，国家税务总局发布了《关于完善关联申报和同期资料管理有关事项》(42号公告),对国别报告与转让定价同期资料的报送要求进行了具体规定,是落实BEPS"行动计划13"——转让定价同期资料的重要举措。在信息披露要求更加严格的"后BEPS时代",跨国企业也面临着更大的税务风险,如何应对愈加透明的税收环境、降低税收风险成为一个值得探讨的课题。本节就国别报告与同期资料的主要内容及跨国企业的风险应对措施予以介绍。

一、国别报告填报要求

国别报告是税务机关实施转让定价风险评估,或者评价其他税基侵蚀和利润转移风险的一种工具。国别报告主要披露最终控股企业所属跨国企业集团所有成员实体的全球所得、税收和业务活动的国别分布情况,包括其全球收入分配和税款缴纳情况,以及在各税收管辖区从事经营活动的集团成员实体名单及其所从事的经营活动。为落实BEPS"行动计划13",进一步完善关联申报,42号公告对原来的"中华人民共和国企业年度关联业务往来报告表"进行修改,并新增了国别报告六张表。国家税务总局对BEPS"行动计划13"的国别报告模板没有增加任何内容,一方面是为了不增加纳税人的信息披露负担,另一方面由于国别报告的提交主体主要是国内跨国企业集团的最终控股企业,如果在BEPS最低标准之外额外要求披露过多的跨国经营信息,可能会引发国外税务机关对我国跨国企业集团进行不当的转让定价调整。因此,42号公告的国别报告既满足了BEPS行动计划的信息披露要求,又对国内跨国企业集团给予了必要的保护。

(一)国别报告报送范围

判断企业是否需要填报国别报告,有以下三种情形:

1. 一般情形。实行查账征收的居民企业和在中国境内设立机构、场所并据实申报缴纳企业所得税的非居民企业向税务机关报送年度企业所得税纳税申报表时,应当就其与关联方之间的业务往来进行关联申报,附送《中华人民共和国企业年度关联业务往来报告表(2016年版)》。存在下列情形之一的居民企业,应当在报送年度关联业务往来报告表时填报国别报告。

(1)该居民企业为跨国企业集团的最终控股企业,且其上一会计年度合并财务报表中的各类收入金额合计超过55亿元。

(2)该居民企业被跨国企业集团指定为国别报告的报送企业。

上述最终控股企业是指能够合并其所属跨国企业集团所有成员实体财务报表的,且不能被其他企业纳入合并财务报表的企业。这里的成员实体包括:①实际已被纳入跨国企业集团合并财务报表的任一实体。②跨国企业集团持有该实体股权且按公开证券市场交易要求应被纳入但实际未被纳入跨国企业集团合并财务报表的任一实体。③仅由于业务规模或者重要性程度而未被纳入跨国企业集团合并财务报表的任一实体。④独立核算并编制财务报表的常设机构。

[例7-2] 居民企业A公司（履行总部职能）是跨国集团ABC有限公司的子公司，该跨国企业集团的最终控股企业注册于开曼群岛，实际经营地在中国。为降低税收风险，主管税务机关鼓励集团指定其实际履行总部职能的公司作为国别报告报送主体，则A公司应于2018年5月31日前向主管税务机关报送ABC有限公司2017年度国别报告，这样非最终控股企业A公司便成了国别报告的报送主体。

2. 豁免情形。根据42号公告，最终控股企业为中国居民企业的跨国企业集团，其信息涉及国家安全的，可以按照国家有关规定豁免填报部分或者全部国别报告。

3. 特殊情形。有些企业虽不属于上述规定的填报国别报告的范围，但其所属跨国企业集团按照其他国家有关规定应当准备国别报告，且符合下列条件之一的，税务机关可以在实施特别纳税调查时要求企业提供国别报告：

(1) 跨国企业集团未向任何国家提供国别报告。

(2) 虽然跨国企业集团已向其他国家提供国别报告，但我国与该国尚未建立国别报告信息交换机制。

(3) 虽然跨国企业集团已向其他国家提供国别报告，且我国与该国已建立国别报告信息交换机制，但国别报告实际未成功交换至我国。

(二) 国别报告填报说明

国别报告共六张表，分别为《国别报告——所得、税收和业务活动国别分布表》《国别报告——跨国企业集团成员实体名单》《国别报告——附加说明表》及其相应的英文表。其中，三张中文表应当使用中文填写，三张英文表应当使用英文填写。

1. 所得、税收和业务活动国别分布表。表7-4用于填报跨国企业集团最终控股企业全球所得、税收和业务活动国别分布情况。按国家分别汇总填写收入、税前利润（亏损）、已缴纳企业所得税、本年度计提的企业所得税、注册资本、留存收益、雇员人数、有形资产等信息。

具体填报口径如下：

(1) 第1列"国家（地区）"：填报跨国企业集团成员实体作为居民企业所属的国家（地区），常设机构根据其经营活动所在国家（地区）填报。

在任一国家（地区）均不构成居民企业的成员实体，应当在表中另起一行按照无国家（地区）汇总填报。

在一个以上国家（地区）均构成居民企业的成员实体，应当以相关税收协定为依据确定该成员实体所属的国家（地区）。如果不存在适用的税收协定，则应当以该成员实体实际管理机构所在地作为国家（地区）进行填报。

(2) 第2列"收入—非关联方"：填报跨国企业集团在第1列填报的国家（地区）所有成员实体与非关联企业交易取得的收入总和。

表 7－4 **国别报告——所得、税收和业务活动国别分布表**

跨国企业集团名称：

会计年度：　　年　月　日至　　年　月　日

国家（地区）	收入			税前利润（亏损）	已缴纳企业所得税（收付实现制）	本年度计提的企业所得税	注册资本	留存收益	雇员人数	有形资产（除现金及现金等价物）
	非关联方	关联方	总计							
1	2	3	4＝2＋3	5	6	7	8	9	10	11

（3）第3列“收入—关联方”：填报跨国企业集团在第1列填报的国家（地区）所有成员实体与关联企业交易取得的收入总和。

表中“收入”包括销售收入、劳务收入、特许权使用费收入、利息收入及其他收入。从其他成员实体收取的，在其他成员实体所属国家（地区）被认定为股息的款项，不计入收入。

表中的关联方确定口径与关联交易申报表所确定的关联方口径不一致。国别报告中的关联方是指跨国企业集团内的交易对象，而关联交易申报表所确定的关联方是基于42号公告关联关系判定标准构成关联关系的交易对象，关联交易申报表所确定的关联方范围大于国别报告范围。

[例7-3] 跨国集团ABC投资有限公司分别在法国、英国、日本、新加坡设立A、B、C、D四个成员实体。按照上述规定，法国A在《国别报告——所得、税收和业务活动国别分布表》的关联方只能是B、C、D，而按照42号公告规定，其关联方除了B、C、D之外，还有可能有美国的E公司以及其他相关公司。

（4）第5列“税前利润（亏损）”：填报跨国企业集团在第1列填报的国家（地区）所有成员实体取得的税前利润（亏损）总和。

（5）第6列“已缴纳企业所得税（收付实现制）”：填报跨国企业集团在第1列填报的国家（地区）所有成员实体实际缴纳的企业所得税总额。已缴税款包括成员实体从其他企业（关联企业及非关联企业）收取的款项在其他企业所属国家（地区）已代扣代缴的预提所得税。

（6）第7列“本年度计提的企业所得税”：填报跨国企业集团在第1列填报的国家（地区）所有成员实体依据应纳税所得额计提的当期所得税总额。当期所得税费用仅反映相关会计年度的经营活动，不包含因或有事项计提的递延所得税。

（7）第8列“注册资本”：填报跨国企业集团在第1列填报的国家（地区）所有成员实体的注册资本总额。

（8）第9列“留存收益”：填报跨国企业集团在第1列填报的国家（地区）所有成员实体的留存收益总额。

（9）第10列“雇员人数”：填报跨国企业集团在第1列填报的国家（地区）所有成员实体的全职雇员人数总和，包括在经营活动中所雇佣的独立承包商人数。雇员人数可以根据年末人数、全年平均人数或其他标准填报。不同国家（地区）在雇员人数计算标准上应当保持一致，并每年均沿用相同标准填报。

（10）第11列“有形资产（除现金及现金等价物）”：填报跨国企业集团在第1列填报的国家（地区）所有成员实体的有形资产账面净值总和。常设机构有形资产应当根据其经营活动所在国家（地区）填报。此处所指的“有形资产”不包括现金及现金等价物和金融资产。

表 7－4 主要用于分析跨国企业集团在各个税收管辖区的业务收入与纳税情况，尤其是涉及税负不同的税收管辖区。税务机关通过这张表能够看出中国跨国集团以及中国居民企业所属的境外跨国集团的全球业务中在各个不同的税收管辖区的收入和纳税情况，特别是可以关注在高、低税负国家的利润水平和纳税情况，并结合企业财务报表和财务状况变动等信息，判断纳税人是否存在利润在低税负国家积累或者将利润人为转移给实际税负较低的管辖区实体等情况，也能通过该表考察各个管辖区资产使用的信息与利润水平、纳税情况的一致性、差异的程度等。

2. 跨国企业集团成员实体名单

表 7－5 用于填报跨国企业集团成员实体的国家（地区）、名称、注册成立地以及主要业务活动等信息。

（1）第 1 列“国家（地区）”：填报跨国企业集团成员实体作为居民企业所属的国家（地区），常设机构根据其经营活动所在国家（地区）填报。

（2）第 2 列“该国家（地区）的成员实体名称”：填报跨国企业集团在第 1 列填报的国家（地区）所有居民企业成员实体的全称。常设机构填报其所属居民企业名称，并注明常设机构经营活动所在国家（地区），如 XYZ 公司在 A 国设立的常设机构，应填报“XYZ 公司——A 国的常设机构”。

（3）第 3 列“成员实体注册成立地”：成员实体为常设机构的，或者注册成立地与其作为居民企业所属的国家（地区）一致的，可不填报。

（4）“主要业务活动”：根据各成员实体在相关国家（地区）所开展的主要业务活动性质，在对应项目下打“√”确认。如果勾选“其他”，应在《国别报告——附加说明表》中说明该成员实体的具体业务活动。

表 7－5 主要用于收集跨国集团在不同管辖区的成员实体的个性化经营活动的信息，以便进一步对各成员实体进行功能风险分析，结合其他关联申报表中各成员实体业务活动中承担的功能、使用的资产、创造的利润、缴纳的税收和业务往来的主要类型、业务往来的主要对象，尤其是与国内业务往来、与特殊业务对象的业务往来，考察各个不同管辖区实体成员是否与集团总体情况、集团实体成员间存在较大的差异，通过各种数据的比对和年度间的变化等，分析可能存在的转让定价风险。

3. 附加说明表

该表用于对国别报告的数据来源和其他信息进行补充与说明（表样略）。

（1）在表中对使用的数据来源进行简要说明，如数据来源较以往年度有所变化，解释说明变化原因及其影响。

（2）《国别报告——跨国企业集团成员实体名单》中“主要业务活动”栏中勾选“其他”的，应当在该表中说明该成员实体具体业务活动。

表 7－5 **国别报告——跨国企业集团成员实体名单**

跨国企业集团名称：

会计年度：　　年　月　日至　　年　月　日

国家（地区）	该国家（地区）的成员实体名称	成员实体注册成立地	主要业务活动												
			研发	持有或管理无形资产	采购	生产制造	销售、市场营销或分销	行政、管理或支持服务	向非关联方提供劳务	集团内部融资	金融服务	保险	持有股份或其他权益工具	非营运企业	其他
1	2	3	4	5	6	7	8	9	10	11	12	13	14	15	16

注：如果“主营业务活动”勾选“其他”，请在《国别报告——附加说明表》中说明跨国集团成员实体的具体业务活动。

4. 国别报告其他注意事项

跨国企业集团应当按照各成员实体所在国的会计准则填报国别报告相关表单。对于国家（地区）之间的会计准则不同而产生的差异，无需进行调整。

[例 7-4] 跨国集团 W 投资有限公司（居民企业）分别在中国、美国、中国台湾设立成员实体。按照上述规定，公司在填报国别报告数据信息时只需分别按企业会计准则、美国财务会计准则、“台湾国际财务报告准则”填报国别报告相关表单，而不需调整因各成员实体执行不同会计准则造成的差异。

国别报告应该涵盖最终控股企业的完整会计年度。成员实体与最终控股企业会计年度截止日期不一致的，成员实体信息披露期间可以采用以下方式之一：（1）使用成员实体的会计年度，即成员实体会计年度截止日期在最终控股企业会计年度截止日期前 12 个月内的会计年度；（2）使用最终控股企业会计年度。上述方法一经确定，无特殊情况不得变更。

[例 7-5] 甲国 A 公司是某跨国集团的成员实体，中国居民企业 B 公司为该跨国集团的最终控股企业。按照上述规定，2018 年 B 公司报送集团国别报告时，A 公司信息披露的期间既可以是其会计年度 2016 年 7 月 1 日至 2017 年 6 月 30 日，也可以是最终控股企业 B 公司会计年度 2017 年 1 月 1 日至 12 月 31 日，两者只能取其一。上述方法一旦确定，无特殊情况不得变更。

各年度应当使用相同的数据来源。表中所报告的收入、利润及税负情况并不要求与跨国企业集团合并财务报表完全一致。如果采用各独立实体的法定财务报表数据进行披露，所有金额均应按照年度平均汇率转换成最终控股企业使用的货币单位，并在《国别报告——附加说明表》中说明。

[例 7-6] ABC（上海）有限公司的注册地与经营地均在中国上海市，其所属企业集团的最终控股企业为 ABC 投资有限公司，ABC（上海）有限公司被指定为国别报告的报送企业。假设该跨国企业集团包括以下成员实体：位于英属维尔京的 ABC 投资有限公司、位于法国的 ABC（法国）有限公司、位于美国的 ABC（美国）有限公司、位于日本的 ABC（日本）有限公司、位于中国的 ABC（深圳）有限公司、ABC（上海）有限公司以及 ABC（北京）有限公司、位于韩国的 ABC（韩国）有限公司。

在填报《国别报告——所得、税收和业务活动国别分布表》时，需注意表中的非关联方是指跨国企业集团以外的交易对象，“收入”包括销售收入、劳务收入、特许权使用费收入、利息收入及其他收入，从其他成员实体收取的、在其他成员实体所属国家（地区）被认定为股息的款项不计入收入。因 ABC 公司在中国有三家公司，故应将各公司的收入、利润等项目加总后填列。此处仅给出中文表的范例（见表 7-6 和表 7-7），相应的英文表不再列示。

表 7-6　　国别报告——所得、税收和业务活动国别分布表

跨国企业集团名称：ABC 投资有限公司

会计年度：2016 年 01 月 01 日至 2016 年 12 月 31 日　　单位：元

国家（地区）	收入			税前利润（亏损）	已缴纳企业所得税（收付实现制）	本年度计提的企业所得税	注册资本	留存收益	雇员人数	有形资产（除现金及现金等价物）
	非关联方	关联方	总计							
1	2	3	4 = 2 + 3	5	6	7	8	9	10	11
英属维尔京	22 590 100 000	22 419 233 500	45 009 333 500	278 000 000	9 800 000	9 800 000	25 000 000 000	50 400 666 750	25	2 790 000 000
法国	10 360 000 000	11 332 000 000	21 692 000 000	180 000 000	58 000 000	60 000 000	13 000 000 000	20 000 000 000	150	10 000 000 000
韩国	22 978 420 000	21 060 780 700	44 039 200 700	-8 464 098 115	0	0	14 780 000 000	11 960 035 000	890	25 800 000 000
日本	32 478 420 000	31 760 780 700	64 239 200 700	-2 300 000 000	0	0	25 800 000 000	21 196 003 500	100	15 397 000 000
美国	102 714 460 000	111 928 474 100	214 642 934 100	980 000 000	300 000 000	343 000 000	28 900 000 000	32 146 705 000	1 050	78 000 590 060
中国	23 040 590 000	32 215 392 500	56 255 982 500	-34 500 000	0	0	55 800 000 000	28 261 338 000	1 500	50 069 555 050

表 7－7 **国别报告——跨国企业集团成员实体名单**

跨国企业集团名称：ABC 投资有限公司

会计年度：2016 年 01 月 01 日至 2016 年 12 月 31 日

国家（地区）	该国家（地区）的成员实体名称	成员实体注册成立地	主要业务活动												
			研发	持有或管理无形资产	采购	生产制造	销售、市场营销或分销	行政、管理或支持服务	向非关联方提供劳务	集团内部融资	金融服务	保险	持有股份或其他权益工具	非营运企业	其他
1	2	3	4	5	6	7	8	9	10	11	12	13	14	15	16
英属维尔京	ABC 投资有限公司	英属维尔京								√					
法国	ABC（法国）有限公司	法国									√				
韩国	ABC（韩国）有限公司	韩国			√	√	√				√	√			
日本	ABC（日本）有限公司	日本	√	√											
美国	ABC（美国）有限公司	美国			√	√	√						√		
中国	ABC（北京）有限公司	北京			√	√	√	√					√		
	ABC（上海）有限公司	上海			√	√	√	√	√						
	ABC（深圳）有限公司	深圳			√	√	√								

（三）国别报告报送时限

属于国别报告报送主体的企业应当在报送年度关联业务往来报告表时，即会计年度终了次年5月31日内填报国别报告。因此，我国首份国别报告报送时间是2017年5月31日之前。如果企业在规定期限内报送企业年度关联业务往来报告表确有困难，需要延期的，应按照《中华人民共和国税收征收管理法》及其实施细则的有关规定办理。根据《中华人民共和国税收征收管理法》及其实施细则的规定，企业应当在规定的期限内向税务机关提出书面延期申请，经税务机关核准，在核准的期限内办理。因不可抗力不能按期办理的，可以延期办理；但是，应当在不可抗力情形消除后立即向税务机关报告。延期申报期限最长不得超过30日，但因不可抗力原因申请核准延期申报的，不可抗力情形的存续时间不得计算在30日的期限内。

（四）国别报告关注重点

国别报告的填报难点在于把握其内在逻辑性和一致性，防范国际税收风险。跨国集团的最终控股企业或被指定为国别报告的报送企业必须高度重视国别报告信息的合理性和一致性，不仅要注意中国层面的信息一致性，还要注意全球层面的信息一致性。

1. 关注国别报告的合理性。税务机关通过国别报告的三张表可以看出跨国集团子企业的注册地、主要业务活动及职能定位，结合各国的所得、收入和纳税情况，可以考察各国资产使用信息与利润水平、纳税情况的一致性及差异程度，分析出跨国集团各子企业留存的利润与其承担的职能是否匹配，是否存在利润留存于低税负国家或将利润人为地转移给低税负国家的情况，等等。国别报告中的所得、税收和业务活动国别分布情况能提供必要的转让定价分析数据，税务机关可以发现本国内纳税人在关联集团中可能存在的不符合独立交易定价原则下的转让定价风险，为进一步进行转让定价的调查、调整和磋商提供指引。因此，我国建筑企业在“走出去”时，必须高度重视国别报告信息的合理性，过去由于信息不透明情况下跨国企业集团任意调节成员企业利润和税收的方式将难以为继，尤其是上报工程所在地税务机关收入利润和上报国内集团公司收入利润存在巨大差异的，将导致纳税调整和补缴税款。这就要求跨国集团的最终控股企业全面评估过去的集团内在功能分配、业务安排、交易定价与利润分割上是否客观地遵循了现有BEPS行动计划的精神和指导原则，充分考虑经济活动发生地，尤其是在高税国进行的实质性经济活动与利润水平的全球一致性；评估是否充分尊重高税国的合理税收分配要求，公平合理地处理好全球范围内业务活动的税收安排；重点评估过去的交易活动或安排在现有信息充分、透明条件下所凸显出来的问题和不适应的情况。

2. 关注国别报告的一致性。在准备国别报告时，纳税人应注意集团公司在各国子公司的数据填报口径统一。在初步收集信息后，纳税人还应注意核对相关信息与子公司的审计报告等其他合规性文档的披露情况是否一致。税务机关得到国别报告后，可以按照我国对外签订的协定、协议或者安排实施国别报告的信息交换。我国目前已加入《多边税收征管互助公约》，并签署了《金融账户涉税信息自动交换多边主管当局间协议》和《国别报告多边主管当局间协议》，中国的税收信息将逐步进入自动、批量交换的新阶段。未来纳税人信息在全球层面都将变得更为透明，纳税人在进行关联申报和同期资料准备时，不仅要考虑中国层面信息的一致性，还要考虑全球层面信息的一致性。

二、同期资料填报要求

企业应当依据《中华人民共和国企业所得税法实施条例》的规定，按纳税年度准备并按税务机关要求提供其关联交易的同期资料。同期资料包括主体文档、本地文档和特殊事项文档。主体文档应当在企业集团最终控股企业会计年度终了之日起 12 个月内准备完毕；本地文档和特殊事项文档应当在关联交易发生年度次年 6 月 30 日之前准备完毕。同期资料应当自税务机关要求之日起 30 日内提供。

（一）同期资料准备门槛

1. 主体文档。符合下列条件之一的企业，应当准备主体文档：

（1）年度发生跨境关联交易，且合并该企业财务报表的最终控股企业所属企业集团已准备主体文档。

（2）年度关联交易总额超过 10 亿元。

2. 本地文档。年度关联交易金额符合下列条件之一的企业，应当准备本地文档：

（1）有形资产所有权转让金额（来料加工业务按照年度进出口报关价格计算）超过 2 亿元。

（2）金融资产转让金额超过 1 亿元。

（3）无形资产所有权转让金额超过 1 亿元。

（4）其他关联交易金额合计超过 4 000 万元。

3. 特殊事项文档。特殊事项文档包括成本分摊协议特殊事项文档和资本弱化特殊事项文档。

（1）企业签订或者执行成本分摊协议的，应当准备成本分摊协议特殊事项文档。

（2）企业关联债资比例超过标准比例需要说明符合独立交易原则的，应当准备资本弱化特殊事项文档。

4. 豁免情形。

（1）企业执行预约定价安排的，可以不准备预约定价安排涉及关联交易的本地文档和特殊事项文档。

（2）企业仅与境内关联方发生关联交易的，可以不准备主体文档、本地文档和特殊事项文档。

（二）主体文档主要内容

主体文档主要披露最终控股企业所属企业集团的全球业务整体情况，包括组织架构、企业集团业务情况、无形资产、融资活动及财务与税务状况。

1. 组织架构。企业应以图表形式说明企业集团的全球组织架构、股权结构和所有成员实体的地理分布。成员实体是指企业集团内任一营运实体，包括公司制企业、合伙企业和常设机构等。

2. 企业集团业务情况。

（1）企业集团业务描述，包括利润的重要价值贡献因素。

（2）企业集团营业收入前五位以及占营业收入超过5%的产品或者劳务的供应链及其主要市场地域分布情况。供应链情况可以采用图表形式进行说明。

（3）企业集团除研发外的重要关联劳务及简要说明，说明内容包括主要劳务提供方提供劳务的胜任能力、分配劳务成本以及确定关联劳务价格的转让定价政策。

（4）企业集团内各成员实体主要价值贡献分析，包括执行的关键功能、承担的重大风险以及使用的重要资产。

（5）企业集团会计年度内发生的业务重组，产业结构调整，集团内企业功能、风险或者资产的转移。

（6）企业集团会计年度内发生的企业法律形式改变、债务重组、股权收购、资产收购、合并、分立等。

3. 无形资产。

（1）企业集团开发、应用无形资产及确定无形资产所有权归属的整体战略，包括主要研发机构所在地和研发管理活动发生地及其主要功能、风险、资产和人员情况。

（2）企业集团对转让定价安排有显著影响的无形资产或者无形资产组合，以及对应的无形资产所有权人。

（3）企业集团内各成员实体与其关联方的无形资产重要协议清单，重要协议包括成本分摊协议、主要研发服务协议和许可协议等。

（4）企业集团内与研发活动及无形资产相关的转让定价政策。

（5）企业集团会计年度内重要无形资产所有权和使用权关联转让情况，包括转让涉及的企业、国家以及转让价格等。

4. 融资活动。

（1）企业集团内部各关联方之间的融资安排以及与非关联方的主要融资安排。

（2）企业集团内提供集中融资功能的成员实体情况，包括其注册地和实际管理机构所在地。

（3）企业集团内部各关联方之间融资安排的总体转让定价政策。

5. 财务与税务状况。

（1）企业集团最近一个会计年度的合并财务报表。

（2）企业集团内各成员实体签订的单边预约定价安排、双边预约定价安排以及涉及国家之间所得分配的其他税收裁定的清单及简要说明。

（3）报送国别报告的企业名称及其所在地。

（三）本地文档主要内容

本地文档主要披露企业关联交易的详细信息，包括企业概况、关联关系、关联交易、可比性分析以及转让定价方法的选择和使用。

1. 企业概况。

（1）组织结构，包括企业各职能部门的设置、职责范围和雇员数量等。

（2）管理架构，包括企业各级管理层的汇报对象以及汇报对象主要办公所在地等。

（3）业务描述，包括企业所属行业的发展概况、产业政策、行业限制等影响企业和行业的主要经济和法律问题，主要竞争者等。

（4）经营策略，包括企业各部门、各环节的业务流程，运营模式，价值贡献因素等。

（5）财务数据，包括企业不同类型业务及产品的收入、成本、费用及利润。

（6）涉及本企业或者对本企业产生影响的重组或者无形资产转让情况，以及对本企业的影响分析。

2. 关联关系。

（1）关联方信息，包括直接或者间接拥有企业股权的关联方，以及与企业发生交易的关联方，内容涵盖关联方名称、法定代表人、高级管理人员的构成情况、注册地址、实际经营地址，以及关联个人的姓名、国籍、居住地等情况。

（2）上述关联方适用的具有所得税性质的税种、税率及相应可享受的税收优惠。

（3）本会计年度内企业关联关系的变化情况。

3. 关联交易。

（1）关联交易概况。

①关联交易描述和明细，包括关联交易相关合同或者协议副本及其执行情况的说明，交易标的的特性，关联交易的类型、参与方、时间、金额、结算货币、交易条件、贸易形式，以及关联交易与非关联交易业务的异同等。

②关联交易流程，包括关联交易的信息流、物流和资金流，与非关联交易业务流程的异同。

③功能风险描述，包括企业及其关联方在各类关联交易中执行的功能、承担的风险和使用的资产。

④交易定价影响要素，包括关联交易涉及的无形资产及其影响，成本节约、市场溢价等地域特殊因素。地域特殊因素应从劳动力成本、环境成本、市场规模、市场竞争程度、消费者购买力、商品或者劳务的可替代性、政府管制等方面进行分析。

⑤关联交易数据，包括各关联方、各类关联交易涉及的交易金额。应分别披露关联交易和非关联交易的收入、成本、费用和利润，不能直接归集的，按照合理比例划分，并说明该划分比例的依据。

（2）价值链分析。

①企业集团内业务流、物流和资金流，包括商品、劳务或者其他交易标的设计、开发、生产制造、营销、销售、交货、结算、消费、售后服务、循环利用等各环节及其参与方。

②上述各环节参与方最近会计年度的财务报表。

③地域特殊因素对企业创造价值贡献的计量及其归属。

④企业集团利润在全球价值链条中的分配原则和分配结果。

（3）对外投资。

①对外投资基本信息，包括对外投资项目的投资地区、金额、主营业务及战略规划。

②对外投资项目概况，包括对外投资项目的股权架构、组织结构，高级管理人员的雇用方式，项目决策权限的归属。

③对外投资项目数据，包括对外投资项目的营运数据。

（4）关联股权转让。

①股权转让概况，包括转让背景、参与方、时间、价格、支付方式，以及影响股权转让的其他因素。

②股权转让标的的相关信息，包括股权转让标的所在地，出让方获取该股权的时间、方式和成本，股权转让收益等信息。

③尽职调查报告或者资产评估报告等与股权转让相关的其他信息。

（5）关联劳务。

①关联劳务概况，包括劳务提供方和接受方，劳务的具体内容、特性、开展方式、定价原则、支付形式，以及劳务发生后各方受益情况等。

②劳务成本费用的归集方法、项目、金额、分配标准、计算过程及结果等。

③企业及其所属企业集团与非关联方存在相同或者类似劳务交易的，还应当详细说明关联劳务与非关联劳务在定价原则和交易结果上的异同。

（6）与企业关联交易直接相关的，中国以外其他国家税务主管当局签订的预约定价安排和做出的其他税收裁定。

4. 可比性分析。

（1）可比性分析考虑的因素，包括交易资产或者劳务特性，交易各方功能、风险和资产、合同条款、经济环境、经营策略等。

（2）可比企业执行的功能、承担的风险以及使用的资产等相关信息。

（3）可比对象搜索方法、信息来源、选择条件及理由。

（4）所选取的内部或者外部可比非受控交易信息和可比企业的财务信息。

（5）可比数据的差异调整及理由。

5. 转让定价方法的选择和使用。

（1）被测试方的选择及理由。

（2）转让定价方法的选用及理由，无论选择何种转让定价方法，均须说明企业对集团整体利润或者剩余利润所做的贡献。

（3）确定可比非关联交易价格或者利润的过程中所做的假设和判断。

（4）运用合理的转让定价方法和可比性分析结果，确定可比非关联交易价格或者利润。

（5）其他支持所选用转让定价方法的资料。

（6）关联交易定价是否符合独立交易原则的分析及结论。

（四）特殊事项文档主要内容

1. 成本分摊协议特殊事项文档。成本分摊协议特殊事项文档包括以下内容：

（1）成本分摊协议副本。

（2）各参与方之间达成的为实施成本分摊协议的其他协议。

（3）非参与方使用协议成果的情况、支付的金额和形式，以及支付金额在参与方之间的分配方式。

（4）本年度成本分摊协议的参与方加入或者退出的情况，包括加入或者退出的参与方名称、所在国家和关联关系，加入支付或者退出补偿的金额及形式。

（5）成本分摊协议的变更或者终止情况，包括变更或者终止的原因、对已形成协议成果的处理或者分配。

（6）本年度按照成本分摊协议发生的成本总额及构成情况。

（7）本年度各参与方成本分摊的情况，包括成本支付的金额、形式和对象，做出或者接受补偿支付的金额、形式和对象。

（8）本年度协议预期收益与实际收益的比较以及由此做出的调整。

（9）预期收益的计算，包括计量参数的选取、计算方法和改变理由。

2. 资本弱化特殊事项文档。资本弱化特殊事项文档包括以下内容：

（1）企业偿债能力和举债能力分析。

（2）企业集团举债能力及融资结构情况分析。

（3）企业注册资本等权益投资的变动情况说明。

（4）关联债权投资的性质、目的及取得时的市场状况。

（5）关联债权投资的货币种类、金额、利率、期限及融资条件。

（6）非关联方是否能够并且愿意接受上述融资条件、融资金额及利率。

（7）企业为取得债权性投资而提供的抵押品情况及条件。

（8）担保人状况及担保条件。

（9）同类同期贷款的利率情况及融资条件。

（10）可转换公司债券的转换条件。

（11）其他能够证明符合独立交易原则的资料。

（五）同期资料关注重点

与以前的同期资料相比，42 号公告将同期资料增加了主体文档和特殊事项文档，从内容上强化了信息披露的深度和广度，再加上国别报告的填报，无疑是对纳税人提出了更高的信息披露要求。

1. 关注同期资料内容的变化。重点变化包括以下四点：第一，在主体文档中披露研发以外的重要关联劳务及简要说明，说明内容包括主要劳务提供方提供劳务的胜任能力、分配劳务成本以及确定关联劳务价格的转让定价政策，相比《特别纳税调整实施办法（试行）》中关联交易的披露要求，关联劳务信息披露更加完整。第二，在主体文档中披露跨国企业集团研发活动及无形资产转让定价情况、各成员实体与其关联方的无形资产重要协议清单等信息，从而方便税务机关评估跨国集团各子企业参与无形资产收益分成与其职能、风险承担的匹配程度。第三，在主体文档中披露跨国企业集团的主要融资安排及关联方之间融资安排的总体转让定价政策，方便税务机关了解跨国集团是否存在利用不合理的融资安排转移利润的情况。第四，在本地文档关联交易部分增加价值链分析，披露企业利润在全球价值链各环节的分配情况，这一条直接反映了 BEPS 行动计划“利润应在经济活动发生地和价值创造地征税”的总原则。

2. 关注同期资料信息一致性和文档的保存。纳税人在准备同期资料时，应当注意同期资料中披露的信息与纳税人向监管机构报送的其他资料中披露的信息是否一致。重点关注同期资料中的关联交易情况与关联业务往来报告表的信息是否一致；财务信息等生产经营情况是否与财务报表及其附注一致；税务信息是否与年度企业所得税纳税申报表一致；主体文档、本地文档和国别报告中关于价值链、功能风险及利润分布的信息是否一致。此外，纳税人还应当注意保存关联交易相关的合同或协议副本，以及能够证实关联交易信息真实性的支持文档，如会议协商记录、工作成果或报告、出入库单据、银行凭证、验收记录等。①

---

① 冯炜：“对提高关联申报和同期资料准备遵从度的建议”，《国际税收》2016 年第 8 期，第 17－20 页。

实践中，很多纳税人提供的同期资料与申报信息不一致，职能定位与实际情况不一致，有些子公司在同期资料准备中缺乏与总部的有效沟通，造成同期资料信息与总部全球文档信息不一致。针对这些问题，纳税人在准备同期资料时应注意通盘考虑同期资料各部分的逻辑合理性，如果各部分之间存在严重的自相矛盾，则不仅无法证明其关联交易符合独立定价原则，还可能被税务机关认定为提供虚假或不完整资料。此外，要充分利用中介机构的专业优势，按要求真实、完整、准确地提供各项信息，提高同期资料质量，避免错漏、矛盾和缺失。

3. 关注同期资料的准备时限。在确认企业需要准备国别报告或者同期资料后，应提早开始准备。如果企业未按照 42 号公告进行关联申报、提供同期资料，那么税务机关实施特别纳税调整补征税款时，需按照税款所属纳税年度中国人民银行公布的与补税期间同期的人民币贷款基准利率加 5 个百分点计算加收利息。如果企业按规定进行了关联申报并提供同期资料，则只需按照补税期间同期的人民币贷款基准利率计算利息，不需要加收 5 个百分点的利息。

三、国别报告与同期资料的风险防范

国别报告与同期资料信息披露属于经济业务活动结果的真实反映，除了在提供资料层面注意提高质量以外，并不存在税收规划的空间。在“后 BEPS 时代”，面对透明的国际税收环境，跨国企业集团最根本的风险防范措施是在事前阶段着眼于业务前端，结合 BEPS 行动计划的要求，提前进行统筹安排，通过改变以往激进的税收筹划方法、不合理的转让定价政策，降低全球范围内的税收风险；在准备关联申报和同期资料的事中阶段，关注披露信息的逻辑合理性、一致性、时效性，避免信息披露质量引发的税收风险；在遇到反避税调查的事后阶段，应积极配合所在国税务机关的调查，并主动寻求中国税务机关和专业机构的帮助，最大限度争取税务机关的认可，将企业损失减少到最小。

（一）事前阶段

1. 了解“一带一路”沿线国家的税收规定。我国企业沿着“一带一路”国家“走出去”之前，必须深入了解投资东道国的税收制度，包括其反避税规定及 BEPS 行动计划下的信息披露要求，如果没有充分了解，极有可能遭遇各种涉税风险。由于税务机关可以按照我国对外签订的协定、协议或者安排实施国别报告的信息交换，企业还需充分了解东道国与我国国别报告的信息交换情况。

随着 BEPS 行动计划成果在各国逐步落实，跨国企业需要密切关注“一带一路”沿线国家出台的反避税新规，了解投资东道国是否需要申报关联交易。特别是当投资项目涉及 OECD 和 G20 成员国时，需要关注近期落实的 BEPS 行动计划成果及其在全球范围内实施所带来的影响，可提前向所在国税务机构咨询或通过其他有效途径咨询，详细了解并把握所在国在转让定价、资本弱化等方面的税收法规，遵循该国的相关规定，这是降低税务风险的根本所在。

2. 企业职能风险承担与利润分配应一致。BEPS 报告强调税收与经济行为和价值创造的一致性、经济实质与法律形式的一致性，而企业经济活动和价值创造的直接表现就是其履行的职能和承担的风险。多年以来，跨国公司对子公司的职能定位普遍存在以下问题：一是任意性，强调法律形式，忽视经济实质，不符合独立交易原则；二是不真实性，集团对子公司的职能变化认识不足，强调总部研发、营销的重要性和法律形式的重要性，忽视子公司的经济实质和价值创造的作用；三是滞后性，对国际税收规则和各国税收法规的变动不敏感、缺乏深入研究，职能定位不根据变化情况调整，多年不变，严重滞后，酿成风险。为此，跨国公司应动态审视子公司在经营活动中实际履行的职能和承担的风险，据实做出企业职能和风险的准确定位，根据子公司经营活动的实际情况调整其利润归属，从而避免国别报告信息披露引发的税务风险。

3. 基于价值贡献适用适当的转让定价方法。BEPS 报告强调在做好关联交易各方功能和风险分析的基础上确定符合独立交易原则的定价。实践中，随着跨国企业的全球化发展，一些行业的企业集中度非常高，缺乏有效的可比信息，很难运用传统的转让定价方法。BEPS 行动计划提出，在坚持独立交易原则的基础上，可以运用其他方法。因此，跨国企业可根据实际情况尝试基于集团全球价值链分析的转让定价方法，具体可分为三个步骤：第一，充分占有信息，包括集团转让定价全球文档、国别报告、商业数据库、内部财务信息等，加强集团内部的沟通，充分了解相关信息的实质；第二，依据占有的信息，分析集团价值链的整体营运及获利情况，梳理价值链上各项职能的承担者和履行情况，识别价值创造的核心要素，如无形资产、固定资产、人员、市场等；第三，按照已确定的某个或某组核心要素指标（如资产、销售、费用、成本等），将价值链上的总利润在各职能及其承担者之间进行分配，确保利润分配结果与价值链上各方的职能和风险承担相匹配，分析应坚持独立交易原则，税企双方应充分沟通达成共识，避免简单运用公式分配法判断利润归属。①

4. 积极申请单边或双边预约定价安排。预约定价安排是企业规避转让定价调查风险的有效途径，也是税务机关与企业之间避免转让定价争议的有效机制。我国境外投资企业往往涉及较多跨境关联交易，极易面临投资东道国的转让定价调整。因此，在所在国有预约定价规则的前提下，我国境外投资企业应积极主动申请单边或多边预约定价安排，与所在国税务部门或我国税务机关事前约定相应的关联交易定价原则和方法，提高税收确定性，降低税收遵从成本，从而有效规避事后转让定价同期资料引发的调查风险。

---

① 江苏省国家税务局，《江苏省国家税务局 2016—2018 年度国际税收遵从管理规划》（苏国税发〔2016〕125 号）。

（二）事中阶段

1. 充分利用信息化技术。企业可以充分利用信息化技术高效地收集关联交易信息。对于在全球多个国家广泛开展业务的跨国集团而言，如果采用传统的方式，分别收集国别报告所需要的信息再进行汇总，则必然导致效率低下且数据质量也不能得到保证。而利用信息化手段，可以实现数据收集的自动化，显著提高信息披露业务的效率并且数据质量得以保证，进而实现流程化管理，助力企业高效准备国别报告与转让定价同期资料。此外，信息化技术还可进一步应用于日常的关联交易定价管理，比如及时评估转让定价是否需要进行调整，避免由于不能进行年末的一次性转让定价调整而造成的转让定价风险，或者用于分析提示可能存在的税负优化机会。

2. 充分利用中介机构的专业优势。税务机关在选取转让定价案件时往往会使用各种数据资源，如企业所得税汇算清缴、纳税评估、同期资料管理等。因此，企业应积极、审慎地准备和提供关联交易相关资料，特别是关联交易同期资料，应当谨慎而真实地进行披露。由于同期资料内容比较复杂，企业应充分利用中介机构的专业优势，寻求专业的税务师事务所帮助编写。

3. 关注信息披露的合理性和一致性。企业存在以下现象或特征时可能会引起税务机关的注意，甚至导致转让定价调查：一是毛利率较高的行业，以及关联交易较多的行业；二是受低税率地区公司拥有或控制；三是与低税率地区关联交易巨大；四是长期亏损、微利或跳跃性盈利；五是关联交易模式的突然变化。因此，存在上述现象的企业，在信息披露时要特别注意防范转让定价税收风险。国别报告和同期资料准备过程中各自应关注的重点，本节前两部分已经介绍，在此不予赘述。

（三）事后阶段

1. 积极配合税务调查。企业在受到所在国主管税务机关的质疑时，应积极配合调查，主动与税务机关交流，了解其具体关注的问题点，提供充分的资料和举证，在技术层面上进行充分的分析、预测并准备应对方案或可行的协商解决方案，最大限度地争取所在国税务机关的认可。就可行的协商方案与各级税务机关进行充分沟通，将企业损失降低到最少。当遭遇所在国税务机关不公正税收待遇及纠纷时，企业应主动寻求中国税务机关的支持和帮助，及时解决税收争议与纠纷。

2. 运用法律救济工具。在税务机关出具最终调整通知书后，做好缴税、担保等必要的手续。如果纳税人对特别纳税调查调整有异议，可以在专业服务机构的协助下，依法申请行政复议或者诉讼；同时根据我国对外签署的税收协定的有关规定，申请启动特别纳税调整相互协商程序。跨国企业集团的中国成员实体，应将中国近年来特别纳税调查调整的相关新政策，与有决策定价权利的集团总部和相关关联各方充分沟通，提示在中国境内可能存在的各种特别纳税调查调整风险。

第八章
“一带一路”建筑施工企业税务风险管理

建筑施工企业积极响应国家“一带一路”倡议，践行“走出去”战略，对外投资额稳步上升，相关企业的国际工程承包业务和境外投资业务呈现出较快增长态势。行业内许多企业都希望能借助国家政策的利好，聚焦“做强做优做大”，不断拓展国际业务，提升企业在国际市场上的影响力和竞争力。

与此同时，也应该注意到，特别是税务风险的识别、评估、规划方面还处在被动管理阶段。这种较低企业管理水平的普遍性与国际业务涉税的晦涩复杂性之间的冲突，直接导致建筑施工企业在“走出去”的过程中吃了不少“哑巴亏”，也在一定程度上打击了企业发展国际业务的信心。面对如此纷繁复杂的税务风险，开展海外投资业务的企业需要重视税务风险管理，在投资时做好税收规划，算好税务账，充分了解投资所在国的税收政策、税收优惠条款、我国与其订立的税收协定，积极利用税务机关、中介机构所拥有的专业外部资源，努力防范、化解税务风险，提高企业的经济效益。

第一节　税务风险概述

一、税务风险基本理论

（一）税务风险的定义和特征

国家税务总局《大企业税务风险管理指引（试行）》（国税发〔2009〕90号），对企业税务风险的定义是，企业的涉税行为因未能正确有效地遵守法律法规而导致企业未来经济利益可能损失的风险。目前学术界的主流理论认为，企业税务风险主要包括两方面：一是企业的纳税行为不符合税收法律法规的规定，应纳税而未纳税、少纳税，从而面临补税、罚款、加收滞纳金、刑罚处罚以及声誉损害等风险；二是企业经营行为适用税收法律法规不准确，没有充分使用有关优惠政策，多缴纳了税款，承担了不必要的税收负担。税务风险存在于企业生产经营活动的全过程，甚至被一些人戏称为“甩不掉的影子”“定时炸弹”，这也从侧面表达了一些企业负责人对税务风险的无奈和畏惧。

特别是在新形势下，“税务风险已经跃升为企业重要风险之一”，这一观点可能适合绝大多数境外经营的中国企业，一方面几乎所有的企业都不同程度地存在税务风险问题，它涉及企业的战略发展、业务拓展、管理能力等多方面；另一方面国内建筑施工企业已经将自身业务拓展到了境外，境内外税务事项的繁杂、税制的差异以及税收征管的不同，使得税务风险成为企业发展过程中需要重点关注的风险之一。

建筑施工企业税务风险不仅具备风险的通用特征，结合行业施工周期长、建设形式多样、分散作业点多的特点，以及目前国际业务迅速发展的现实大环境，同时还具有一些特殊性。①

1. 税务风险普遍存在。由于在生产经营中，企业一般以企业利益最大化为目标，客观上与税收征管主体的强制性、无偿性特征不一致，这种主体的矛盾性决定了税务风险的必然存在。这种征税主体与纳税主体之间利益的矛盾，必然会造成企业与政府对涉税事项的出发点与关注点不同，一旦税务机关和纳税义务人就同一涉税业务的具体处理方法或程序存在理解偏差，那么税务风险就不可避免地要产生。更进一步讲，双方对同一涉税业务存在不同理解，所表现出来的主观态度，也会直接导致税务风险的产生。①

2. 税务风险全过程存在。企业在开展日常经营活动和实施涉税相关业务的会计核算和监督时，税务风险已经悄然存在。纳税义务则是企业开展经营活动产生的结果的反映，其产生不可避免地会带来税务风险。因此，也就可以说税务风险无处不在、无时不有，税务风险先于企业税务责任履行而存在，只能在有限的空间和时间内改变税务风险存在和发生的条件。

3. 税务风险呈加剧趋势。近年来，世界各国政府根据国际经济形势变革和国内经济发展的战略需要，不断调整本国税收法律政策和税收征管制度，强化国家主体对税收管辖权的控制力度，这种改革趋势不断加深加快。国家层面税收政策改革提高了企业管理者、业务人员、财务人员以及涉税工作人员对新政策的解读与执行的要求，对从业者的专业要求不断升级，这无形中加剧了企业税务风险。随着国际多边主义政策

① 严君子：“企业税务风险的产生与防范”，《国际商务财会》2009 年第 10 期，第 47－48 页。

和单边主义政策的对抗博弈加剧，未来税收政策的变革将成为持续影响企业发展的一种重要风险因素。

4. 税务风险多具潜伏性和隐蔽性。税务风险的表现受多种因素交替影响，内容复杂多变，这使得其在形成初期不容易被管理人员察觉，无法及时采取有效的监管手段，容易造成风险累积。加之税收涉及企业经营运行的多方面，上下级传导效应明显，一旦隐形风险暴露，化解难度和成本较大，具有严重的危害性。

（二）企业税务风险的影响因素

1. 影响企业税务风险的内部因素。影响企业税务风险的内部因素一般包括：企业战略规划和理念、财税计划和风险态度、业务体系和职责分工、专业水平和绩效考核、企业信息技术发展和沟通机制等。分析影响企业税务风险的内部因素有利于促进企业建立完善的风险管理体系，提升业务部门和财税部门的专业能力，强化业财融合，最终实现税务风险快速识别、及时分析、高效管控的目标。企业应该重点从以下几个方面开展自我测评：

（1）经营者税务观念。税法基本理论是每一个从业人员应该掌握的基本知识，它的缺失往往会给企业带来巨大的风险。但是，很多企业管理人员容易忽视这方面的积累，工程管理只关注工程施工，物项采购只关注采购事项，只要涉及税务管理就一股脑推给财务，认为这只是财会部门的事情。这种思想甚至影响到许多企业负责人在项目决策、职责分工上的安排。事实上，大部分涉税事项是伴随生产经营全过程的。简单地将二者割裂开来管理容易造成企业税务风险管理不到位、非故意的违法违规，导致企业税务管理成本上升，甚至使企业承担不利的法律后果。这就是经营管理者税务观念薄弱给企业无形中带来的风险。

（2）企业内部控制制度。内部控制制度的完善与否是评价企业税务风险管理水平高低的基础。缺乏完善的内部控制制度，企业很难从根源发现和解决税务风险问题，只能停留在税务风险事后控制阶段。这种结果导向型管理模式的风险，在企业参与国际市场竞争的过程中就会充分暴露出来。税务风险事后控制的致命缺陷在于整个经营活动已结束，偏差已在系统内形成，并且不能补偿，税务风险的防控效果也将大打折扣，同时也会无形中提高与政府机构的沟通成本。

（3）财税人员专业水平。企业税务风险管理水平的优劣，首先取决于企业管理者的高度重视，设立完善的内部控制制度，其次有赖于高素质的专业人员来具体落实。目前，一些建筑施工企业的财税人员对境外税收法律法规不熟悉，在经营活动中对税务风险的敏感性不高，对税收优惠政策理解不透彻。对于企业税金计算不准确、政策不清楚导致税金缴纳错缴、漏缴、重复缴纳。再者，如果缺乏相应的沟通能力，不能将相关税收政策及时传递给企业相关管理者，也不利于企业税务风险控制。

2. 影响企业税务风险的外部因素。企业外部的税务风险影响因素包括：宏观经济环境和产业政策、法律法规和税收监管要求、市场开放程度和竞争性、行业发展情况和融资环境、税收征管程序和行业惯例等。在分析影响企业税务风险的相关外部因素时，可以从以下三个角度来把握：

（1）宏观环境。宏观环境涉及一个国家或地区的政治、经济、历史、人口、自然资源等多个方面。税务风险的防范与宏观经济环境的变化程度息息相关，很多企业对某区域的未来大环境走势的估计往往基于一些历史数据和同类可比数据，但随着国际形势的快速变化，很多新问题、新趋势都已经不能简单地只从历史中、旧数据中找答案。只有重点关注和分析国际形势的深刻变化，才能对宏观环境做出客观判断。宏观环境的多变和复杂性，可为企业带来新的机会，但也会增加税务风险的防范难度。

（2）税收法律法规变化。税收法律法规是随着经济的发展而不断完善的，一个国家发展的脚步迈得越快，现实情况对既有模式和规则的挑战就会越强烈。企业必然不可能静态地、割裂地看待这种变化，进而这种变化带给企业的压力也是不容忽视的。这就不得不提2016年引发建筑施工行业大变革的营改增了，它有指向性地促使全行业正视以往营业税税制下存在的问题，这种变革确确实实让企业感受到了“阵痛”，但同时也敦促广大企业与先进税管模式接轨，改变行业陋习。

（3）税收征管程序多样性。企业识别、评估税收风险，最终的目的是找到一条适合本企业降低税负的道路。企业采取在合法合规和降本增收之间寻求平衡的举措，往往也会引起税务主管部门的关注，这就需要企业在开展税务规划的同时积极主动与政府机关沟通，寻求主管部门的认可。沟通就会产生成本，加之近年来税务法规更新加快，税务部门在做“裁判员”的同时也和企业一样学习吸收新变化，双方对征管政策的理解不同，一定程度上也增加了税务风险。

二、税务风险管理的国内现状

2015年，德勤会计师事务所发布了《借力“一带一路”国企国际化迈进新时代》的研究白皮书。白皮书通过对我国国企中高层领导的问卷调查，梳理了国企目前参与“一带一路”建设的现状和挑战。白皮书指出，受访企业中69%没有完整的税务风险管理制度和专门的税务岗位，与国际上的大型跨国公司差距较大，而67%的受访企业表示从未在进行海外投资的过程中聘请税务顾问对海外项目所在国的税收环境、征管体系、税务风险进行评估。

当前，国内企业的税务风险管理存在的一些主要问题，一是税务风险管理的认识不到位，企业风险管理体系建立不完善，缺乏将税务风险管理贯穿整个经营活动的整体意识；二是税务风险识别评估机制不健全，缺乏科学的方法论指导，基本停留在经验判断和简单的对比分析阶段；三是税务风险控制手段单一，侧重于风险管理的事后控制，未能形成项目全过程全流程控制，单个信息分析多，信息综合分析少。这种税务风险管理水平已经远远不能满足当代企业对先进管理理念和现代管理制度的需求，更无法满足企业走出国门，面对复杂多变国际环境的需求。这需要广大企业积极主动运用风险评估和风险度量的相关工具，系统研究企业税务风险的形成机制和应对措施，建立高效的企业税务风险管理体制，增强企业核心竞争力，提高竞争优势。

三、国际税务风险管理的实践经验

税务风险管理就是对纳税人风险进行防范和控制的过程，其基本要求是合规，即根据税收法规的要求，正确计算和按时缴纳税款，避免少缴和迟缴；而更高层次的税务风险管理，要求企业在合规、税务风险可控和税务风险规避措施有效的前提下，充分利用税收法规和税收政策的明确的优惠规定和未明确规定部分的时间差，避免多缴纳税款，承担不必要的税收负担，从而实现企业价值增值。

国际上在对控制框架术语的概念进行界定的基础上描绘了税务控制框架应包括的关键因素，如税务战略、税务运作与风险、税务会计与报告、纳税遵从、自动化与技术整合（IT）、组织与资源等，以及怎样建立这样一个框架，认为特定的企业组织建立的税务框架应该与特定组织结构相适应，并希望帮助企业运用税务控制框架达到税务风险管理的目的。

近年来，各国也建立了专门的税务管理机构。这些机构最初以发挥核算、审计功能居多，后逐步向综合功能型发展，管理重点也逐步由事后管理向事前的税务遵从风险管理转移，改变了以往企业被动接受税务管理的状态。本部分将以几个国家为例，介绍企业税务风险管理方面的做法和经验。

美国COSO（虚假财务报告委员会下属的发起人委员会）发布《企业风险管理——整合框架》，把税务风险作为企业财务风险的一个分支进行了深入研究。经过近几年的发展，美国IRS（联邦税务局）和一些大企业已经积累了非常丰富的税务风险管理实践经验。以高质量的涉税信息管理和信用管理为基础，充分利用完善的社会信用体系、信息批露制度和计算机网络的信息技术，通过技术与经验相结合，识别遵从问题并根据这些问题在整个行业的普遍程度和其蕴含的遵从风险对问题进行排序，将税收征管资源集中在风险最大的领域。

澳大利亚建立了一种旨在降低税收成本的合作遵从模式，建立遵从金字塔模型，实施差异化管理，通过10项相关评判标准，根据变化的环境及时调整模型和实践，把强制管理转化为自我管理约束，以降低税务风险。

荷兰采取平面监测方式，根据企业的规模、意愿、协议，以及涉及问题的因素确定税务机关的具体形式和密集程度，将税务内部控制融入企业内部控制框架。税务机关通过税务内部控制可比性经验交流机制强化与外部税务师、会计师及审计师的合作。

在英国，企业需要根据风险评估模板的设计内容来进行自身税务风险评估，区分不同税务风险级。针对高风险纳税人，税务机关将对这种企业进行更多的日常税务风险控制复核，增强企业风险防控的紧迫感。此外，税务机关通过设立企业论坛，提供日常交流渠道，增进征纳双方理解。

了解了几个发达国家在税务风险管理的先进经验，可以发现在此项管理中的一些供国内企业借鉴之处：一是致力培养企业内部风险文化建设，强化企业风险控制机制和风险绩效评价体系，强调全方位风险识别和监控；二是积极发挥企业和政府建立良好沟通渠道的积极作用，加强部门协作和第三方数据对比，降低信息不对称造成的沟通成本；三是利用税务机关的政策和机制引导功效，将企业被动管理模式转换成主动管理模式，依托信息化平台提升企业税务风险管理的积极性。

四、跨境业务税务风险的防范

在国内外形势的综合影响下，建筑施工企业必须更充分地了解所在国和投资目的国的相关税收制度以及在税收领域的双边、多边合作情况，做好跨国业务的税务风险防范。本部分基于建筑施工企业境外税务风险的识别、评估和防控要求，提出以下几方面宏观建议（见图 8 - 1）。

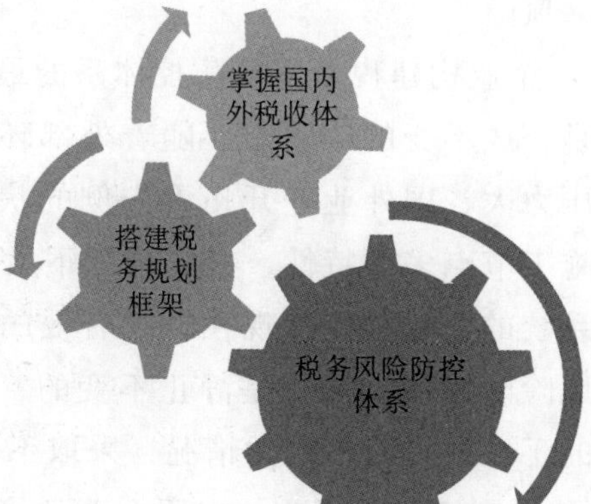

图 8 - 1　跨境业务税务风险防范的宏观建议

（一）构建税务风险防控体系

企业在积极引进国际通行做法提升管理理论创新的同时，也要建立和当前经济发展情况、国家制度要求相契合的税务风险防控体系，努力构建“全方位、全流程”的管理体系。

1. 有的放矢，突出税务专业化管理。企业建立内部税务风险防控体系的时候经常会提到几个问题：“需不需要”“如何去做”“做到什么程度”。这些问题本质上是企业管理者从意识到位到行动实施到位的一个由内而外的衍生过程。

（1）“需不需要”的问题。目前，各国为了自身的税收利益，会通过法律制度等提高透明度，对避税地进行限制和打击。例如，2013 年，英国和百慕大群岛、维京群岛等签订协议，共享银行账户信息，此举意味着打破了“避税天堂”的保密原则，削弱了这些地区的避税功能。政策环境日益严峻，随之而来的是对企业识别评估税务风险能力的考验，没有一个专业化的内部风险控制体系，再好的项目也有可能由于风险控制因素考虑不全面、不到位而有“流产”的危险。特别是，当前国内建筑施工企业大部分境外活动集中在第三世界国家和地区，区域政治、经济的不稳定因素较多，更需要企业依靠自身的风险防控体系将可控税务风险控制到位，将不可控税务风险识别到位，努力不遗留未知税务风险点。

（2）“如何去做”的问题。建立投资决策管理责任架构，将税务风险防控嵌入业务决策机制，帮助企业各部门梳理日常经营风险和重大交易风险，根据业务的性质和要求建立税务风险管理制度，包括事先评估、事中调整和事后应对的整体机制。在实际项目运行时，要保证税务部门和业务部门信息传递和反馈畅通，加强多部门协作。应该建立专业团队，参与项目决策和实施的各阶段，并对实施情况提出专业化建议和规划，完善监督机制，同时做好税务风险防控评价工作，将企业降低税收负担的目标落到实处。要建立“税务分析—纳税评估—风险管理”的工作机制，使税务风险管理多环节首尾相扣，降低遗漏风险。

（3）“做到什么程度”。企业构建税务风险防控体系的最终目标是确保战略目标的实现，而战略目标不可能是一成不变的，它需要随着外部环境改变而调整。建筑施工企业面临在国内业务监管压力大、国外业务开拓无先例的状况，加之行业本身项目跨期经营、人员流动性大、施工节点多的特性，很多情况下大家也在“摸着石头过河”，这些都可能造成风险防控系统的失效，使得现在行之有效的手段和工具可能三五年后就不再适用。因此，税务风险防控体系不能是静止不变的，更不能是一劳永逸的，它应该是动态的，应用科学的手段，针对不同的情况，采取不同的组织和措施。

2. 多方协作，助力信息交换机制。目前，中国企业的境外经营目的地遍及世界五大洲 160 多个国家和地区，覆盖率达到 80% 以上，经营的复杂性和风险暴露的可能性已经不是单单企业自身能完全面对和承受的了。更需要将政府部门、行业协会、第三方中介机构的税务风险控制理念与企业内部税务风险防控体系融合，健全信息共享机制，减少因外部管理体系不畅而形成的非主观税务风险敞口。

税务机关搭建企业生产经营信息共享、企业不良记录信息共享、第三方涉税信息共享等多个信息化平台，实现税务精细化管理和常态化管理，从外部监管倒逼企业完善自身税务风险管理体系。企业通过多年实践经验，将集中发生的税务风险问题反馈给有关机构，也能促进我国税制的不断完善和国际磋商的尽快开展。

行业协会应发挥其信息多、渠道广的优势，更好地为协会成员服务，搭建有效的沟通平台，及时将企业经营活动中的税务难点和建议反馈给税务部门，也将政府部门最新的税收政策解读向企业反馈。

企业借助中介机构在法律、法规、税收以及政府沟通方面的独特优势和专业性，可以弥补自有税务风险管理人员的专业理论或实践不足，让专业的人干专业的事，发挥其独立、专业、灵活等优势，这将会在一定程度上提升整个税务风险管理的质量和效率。

（二）搭建税务管理框架

搭建税务管理框架是系统性的工作，系统性的特征决定了税务管理框架的设计必须聚焦整个企业的发展战略规划，从企业“一盘棋”的角度，全面整合现有和将有的管理资源，构建一个“自上而下”“由整体到个别”“从普遍到特殊”的税务管理框架。税务风险管理具有鲜明的层次性，这种层次性表现在：

1. 税务风险管理目标的层次性。很显然，税务风险管理的顶层目标应该是税务风险管理的整体目标，它主要强调风险管理文化建设，以企业文化促进管理工作的“潜规则”，以规章制度形成管理工作的“显规则”。它决定着分部目标和具体目标，决定着企业税务风险管理的基本方向，是企业一切活动的出发点和归属。

分部目标是在整体目标的制约下进行特定方面税务活动所要达到的目标。它往往是遵从集团整体战略而设定的，受制于整体目标，也同时指导着具体目标。在税务风险管理中，一般包括筹资税务风险管理、投资税务风险管理、经营活动税务风险管理和收益分配税务风险管理四个部分。

具体目标是在上级目标的制约下，根据某项特定的业务活动所要达到的财税目标，如企业并购负债项目承担、项目筹资税务成本核算等。具体目标是整个税务风险管理的落脚点，是实现整体目标和分部目标的基础。

2. 税务风险管理内容的层次性。一般来说，企业税收风险管理包括三个层次：一是企业税收负担管理，即企业实际缴纳的税款管理。它是根据税收法律法规，合理计算成本费用，达到延迟缴税或少缴税的目的。这种管理方式操作简单，但无法帮助企业实现战略目标，且若是核算不合理，容易受到税务机关的关注。二是企业纳税成本管理，即企业执行和遵从税法所负担的管理成本。这种充分利用国家税收优惠政策的方式，税收遵从度较高，但对企业的管控水平要求较高。三是企业税务风险成本管理，即企业面临税收处罚的成本管理。这种管控手段能将前两种管控层次系统地整合起来，服从企业战略管理要求，更注重企业长期价值的体现，避免短视行为。

企业应该建立三层次税务风险管理观，将局部利益与整体利益结合，将追求短期利益与长期利益结合，首先实现第一层、第二层税务风险管理内容，逐步达到和实现第三层次的管理目标。

（三）“税控先行”防范税务风险

税务风险管理应该遵循事前介入原则，企业经营活动发生时以产生纳税义务为前提，不能寄希望于滞后的税控模型去解决已经出现的税务风险。例如，企业对于已经列支的成本费用在纳税申报时却得不到所在国税务机关的认可，造成的纳税调整事项，不但增加了缴纳的税金，而且还加大了税务沟通成本，影响了企业声誉。

做好税务风险管理能够有力支撑公司决策，通过正确的征纳信息沟通与传递渠道，建立测算税务成本的标准成本模型（SCM），运用标准成本模型测算每项业务流程所耗费的时间、人力和资金，根据纳税成本的测算数据，定期分析模式的合理性，为持续优化税控流程提供依据。

具体来讲，可根据项目前期对派驻机构组织模式、税收政策、资源分布和外汇结算制度等项目进行纳税规划分析，通过对组织模式、签约主体、纳税模式、资金结算的模型预估，选用对比分析综合测算视同居民企业和非居民企业两种模式的增值税、所得税和结算方式的对比计算，为企业的投资决策提供了可靠的数据支持。

第二节 国际工程承包业务税务风险管理

国际工程税务成本是国际工程承包业务中的一个占比颇重的成本要素。国际上资深的工程项目管理企业均擅长通过研习东道国的税制构建税务风险管理机制，及时识别评估隐藏的税务风险，有效管控工程项目不同阶段的税负水平，优化提升税务风险管理效益。

随着“一带一路”倡议得到全世界越来越多国家和地区的响应，许多中国建筑施工企业也希望能借着这股“东风”逐步拓展本企业国际工程承包业务，进入国际市场，参与国际竞争。虽然不少企业已经意识到税务风险管理的必要性，但由于中国建筑施工企业涉足国际工程承包业务起步较晚，可参考经验不足，仍有许多“功课”要做。建筑施工企业应该立足自身实际，结合项目所在国的具体情况，对工程施工中的税务风险进行深入分析，强化税务风险的管理和控制，提升企业经济效益和国际形象。

一、招标投标阶段

海外工程承包项目从招标投标阶段开始，需要综合考虑各个涉税因素，为后期投标报价和项目实施提供相关依据，因此要对项目所在国进行充分调研。尽职调查的重点应包括：国内相关税务规定、项目所在地的税制、招标文件具体要求及其对税负的影响、计算工程应纳的税金；项目所在地的相关税收优惠政策；可能存在的税务规划空间。

（一）了解国内的相关税务规定，利用好国家对海外工程项目的鼓励性税收政策

在流转税方面，相关税收政策主要集中在免税以及出口退税上，国际工程项目中

设计部分增值税可以享受零税率的优惠；采购部分，对外承包工程所需要出口的机器设备、原材料、施工机械和中间产品，甚至连生活用品在内，都可以按规定享受退（免）税政策；建筑安装部分，根据境内企业在境外提供建筑劳务可免征增值税的规定，可以减免相应的增值税。在企业所得税方面，中国企业从事海外工程承包，所取得的收入需要缴纳企业所得税，但是根据税收协定，可以获得税收抵免。在印花税方面，如果在境外签订建筑安装合同，并且也不带入国内使用，该合同不需贴花。

（二）了解项目所在地的税制及相关税收优惠政策

企业应研究所在国的税法和条例，掌握需要纳税的税种、税率、缴纳期限、扣缴义务人等。一般来说，海外国家涉及的税种大致有所得税、流转税、关税、合同税、印花税、杂项税等，在缴纳时间上有的差异较大，企业要注意控制收付款的时间节点。另外，在有的国家区域之间购销业务还要缴纳高昂的税费，无疑也会推高企业经营成本，也需要企业好好了解。

（三）吃透税收协定和税收优惠政策的精神，做好经营筹划

企业应注意跟踪了解政府援助项目、重大基础设施建设、国际金融组织贷款项目以及在当地创造就业机会等获得减免税优惠；还可以利用工程时间短，不在当地设立常设机构来避免缴纳所得税。部分海外国家设立贸易保护壁垒，对进口的原材料按区域征收不同的关税或者指定进口地，差别极大，企业应提前掌握相关信息，合理避免无谓的成本。

总的来说，要通过多种渠道广泛获取信息，了解海外国家涉税情况，比如大使馆以及经参处、项目目的国的中资企业或兄弟单位、项目所在国专业机构和业主，等等。如前文提到的越南大型工业设施建设项目，需要考虑越南不同模式下的企业所得税、流转税等税种的法规和条例，在依法纳税的同时保证利润的最大化（见图 8－2）。

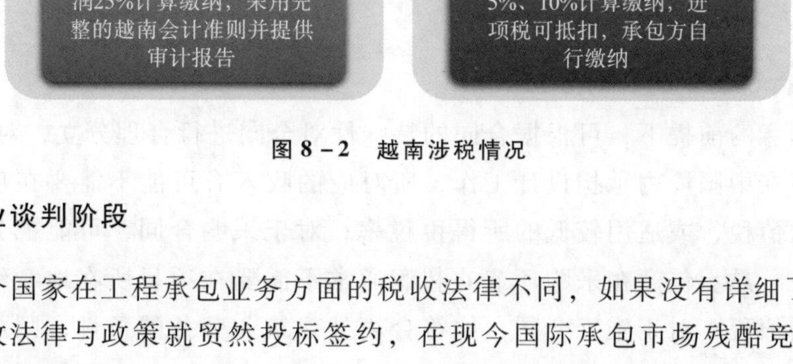

图 8－2 越南涉税情况

二、商业谈判阶段

由于各个国家在工程承包业务方面的税收法律不同，如果没有详细了解项目所在国的相关税收法律与政策就贸然投标签约，在现今国际承包市场残酷竞争的情况下，

将很可能赔本，甚至出现巨额亏损。企业应做到"未雨绸缪"，在项目投标和合同谈判中就应考虑并重视项目可能涉及的税务问题。

对成本加成合同，一切与工程有关的税金负担对象要在合同中明确规定。施工过程所需缴纳的税金，若合同规定由承包商缴纳，则应了解税种和税率，并将应纳税额列入税金及附加费和成本费用，在投标中加以考虑。对固定造价合同，因涉及的税种较多，税率和纳税方法也不相同，最好的办法是在合同中规定由业主负责缴纳所在国的应纳税金，而承包商仅负责其本国的应纳税部分。若合同规定均由承包商纳税，则应了解清楚税种和税率，并将税金计入合同价款，并且在合同条款中一定要注明规定缴纳的税金适用的法律期限及责任，建议约定对签订合同后其国家颁布的相关法律不应适用本合同。

（一）选择合理的合同签订主体

合同税务条款及总价确定后，要选择最优的签约主体签订商务合同，使得项目税负最低。承包企业可根据自身的具体情况来分析，选择最为合适的设立形式进行注册。如在EPC总承包合同中，EP部分选择由境内母公司或设在税负低的地区的子公司签订；C部分可选择由母公司签订，或根据企业战略发展需要，选择在项目所在国成立独立法人子公司来签订实施。

1. 合同风险有效隔离研究。在工程谈判阶段，确认合同方以及总包和分包合同，明确合同中不同内容的实施主体，将离岸部分与在岸部分进行有效隔离。如BOT（build-operate-transfer）即建设—经营—转让施工中，"B"部分确认为"工程承包收入"，"O"部分确认为"经营利润收入"，"T"部分确认为"资产转让所得收入"。这种合同实施主体上的隔离能够有效避免工程施工合同被认定为"混合销售"承担较高税负。

2. 双边税务协商机制启动。对于已经签订但未有效隔离风险，若是不能签署补充合同或者协议的，可以通过启动双边税务相互协商机制降低税务风险。例如，根据中印两国签订的《关于避免双重征税及防止偷漏税协定》规定，"当一个人认为，缔约国一方或者双方所采取的措施，导致或将导致对其不符合本协定规定的征税时，可以不考虑各缔约国国内法律的补救办法，将案情提交其本人为居民或国民的缔约国主管当局"。

（二）现行税制下的合同分立

在业主同意的前提下，可根据合同的特殊性对合同进行合理分立，对于设计合同，由于总承包商在中国境内承担设计工作，所对应的收入有可能不需要在项目所在地缴纳所得税和增值税，或适用较低的所得税税率；对于采购合同，可能视为业主直接进口材料和设备，总承包商在采购环节的利润通常不需要在项目所在地缴纳所得税，也不涉及国内增值税；对于施工合同，如符合境外建筑业劳务的条件，则可免征国内增值税。在合同拆分时需要关注以下风险点：

1. 合同范围存在的风险。承包合同分立后，需要签订两份以上的合同文本，工程和采购内容会发生相应的分离，原本的承包合同能够整体涵盖的工程内容和合同条款，分立后将会出现不可避免的前后不一致，工作范围出现重叠、不衔接的情况，原本单一责任的合同执行开始执行后，有可能会产生一些争执和困难。

2. 工程进度方面的风险。在国际工程项目承包合同中，业主只确定一个总工期及数个工程节点，多数情况下并不明确区分工程的设计、采购和施工之间的组织和安排，需要项目承包商对工程总体进度和质量负责，如何实施和安排也是总承包商应该考虑的范围。因此，如何保证各拆分合同的执行进展互相协调，又不对承包合同规定的工期产生耽误，是合同拆分的重点要求。

3. 合同违约的风险。在国际工程项目承包合同中，某一项违约可能会导致整个合同终止。各分合同中的独立工作范围需要从工程项目整体的角度解释。拆分后的合同需要做好违约风险隔离措施，避免单一合同违约终止导致其他合同及整个国际工程项目总承包合同的终止。

三、项目实施阶段

（一）日常税务服务的管理

1. 纳税申报管理。从国内纳税申报方法看，对海外工程项目所得与境内所得汇总合并纳税时存在操作上的问题。

（1）在国内法中，企业所得税法规定，对境外所得已在境外缴纳的所得税税款准予扣除，但扣除额不得超过其境外所得按照我国税法计算的已纳税额。我国企业对应纳税所得额的确定则是在会计利润基础上，再经纳税调整得到的。根据所在国的会计准则编制的会计报表，要调整为按我国税法计算的应税所得。

（2）在境内、境外所得汇总合并纳税时，各个国家的会计年度不同，纳税年度也不同。企业所得税又是一个实行年终汇算清缴的税种，这就会导致境外所得的税款抵扣计算既复杂也不科学。与境内境外所得在同一张所得税申报表中申报，也造成了国内所得税政策中一些概念界定的模糊，如以应纳税所得额为依据确定的税收优惠政策的适用，税前扣除项目的限额扣除标准是否包括境外所得等。

日常纳税申报中还需要对项目所在国申报程序、期限等规定加以关注，避免因滞纳甚至漏税受到处罚。各国对未按期申报或延期申报、欠税或漏税以及偷逃税等都有相应的处罚规定。如在中国香港，企业第一期税款未如期清缴，税务局会加征全部所欠税款（包括第二期税款）5%的附加费，第二期税款将会被视为立即到期。税务局就在缴税日期起计6个月后仍未清缴的税款（包括5%的附加费）再加征10%的附加费。又如阿根廷对逾期未缴纳的所有税额都需要按月支付高达3%的利息，漏税、未预扣税款或税务欺诈将处未缴税额50%—1 000%的罚款。而在爱沙尼亚，罚款最高可达上万欧元。

2. 出口退税和优惠备案管理。根据现行法律法规规定，海外工程承包所涉及的材料和设备出口可申请退税。出口退税是一项繁杂的工作，政策性强，法律法规要求多，各种相关材料、数据要前后一致，相互对应，需要企业内部多部门紧密配合才能完成。这就要求企业必须建立完善的管理规范，协调企业内部的关系，还要及时处理、协调与进出口代理公司、海关、检验检疫、税务等外部部门的关系。

我国允许海外承包工程企业运出境外用于对外承包工程项目的设备、原材料、施工机械等货物，在货物报关出口后，比照外贸企业出口货物退税办法，向当地主管退税机关申请增值税出口退税。出口退税是海外承包工程企业的一项特有而且重要的工作，及时、足额地取得出口退税款对于提高企业的效益、减轻资金压力、增强企业在国际市场的竞争力具有重要意义。对外承包工程企业应在下列方面加强对增值税出口退税工作的管理。

（1）重视出口退税工作，从制度、人员等各方面做好基础工作。企业应转变观念，认识到增值税出口退税工作的重要性，制定切实可行的出口退税管理制度，并将制度落实到实处。退税工作涉及商品出口报关、准备退税单证、出口收汇等各个环节，对内涉及采购部门、财务部门、工程业务部门，对外涉及税务、海关、外汇管理部门等，因此对内应特别关注部门之间的工作协同性，规划相关的工作流程，建立通畅的信息沟通渠道，对外要加强同相关管理部门的汇报、沟通工作，为企业争取一个良好的退税工作环境。

（2）加强对出口退税工作中"出口视同内销"工作的管理。根据《国家税务总局关于生产企业开展对外承包工程业务出口货物退（免）税问题的批复》（国税函〔2009〕538号），以及《国家税务总局关于出口货物退（免）税若干问题的通知》（国税发〔2006〕102号）文件规定，如果对外承包工程企业为开展对外承包工程业务而出口货物属于下列情况——国家明确规定不予退（免）增值税的货物；出口企业未在规定期限内申报退（免）税的货物；出口企业虽已申报退（免）税但未在规定期限内向税务机关补齐有关凭证的货物；出口企业未在规定期限内申报开具"代理出口货物证明"的货物；生产企业出口的除四类视同自产产品以外的其他外购货物——对外承包工程企业不仅不能享受出口退税优惠，还要按照视同内销予以征税。

（3）关注国家出口退税政策调整，积极应对、及时作出工作调整。出口退税是一项政策性很强的工作，国家出口退税政策经常会做出调整，海外工程承包企业为做好退税工作，就应对国家出口退税政策的调整信息灵敏，及时调整出口结构，为企业增加利润。

（二）项目现场税务管理

要想有效防范和规避税务风险，企业就必须重视税务风险管理，认真研究和掌握税务政策，加强内部财务控制，构建一套全面、科学、可行的风险管理体系，制定合法、合理、有效的税务筹划方案，为企业利益增长与可持续发展打下坚实的基础。

1. 建立税务风险预警报告制度。建立专门的税务管理系统是企业国际化的必然趋势，是促进企业降低全球纳税风险，提高税务管理效益的重要措施。企业可根据各自企业的实际情况，建立开发一套先进科学的务风险管理信息系统，确保税务规划具有合理的商业目的，同时对税务事项的会计处理符合相关会计准则和税务规定。

此系统应能够满足日常税务管理需要，如自动提醒近期需要完成的纳税申报各项任务；收集和整理会计信息；计算税款、填写纳税申报表；缴纳税款、取得完税凭证；随时检查全球各地分公司的纳税申报状况；实时查询各地纳税申报工作的完成情况；清晰显示未完成的纳税申报任务，及时监督执行；按照任务的紧急程度提示下一步工作；便于总部对各地子公司的税务风险进行管理；便于各地子公司的税务管理人员安排申报工作。

2. 境外税务管理本土化。企业除了要聘请合格的海外财务管理人员外，可聘请熟悉当地税法、工作严谨、恪守职业道德的当地会计师，按照项目所在国税法要求进行税务业务的处理。从税务登记、账簿凭证处理到相关票据开具、收取等都要严格进行管理，做到按时申报、正确申报并按时纳税。属地化税务管理后，通过所在国中介机构编制和审核的财务报表，往往更容易通过当地税务部门的审查。此外，项目在签订税收协定的国家，企业应及时取得项目所在国主管税务机关出具的所属年度企业所得税性质的完税凭证，并按年度对境外项目账务进行专项审计，以便在境内进行所得税抵扣。

3. 合理申报和持续规划。进行税收规划是一个企业走向成熟、理性的标志，是企业的一种长期行为和事前筹划活动，需要具有长远的战略眼光，要着眼于总体管理决策，有时还要与企业发展战略结合起来，选择能使企业总体收益最大、最优的方案。只有这样，才能真正做到“节税增收”。有条件的情况下，企业应运用电子化、网络化的管理手段降低成本、提高税务管理效率。由于各个国家经济环境不同、税制各异，在开展海外工程的过程中，企业要讲究科学方法，根据项目合同涉及的税种、税率、税收优惠及征管办法等多方面集中精力稳妥解决。

四、案例分析

某建筑施工企业在巴基斯坦的一个 EPC 项目，合同规定该项目工作范围包括：勘察、设计、采购、施工、安装、调试、服务（包括但不限于竣工验收）、从初步设计至质保期满等全过程的工程总承包服务。

在具体分析之前，有如下前提条件将影响合同签署方案：

1. 该建筑施工企业为高新技术企业，享有 15% 的所得税税收优惠。

2. 该企业上级集团公司全资控股的贸易公司享有货物出口资质，可以进行设备采购及对外出口。

3. 按照当时巴基斯坦税法规定，在巴基斯坦进行的建筑安装工程必须全部或大部分在巴基斯坦纳税，否则巴基斯坦税务机关有可能对巴基斯坦项目整个 EPC 合同征税，导致该合同税负大幅增加。

4. 按照巴基斯坦规定，水泥、沙子等地材必须在巴基斯坦当地采购，不得从国外进口。

5. 按照中国税法规定，海运费合同的签署方需与出口退税的办理方一致；国家商务系统各部门申报扶持资金要求审核总承包合同。

该项目国内税负与巴基斯坦税负对比如表 8-1 所示。

表 8-1　国内税负与巴基斯坦税负对比

序号	工作内容	中国境内税负		巴基斯坦境内税负		备注
		税种	税率	税种	税率	
1	勘察设计（E）	增值税及附加	0.00%	企业所得税	3%	根据合同签署地区不同分别纳税
				增值税	10%	
2	设备采购（P）	增值税及附加	0.00%	企业所得税	3%	1. 根据合同签署地方不同分别纳税； 2. 根据巴基斯坦法律规定，水泥、沙子等地材必须在巴基斯坦采购，建议含在建安报价中； 3. 根据出口退税规定，海运合同须与贸易公司签订
				增值税	10%	
3	建筑安装（C）	增值税及附加	6.78%	企业所得税	3%	1. 根据合同签署地方不同分别纳税； 2. 根据巴基斯坦税法规定，在巴基斯坦实际发生的建筑安装业务必须在巴基斯坦纳税
				增值税	10%	
4	项目管理（含调试、培训）	增值税及附加	6.78%	企业所得税	3%	根据合同签署地方不同分别纳税
				增值税	10%	

综上所述，巴基斯坦项目合同签署方式具体如下：

1. 该建筑施工企业与业主签署勘察设计、项目管理及部分建筑安装工程合同，可享受建筑施工企业享受高新税收优惠，利润税负最低。

2. 集团内贸易公司与业主签署设备采购合同，不会影响建筑施工企业的高新资质。

3. 设立巴基斯坦分公司和分包商组成联合体与业主签署巴基斯坦的建筑安装合同，只需缴纳巴基斯坦当地税，国内没有税负。

第三节 境外投资业务税务风险管理

中国企业境外投资首先要面临的税务风险就是投资目标国陌生复杂的税收制度和税务征管环境。以哈萨克斯坦为例，中国香港就被该国列在反避税天堂的名单之上。如果持有哈萨克斯坦投资的中间控股平台设立在中国香港，其转让所持有的哈萨克斯坦公司的股份（权益）而取得的资本利得将适用更高的资本利得预提所得税税率。因此，没有充分做好境外投资税务风险识别和规划将可能给企业带来巨大的税务风险。

一、招标投标阶段

（一）投资目的国的选择

企业在选择境外投资目的国时，不单单要对投资标的物进行细化研究，还应对目的国的具体情况进行调研。这种尽职调查内容不仅包括国家地理风俗、法律监管和商业环境、经济规模和市场潜力、地区安全性审查等多方因素，而且不能忽视对税务因素的考量。尽职调查应该包括但不限于，目的国是否有统一的税制，中央和地方对税源的分享比例和税源竞争情况，地方税收拥有裁量权的程度是否存在外国投资者的税收歧视，以及涉税争议的解决途径和效率等。

建议企业在部署境外投资业务战略时建立境外投资风险分级清单，综合考虑东道国投资条件，实现多级风险预警，定期跟踪和修订投资所在国的风险评级，这不仅能帮助企业规划海外投资重点区域，而且能指导业务部门审慎选择投资项目，提高项目投资的成功率。一般认为，与我国签订税收协定或有税务安排的国家和地区，其税务风险相对可控。

（二）组织架构的选择

企业在跟踪潜在投资项目时，投资决策层应该根据业务特点和人员安排，结合目标国的法律法规和商业惯例选择相适应的组织结构，投资主体的选择应与目标国市场挖掘的阶段相适应。

就目前海外投资发展实践来看，我国企业在拓展海外市场的过程中选择的组织机构主要有以下几种模式：代理人或分销商直接投资、成立代表办事处、设立海外分支机构、成立海外子公司。不同的组织机构在运营时都会面临一些共性的税务风险，也会存在特有的税务风险。本部分在查阅相关资料的基础上，将不同组织机构所涉的税务风险整理如表 8－2 所示。

表 8-2 组织机构税务风险比较

<table>
<tr><th rowspan="2">组织机构</th><th colspan="2">主要税务风险</th></tr>
<tr><th>共有风险</th><th>特有风险</th></tr>
<tr><td>代理人或分销商直接投资</td><td rowspan="4">1. 企业所得税；
2. 雇员个人所得税；
3. 增值税、消费税、关税；
4. 其他税费；
5. 税务合规性和纳税成本；
6. 税收协定和减免税待遇；
7. 避税和反避税及关联交易；
8. 项目财务分析中的税务预测风险；
9. 员工社会保险缴纳</td><td>转变成常设机构的企业所得税和纳税合规性风险</td></tr>
<tr><td>代表办事处</td><td>1. 常设机构认定带来的企业所得税风险；
2. 当地经营的特有税核算风险</td></tr>
<tr><td>海外分支机构</td><td>1. 视同东道国居民企业纳税人带来的企业所得税风险；
2. 分支机构收入汇回国内的预提税风险；
3. 境内外账务、报表差异带来的税务合规性风险</td></tr>
<tr><td>海外子公司</td><td>1. 视同东道国居民企业的税收风险；
2. 派发股息、红利的预提税费风险；
3. 采用并购、合营等方式带来的后期税务事项风险</td></tr>
</table>

不同的组织形式涉及的税务问题远远不止上面提到的，企业也不能仅仅停留在单一层面比较各类组织形式的优劣，必须脚踏实地，真正从企业战略、从项目出发，综合考虑相关因素，选择相适应的组织机构。

总体讲，一般设计海外投资组织架构主要出于三方面的考虑：首先，该组织架构是否与未来业务规划相适应，是一个项目还是多个项目，是单一业务还是多元化经营；其次，该组织架构是否适用企业整体税务风险管理体系，是可以利用现有制度还是需要重新搭建，是否真正能够实现整体税负的降低；最后，还要考虑项目退出机制，部分退出还是全部退出，资产转让便利度和交易所要求等。

（三）投融资结构化设计

海外投融资结构化设计不但帮助企业有效防范税务风险，还能有效利用离岸地的法律体系，搭建高效的运营结构，逐步提升企业的海外投融资能力。比如，很多建筑施工企业的海外平台往往涉及投资、融资、资金池、EPC 主业与综合服务等功能。中国企业开展跨境投融资的重要性毋庸置疑，如何在纷繁复杂的国际市场中做好结构化金融安排成为风险高效管控的关键指标之一。除融资、隔离风险等商业目的外，设计海外投融资架构的主要目的还在于寻求税务上的优化。为了实现纳税合规、降低税务成本，避免风险传递，企业可以从海外投融资的离岸地选择和实体架构设计两方面来考虑。

从全球范围内看，一般来说，政治经济稳定、基础设施完善、法制健全、银行服务强大、税制简单、税负较低等是选择的基本条件。中国企业设立结构化投融资离岸地主要集中在新加坡、中国香港、卢森堡、英属维京群岛、开曼群岛、百慕大群岛等国家和地区。首要考虑的因素就是当地的法律风险、税务成本、税收合作机制、资产安全等，但同时也应该注意到，自从全球金融危机后，多国政府意识到，这些所谓的“避税天堂”已经损害到国家和大多数民众的利益，他们开始采取限制性措施，对这些“避税天堂们”施加压力。欧盟2017年年底公布的避税天堂黑名单就是在这样的背景下产生的。因此，如何选择离岸地在整个结构化金融领域就显得尤为重要。

为确保项目投融资的健康运行，企业还应为其设计适宜的实体框架和进行合理的功能划分，作为保障机制。进行结构化设计应着重考虑融资成本、税务优化、风险隔离、业务合规。税务风险管控的主要考量因素有：当地税负、税收及贸易保护协定、地理位置和商业环境、融资便利性以及法律完善性。企业控股平台的选择不仅要考虑企业以股息红利等形式派回的收益税负最低，还要考虑境外机构取得被动收入的税负最低（见图8－3）。

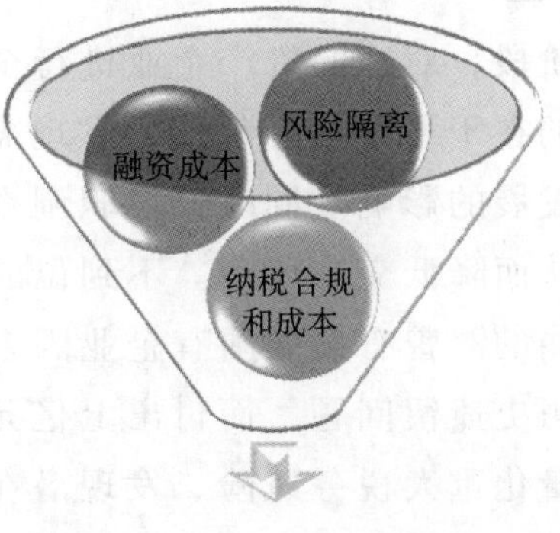

图8－3 架构设计的考量因素

出于多方面因素的考虑，跨境投资的交易方往往会设计很复杂的跨境交易架构，但是可以简单概括为三个层级（见图8－4）：上层投资层、中间控股层和下层实体经营层。具体来说，投资层，主要是最终投资人或受益人，但并非只有这一层，基于股东背景保护、遗产继承等因素可能也会构建一些离岸公司或离岸信托计划以及基金公司等。中间控股层主要用作为投资者和下层实体经营层之间的协调机构，根据实际需要也可能为多层架构。实体经营层可以由境外的中间控股公司直接持有，也可以通过在目的国当地设立本地控股公司持有该实体经营层企业股权。

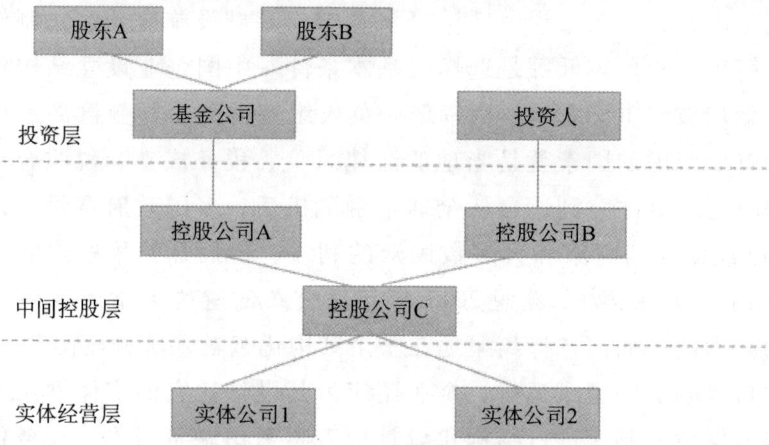

图 8-4 跨境交易架构层级

在结构化架构设计时，要善于运用各国间的税收优惠政策，深入理解我国、投资所在国和离岸国之间的税收协定，不但要满足税务主管部门对业务开展具有商业实质的要求、降低税务稽查风险，更要筹划避免国家间重复征税、降低企业实际税负。

（四）审慎的税务尽职调查

在境外投资前期的准备阶段，对标的资产企业进行全面审慎的税务尽职调查也是至关重要的。尽职调查的目的在于了解目标价值，发现需要考虑的财税风险，使投资人充分了解现状及其对未来发展的影响。同时，尽职调查还能为估值模型及买卖协议谈判提供详细的数据支持，从而降低交易风险。不到位的税务尽职调查带给企业的隐患和财务损失往往是非常惨痛的。曾有大型国有企业因未能在税务尽职调查中发现海外目标收购企业在税务上的历史遗留问题，而付出上亿元人民币的代价。有效的税务尽职调查应包括几项内容：量化重大税务风险、发现潜在税务成本、调整交易相关成本、测量交易实际税负率，涉及并购重组的还应包括并购解决方案和收购后整合计划等。

二、项目实施运营阶段

（一）重复征税

重复征税的根本矛盾是国际经济关系中跨国纳税人和跨国征税对象的日趋普遍与各国政府税收管辖权的交叉重叠冲突。重复征税让跨国投资人背负了沉重的多重税收负担，违背了税收中立和税负公平的原则，更严重的是，这种税负不公使得海外投资人处于竞争劣势，挫伤其经营活动积极性，最终限制了国际经济发展。

我国专家学者归纳了企业进行海外投资面对的国际重复征税风险的因素：

1. 居民身份认定上的风险。税收上将企业区分为居民企业和非居民企业，认定的不同身份企业负有的纳税义务也不同。由于不同国家对居民企业认定的标准不尽相同，即便其给企业提供了一些税收规划空间，也会带来很大的税务风险。比如，我国企业在投资国注册成立企业，而实际管理机构在中国境内，这使得海外投资设立企业就可能被认定为两个国家或地区的居民企业，虽然能免除向母公司支付股息、红利的企业所得税，但也须在我国和投资国同时就其所得缴纳企业所得税，这就使纳税义务扩大了。

2. 税收优惠适用性风险。企业在海外投资决策时，往往把投资国的税收优惠政策作为一项重点考量指标。在实务中，我们经常会发现一些企业由于对税收协定理解不透或财务合规性操作不当，造成国外享受的税收优惠无法得到境内税务机关的认可，无法享受减免税待遇，无法得到相应税收优惠。

3. 境外缴纳所得税无法抵免风险。目前，我国对赋予纳税人选择权，对境外投资所得可自行选择综合抵免法或分国抵免法，但一经选择，5 年内不得改变。这种抵免方法计算复杂且限制条件较多，容易造成境外所得税无法抵免。比如，企业在申请抵免时，需向主管税务机关提供境外所得税相关的完税凭证或缴款证明，但在实务中境外部分税款无法取得专门的凭证或证明，最终无法完成所得税限额抵免，造成企业重复交税。

（二）常设机构

常设机构的认定历来是签订税收协定国征纳双方争论的焦点，因为它关系着营业利润如何在居民国和来源国进行分配。早在 2013 年普华永道对全球跨国公司做的一项调查中，37% 的跨国公司就承认其不同程度地接受过当地税务机关对于常设机构身份相关的税务审计，同时又有 63% 的受访企业承认感受到了税务机关对其常设机构身份判定的主动性不断提高，手段也不断强化。这就说明各国税务机关正不断加强对其管辖区内经营的非居民企业的管理，旨在通过判定常设机构而获得征税权，提高所在国税收收入。一旦非居民企业被认定为在所在国拥有常设机构，归属于该机构的所得要按照来源国要求缴税，那企业的税务管理成本和风险将显著增加。

BEPS（税基侵蚀和利润转移）行动计划背景下，一方面，为防止人为规避构成常设机构，其更强调签订合同的实质内容发生地，这就意味着企业代表在境外进行合同谈判若促使合同进入实质订立、履行阶段就可能符合了常设机构认定条件，在无形中加大了税务机关的自由裁量权。另一方面，对于常设机构豁免条款（即仅仅利用在缔约他方的固定场所购买商品或收集企业信息，从事准备性或辅助性的活动，不构成常设机构）在当今互联网时代也受到科技手段的挑战，如采用远程视频通话的形式订立合同、总分机构分解合同等方式，扩大准备性、辅助性活动的适用范围，降低境外人员的参与度，这也增大了税务机关判定的潜在风险。例如，华为公司为规避双重征税，在俄罗斯采用了“由当地子公司签订服务合同，总机构签订商品销售合同”的经营方式，在 2009 年曾被该国基层税务局认定在俄罗斯构成常设机构，而要求其补缴各项税款和滞纳金共计 2 000 多万美元。

在监管不断加强的情况下，企业在进行境外投资前要合理安排信息决策制度、项目管理计划、合同谈判的时间和地点，及时收集和保存相关资料，如合同细则、人员薪酬、出入境记录等，以便在面对税务机关检查时能充分举证说明相关业务实质问题，确保税务风险的预先防范。

若在项目实施过程中企业被认定具有常设机构，应当按照当地法律法规和税收协定要求做好税务登记和纳税申报工作，避免产生非主观性税务风险。企业一旦与所在国管理当局对常设机构的认定产生分歧，也要积极寻求专业机构协助，做好与管理部门的沟通，争取主动，努力维护自身合法权益。

（三）转让定价

"走出去"的中国企业在投资项目运营阶段可能与国内的控股公司及关联企业进行交易。这是国际贸易发展的结果，但其客观上确实调节了国际税负高低，自然受到各国税务管理部门的关注。因此，对于建筑施工企业而言，如何以合理的方法为不同国家间的关联企业间货物、劳务、技术、设备租赁、无形资产使用权定价是一个非常关键的问题。

一些企业由于对转让定价的税务风险认识不足，关联交易无法满足 OECD "企业必须按照谨慎的商业习惯选择定价方法"的要求，无法提供商业实质公平独立的支持性文件而使税务管理部门对其商业实质提出质疑。若该项交易被认定为滥用转移定价权，将面临被税务机关进行特别纳税调整的风险。企业非但不能通过合理的转移定价安排降低整体税务，反而有可能面临税务处罚的风险。

公司总部可统一制定集团内的关联定价政策，避免成员单位各自为政，从而出现涉税风险。在关联定价政策的制定中，公司要根据不同成员企业在集团内部价值链上发挥的作用，合理做好利润分配，使得税务安排总体上符合"公司税负与经济活动和价值创造相匹配"的原则，降低所在国税务风险。企业与关联方共同开发、受让无形资产，或者共同提供、接受劳务时，应预先在各参加方之间达成协议安排，分摊上述业务所发生的成本费用；利用成本分摊协议合理列支企业成本费用，避免税务机关因对收入成本确认方式以及金额不认可而频繁对企业开展转移定价调查。此外，为了保证关联交易的实际结果与预先制定的政策一致，企业应定期检查转让定价政策的实施情况，如有偏差，可在下一期间做出相应调整。企业集团也应准备在全球运营范围内统一开展转让定价文档工作，通过准备包含企业共同信息和数据的全球协调性转让定价文档以及针对不同国家不同子公司制定单独报告，来协调和满足企业需求，也保证披露信息的全球一致性和准确性。

（四）资本弱化

通常新设立的法人企业在投资目的国由于资信评级较低，难以在短时间内筹集到大量资金，此时大多数企业会选择从控股企业进行债权性融资。当债权资本超过股权资本过多，比例失调，就会造成资本弱化。为避免企业通过上述方式逃避纳税义务，各国普遍规定了资本弱化条款，以限制企业通过操纵各种债务形式的支付手段，增加税前列支利息，同时减少股息的所得税支出，从而降低税收负担。我国相关法律法规也对资本弱化做出了明确规定，《财政部 国家税务总局关于企业关联方利息支出税前扣除标准有关税收政策问题的通知》（财税〔2018〕121号）对其扣除比例有明确的规定。由于所有涉及关联融资的企业需要在年度汇算清缴时披露相关信息，税务机关较容易从税收征管系统中发现可能存在资本弱化问题的企业，并展开进一步调查。这无形中增加了企业的税务检查风险和成本。因此，关联融资交易金额较大的企业应关注交易安排合理性，及时向税务机关提交相关同期资料，证明关联融资交易符合独立交易原则，降低资本弱化形成的税务风险。资本弱化要服从企业整体理财目标，企业通过资本弱化节税，要注意避免所在国的税收政策对资本弱化的管理。由于资本弱化管理是针对关联企业之间的融资行为，建议企业优先考虑从非关联方获得债权性融资，慎用资本弱化方式节税。

三、审计阶段

项目结算后，对于国内部分，要开展和项目相关的税务单据的存档整理等工作。这些税务单据主要包括：中国税收居民身份证明、各种减免税备案表、出口退税单据等。对于国外部分，“走出去”企业要根据企业发展战略、项目子公司、合资公司的税务状况以及税务属地化的实际情况来确定是否要将项目公司注销。如果企业准备清算海外项目公司，则主要的税务风险防控重点应放在以下方面：（1）人员工资、社会保险和遣散的成本费用；（2）各类税款的清算与缴纳；（3）剩余资产在股东之间的分配以及税费处理；（4）清算过程中对债权人、股东、员工应缴税款的扣缴等问题。同时，要对项目所在地的税收法规进行翻译整理，集思广益，形成税务文字档案材料，上报总部归类存档，最终在总结中能形成相关财务税务管理规章制度，以便有新合同时能更好的作为操作指南。

四、案例分析

A公司为国内某大型国有企业，希望收购欧盟地区D公司100%的股权。如果直接从境内进行收购，那么不仅要履行境内复杂的对外投资审批手续，而且其从境外取得的股息所得也需要在所在国缴纳10%的股息预提所得税。

考虑到A公司在中国香港已经设有全资控股公司B，且希望将海外所获得的利润积累于中国香港统一管理，用于未来对外投资，在企业税务团队的建议下，A公司采取了如下投资架构（见图8-5）：由B公司在欧盟设立控股公司C，然后由C公司收购目标公司D。相对于由A公司直接收购D公司，该控股架构的税务优势在于中国香港的B公司从D公司获取的股息收入不需要缴纳审核的税费，原因在于：（1）由于C、D公司同属欧盟成员国，根据欧盟《母子公司指令》（EU Parent-Subsidiary Directive），D公司支付给C公司的股息红利无需缴纳预提所得税；（2）根据C公司所在国税法，当地公司从D公司所在国收到的股息免于在所在国缴纳任何税款；（3）根据C公司所在国和中国香港之间的税收协定，C公司支付给中国香港的B公司的股息红利无需缴纳预提所得税；（4）中国香港B公司从C公司收到的股息红利由于不属于来源于中国香港的所得，无需在中国香港缴纳任何税费。

这种多层的控股构建，也为A公司设置D公司提供了退出途径。例如，A公司可以通过由B公司处置C公司，或者由C公司处置D公司股权的方式间接退出对D公司的投资。

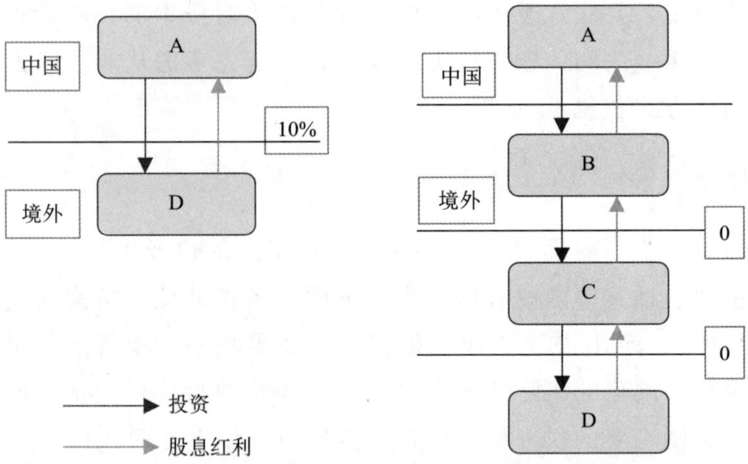

图8-5 A公司投资架构示意

值得注意的是，在上述控股构架中，相关税收优惠或税收协定优惠的取得需要满足特定条件。纳税人在搭建海外控股构架时候需要仔细评估并合理规划投资架构和投资方式，以确保中间控股公司能够享受相应的国内税收优惠。

第四节 税务合规性管理

一、税务合规性管理

税务的合规性管理是税务管理的基础工作，其技术要求不高，大多是程序性规定，容易被企业财税管理人员忽略，但我们应该意识到，基础工作没做好会降低后期税务评估和规划的准确性。按照税法相关规定，企业必须真实、完整、准确地准备和保存有关涉税业务资料，并按相关规定报备。

国家税务总局对企业合规性管理的部分应对建议如下：

1. 境内税收合规性风险的应对：

（1）履行企业所得税关联业务往来报告义务。

（2）履行企业所得税境外所得申报义务。

（3）履行个人所得税境外所得申报义务。

（4）符合企业所得税法下的转让定价、成本分摊、资本弱化规定。

（5）符合企业所得税法下的受控外国公司和境外注册中资控股居民企业风险管理规定。

（6）用非货币性资产向境外出资时，是否可适用所得税的特殊性税务处理。

2. 境外税收合规性风险的应对：

（1）熟悉当地的税法，包括实体法和程序法，以便依法纳税，依法办理涉税事务、依法享受税收优惠。

（2）熟悉当地财务、会计规定，以便正确核算、准确计税，避免因财务、会计处理不当造成涉税风险。

（3）熟悉国际税收惯例，以便按照国际上通行的做法，维护并争取涉税权益的最大化。

（4）树立国际税收意识，在涉税跨国所得的处理方面应遵循公平交易原则，减少与所在地税务当局发生争议和规避不必要的税务检查。

（5）了解当地涉税公共环境，注意寻求社会各界包括政界和税务中介机构的涉税支持和服务。

（6）与国内税务主管机关保持常态化的联系，以便获得适时的咨询服务和建议。

（一）国内账和境外账

建筑施工企业境外设立机构要做好成本费用、营业利润、税务规划等工作，处理好“国内账”“境外账”很有必要。目前，境外中资企业会计核算通常采用两套账核算模式。“境外账”采用当地政府部门要求的语言或通用的语言进行账套簿记，按照当地会计制度进行核算，以满足所在国对纳税申报、中介审计以及其他监管要求；“国内账”按照中国企业会计准则的要求进行核算，用以满足母公司合并会计报表、集中财务管理，以及税务审计部门检查等要求。具体说来，业务发生时发票及支持材料原件纳入外账处理，国内账以相关资料复印件进行会计处理，确保两套账同时运行。

两套账的运行模式面临的一个比较突出的问题是，境外账和国内账会有明显的差异，主要表现在几个方面：首先，一些国家对库存现金是否与境外账账面记录一致比较关注，如哈萨克斯坦，其他国家也要关注现金差的问题。其次，国内的相关成本费用无法进入境外账，如境内发生的人工成本。另外，国内发生的保险、公积金等也无法计入境外账。

上述种种原因会造成境外账利润核算不准确。企业需要关注和监控境外各分支机构的利润情况，做好税费规划工作，以免在项目结束时或者年度终了面临巨额所得税支出，造成项目亏损。境外机构可以聘请当地信誉好、能力强的会计师事务所，尤其是与政府部门关系良好的中介机构进行会计核算和税务规划。这样不易违反当地的财税政策法规，提供的会计资料也更容易被当地政府监管部门接受。

（二）税务登记申报和税款缴纳

1. 税务登记和申报管理。企业在进行境外投资时均需要办理境外直接投资登记，而在商务部出具的《企业境外投资证书》上会同时有“境外企业（最终目的地）”和“投资路径（仅限第一层级境外企业）”，当两者不一致时，企业要登记境内机构在境外设立的第一层级境外企业。根据《国家外汇管理局关于进一步简化和改进直接投资外汇管理政策的通知》规定，境外投资企业在境外投资设立的子公司、孙公司等不再实行备案管理，外汇局通过境外直接投资存量登记掌握境内投资主体的全部境外投资权益。如果是由两个或两个以上境内投资主体共同投资一家境外投资企业（含境内居民个人在境外设立的特殊目的公司），各境内投资主体应确定其中一个境内投资主体作为境外直接投资存量权益信息申报主体，由其向境外投资企业登记地外汇局申报相关信息，其他境内投资主体不再申报。持股比例最大的境内投资主体原则上为申报责任股东，若持股比例相同，由相关境内投资主体约定其中一个境内投资主体为申报责任股东。

中国法定会计年度为公历年度，但其他国家采用的纳税年度和申报期限与国内不一样，如科威特、卡塔尔等中东国家规定可从合同开始日起，至项目结束后顺延半年的不超过12个月为纳税期间；另外，纳税人也可以申请以会计年度末报表编报的时间为纳税时间或最后纳税期限。纳税期间的差异会给中资企业成本配比造成困难，带来税务风险。企业应该按照当地税法规定选择纳税期间，将公司的生产周期调整为与法定纳税期间保持一致，合理安排成本费用支出化解风险；可以根据项目的运作时间巧妙合并纳税，弹性纳税期间可以带来节税空间，如某企业在卡塔尔进行勘探开发工程，前16个月业主没有确认收入，当期的动迁成本、人工费用没有足够的收入涵盖，为了避免收入递延给下期带来过多的利润，根据当地税法规定“收入不到合同一定金额可以递延合并纳税”，可以将不能抵免的成本递延到后期，从而降低企业税负。

2. 派遣员工的个人所得税管理。随着我国“走出去”战略的推进，个人境外所得数量日益增加。根据个人所得税法及其实施条例的规定，国内人员除了要就境内收入申报纳税外，从境外取得的所得同样需要在国内申报缴纳个人所得税。依据财政部、国家税务总局《企业境外所得税收抵免操作指南》(国家税务总局公告2010年第1号)和《境外所得个人所得税征收管理暂行办法》(国税发〔1998〕126号),企业需要准确把握境外派遣员工个人所得税管理。

(1)派出机构勿忘报送纳税信息。中国境内的公司、企业和其他经济组织以及政府部门,凡有外派人员的,应在每一年度终了后30日内向主管税务机关报送外派人员情况。内容主要包括:外派人员的姓名、身份证或护照号码、职务、派往国家和地区、境外工作单位名称和地址、合同期限、境内外收入状况、境内住所及缴纳税收情况等。

税务机关提醒,根据《纳税信用等级评定管理试行办法》,派出机构不能依法报送纳税资料的,其纳税信用等级将不得评为A级。

(2)准确理解境外所得概念。对个人而言,判断所得来源不应以支付地为判定标准。下列所得,不论支付地点是否在中国境外,均为来源于中国境外的所得:

①因任职、受雇、履约等而在中国境外提供劳务取得的所得;

②将财产出租给承租人在中国境外使用而取得的所得;

③转让中国境外的建筑物、土地使用权等财产或者在中国境外转让其他财产取得的所得;

④许可各种特许权在中国境外使用而取得的所得;

⑤从中国境外的公司、企业,以及其他经济组织或者个人取得的利息、股息、红利所得;

⑥税收法律、法规规定的其他所得。

应计算缴纳个人所得税的境外所得包括现金、实物、有价证券和其他形式的经济利益。

派遣员工的个人所得税可采取以下两种申报方式:

代扣代缴:纳税人受雇于中国境内的公司、企业和其他经济组织以及政府部门并派往境外工作,其所得由境内派出单位支付或负担的,境内派出单位为个人所得税扣缴义务人,税款由境内派出单位负责代扣代缴。

自行申报:境外所得来源于两处以上的纳税人,取得境外所得没有扣缴义务人的,或者扣缴义务人未按规定扣缴的纳税人,均应自行申报纳税。

被中国境内派出或投资机构(下称境内派出机构)派往境外分支机构、使(领)馆、关联公司、代表处(以下统称为境外任职、受雇的中方机构)任职、受雇的外派人员,其境外所得由境外任职、受雇的中方机构支付、负担的,可委托其境内派出机构办理纳税申报;没有境内派出机构的纳税人,可以委托有税务代理资质的中介机构或者他人代为办理纳税申报。

(3)境外缴纳税额可抵免。个人从中国境外取得的所得,可以在应纳税额中扣除已在境外缴纳的个人所得税税额。纳税人在境外某一国家或地区实际缴纳的个人所得税税额，超过扣除限额的部分，不得在本年度应纳税额中扣除，但可在以后年度的该国家或者地区扣除限额的余额中补扣，补扣期不超过5年。

同一国家或者地区内不同所得项目的应纳税额之和，为该国家或者地区的扣除限额。也就是说，应按“分国（地区）不分项”的原则计算扣除限额。可扣除的境外缴纳个人所得税税额是指，个人来源于中国境外的所得依照该所得来源国家或地区的法律应当缴纳并实际已经缴纳，且能提供境外税务机关填发的完税凭证或其他完税证明材料原件的个人所得税税款。

（三）税收协定待遇管理

企业一般会从营业利润、股息、利息、特许权使用费和财产收益等方面明确各国的征税权及企业可享有的优惠待遇。具体待遇情况在不同的协定中会有一定的差异。比如，企业在境外从事承包工程作业或提供劳务时，营业活动时间没有超过有关税收协定规定天数或期限的（通常为任何12个月中连续或累计超过6个月或183天），在境外所在国不构成常设机构，那么它的营业利润就可以免征境外国家的所得税。

1. 审批取消、程序简化后的自行管理。取消行政审批，简化相关程序，减少资料报送后，因为少了税务机关审核把关这一环节，纳税人要自行判断报告表填报信息和其他资料的真实性和准确性。这里特别应注意的是，享受税收协定待遇涉及许多税收法律法规，也涉及很多证明材料，如情况报告表根据享受不同条款的待遇分为4张附表，且与纳税申报表有勾稽关系，报告表填列信息不符合享受协定待遇条件的，不能申报享受协定待遇。

同时，税务机关将加强后续管理，具体措施有：（1）如果报告表和资料不足以证明纳税人符合享受协定待遇条件，或纳税人存在逃税嫌疑的，可要求非居民纳税人或扣缴义务人限期提供其他补充资料并配合调查。（2）纳税人、扣缴义务人拒绝提供相关核实资料，或逃避、拒绝、阻挠税务机关进行后续调查，主管税务机关无法查实是否符合享受协定待遇条件的，可视为不符合享受协定待遇条件，责令非居民纳税人限期缴纳税款。（3）主管税务机关在后续管理过程中，发现需要适用税收协定或国内税收法律规定中的一般反避税规则的，可以启动一般反避税调查程序。

2. 滥用税收协定的危害。滥用国际税收协定，一般指的是第三国居民（非协定受益人）利用其他两个国家签订的国际税收协定从事经济活动，从而享受协定优惠待遇的行为，获得其本不应该得到的税收利益。也就是说，滥用国际税收协定的行为使非协定受益人得以逃避原应承担的一部分乃至全部税负。从国际上滥用国际税收协定避税的实践来看，其一般有以下两个特点：一是在方式上，一般是通过在协定国组建中介性投资公司、持股公司，把来源于非协定国的收入中转到这些公司，以谋取不应得的税收优惠。二是在收入项目上，多半是针对股息、利息、特许权使用费、财产租赁收入等间接性的投资所得，有的还扩及至个人劳务报酬，直接投资的营业利润则比较少见。

滥用税收协定避税会造成许多不良影响。两国签订税收协定的目的之一是使对方国家的居民获得相应权益。如果第三国居民通过在缔约国一方设立导管公司而利用税约，则该第三国将因此而获益，这样就违背了税收协定中的互惠原则，缔约双方的税收权益也会因此而收到影响。另外，如果第三国居民可以从其他国家业已签订的税收协定中获益，则第三国与其他国家签订税收的积极性将大大降低，从而不利于国际税收合作的发展。因此，许多国家从20世纪80年代初就开始把解决滥用税收协定避税问题列为一项重要议题，并纷纷采取措施加以防范。

二、涉税争议与企业权利保障

税务争议是指纳税人和其他税务当事人同税务机关在税款征收缴纳的过程中产生的争执和异议。税务争议根据司法救济程序规定的不同可分为纳税争议和其他争议。目前，我国解决税务争议的主要方法有两类：行政复议和行政诉讼。这是保护纳税人、扣缴义务人、纳税担保人以及其他税务争议当事人合法权益，维护和监督税务机关依法行使行政职权的重要法律制度。但是，许多企业依旧抱着“民不与官斗”的旧思维，面对争议一味选择“退让”，忽略了对自身正当权利的维护。

我国企业和个人在境外如果应享受而未能享受协定待遇、遭遇税收歧视、遇到其他涉税纠纷，可向企业所得税或个人所得税征管的省级税务机关提请相互协商。可提请相互协商的六种情形：一是对居民身份的认定存有异议，特别是相关税收协定规定双重居民身份情况下需要通过相互协商程序进行最终确认的；二是对常设机构的判定，或者常设机构的利润归属和费用扣除存有异议的；三是对各项所得或财产的征免税或适用税率存有异议的；四是违反税收协定非歧视待遇条款的规定，可能或已经形成税收歧视的；五是对税收协定其他条款的理解和适用出现争议而不能自行解决的；六是其他可能或已经形成不同税收管辖权之间重复征税的。

相互协商作为在国内法律救济手段之外解决税收争议的补充渠道，有几个方面问题较为特殊，需要注意：一是启动相互协商不以是否存在国内救济手段为条件，申请人应自行负责采取相应措施保障其在缔约对方的国内救济权益；二是对于已经启动相互协商程序的案件，申请人有权向税务机关了解相互协商进展情况，同时申请人有义务及时向税务机关提供真实、完整和准确的相关资料；三是在相互协商过程中，申请人可以撤回相互协商申请，也可以拒绝接受相互协商结果，但申请人不得就相同或类似事项再次提出相互协商申请。

建筑施工企业主要项目所在国多是发展中国家，它们的税制不完善、征管方式不合理、管理人员专业知识不足都有可能使企业的涉税业务产生争议，这个时候若是一味遵从所在国征管体系，不注重与税务机关的日常沟通，不勇于应对争议问题，就可能损害企业的合法权益，造成经济利益的无端流出。因此，在面对税务争议时，我们要积极沟通、遵从监管，特别是在面对侵害企业合法权益、阻碍业务正常推进的税收歧视性争议时，企业更要积极响应，拿起法律的武器，有理、有据、有节地解决争端，维护权益。

三、税务规划与反避税

税务规划是指纳税人为了达到不缴税或少缴税的目的，采用合法的手段对各种税务方案进行的选择和策划。税务规划主要分为三类，即避税规划、节税规划和转嫁规划。一直以来，税务规划都是企业税务管理的重要部分，它与企业的经营效益息息相关。也正因为税务规划会减少或延迟企业的纳税义务，各个国家为维护国家权益，贯彻公平税负、平等竞争原则，会加大对这种避税的打击力度。市场经济越发达，法律体系越完备，对避税的打击力度越大。我国自20世纪90年代开始关注反避税工作，通过出台如《税收征收管理法》《关联企业间业务往来税务管理规程》《特别纳税调整实施办法（试行）》等一系列税收管理法律法规强化了反避税案件的管理体系。一方面通过国内立法防止国际避税，另一方面通过加强国际合作来防止国际偷漏税和避税。

国际反避税调整主要是指特别纳税调整，是对纳税人特定纳税事项所做的调整，包括针对纳税人转让定价、资本弱化、成本分摊、受控外国企业及其他避税情况所进行的税务调整。企业税收规划需要在减轻税收负担和防范税务风险这两个目标中寻求平衡，只有同时达到这两个任务的既定目标值，才能称为成功的税收规划。但在实际工作中，许多企业在进行税收规划时往往只考虑如何降低企业税务，而忽视了对税务风险的评估，这就造成了规划顾此失彼，最终不但没能达到降低企业税务的目标，反而由于缺乏对国家反避税政策的关注，使得规划结果偏离了预期的可能性，触发税务机关启动相关调查。这种单纯追求经济效益、罔顾防范税务风险的规划，最终可能搬起石头砸了自己的脚，反而增加了企业的税收成本。

税务规划和反避税一直是一对矛盾统一体，只有在合法合规前提下，税务规划才能真正实现税收负担和税务风险的“双降”。在面对主管税务机关对企业规划行为的质疑时，企业需要准确透彻地理解国家税务征管体系和政策规章，保证税务规划的合法性；同时从企业战略、行业特点、经营规模等多维度阐述企业规划的合规性。企业应针对转让定价、受控外国企业、资本弱化和一般反避税条款，做好税务风险管理，在合法合规的基础上做到合理降低税负。

四、易触发税务稽查的信息

如企业存在以下情况，则很容易成为税务机关的稽查对象：

(1) 营业额大，但长期亏损或微利。

（2）长期亏损，但经营规模不断加大。

（3）长期不做盘盈、盘亏处理。

（4）有直接长期股权投资或其他关联关系但不进行关联往来申报。

（5）税收优惠期间利润高，优惠期满后利润率下降较大。

（6）施工类企业营业额高但应收账款不符合正常比例。

（7）预收、预付账款余额大。

（8）向境外大额支付管理服务费等非实质性劳务支出。

（9）关联交易迹象明显。

五、案例分析

［例 8-1］ 主管税务机关在审核企业某年度关联申报信息时，发现企业于 2014 年在中国香港设立全资子公司从事国际贸易业务，但是该公司在中国香港无办公地点，无业务及办公人员，主要业务均由母公司相关人员开展。通过调查发现，该公司成立后留存数千万元利润未分回。主管税务机关立即展开调查，企业也将面临补缴巨额税款和滞纳金的风险。

［例 8-2］ 国内某企业在东南亚某国完成一笔并购交易后，根据业务发展需要，发生了一些国内关联公司与该国子公司间的交易。并购交易发生后第三年，关联方交易转让定价安排受到当地税务机关的质疑，并导致子公司就过去 3 年的关联方交易进行税务调整，补缴了相应的税款和滞纳金，但国内公司无法对境内相应的应税所得进行相应调减，企业实质上承担了双重税负。

第五节 税务风险管理案例

一、蒙古国电站项目

近年来铜、煤炭、锡、钨和金等矿藏资源的大规模开采已经成为蒙古国经济增长的引擎。随着人口的增长和经济的发展，蒙古国的电力和热力需求也不断增加，老化的现有设施无法满足增长需求。电站项目采用 BOT 经营模式（建设—运营—移交模式）。

二、税务风险影响分析

（一）股权构架方案一

组成联合体通过设立在中国香港的境外子公司对蒙古国项目公司进行投资和运

营，后期的股息和股权转让收入通过中国香港子公司收取和汇回。

1. 运营阶段股息汇出税务风险分析。

（1）蒙古国税务影响。蒙古国项目向中国香港子公司支付股利，由于蒙古国与中国香港未签订税收协定，通常需要缴纳20%的股息预提税。

（2）中国香港税务影响。中国香港子公司通常无需就来源于境外的股息收入缴纳利得税，并且向国内企业支付股息通常无需代扣代缴预提所得税。

（3）中国内地税务影响。国内企业需就取得的股息计算缴纳中国企业所得税，并适用25%的中国企业所得税税率（见表8－3）。由于蒙古国项目公司符合进行境外所得税间接抵免的控股层级和比例要求，其缴纳的蒙古国所得税可用于抵免中国企业所得税；若中国香港公司不对取得的资本利得进行股息分配，可暂时不缴纳中国所得税，但应注意“受控外国企业”风险。

表8－3　股息是否汇回国内税负测算　单位：亿图格里克

项目	股息汇回国内	股息不汇回国内
蒙古国项目公司税前利润	100	100
蒙古国所得税	25%	25%
蒙古国项目公司向中国香港子公司支付股息预提所得税	15	15
中国香港利得税	0	15
中国香港子公司向母公司支付股利预提所得税	0	0
母公司可抵免税负	40	0
母公司收到股息需缴纳所得税	25	0
股东收到股息抵免后仍需缴纳所得税	0	0
总体税负成本	40	40
综合税负率	40%	40%

注：蒙古国企业所得税采用超额累进税率和比例税率形式，即年收入额在0—30亿图格里克范围内的，按10%课以所得税，收入在30亿图格里克以上的，其超出部分按25%课以所得税。为计算简易，采用25%的税率进行计算。

2. 退出阶段的税务风险分析。

（1）蒙古国税务影响。2017年11月，蒙古国立法机关通过了一系列修正法案修改了现行的企业所得税税法，修正法案于2018年1月1日起生效。根据企业所得税法修正法案，来自出售权益的收入将按30%的税率缴纳蒙古国所得税。该项交易同时还需要缴纳10%的增值税。建议与当地税务机关保持密切沟通，及时了解新规的实施政策。

（2）中国香港税务影响。中国香港子公司取得的股权转让收入属于资本性质或来源于中国香港境外的收入，则无需缴纳中国香港的利得税，否则需就股权转让所得缴纳16.50%的相关利得税。我们理解这部分转让所得通常属于资本性质，则无需缴纳中国香港的利得税。

（3）中国内地税务影响。国内企业需就取得的股息计算缴纳中国企业所得税，并适用25%的中国企业所得税税率。由于蒙古国项目公司符合在中国进行境外所得税间接抵免的控股层级和比例要求，其缴纳的蒙古国所得税可用于抵免中国企业所得税；若中国香港公司不对取得的资本利得进行股息分配，可暂时不缴纳中国所得税，但应注意“受控外国企业”风险。

（二）股权构架方案二

通过国内组成联合体设立合资企业A对蒙古国项目公司进行投资和运营，后期的股息和股权转让收入通过合资企业A收取和汇回。

1. 运营阶段股息汇出税务风险分析。

（1）蒙古国税务影响。根据蒙古国—中国双边税收协定的规定，蒙古国项目公司向中国合资企业汇出股息仅需代扣代缴5%的股息预提税。

（2）中国内地税务影响。国内企业需就取得的股息计算缴纳中国企业所得税，并适用25%的中国企业所得税税率（见表8-4）。由于蒙古国项目公司符合在中国进行境外所得税间接抵免的控股层级和比例要求，其缴纳的蒙古国所得税可用于抵免中国企业所得税；国内合资企业分配股息无需缴纳企业所得税。

表8-4 股息税负测算 单位：亿图格里克

项目	计算公司	金额
蒙古国项目公司税前利润	A	100
蒙古国所得税	B = A × 25%	25%
蒙古国项目公司向合资企业A支付股息预提所得税	C = （A - B） × 5%	3.75
合资企业A可抵免境外税负	D = B + C	28.75
合资企业A收到蒙古国项目公司股利应缴纳所得税	E = A × 25%	25
总体税负成本	H = D	28.75
综合税负率	H/A	28.75%

注：蒙古国企业所得税采用超额累进税率和比例税率形式，即年收入额在0—30亿图格里克范围内的，按10%课以所得税，收入在30亿图格里克以上的，其超出部分按25%课以所得税。为计算简易，采用25%的税率进行计算。

2. 退出阶段的税务风险分析。

（1）蒙古国税务影响。2017年11月，蒙古国立法机关通过一系列修正法案修改了企业所得税税法，修正法案于2018年1月1日起生效。根据企业所得税法修正法案，来自出售权益的收入将按30%的税率缴纳蒙古国所得税。该项交易同时还需要征收10%的增值税。建议与当地税务机关保持密切沟通，及时了解新规的实施政策。

（2）中国内地税务影响。国内企业需就取得的股息计算缴纳中国企业所得税，并适用25%的中国企业所得税税率。由于蒙古国项目公司符合在中国进行境外所得税间接抵免的控股层级和比例要求，其缴纳的蒙古国所得税可用于抵免中国企业所得税。

（三）股权构架方案三

通过国内组成联合体通过设立在新加坡的中间控股公司对蒙古国项目公司进行投资和运营，后期的股息和股权转让收入通过新加坡的中间控股公司收取和汇回。

1. 运营阶段股息汇出税务风险分析。

（1）蒙古国税务影响。根据蒙古国—新加坡双边税收协定的规定，若新加坡公司直接或者间接持有蒙古国项目公司25%以上的股权，则未来蒙古国项目公司向新加坡公司汇出股息通常需代扣代缴5%的股息预提税，否则需代扣代缴10%的股息预提税。为享受税收协定优惠，新加坡的中间控股公司需取得新加坡税收居民证明。

（2）新加坡税务影响。由于新加坡公司取得的来自蒙古国应税收入税率通常高于15%，无需再新加坡缴纳股息预提税；而新加坡对于居民企业向非居民股东支付股息不征收股息预提税，因此新加坡的中间控股公司向国内支付股息，无需在新加坡缴纳股息预提税。

（3）中国税务影响。国内企业需就取得的股息计算缴纳中国企业所得税，并适用25%的企业所得税税率（见表8-5）。由于蒙古国项目公司符合在中国进行境外所得税间接抵免的控股层级和比例要求，其缴纳的蒙古国所得税可用于抵免中国企业所得税；若新加坡的中间控股公司不对取得的资本利得进行股息分配，可暂时不缴纳中国所得税，但应注意“受控外国企业”风险。

表8-5　股息是否汇回国内测算　单位：亿图格里克

项目	股息汇回国内	股息不汇回国内
蒙古国项目公司税前利润	100	100
蒙古国所得税	25%	25%
蒙古国项目公司向新加坡的中间控股公司支付股息预提所得税	3.75	3.75
新加坡利得税	0	0
新加坡的中间控股公司向股东支付股利预提所得税	0	0
股东可抵免税负	28.75	0
股东收到股息应缴纳所得税	25	25
股东收到股息抵免后仍需缴纳所得税	0	0
总体税负成本	28.75	28.75
综合税负率	28.75%	28.75%

注：蒙古国企业所得税采用超额累进税率和比例税率形式，即年收入额在0—30亿图格里克范围内的，按10%课以所得税，收入在30亿图格里克以上的，其超出部分按25%课以所得税。为计算简易，采用25%的税率进行计算。

2. 退出阶段的税务风险分析。

（1）蒙古国税务影响。蒙古国项目向中国香港子公司支付股利，由于蒙古国与中国香港未签订税收协定，通常需要缴纳20%的股息预提税。

（2）新加坡税务影响。新加坡对股权转让所得通常不征收资本利得税，但需符合属于“资本性质”的收入或来源于新加坡境外的“收入性质”收入。

（3）中国税务影响。国内企业需就取得的股息计算缴纳中国企业所得税，并适用25%的中国企业所得税税率。由于蒙古国项目公司符合在中国进行境外所得税间接抵免的控股层级和比例要求，其缴纳的蒙古国所得税可用于抵免中国企业所得税。

第九章
税务实务案例

案例一　印度尼西亚房地产项目

投资带动工程承包是海外建筑施工市场的发展新趋势。近年来，印度尼西亚（以下简称印尼）房地产市场发展方兴未艾，为中国企业拓展海外业务实现企业转型升级提供了新的发展契机。由于各国（地区）税收制度不同，承包商只有深入研究和熟悉各个国家（地区）税收政策，充分利用双边税收协定等税收优惠，提前合理规划税务问题，才能保障项目取得较好的效益。本案例结合中国境内某建筑施工企业甲集团公司在印尼开发实施的房地产项目为例，对境外投资业务税务实务进行探讨分析，为“走出去”建筑施工企业提供一定借鉴。

一、项目简介

印尼是东南亚国家联盟（东盟）创立国之一，也是东南亚最大经济体及“20国集团”成员国。根据国际货币基金组织的统计数据，作为“亚洲四小虎”之一的印尼，2013年至2017年期间经济蓬勃发展，经济增长率分别为5.60%、5.00%、5.10%、4.88%和5.02%。2017年印尼人口近2.64亿人（引自世界银行数据），仅次于中国、印度、美国，居世界第四位。首都雅加达是印尼最大的城市，常住人口约1 400万人，是印尼境内财富的汇集地，也是外国人进入印尼的首要落脚点，代表了印尼城市化的最高水平。2015 年，雅加达 GDP 达到 1 300 亿美元，人均 GDP 12 900 美元，是印尼全国人均 GDP 的 4 倍。印尼人口基数大，房地产市场近 5 年来实现了两位数的增长，在东南亚国家中和泰国不相上下，尤其是雅加达的房地产开发投资非常活跃，吸引了不少来自中国企业的投资。

甲集团公司 2016 年底进军印尼房地产开发市场，2017 年 6 月完成控股收购一家位于雅加达的当地房地产公司（以下简称 ABC 公司），获得其名下土地开发权。

（一）项目定位

本项目是甲集团公司在印尼的第一个房地产开发项目，位于雅加达中央商务区（CBD）核心区域内，毗邻中国大使馆，周边高楼林立，商业配套齐全，交通便利，区域优势明显，是雅加达市中心为数不多的黄金待开发地块，商业价值和潜力巨大。

项目定位于开发建设高档公寓、酒店式公寓和办公写字楼，并含部分配套商业设施；着力于坚持“高品质、高标准”原则，酒店定位在 4 星至 4.5 星级别，保证产品品质，快速打造甲集团公司自己的品牌。

（二）项目投资回报

项目总投资约 1.3 亿美元，其中自有资金投入 4 000 万美元，剩余资金来源于房产预售款和银行融资资金。经测算，项目自有资金内部收益率为 16.92%，投资回收期为 4.44 年，全投资内部收益率为 16.38%，投资回收期为 4.43 年。

（三）项目参与主体

在进行充分市场、法律、税收等环境调研的基础上，从税收风险、税负成本和投资收益角度考量，甲集团公司设置了合理的项目投融资架构，此项目相关参与公司具体如下：

1. 项目开发公司：合法拥有名下土地开发权的印尼 ABC 公司为此项目的开发公司，甲集团公司通过并购实现对其控股 99%。

2. 中国香港控股公司：甲集团公司拥有 100% 股权的中国香港乙公司作为 ABC 公司的控股公司，对项目提供资本金投入和股东借款。

3. 项目 EPC 承建公司：甲集团公司绝对控股的印尼丙公司，持股 ABC 公司 1% 的股份（印尼公司法不允许一人公司存在），同时作为项目的 EPC 总承包商。

（四）投资外汇环境

1. 印尼货币。印度尼西亚卢比为印尼法定货币，又称印尼盾。

2. 外汇政策。印尼外汇管制较少，印尼盾可和其他国家货币如美元、欧元等自由兑换。公司和个人基本上可以自由汇入汇出外汇，并无额度限制。所有在印尼境内发生的交易支付，必须以现金进行的债务清偿以及在印尼进行的其他金融交易都必须以印尼盾结算。但以下交易可以豁免：部分与执行国家财政预算相关的交易；国际商业交易；外币存款或离岸贷款交易。

二、税制介绍

从税收机制看，印尼实行以流转税和所得税为双主体的税制结构。从征管机制看，印尼实行中央和地方两级征税制度，税收立法权和征收权主要集中在中央。印尼依照属人原则（依据纳税人与本国政治法律的联系以及居住的联系来确定其纳税义务）和属地原则（依据纳税人的所得是否来源于本国境内来确定其纳税义务）行使其税收管辖权。

在印尼开发房地产项目主要涉及的税种有：企业所得税、预提所得税、个人所得税、增值税、土地房产税、房地产购买税、关税、印花税等。

（一）企业所得税

1. 纳税主体。在印尼注册成立的公司会被视为印尼的税收居民。在印尼通过常设机构（PE）从事商业活动的外资企业，一般需要履行与税收居民一样的纳税义务。

2. 所得税税率。印尼企业所得税的法定税率为25%。此外，年收入不超过500亿印尼盾的小型企业，可以对不超过48亿印尼盾的收入部分享受标准税率50%的优惠税率。符合一定标准且总收入不超过48亿印尼盾的纳税人，可以享受总收入1%的最终所得税制。

针对房地产、建筑、监理等行业，印尼实行最终所得税制，即根据营业收入直接征收固定比率的企业所得税，征收税率如表9-1所示。

表9-1　　印尼企业所得税征收标准　　单位：%

纳税义务人	行业类型	最终企业所得税税率
一般企业	房地产销售	2.5
小规模企业	建筑服务	2.0
持有建筑营业执照企业	建筑服务	3.0
无建筑营业执照企业	建筑服务	4.0
持有建筑营业执照企业	建筑规划和监理服务	4.0
无建筑营业执照企业	建筑规划和监理服务	6.0

3. 营业利润。应纳税营业利润以一般会计原则，经个别税务调整后计算。一般情况下，为了获取、收集和保持应纳税营业利润而产生的所有支出都可以抵扣。按会计原则记录的费用支出与申报税收抵扣可能会存在时间差别。

4. 税款缴纳。税收居民和常设机构应通过直接缴纳、第三方扣缴或前两者相结合的方式来履行其纳税义务。在印尼不设常设机构的外资企业应由印尼支付方代扣代缴其来自印尼的收入的相关税项。

纳税人应每月自行计算并缴纳企业所得税，相关税款应在交易发生的次月15日之前缴纳完毕，纳税申报表则应在交易发生的次月 20 日之前提交。年度纳税申报表应在次年 4 月底之前提交。

延迟缴纳税款、延迟提交申报表、少缴税款和更改申报表均可能产生罚款，一般来说，罚款为少缴税款金额的 2%。

5. 亏损。企业亏损可以结转最多 5 年。但是，对少部分特定地区的特定行业或受制于个别特许权的行业，亏损结转可以延长至 10 年。

（二）预提所得税

1. 税率。印尼税收居民、组织机构、外资企业代表处付款给非居民企业时需按 20% 的税率代扣预提所得税（以下简称预提税），如股息、利息、特许权使用费、技术服务费、分支机构汇出利润等。

2. 股息。支付给非居民纳税人的股息征收 20% 的预提税（最终税），但适用政府间税收协定优惠的除外。

根据印尼与中国香港签订的双边税收协定规定，印尼居民企业向中国香港居民企业分配股息红利时按照 5% 的比例预扣股息预提税。根据印尼与中国签订的双边税收协定规定，印尼居民企业向中国居民企业分配股息红利时按照 10% 的比例预扣股息预提税。

3. 利息。向非居民企业支付利息应缴纳 20% 的利息预提税，该税率可能根据双边税收协定有所降低。居民企业向另一居民企业支付利息应缴纳 15% 的预提税。

根据印尼与中国、中国香港签订的双边税收协定规定，印尼居民企业向中国、中国香港居民企业支付利息时按照 10% 的比例预扣利息预提税。

合理利用税收协定待遇是执行该项目设定投资、融资架构，进而开展税收规划的最重要参考因素。

4. 分支机构利润汇出。外资企业在印尼设立的分支机构或常设机构（PE）的税后净利润适用 20% 的利润预提税率，该 20% 的预提税率可以根据中国和印尼双边税收协定的规定降低为 10%。

5. 特许权使用费。向境外支付的特许权使用费应缴纳 20% 的预提税，该税率可能根据双边税收协定有所降低。

6. 其他收入。印尼居民企业向另一居民企业支付的与技术、管理和咨询服务费以及租金（除土地及建筑物租金外）应就支付总额缴纳 2% 的预提税。根据印尼税法规定，向境外支付技术服务费应缴纳 20% 的预提税，该税率可能根据双边税收协定有所降低。销售印尼非上市公司股权或设立于避税港并用于持有印尼非上市公司的公司股权，应就交易额缴纳 5% 的预提税。

（三）增值税

目前，印尼增值税的标准税率为 10%，销售应税货物或应税劳务的公司均是增值税的纳税义务人。纳税义务人应于交易发生次月月底前向当地税务机关提交增值税申报表，并在此之前先行缴纳增值税。

以下进项税税额不得从销项税额中抵扣：

(1) 企业成为增值税纳税人以前购入的货物或服务；

(2) 与企业经营活动无关的购入货物或服务；

(3) 发票不符合法规规定的购入货物或服务；

(4) 采用核定方式开具的发票所销售的货物或服务；

(5) 纳税检查中发现销售方未缴纳增值税的货物或服务。

增值税进项税税额超过销项税税额的超额部分，可以按照印尼当地税务办理退税或结转下期留抵扣，无期限限制。增值税退税申请只能在一个纳税年度的年底提交，但是退税申请一般需要进行税务审计。

需要注意的是，对于本项目而言，在房地产开发建设期，印尼公司作为房地产开发商尚未开始生产经营，未取得任何房产出售、出租收入和销项税额，按照印尼税法规定，取得的增值税进项税额应直接计入项目开发成本，不可留抵或退税。在项目建设期结束正式开始预售或出租运营后，印尼公司发生的增值税进项税额可以抵扣销项税额，抵扣不完的可以留待以后年度进行抵扣。

(四) 个人所得税

根据印尼税法规定，个人所得税依据收入的金额，实行累进税率制，税率从5%至30%，具体如表9-2所示。

表9-2　　印尼个人所得税税率

应纳税收入	税率	税额（印尼盾）
第一个50 000 000印尼盾	5%	2 500 000
下一个200 000 000印尼盾	15%	30 000 000
下一个250 000 000印尼盾	25%	62 500 000
超过500 000 000印尼盾的收入	30%	相应收入的30%

印尼居民纳税人需就其全球收入在印尼纳税，非居民纳税人仅就其来源于印尼的收入在印尼纳税。如果外派员工在任何12个月期间内在印尼停留超过183天，则视其为印尼居民纳税人。

企业雇主应为雇员计算并扣缴与其薪酬相关的个人所得税。

印尼个人所得税采用自行评估制度，纳税年度一般为自然年度，所有个人均应在纳税年度结束后的3个月内进行年度汇总纳税申报。支付居民个人薪金或劳务费用时预扣税款可以抵减年终汇算申报时应纳税款或申请退税。

(五) 土地房产税

土地房产税为印尼地方税，是对土地和建筑物所有人征收的财产税，特别豁免的除外。若某个人或组织对一块土地或对某一建筑物享有所有权、控制权或能从中获得利益，则该个人或组织将被认定为该土地或建筑物的 PBB 法定纳税人。土地房产税作为地方税收的一部分，遵循《地方税收和处罚条例》，各地方政府需就土地房产税颁布相应的地方条例。

根据规定，印尼土地房产税最高税率为 0.3%，纳税义务人应每年根据地方政府的具体规定申报缴纳土地房产税。

（六）房地产购买税

房地产购买税为印尼地方税，是对土地或建筑物转让征收的财产转让收益所得税。接受或获得土地或建筑物的一方即购买方为房地产购买税纳税义务人。

房地产购买税税率为 2.5% 且为最终税率，税基为土地或建筑物的转让价值。如果纳税人从事房地产开发行业，则其转让廉价住房或公寓时的税率为 1%。该税额必须在卖方将土地或建筑物产权转让至受让方时缴纳。

在公证机构签署土地及建筑物产权转让契约之前，买受人必须先全部缴清相关税款。

（七）进口关税

进口关税以进口商品的海关完税价格为计税依据，海关完税价格按照到岸价格（CIF）计算。进口关税税率具体取决于进口货物的种类，分别从 0 至 150% 不等。印尼从中国进口物资设备执行东盟—中国自由贸易区协定优惠关税税率。

对于进口时限不超过 3 年的，属于临时进口，根据进口物资设备的目的不同，给予相应关税减免待遇，且一般需要缴纳减免关税额等额的保证金，临时进口豁免进口环节预提所得税。永久进口环节则需缴纳进口环节预提所得税。

（八）印花税

印花税是对特定文件征收的一种金额较小的税收。印花税金额较小，且以固定金额（6 000 印尼盾或 3 000 印尼盾）征收。

纳税人若未能按时足额申报缴纳印花税，将被处以罚款。

三、项目税收规划

境外投资项目要取得较好的经济回报预期，需要控制好税收成本和风险，必须在投资开展前期对投资目的国的税收环境进行科学的调研，充分了解并掌握税收优惠政策及适用性，并进行税收规划方案评估和测算，以确保项目投资落地时税负成本降低。

一般而言，中国企业在海外投资运营，通常需要在投资东道国设立项目公司负责投资项目的具体运作实施。在项目公司的组织形式与控股架构上，通常需要考虑是设立法人公司还是分支机构、是直接投资设立还是间接投资设立（在东道国或第三地设立一个或多个中间控股公司，再由该控股公司在东道国设立项目公司）、是设立一层中间控股公司还是多层控股公司等投资决策。决定这些决策的关键考量因素是中国、东道国和第三国的投资税收政策，还要比较选择最优化税收成本的决策方案。

以本项目为例，甲集团公司从税务角度开展了有效的税收规划，搭建了项目投资税收管理体系，通过税收规划程序前置确保投资行为税收合规，税收风险得到控制，项目税负得到优化。

（一）择优选择资产收购方案

为进军印尼房地产开发市场，在确定了印尼 ABC 公司作为目标公司后，甲集团公司面临两种资产收购方案选择。第一种方案是从印尼 ABC 公司手中收购其名下合法拥有并控制的待开发土地；第二种方案是收购印尼 ABC 公司股权。根据印尼现行有关税收制度，如果选择第一种方案，甲集团公司需要支付土地购买价款 2.5% 的房地产购买税，如果选择第二种方案，甲集团公司只需要支付很少的印花税，印尼 ABC 公司股权转让所得相关税款由原股东承担并支付。

经测算比较，甲集团公司选择以收购印尼 ABC 公司股权的方式进入印尼房地产开发市场，在资产收购环节节约税收成本约 600 万美元。

（二）合理搭建项目投资架构

在对印尼、中国香港税收政策环境进行研究的基础上，甲集团公司在收购印尼 ABC 公司前，从税务成本和收益角度出发设计了两套股权收购方案，分别是：由甲集团公司直接控股收购印尼 ABC 公司（见图 9-1）；在中国香港设立 100% 控股公司，再由中国香港控股公司控股收购印尼 ABC 公司（见图 9-2）。

通过不同方案的税负成本测算，甲集团公司最终选择第二种方案进行项目投资，可明显降低投资资金回流的税负成本。

1. 方案一：由甲集团公司直接控股印尼 ABC 公司。

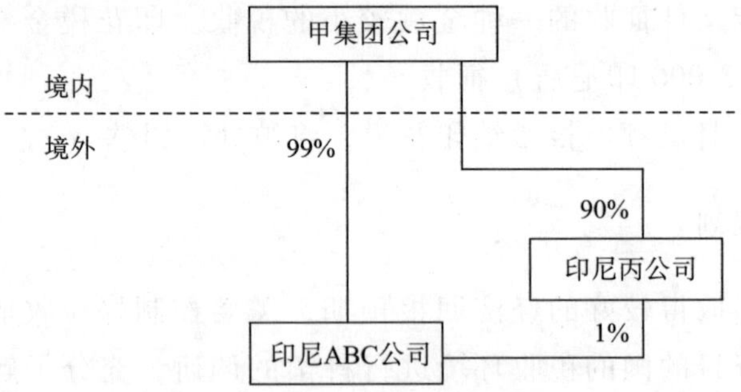

图 9-1 第一种收购方案示意

根据中国、印尼两国的税收政策和税收协定约定，如果由甲集团公司直接控股印尼 ABC 公司，项目投资利润（股息）汇回中国的总体税负达到 25%，如表 9-3 所示。

表 9-3　　投资印尼 ABC 公司税负成本测算

序号	项　目	金额（万美元）	备注
A	项目开发收入	18 161.78	数据取自可研报告
B	项目开发利润	5 579.64	数据取自可研报告
C	印尼企业所得税	454.04	C = A × 2.5%
D	税后利润（股息）	5 125.60	D = B - C
E	印尼预提税	512.56	E = D × 10%
F	中国境内应补缴企业所得税	428.31	F = B × 25% - C - E
G	境内外缴纳税收合计	1 394.91	G = B + E + F
H	实际税负	25.00%	H = G/B

按照印尼税制规定，房地产销售收入适用最终税制，印尼 ABC 公司所得税直接按预计销售收入征收 2.5% 测算。在直接控股模式下，印尼 ABC 公司分配的股息必须直接汇回中国，故需要办理境内所得税汇算清缴，无法达到递延纳税效果。

2. 方案二：通过在中国香港设立控股公司间接控股印尼 ABC 公司。

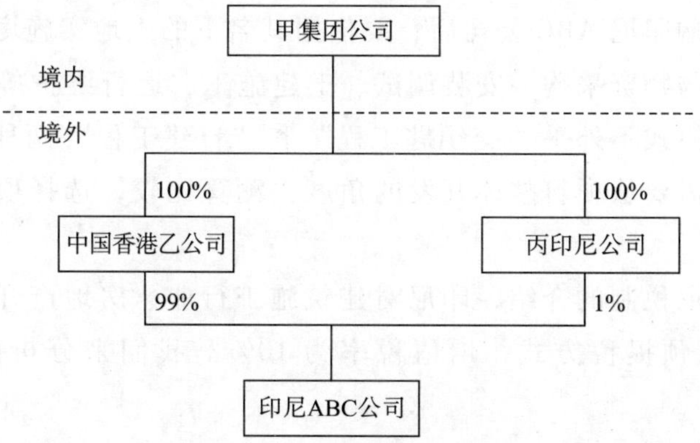

图 9-2　第二种收购方案示意

根据中国、中国香港、印尼的税收政策和相互税收协定约定，甲集团公司先在中国香港设立 100% 的控股公司，然后控股收购印尼 ABC 公司。在这种投资架构下，项目投资利润（股息）汇回中国的总体税负达到 28.75%，如表 9-4 所示。

表 9-4　　投资印尼 ABC 公司税负成本测算

序号	项　目	金额（万美元）	备注
A	项目开发收入	18 161.78	数据取自可研报告
B	项目开发利润	5 579.64	数据取自可研报告
C	印尼企业所得税	454.04	C = A × 2.5%
D	税后利润（股息）	5 125.60	D = B - C
E	印尼预得税	256.28	E = D × 5%

续表

序号	项目	金额（万美元）	备注
F	中国香港控股公司应缴股息税	0.00	股息收入在中国香港免税
G	中国香港控股公司向甲集团公司汇回股息预提税	0.00	
H	中国境内应补缴企业所得税	0.00	暂时不汇回中国
I	境内外缴纳税收合计	710.32	I = C + E + F + G + H
J	实际税负	12.73%	J = I/B

按照印尼税制规定，房地产销售收入适用最终税制，印尼ABC公司所得税直接按预计销售收入征收2.5%测算。在间接控股模式下，由于印尼ABC公司汇回中国香港的股息可享受5%的优惠预提税率，而中国香港对来自境外的股息收入免税，中国香港控股公司出于合理的商业目的可以继续持有从印尼ABC分回的股息，暂时不向甲集团公司分配股息。在此情形下，甲集团公司无须就印尼项目应得的收益办理境内所得税汇算清缴，实际税负仅为12.73%，从而达到了降低项目投资回收总体税负的目标。

（三）妥善开展项目建设税收规划

甲集团公司收购印尼ABC公司后，要依据其名下的土地实施房地产开发建设，涉及勘察设计、设备与物资采购、安装调试、土建施工、运行维护等多个环节。从实践惯例看，项目建设模式不外乎“交钥匙工程”和“自建工程”两种。不同模式涉及的税负是不一样的，需要从项目整体开发的角度去测算比较，选择项目税负成本最低的模式开展建设。

根据前文对印尼税制的介绍，印尼对建筑施工行业、房地产开发行业的所得税采取最终税制并采用预提税方式，增值税率为10%。我们来分析两种模式下的税负成本。

1. 关联公司实施项目EPC工程。如果将项目的建造任务全部交给甲集团公司名下的印尼丙公司实施，将不可避免要缴纳EPC合同额3%的预提所得税。关联交易环节事实上增加了项目开发整体税负成本。

2. 项目公司自建工程。印尼ABC公司针对项目的建造任务分别签订勘察设计、设备与物资采购、安装调试、土建施工、运行维护等合同，并选择不同的、合格的承建商签订设计、采购、施工、管理等合同，其关联公司印尼丙公司只承担一部分项目建造组织协调和监督管理工作，而不具体执行项目设计、采购和施工任务。在此种情况下，项目建造履约合同相对应的增值税、预提所得税将由没有关联关系的承包商承担，从而有利于降低项目开发的整体税负成本。

四、项目税收规划启示

案例中甲集团公司在印尼开发的房地产项目尚在实施过程中，虽说最终经营成果尚不得而知，但由于从项目立项阶段就注重做好项目税收规划方案的研究，并有针对性地执行了税收规划方案，项目整体税负成本得到优化并可控，这为项目最终取得良好的经济效益奠定了基础。通过此项目的案例分享，有以下三点启示：

（一）国际税收规划要系统开展

国际税收规划是一项比较系统的工作，需要从境内外税收制度、政府间税收协定、税收风险管理等角度统筹规划、综合考虑。在项目开展前，必须详细调研所在国家或地区的税制。

1. 境内外税收制度方面。要考虑项目当地的税种、税率、征收方式、税收优惠、转让定价、资本弱化等规定，也要考虑中国税收对境外承包工程、境外投资要征收的税种、税率及鼓励政策。

2. 政府间税收协定方面。要了解是否和中国签订税收协定、重点关注并研究常设机构、营业利润、股息、利息、特许权使用费、税收情报交换等缔约内容。

3. 税收风险管理方面。不能忽视居民企业、受控外国公司、一般反避税条款等对企业税收风险的影响。

（二）境外实体组织形式要合理选择

按照国际惯例，在境外国家承包工程或开展投资项目通常需要在所在国设立项目执行实体，负责工程、投资项目的具体实施。在项目实体的组织形式上一般可分为非法人实体（如办事处、代表外、分公司等）和法人实体（有限责任公司、股份有限公司等）两大类，实体设立往往采取直接在项目所在国设立、间接设立（通过第三国的实体在所在国设立）两种方式。从税务规划的角度出发，在项目实体的组织形式和投资架构上应综合考虑如下因素：

1. 项目所在国企业所得税（包括股息预提所得税、分支机构利润汇出税）、增值税等规定。项目实体的组织形式不同，其征税方式、适用税率、申报缴纳机制往往存在一定的差异。例如，印度尼西亚，外国公司设立的代表处可以执行工程项目，平时预扣合同额的一定比例企业所得税（2%/3%/4%），项目利润汇回中国缴纳10%的分支机构利润汇出税，如果要设立子公司执行项目，则是项目公司往中国分配股息时需征收10%的预提税（协定税率）。

2. 中国企业所得税及抵免政策的影响。境外项目实体的组织形式和设立层级不同，直接影响在中国的企业所得税纳税义务。例如，境外非法人实体（分公司、办事处或代表处）的利润应计入当年中国总机构的应纳税所得额计算缴纳中国企业所得税，已在境外缴纳的境外所得税可以按规定限额抵免，但境外法人实体（子公司）取得的利润只有在向境内母公司分配股息时才需要缴纳中国企业所得税，股息部分已在境外缴纳的境外所得税按规定抵免。

3. 国际税收协定的影响。截至2018年10月底，我国已对外正式签署106个避免双重征税协定，其中100个协定已生效，和中国香港、中国澳门两个特别行政区签署了税收安排，与中国台湾签署了税收协议。中国企业在境外承包工程、开展投资，一定要研究已经签订的税收协定中常设机构、营业利润、股息、利息、特许权使用费、无差别待遇等条款规定，利用好这些条款规定可以一定程度减少境外项目实体在所在国的所得税纳税义务。

（三）国际税收风险要积极防范

近年来，在国家“走出去”战略和“一带一路”倡议的有力支持下，中国建筑企业国际工程承包、境外投资业务得到较大发展，海外经营规模逐渐增大，工程承包模式日益广泛。随着国际工程承包份额的急剧扩大，境外税收管理问题接踵而至，部分企业在境外遇到了比较严重的税务困扰和纠纷，遭受了税务处罚，甚至为此失去了市场信誉。因此，积极防范国际税收风险成为中国建筑企业参与“一带一路”建设并合规经营的一项重要内容。总体来看，中国建筑企业在境外承包工程、开展投资业务通常会遇到以下常见税收风险：

1. 工程合同风险。很多中国建筑企业在签订国际工程承包合同阶段未充分考虑税收因素，往往签订合同后才发现税收风险。工程合同是项目纳税的基础，是辨别和划分征税范围的重要依据。通常来说，项目所在国的税法效力要高于商务合同的法律效力。譬如境外工程承包商务合同中约定了某些关于税收的条款，如税收减免、所有税收由业主承担等。中国建筑企业在项目成本报价时往往忽略相关税收成本，项目开建后才发现商务合同的约定与项目所在国的税法相抵触或项目业主无法兑现税收减免的承诺，导致最后按照当地税法缴纳巨额未曾预计的税款。此外，很多国际工程承包合同只有一个合同总价，没有列明设计、采购和施工对应的价格，很容易在接受当地税收机关稽查时无法区分收入来源所在国，统一按照当地税法征收巨额增值税（或营业税）和所得税，为项目后期的税收规划“限死”了合同边界条件，带来巨大的税收合同风险。

2. 机构设立不当风险。一般而言，在项目所在国注册机构主要是满足当地征税的需要。有些国家对国际招标性项目原则上可以批准外国公司不注册当地法律实体，但需要申请和注册税号依法纳税。如果承包商未按规定注册相应的机构，面临的税收风险是比较大的，有些国家甚至会推出一些惩罚措施。由于各国对不同机构的资质、纳税义务范围存在商法和税法上的差异，执行项目的组织机构设立不合适也会加大项目税负。

3. 境外税收法律遵从风险。中国建筑企业从事的国际工程承包市场主要分布在亚洲、非洲、拉丁美洲等发展中国家，国别众多，税收法律千差万别，执行规范程度也相距甚远。如果不充分了解项目所在国的税收法律法规，在项目执行过程中肯定会面临巨大的遵从风险。比如代扣代缴义务，在很多境外国家工程承包商要按当地规定代扣代缴分包商、设备、材料供应商等增值税或所得税，这点和境内承包项目是不同的，很多中国公司无法适应境外的税法要求，日常项目税收管理很容易将代扣代缴义务忽视不见，等税务机关找上门来才发现自己没有遵从。如果承包商未按规定履行代扣代缴义务，不仅支付的分包款、设备、材料价无法列进项目成本，还将面临巨额税收罚款。

4. 当地税务执行风险。各个国家在制定税收制度时都留有一定的自由裁量权，当地税收执法人员在执行过程中有一定的决策权，加上个人主观判断、自身素质的差异，可能导致税法和税收政策的执行偏差，承包商原本合法的税收规划方案变为一纸空文，企业甚至会被认定为实施了偷税漏税等违法行为而遭到处罚。中国企业在境外承包工程时应最大限度避免当地税务执行风险。

5. 中国居民企业风险和受控外国公司风险。根据国税发〔2009〕82 号、国税发〔2011〕45 号文件精神，中国企业在境外设立的子公司，如果其实际管理机构在境内，可能会被认定为中国的居民企业，需要就来源于全球的所得征收 25% 的中国企业所得税。同时，中国企业设立和控制的外国公司，如果其实际税负低于 12.5%，在境外留有大量利润又无正当商业理由的，可能会被境内税务机关认定为“受控外国公司”，其归属于中国居民企业的利润需要计入当期利润，缴纳 25% 的中国企业所得税。所以，从全球税收规划的角度出发，通过在境外设立中间控股公司降低整体税负的同时，我们一定要充分考虑来自中国境内税收的风险，除了在中间控股公司的流程、制度和控制程序的建立上规避相关因素外，还需要注意从实质上避免在中国境内对境外企业进行管理和控制，要多增加中间控股公司的实质性工作内容。如果中间控股公司有大量未分配利润，应准备适当的书面材料，以证明留存利润具有合理的商业需要（如境外并购、业务扩张、再投资等），从而降低被中国税务机关认定为受控外国公司的风险。

案例二 黑山共和国高速公路项目

2013 年，我国提出了“一带一路”基础设施建设倡议，得到沿线国家的积极响应。尤其东欧 16 国，每年与我国共同召开“16 + 1”峰会，积极落实“一带一路”倡议，谋求共同发展。东欧黑山共和国（以下简称黑山）在 2014 年与我国企业签署了合作建设黑山第一条高速公路项目。该项目在黑山境内联通南北，是欧洲 11 号走廊的一部分，对东欧经济发展起关键性作用。我国建筑承包商 AA 公司中标承建该项目，黑山政府向我国承包商提供建设性的税收优惠政策。但是，在实施过程中还存在不少问题，税收优惠政策如何结合项目实际情况落地是关键。本案例将我国承包商在享受该项目税收优惠政策过程中遇到的难题及解决办法进行分析，为我国企业建设“一带一路”项目在税务筹划方面提供借鉴。

一、项目概述

黑山位于欧洲东南部的巴尔干半岛，是亚得里亚海东岸上的一个多山国家，面积1.38万平方千米，人口62万，首都为波德戈里察市，官方语言是黑山语，货币为欧元。

2006年6月3日，黑山正式宣布独立，2006年7月6日与中国建立外交关系。建交后，两国关系发展良好，政治互信不断增强。双方在经贸、文化、旅游等各领域交流与合作成效显著。我国提出“一带一路”倡议后，黑山积极响应，于2014年初与我国企业签署了合作建设境内第一条高速公路巴尔—博利亚雷高速公路的协议。

巴尔—博利亚雷高速公路项目是黑山规划建设的第一条高速公路，项目业主代表为黑山交通海事部。首期建设的路段是黑山首都波德戈里察市至北部城市科拉欣市，全长41千米，桥隧比占60%，沿途崇山峻岭，施工难度大。该项目工期为4年，自2015年5月11日至2019年5月10日。

该项目合同币种为欧元。资金来源分两部分：一部分资金来自中国进出口银行的优惠贷款，占合同额的85%；另一部分资金来自黑山政府，占合同额的15%。

黑山政府为了降低该项目造价，减少贷款额度，吸引外资和先进技术，将该项目确定为免税项目，免税条款同时写进商务合同和主合同。

二、税制介绍

黑山共和国税法体系继承了南斯拉夫税法体系。2006年独立后，黑山陆续颁布了一系列税收法律，主要包括：《公司所得税法》《增值税法》《关税法》《消费税法》《个人所得税法》《不动产税法》《税收征管法》等。同时，国家财政部参照欧美等发达国家的税收体系，不断完善本国税法体系。黑山现行主要税种包括公司所得税、增值税、个人所得税、关税、消费税、不动产税等。

黑山致力于加入欧盟，为吸引外商投资，各类税率属全球较低国家之一，如公司所得税税率仅为9%。

（一）征管情况介绍

黑山税务机关是国家行政机关，隶属于国家财政部和地方政府，履行征税、税务稽查及控制管理等职能。黑山税收征管分居民纳税人税收征管和非居民企业纳税人税收征管。

1. 居民纳税人税收征管相关规定。企业或个人有义务在黑山境内进行纳税登记，企业单位须依法设置会计核算体系，采用复式记账法，遵循黑山《会计法》和《国际财务报告准则》。纳税人定期向税务机关进行纳税申报，纳税年度与公历年度一致，公司所得税纳税年度结束后，3 个月内完成年度纳税申报工作，个人所得税年度纳税申报截止日期为次年的 4 月 30 日。

税收征管的重要环节是税务稽查和审计。黑山税务机关有权每年对纳税人进行税审，要求企业纳税人每年向税务机关提供审计报告。

对于违反税法行为，黑山税收征管法作了如下规定：

根据《税收征管法》第 105 条规定：企业未在规定时间内向税务机关提交登记材料的，处以 1 000—15 000 欧元的罚款。

2. 非居民纳税人税收征管相关规定。黑山对于非居民企业实行的预提税税率为 9%，如非居民企业取得的股息、利息和特许权使用费，须由扣缴义务人缴纳预提税。

3. 税收优惠。黑山政府对于对国家经济至关重要、具有较大影响的大型基础设施建设项目，视情况制订并通过特殊的法律条款，帮助承包商更好地完成项目建设。政府通常会免除与项目建设有关的物资进项增值税，包括在当地采购或进口的原材料和其他产品、服务等。一般而言，每个大型基础设施建设项目都将受到黑山政府的特殊待遇，该国通过制订相关法律使承包商受益。

4. 税务查账追溯期。黑山税务机构查账追溯期为 5 年。在黑山，纳税人须定期提交纳税申报表申报纳税，税务机关会定期审查企业的纳税申报和征缴情况。对于未按规定缴纳税款的企业，税务机关将向前追溯，追溯期为 5 年。

经税务机关确定，收取纳税人多缴税款的抵减期限是 5 年；纳税人可自纳税期之日起 3 年内，申请退回多缴税款。

5. 税务争议解决机制。黑山税收征管法对解决税务争议做了相关规定，如果应纳税企业拒不履行纳税义务，黑山税务局可对其进行强制征缴。强制征缴一般是通过冻结纳税企业的银行账户或查封、抵押纳税企业资产来完成的。被执行纳税企业对此存在异议的，可在下达强制执行通知的 8 日内向财政部发起申诉，如果纳税企业对财政部的回应不满意，可以向法院提起上诉请求法院裁决。

（二）企业所得税

1. 征税原则。根据黑山《企业所得税法》第 2 条规定：企业所得税纳税人是为获取利润而从事活动的居民或非居民法人实体。根据该法第 3 条规定：居民法人实体是在黑山设立的法人实体，或在黑山境内设有实际行政和控制的企业。非居民法人实体是指未在黑山境内设立的企业，或在黑山没有总部真正管理和控制，仅通过常设业务机构开展业务的法人实体。

2. 税率。黑山公司所得税税率为 9%，预提所得税税率同为 9%，适用于向境外支付的分红、股利、利息、专利使用费、资本利得、资产租赁费，以及咨询营销等服务费。

3. 税收优惠。

（1）税收减免。根据黑山《企业所得税法》第32条规定：在该法规定的期限内及时计算和缴纳所得税的法人实体，可享受应缴纳金额6%的税收优惠。

根据黑山《企业所得税法》第25条规定：除资本利得和损失外，因业务关系而产生的损失，可以转入以后的会计期间，但不得超过5年。

根据专门法律法规设立的州政府、州政府行政机构、地方自治政府、公共基金、公共组织、旅游组织、运动俱乐部、体育协会、宗教团体、艺术协会、政党、民间社团、贸易联盟和非政府组织，从事非营利活动所取得的收入，免于缴纳公司所得税。

（2）免税期。根据黑山《企业所得税法》第31条规定：对于在经济欠发达城市新成立的法人实体，企业经营的前8年免征企业所得税，但8年间免征税款总额不得超过20万欧元。

（3）税基减免。作为非政府组织注册成立的法律实体，若从事商业活动，可在不超过其应纳税所得额的范围内享受最多4 000欧元的税基减免。

特殊行业或特定企业经营特许项目可单独申请免征企业所得税，由财政部审批同意出具免税文件。

4. 所得额的确定。

（1）应税所得额范围。根据黑山《公司所得税法》第7条规定：计算所得税的计税基础是公司的应纳税所得额。黑山居民企业需就其全球收入在黑山缴纳公司所得税，非居民企业应就其在黑山境内进行经营活动产生的收入缴纳所得税。应纳税所得额以利润表披露的利润总额为基础，再通过不可扣除费用、非应税收入、税收折旧等进行税前调整。

（2）税前调整事项。非主营业务目的而发生的费用支出，员工分配的利润须税后支付，文教卫、宗教、环境、体育发生的费用扣除限额为年收入总额的3%，捐赠扣除限额为年收入总额的3.5%，行业协会费用扣除限额为年收入的0.1%，招待费扣除限额为年收入的1%，经营损失可在5年内向后结转。

（3）应纳公司所得税额：

公司应纳所得税额 =（企业会计利润 + 纳税调整净额 + 其他调整项 - 税收抵免项）×公司所得税税率

（二）增值税

1. 征税原则。根据黑山《增值税法》规定：增值税是对在黑山境内从事经济活动过程中产生增值部分征收的税赋。征税对象为自然人和法人。在黑山的经济活动包括进口、销售货物给第三方或自用，以及提供服务等经济活动。法律特别明确，下列活动视为提供服务：出租动产及不动产、转让无形资产、运输、供水供电供气及电信、研究咨询、修理及合约性工作和建筑安装等。

2. 计税方式。根据黑山《增值税法》规定：企业以年收入18 000欧元为界划分，凡是年收入超过18 000欧元的企业均采用一般计税方式。根据黑山《增值税法》第42条规定：对于过去12个月内营业额不足18 000欧元的小规模纳税人企业，可免除缴纳增值税。

增值税实际税负计算与中国一致，即销项税减去进项税后的差额为应纳税额。

3. 税率。黑山于2017年7月31日对增值税法进行了修订，税率从19%提高到21%，自2018年1月1日起执行。现增值税税率分为21%的标准税率和7%的优惠税率两档。适用7%税率的大部分是政府规定的居民生活必需品。进口货物增值税在支付关税时一并缴纳，出口商品实行零税率。

4. 增值税免税。根据黑山《增值税法》第25条至第30条规定：黑山增值税免税的范围有：根据《国际公约》规定的免征关税的进口货物，用于外交、领事活动及国际组织和这些组织成员需要的物资；用于社会保障或教育服务的商品或服务；在黑山海关过境的商品；进入免税区或进入海关仓库的商品；保险和再保险服务；房地产的周转（新建除外）；金融服务；大于60日的住宅租赁服务；中央银行进口的黄金等贵重金属。

2016年7月21日，黑山财政部宣布由欧盟财政援助的货物和劳务免征增值税。

特殊项目建设的物资材料经议会和财政部批准后，可免征增值税。

5. 销项税额。增值税税基为销售货物或提供服务的全部价款。符合下列条件的内容不包括在税基内：发票上的现金折扣、与原销售金额一致的销货退回、可回收的包装物（若包装物不退回则需缴纳增值税）。

6. 进项税额抵扣。根据黑山《增值税法》第37条规定：纳税人在计算其纳税义务时，可以扣除在购买产品时应支付或已支付的增值税。对于享受增值税销项税免税的纳税人不得再抵扣进项税税金。此外，交通车辆和业务招待费涉及的增值税不得用于抵扣。

纳税人进行进项税抵扣所依据的发票必须包含以下必要要素：买方和供应商的确切名称和识别信息、签发日期、签发地点、免征增值税额、增值税和所使用的增值税税率。

纳税人不得从以下方面扣除进项增值税：酒店餐饮和住宿费用产生的进项税，娱乐和娱乐设施、乘用车和摩托车、燃料和备件以及与之密切相关的服务产生的进项税。用于销售、租赁（租车）、出租车和出租运输的车辆除外。

（三）个人所得税

1. 征税原则。凡在黑山居住不少于183日的个人视为黑山居民纳税人，应就其全球收入纳税。黑山纳税人以个人为单位纳税。非居民纳税人仅就来源于黑山的收入缴纳个人所得税。

2. 申报主体。根据黑山《个人所得税法》，个人所得税纳税的申报主体分为企业与个人两种。对于与企业签订就业合同的个人，企业有义务代扣代缴员工的个人所得税，每月计算员工个人所得税并提交纳税申报表。公民个人从事其他劳动所取得的收入，由其个人自行提交纳税申请并缴纳税款。

3. 应纳税所得额。黑山《个人所得税法》第14条规定，对居民及非居民取得下列收入征收个人所得税：以凭证、货币、股票或商品的形式取得的收入，通过提供福利、免除债务以及通过现金形式取得的其他收入等。

4. 扣除与减免。非黑山公民的外交使团、领事使团及其家属，联合国组织技术援助项目及其专门机构的官员和专家，外国名誉领事，国际组织的官员、专家及行政人员无需缴纳个人所得税。

黑山《个人所得税法》第32条规定：纳税企业无限期或至少5年在经济欠发达的城市雇用企业员工的，自雇佣关系成立之日起4年内，可免除该雇员基于工资收入的个人所得税征缴义务。

5. 税率实行累进税率。黑山根据个人收入情况将个税税率分为两档，9%和11%。月工资收入765欧元以下的按9%计税，月工资收入超过765欧元的，就超过部分按11%计税。

波德戈里察市和采蒂涅市在个人所得税纳税额基础上额外征收15%的市政税，布德瓦市按10%征缴，其他城市按13%征缴。

黑山个税起征点为0，无扣除项。

6. 征管与合规性要求。公司在发放职工工资时有义务对员工代扣代缴个人所得税，并于每月15日之前提交本企业员工上月个人所得税纳税申报表。

居民个人取得财产和财产权收入、资本利得、境外收入的，须由居民自行于每年4月底之前完成上一年度个人所得税的申报和缴纳。

根据《个人所得税法》第53条：企业没有对员工应缴纳个人所得税进行代扣代缴的，会被处以2 000欧元至20 000欧元的罚款；有义务缴纳税款但未履行纳税义务的自然人，会被处以1 000欧元至6 000欧元的罚款。

（四）关税

1. 关税体系。黑山关税由《海关法》《海关关税法》《海关总署条例》和相关法律章程共同规定。

2. 税率。关税按照商品价值的百分比计算和收取，分为14种类型，税率从0到30%不等。某些农产品适用特殊关税税率，按每单位的货物量来计算征收。

黑山致力于加入欧盟，其海关规定逐步与欧盟标准一致。入境时贵重的专业和技术设备需申报。每次出入境最多可携带1万欧元现金，个人行李可带1升葡萄酒或1升烈性酒、不超过50克或250毫升的香水、不超过250克的烟草制品（200支香烟或

50 支雪茄）。

3. 关税免税。外国人持有的进口商品、送往海关免税区和免税海关商店的商品、国家机构为其生产活动而进口的不在黑山生产的设备、以人道主义援助和捐赠的形式送到黑山红十字会和其他人道主义组织进行人道主义活动的物资无需缴纳关税。

特殊项目建设的进口物资材料经议会和财政部批准后，可免征关税。

4. 设备出售、报废及再出口的规定。在黑山境内销售设备时，销售方可依据设备售价计算增值税，该设备在进口时所缴纳的增值税可在后期报税时抵扣。设备销售产生的企业所得税也是根据设备售价扣除设备清关价的差额计算后进行申报。

对于从黑山出口的设备，企业仅需准备该设备进口清关时的资料，并且取得黑山海关对该设备的出口许可证后方可办理出口。黑山对于出口的设备不再征缴增值税。对于进口后再出口的设备，经估值后重新计算增值税，可向海关管理部门申请该部分增值税返还。

设备报废由企业根据设备状况决定。

（五）社会保障金

1. 纳税原则。黑山的社会保险分为养老保险、残疾人保险、医疗保险和失业保险。黑山《社保法》第 15 条、17 条、18 条规定：计算社会保险缴纳额的依据是雇员的工资总额，工资总额包括工资收入、加班工资及其他依法取得的个人收入。

社会保障税按以下税率缴纳：

个人承担：养老保险和残障保险 15%、医疗保险 8.5%、失业保险 0.5%。

企业承担：养老保险和残障保险 5.5%、医疗保险 4.3%、失业保险 0.5%。

个体经营者每月缴纳保障税的税率为：养老保险和残障保险 20.5%、医疗保险 12.3%、失业保险 1%。

支付社会保障税无最低缴费基数，最大基数为每年 50 350 欧元（2014 年为 50 000 欧元）。

2. 外国人缴纳社保规定。根据黑山《社保法》第 6 条规定：在黑山境内受雇工作的不论是否为黑山公民，企业或雇主都有为其缴纳社保的义务，所需缴纳的社保金额比例与黑山公民一致。

经议会特别会议决议部分企业外籍员工可在当地免缴社保。

三、税务实务与规划

黑山高速公路项目虽然为免税项目，但当地财税部门与 AA 公司对具体免税条目、免税范围等内容的理解存在分歧。具体免税内容为：

（一）免税文件内容

1. 主合同免税条款。主合同 1.15 条款规定了免税相关内容，具体条文如下：

1.15 免缴税款根据高速公路法承包商有权享有以下税赋、关税和费用的豁免。(a) 增值税；(b) 用于该项目建设的建筑材料、安装于项目的器械和设备的进口关税；(c) 外籍人员个人所得税；(d) 承包商在黑山所注册的公司企业所得税；(e) 承包商的外籍员工社保费用；(f) 采石场的使用费用。项目履约期间的机械用燃油消费税率为每1 000升169欧元。

主合同概括性地约定了免税的主要税种，具体免税条目和操作流程有待进一步明确。

2.《公路法》明确税费免除条目。为配合黑山南北高速项目税务优惠政策的执行，黑山议会于2014年12月8日通过《巴尔—博利亚雷高速公路法》（以下简称《公路法》）。该法第14条至第24条明确了主合同中提及的税费免除条目，具体实施流程由国家财税部门制定。

《公路法》主要条款如下：

(1) 黑山《公路法》第16条规定：为建设高速公路的货物和服务增值税税率为0%。

(2) 黑山《公路法》第19条规定：承包商在黑山设立的全资法律实体，从高速公路开始建设算起的6年内因建设高速公路而获得的利润，将减免100%的所得税。

(3) 黑山《公路法》第21条规定：下列商品免征关税：①建设高速公路的建筑材料；②建设高速公路并安装于高速公路建筑物上的设备和为建设高速公路的设备(Equipments)；③建设高速公路并计划安置于高速公路建筑物上的成套设施和为建设高速公路的成套设施（Facilities)。

3.《免税细则》。为了落实黑山《公路法》有关免税条款的具体实施，黑山财政部于2015年1月19日制定了《关于免除巴尔—博利亚雷高速公路建设有关税费和海关关税程序的细则》(以下简称《细则》)。

《细则》表述了采购环节增值税的免缴是承包商在采购规定物资时，可通过向供应商提供黑山国家税务局印发的免税税票来实现；办理免除外籍员工个税、社保的程序；免缴企业所得税资料，以及免缴关税申请程序等。《细则》对免税操作表述明确，便于在实际工作中执行。

(二) 税务风险

中国承包商AA公司人员进场时间为2014年10月。人员进场后，对项目税收优惠政策和当地税法进行认真研究。研究发现，该项目享有良好的税收优惠政策，但同时存在以下税务风险：

1. 增值税。黑山2018年之前增值税采用19%和7%两档税率，自2018年1月1日起，采用21%和7%两档税率。

黑山《公路法》第16条表述存在风险：是否所有为高速公路建设的货物和服务

都享受进项增值税税率为0的政策，还是某些物资和服务不能享受该政策。重点是参与高速公路建设的临时进口机械设备或在当地采购的机械设备是否享受该免税政策？再有，办公车辆、生活物资、文体器械、餐饮住宿等涉及的进项增值税是否也能够享受免税政策？

2. 关税。黑山《公路法》第21条表述同样存在风险，条款中未提及的其他物资进口时是否不能免除关税，如办公用车辆、生活物资及文体设施，等等。

3. 纳税风险分析。

（1）机械设备征税。因黑山面积小、经济不发达，用于项目建设的机械设备基本都从境外采购，考虑到成本、对机械操作熟练情况及后期维修保养，项目组决定大部分设备需从中国进口，周边国家采购作为补充。根据预算，进口临时设备总金额约为5 000万欧元，根据当时19%的增值税税率计算，仅机械设备一项就存在950万欧元的纳税风险。

（2）生活物资征税。因黑山劳动力缺乏，全国仅62万人口，劳动力市场无法提供项目所需的管理人员和施工队伍。项目组决定以中方人员为主，当地员工为辅，组建项目管理团队和施工团队，预计高峰期人员将达到3 200人，这就涉及项目建设期间4年内人员消耗的生活物资纳税问题。按照每人生活物资消耗300欧元计，一次性投入生活物资成本96万欧元，按原19%进项税税率计算，须缴纳增值税18.24万欧元；按年平均人员数量2 100人，每人每月伙食费用200欧元计算，4年伙食费用2 016万欧元，按原两档增值税税率平均为13%计算，须缴纳增值税262.08万欧元。生活物资合计纳税280.32万欧元。

（3）办公用车辆征税。因项目体量大、人员多，根据公司安排，须在黑山首都设立分公司，并在项目沿线设立6个项目分部，预计使用办公用车辆、通勤车辆等约120辆，其中新车约占30%，每部新车按均价3万欧元计价，按原19%增值税税率计算，须纳税20.52万欧元。

以上3项合计税款约1 250.84万欧元。

4. 企业所得税。黑山《公路法》规定，项目自开工起6年内，因项目建设获得的利润在黑山100%免缴企业所得税。该项条款的风险是，当地政府提供免缴企业所得税的优惠政策，能否真正让承包商享受到该项政策带来的实惠。这要看中国税务机关对该项目利润合并至中国总公司时是否征缴企业所得税。该项免税政策涉及国际税收饶让问题，下文将详细分析。

通过以上分析，虽然黑山巴尔—博利亚雷高速项目为免税项目，有相应的合同条款作为依据，有黑山《公路法》提供法律保障，但所涉及的纳税风险依然存在。作为该项目施工的项目组，须进一步与当地财税部门沟通争取最小化风险，为公司经营创造良好外部环境，为公司经济活动创造价值。

（三）税务风险管控措施

针对可能出现的税务风险，项目组通过组建税务风险管控小组、加强与当地财税部门协调、开具免税证明和落实国际税收饶让政策等措施管控税务风险。

1. 组建税务风险管控小组。为了管控税务风险，项目经理确定由财务部门全面负责管控税务风险，财务部会同其他相关部门组建税务风险管控小组，财务负责人担任组长。小组专门研究该项目的免税政策及风险管控。

2. 加强与国家财税部门协调。小组组建后，对项目主合同、黑山《公路法》和《细则》及相关税法进行研究，并积极与黑山财税部门进行协调，虽然过程艰辛曲折，但这是管控纳税风险发生的唯一有效方式。只有与当地财税部门就免税条款逐一商谈和明确，才能最终确定理想的免税范围，达到降低项目成本的目的。

自 2015 年 3 月 6 日第一次与黑山财政部、税务局官员召开扩大免税范围的会议，至 2016 年 5 月 19 日最后一次与税务局商谈生活物资免税事宜，税控小组总共与当地财税部门召开了 15 次会议，最终将机械设备、办公车辆、生活物资等纳入免税范围，为该项目节税约 1 250 万欧元。

3. 开具免税证明。为了彻底规避免税政策可能产生的风险，税控小组于 2015 年 4 月 14 日和 23 日与黑山财政部和税务局官员召开会议，向财政部官员表达了开具黑山高速公路项目的免税证明的诉求。

财政部官员最初不赞成给企业开具免税证明，因为国家已经颁布了《公路法》，且已经公示，黑山全境供应商、居民都知道该项目属于免税项目。但项目税控小组再三强调免税证明的重要性，并明确中国 AA 公司国际税收筹划的需要，财政部官员才最后同意开具。2015 年 4 月 27 日，项目组收到黑山财政部开具的免税证明。至此，主合同免税条款的有效性得到国家行政部门的确认，免税风险得到全面控制。

4. 落实国际税收饶让政策。税收优惠政策包括免缴企业所得税。这项税收优惠政策执行过程中需要考虑黑山和中国税务主管机关两方的态度。只有双方都予以减免，才能使税收饶让落到实处。税务风险管控小组查阅两国间的国际税收协定，研究国际税收饶让政策。

（1）税收饶让。税收饶让是指居住国政府对本国纳税人来源于国外的所得，由收入来源地国减免的那部分税款视同已经缴纳，允许其用这部分被减免的所在国税款抵免在本国应缴纳的税款。

饶让抵免是税收协定特有的规定，其内容是在缔约国一方本该缴纳但因优惠政策而未缴纳的税款，被视同已经缴纳，回国后照样可以抵免。饶让抵免旨在使外资引进国的税收优惠能够切实为企业所享受，而不是转变为另一个国家的税收，这样有助于企业保持对外投资的积极性。

（2）双边协定。经在中国国家税务总局网站查阅，1998 年 1 月 1 日生效的《中华人民共和国和南斯拉夫联盟共和国联盟政府关于对所得和财产避免双重征税的协定》（以下简称《协定》）对黑山仍然有效。《协定》规定了避免双重征税的税种及操作方法等，其中第七条“营业利润”第一款约定，“缔约国一方企业的利润仅在该缔约国征税”。

（3）我国关于境外所得额抵免所得税的相关法规。我国 2008 年 1 月 1 日施行的《中华人民共和国企业所得税法》第二十三条规定，“企业取得的下列所得已在境外缴纳的所得税税额，可以从其当期应纳税额中抵免，抵免限额为该项所得依照本法规定计算的应纳税额；超过抵免限额的部分，可以在以后五个年度内，用每年度抵免限额抵免当年应抵税额后的余额进行抵补：

（一）居民企业来源于中国境外的应税所得；

（二）非居民企业在中国境内设立机构、场所，取得发生在中国境外但与该机构、场所有实际联系的应税所得。

财政部、国家税务总局 2009 年 12 月 25 日印发的财税〔2009〕25 号《关于企业境外所得税收抵免有关问题的通知》第七条规定：居民企业从与我国政府订立税收协定（或安排）的国家（地区）取得的所得，按照该国（地区）税收法律享受了免税或减税待遇，且该免税或减税的数额按照税收协定规定应视同已缴税额在中国的应纳税额中抵免的，该免税或减税数额可作为企业实际缴纳的境外所得税额用于办理税收抵免”。

（4）向中国税务机关报备饶让抵免资料。研究发现，中国 AA 公司黑山分公司作为中国居民企业的分支机构在境外黑山承建项目的所得，黑山政府给予了免企业所得税的优惠政策，根据财政部、国家税务总局 2009 年 12 月 25 日印发的财税〔2009〕25 号《关于企业境外所得税收抵免有关问题的通知》第七条内容规定：该项目所得享受的免缴所得税税额可以在缔约国中国抵免，抵免金额以两国所得税税率较低者计算的所得税金额为限（中国 AA 公司总公司为高新技术企业，企业所得税税率为 15%，黑山企业所得税税率为 9%，即可以抵免的金额以两者较低者 9% 所得税税率所计算的税额），2017 年起按照不分国不分项管理办法抵免。

AA 公司黑山项目组将两国间的税收协定、项目主合同、黑山财政部开具的免税证明、黑山《公路法》以及《免税细则》等资料传递给中国 AA 公司总公司，要求该项目在黑山免除的企业所得税在国内进行饶让抵免，总公司将资料提交给国内税务局相关部门进行了备案。

至此，经过“前方”和“后方”的共同努力，黑山项目国际税收饶让抵免最终成功实现，这是中国 AA 公司第一例境外项目利用国际税收饶让政策将在境外所免除的企业所得税成功在国内实现抵免。

四、借鉴价值

针对黑山高速公路项目，AA公司通过与黑山当地财税部门谈判最大限度地享受到当地税收优惠政策。该项目的案例可归集以下三个要点予以借鉴。

（一）做好项目前期税务筹划工作

境外项目前期的税务筹划工作是项目策划的重要一步，是企业“走出去”，提升国际竞争力，长足境外发展，立足国际市场的重要措施之一。项目组在项目谈判初期带着税收优惠方案去和业主谈判，争取主动，事先降低税务风险，为公司创造效益。

企业在承接境外项目之前，内部各相关部门成立了联合税务筹划小组，各职能部门细分税务筹划职责。如物资部门须对物资采购的地区和价格进行信息收集，策划外部采购、关联企业采购或内部采购的节税方案；企业财务部门对项目免税的税种和范围进行策划，以及对两国《双边税收协定》的收集和分析，利用税收饶让政策将境外免除的所得税在国内进行抵免等。

东道国提供的免税政策一般不可能免除所有税种，若企业能争取到几大类主要税种免税，给企业规避主要税务风险，则达到税务筹划的目的。这些税种包括：企业所得税、项目建设所需物资的增值税、机械设备的增值税、中方人员的个人所得税，以及进口物资的关税免除等。另外，项目建设需要使用的燃油，因使用量大，燃油消费税的减免对企业经营效益影响很大，所以须做好燃油消费税减免的谈判工作。这些都是项目谈判阶段需要达成一致意见的税务筹划内容，需要承包商提前做好税务筹划工作。

（二）做好与当地政府部门的协调工作

中资企业在境外生产经营，尤其重要的一点是做好风险把控，除了企业自身的合规经营外，与当地政府部门的沟通协调非常重要，任何在境外经营的企业都不可忽视这一点。良好的沟通和相处会为财税工作带来很多便利，黑山政府单独为该项目出具免税证明就是双方沟通的结果。各类免税政策在落地时肯定会出现一些细节操作问题，这都需要及时发现，尽早沟通解决。黑山项目能够最大限度享受到税收优惠政策，一方面是有优惠政策可循，另一方面是和项目组与当地官员进行了良好沟通协调。

（三）做好《双边税收协定》落实工作

税务风险的管控包括对两国《双边税收协定》的落实工作，“一带一路”沿线国家和地区基本与我国一样，实行收入来源地管理权和居民管理权相结合的双重管辖权标准。如果东道国为吸引我国企业投资经营实行税收优惠政策，我国企业可以在当地享受税收优惠政策，但当经营所得合并至国内母公司时，还须按我国税法规定缴纳所得税。

如果东道国与我国签署了《双边税收协定》，企业在当地缴纳的所得税可回到国内抵免；如果《双边税收协定》适用双边税收饶让政策，我国企业就可以真正享受到东道国的税收优惠政策，即在东道国所免除的所得税，回到国内后视同已缴纳税款，可在国内进行限额抵免，无须再缴纳在东道国已经免除的这部分企业所得税。可见《双边税收协定》和税收饶让政策对企业参与“一带一路”项目投资建设的导向性很大。因此，我们在境外承建项目管控税务风险时，须关注两国《双边税收协定》和税收饶让政策。

案例三　科威特医院项目

当前全球经济存在很多不确定性及不稳定因素，在新的经济形势下，我国致力于构建高水平的对外开放格局，加快实施“走出去”战略和“一带一路”建设，服务全面深化改革、推动经济结构调整和转型升级。

科威特是中东阿拉伯国家重要的石油大国。近年来，科威特致力于发展国家经济，高度评价并积极响应中国提出的“一带一路”倡议，两国关系发展顺利，经贸合作稳步推进。进入科威特的中国企业越来越多，鉴于各国税收体制差异较大，中国企业在进入科威特开展经营活动之前，熟悉其税收制度是非常重要的。本案例将以由中国乙建筑公司总承包的科威特医院项目为例，对科威特境内税务实务进行探讨和规划，旨在为在科威特承包工程的中国企业提供一定的借鉴。

一、工程概况

科威特位于亚洲西部，阿拉伯半岛东北部，波斯湾西北岸，西、北与伊拉克为邻，南部与沙特阿拉伯交界。全国共有6个省，科威特医院项目位于A省。科威特卫生条件较好，医疗设施完善，所有居民均可享受免费医疗服务。

科威特医院是为外籍人员新建的一座医院，项目业主为科威特甲公司。该医院建设内容包括一栋医院主楼、一栋职工宿舍、一栋地上停车楼，以及室外绿化总承包工程。本工程有医院主楼、宿舍楼、停车楼3个单体，总占地面积86 000平方米，建筑面积233 928平方米。项目场地紧邻办公区，道路交通便利。科威特医院项目属于设计、建造、装修、试运行和维护的总承包项目，由中国乙建筑公司总承包，并在当地成立项目部，项目部管理团队由49名中方人员和66名外籍员工组成。该项目采用固定总价合同方式，项目造价约1.62亿科威特第纳尔，折合人民币约36亿元。项目具体成本费用构成如表9－5所示。

表9-5 项目成本费用预计表

序号	成本费用类别	预计金额（亿元人民币）	占总成本比例
1	分包成本	12.00	37.97%
2	材料成本	16.00	50.63%
3	工资薪酬	1.50	4.75%
4	管理费用	1.80	5.70%
5	其他费用	0.30	0.95%

二、税制介绍[①]

（一）税种及税率

科威特奉行税收法定的原则，在其宪法中明文规定“不根据法律，不得规定任何个人税或财产税”。科威特的税负较低，除了对本国企业和居民征收宗教税、全国劳工支援税，对外商投资企业征收外资股份税（企业所得税）之外，无其他税赋。

1. 企业所得税。在企业所得税上，科威特仅实行地域管辖权，对境外所得和资本利得不征税。根据2008年修改的2号法律规定，科威特企业所得税只对在科威特境内经营业务的外国企业征收，企业所得税现行统一税率为15%。科威特不向科威特国家或其他海湾合作委员会（GCC，以下简称“海合会”）的成员国（包括巴林、阿曼、卡塔尔、沙特阿拉伯和阿拉伯联合酋长国）全资拥有的公司征收所得税。如遇一份合同涉及在科威特境内和境外的履约工作，此合同的全部收益（包括在科威特境外的履约工作）都须在科威特进行申报以便征税。

随着新投资法的颁布，一些税收优惠和激励措施已经出台，外国投资者有可能在科威特设立全资子公司或分支机构，根据外国公司对科威特国家技术、就业等方面的贡献，可以获得长达10年的免税期以及关税豁免。

2. 预扣税。一般来说，科威特不征收预扣税。但是，根据税款预留（Tax Retention）规定，科威特境内运营的每家商业实体、机构和部委在向承包商、转包商、服务提供商或其他受益人支付每笔款项时，应预留5%。该预留金额通常由合同甲方保有，仅当承包商、转包商、服务提供商或其他受益人提供税务部门签发的完税证明后才会释放。若受益人未能履行完税义务，税务机关有权从合同甲方处收取受益人所欠缴税款以及罚款，即使该金额超出5%的税款预留。如果合同甲方不遵守规定，则由其负责承包商的应缴税款。

3. 关税。科威特属于海合会关税同盟，对来自海合会非成员国的1 500种进口产品统一征收单一关税，税率为5%。对少数产品征收较高的关税，如对香烟、烟草制

① 国家税务总局，“一带一路”税收服务网页 http://www.chinatax.gov.cn/n810219/n810744/n1671176/n1671206/index.html。

品征收高达100%的关税。协议还订有可以免税进口的产品清单，如对于食品、生活必需品、药品以及新设企业所需进口的机械设备免征关税。来自海合会其他国家的工业产品及部分农产品享受免关税待遇。同时，已输入海合会地区的进口货，可于区内各地自由运输，无需缴付额外关税。另外，科威特在1995年成为世界贸易组织（WTO）成员，根据规定，从2004年起，科威特取消所有与WTO原则相悖的关税和保护性措施。

4. 天课（Zakat）。天课是一种宗教性税收，科威特（及其他海合会成员国）国民全资持有的（公开式或封闭式持股）股份公司应按其年度净利润的1%缴纳天课。

5. 全国劳工支援税（NLST）。在科威特股市交易所上市的科威特公司被要求支付相当于公司年度净利润2.5%的就业税。

6. 科威特科学发展基金会（KFAS）会费。科威特股份公司在提取法定公积金和弥补亏损之后，被要求按照财务报表净利润的1%支付KFAS会费，以支持科学进步。

7. 增值税。科威特目前没有增值税或类似的间接税，但科威特也在研究增值税或类似税种在科威特实施的可能性，可能于2019年开征。

8. 印花税。科威特目前没有印花税。

9. 个人所得税。在科威特，收入目前不需要缴纳个人所得税，也不需要个人填报所得税申报表。

由于科威特税种较少，且相对简单，本案例中科威特医院项目仅涉及企业所得税，下文只就企业所得税进行介绍。

（二）纳税义务人

外国企业在科威特境内经营业务或者设立分支机构，必须由科威特人作代理。外国企业作为独立纳税人申报缴纳所得税，向代理人支付的代理费可作为费用列支。除了采取直接代理的方式，外国企业也可以与科威特人组建公司，可采取股份公司、有限责任公司和合伙公司三种形式。在这种情况下，只对外国企业所占份额的利润征税。在征税实践中，无论外国企业纳税人在科威特境内是否设立了永久性经营场所，对于其在科威特境内的所得都必须征税。

（三）征税对象

修订的科威特《所得税法》的第2条规定，在科威特进行如下活动的对象将在科威特纳税：

（1）在科威特全部或部分履行任何合同所实现的利润。

（2）出售、出租或授予使用或利用任何商标、发明专利设计的专利权或著作印刷版权所收取的款项。

（3）商务代表或商务中介协议应得或产生的佣金。

（4）工业活动的利润。

（5）资产处置实现的利润。

（6）在科威特买卖财产或货物或其收益，在科威特开设常设办事处，进行买卖合同的缔结。

（7）在科威特内经营其他的任何工业或商业项目。

（8）出租在科威特境内的财产，在科威特提供服务等。

（四）应纳税额的计算

应纳税所得额的计算通常基于经审计的财务报表中披露的利润，并根据具体的税务处理进行调整。根据科威特相关法律，本项目所需缴纳应纳税收入基础为应纳税收入减去可扣除成本。其中，应纳税收入为本项目合同金额，可扣除成本包括：

（1）工资、薪金、员工的解雇补助金及类似津贴。

（2）法令中规定的除所得税以外的税收。

（3）固定资产折旧。

（4）总部管理费用。

（5）工作过程中发生的成本可以在相关年份中扣除，只要同时满足以下两点：一是纳税人能够合理地计量并申报与该成本相匹配的收入，二是该收入不少于该成本。如果相关收入难以合理计算或评估，纳税人也可以在以后的年份确认这些成本。

不可扣除的费用包括：

（1）与免税收入相对应的支出。

（2）支付给政府的全部款项。

（3）支付给总机构或代理人的利息。

（4）外国汇率波动造成的损失，但需注意，在2010年12月31日或之后结束的纳税年度中，如果外国汇率波动对销售和购买确实造成了损失且有书面证明，则该损失可以扣除；因资产和负债的重新估价导致的未发生的汇率损失不允许扣除。

（5）对承包商和分包商的支付，如果纳税人未能向税务当局提供合同的复印件及有关承包商和分包商的细节信息，以及预提最终付款额（或合同款项的5%，两者中取较高者）。

（6）因分包商工作导致的分包商成本超过收入的部分不可扣除，如分包商活动造成的亏损。

（7）权责发生制下提取的准备金不允许扣除，强制或自愿性提取的盈余公积均不允许扣除。

（8）未实现的损失不得作为支出扣除。

（五）纳税申报

科威特的纳税期主要采用公历年度，以公历年12个月为一个税期。纳税人开始营业时间至当年12月31日不足半年的，可申请与下一纳税年度合并申报缴税，即首次纳税期最长可涵盖 18 个月。

每个企业必须提交年度单项纳税申报表（声明），包括其来自科威特的所有收入。每个企业必须提交分项的纳税申报表，不允许将纳税申报表合并一起提交。每个纳税期的纳税申报表必须在纳税期结束的三个半月内提交。合同期间的年度纳税申报表必须用阿拉伯语编制，并以科威特第纳尔为货币单位，由科威特执照审计员提交给所得税司。

税款可以在纳税年度结束后第四个月的第 15 天一次性付清或者可以在纳税年度结束后的第 4 个月、第 6 个月、第 9 个月和第 12 个月的第 15 天分 4 次支付。如果延期申报获得批准，则在提交申报之前不需要缴纳税款。

（六）处罚措施

外国企业如果在纳税期结束后第二个月的 15 日或 15 日之前提交延期请求，可以要求延长最多 60 天的时间来提交纳税申报；否则，延期请求不予采纳。如果外国企业没有按期递交纳税申报，将被处以罚款，每逾期 30 日罚款应纳税额的 1%。另外，如果没有在支付日前按时缴纳税款也会被罚款，每逾期 30 日罚款应纳税额的 1%。即从到期日到税款实际支付日之间，每经过 1 个 30 日期间罚款 1%。

三、税务实务与规划

（一）境外税务实务

1. 组织形式的选择。科威特政府总体上倾向于自由市场经济，官方对外国投资者有某些所有权方面和其他方面的限制。科威特企业法规定，所有外国企业或个人在科威特从事商业活动，都必须通过当地代理进行。科威特禁止外国人或外国公司在科直接从事商业经营活动和拥有房地产，外国人或外国公司在科威特从事任何商业经营活动或设立分支机构，必须通过科威特人作代理。除了直接代理以外，外国人或外国公司也可以与科威特人组建公司，在科威特从事商业经营活动，但科威特合伙人的资本金必须超过 51%，银行投资和保险类领域，科威特合伙人的资本金必须超过 60%。为了吸引更多的外国投资，科威特直接投资促进局（KDIPA）已经通过关于外商直接投资相关的《投资法》。《投资法》提供了特别的激励措施（这些激励措施包括免税期、海关免税以及 100% 的外资所有权），将有助于经济的工业和商业基础多样化。

公司进入科威特时应根据发展需要选择组织形式。科威特《商业公司法》规定了以下几种情形：有限责任公司、股份公司、合伙企业、合资企业、分公司、通过代理或分销商开展业务等形式。目前大部分外国公司还是选择通过当地代理来开展经营活动。对一些只与私营公司进行商业往来的小型外国公司而言，其经营具有很大的隐蔽性，甚至不在所得税局进行纳税登记。也有一些外国公司只以盈利为目的，并不看重公司品牌在当地市场的推广，所以选择在当地公司隐蔽参股，也不需要公开出现，只需要妥善处理与当地公司的经济关系。但是，对那些以承接政府采购、政府发包工程项目为主，或者重视品牌推广的大型外国公司而言，寻找一家有实力的当地公司做代理，依法进行纳税登记、申报是必不可少的。本案例项目采用代理人方式，在当地寻找一家代理公司开展经营活动。代理公司主要负责办理签证、外籍人员的工资发放，以及处理与政府的关系等事宜。业主、承包商、代理公司、会计师事务所、所得税司之间的关系如图 9－3 所示。

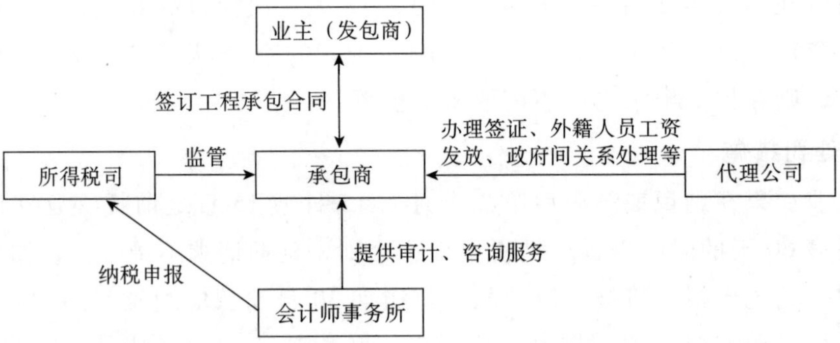

图 9－3 关系图

2. 申报纳税所需材料及其他要求。关于科威特当地税务征收实务，实施条例目前要求，在科威特境内开展经济活动的法人实体需自活动开始或签署合同的 30 日内到税务部门登记。此外，根据法令，所有法人组织（包括享受免税待遇者）都要向税务部门提交纳税申报表。要求保留日记账、存货清单、总分类账、总费用明细分类账、材料登记（显示收到和发出的数量，或以何项目的名义发出）、试算平衡表、分包商名单及固定资产清单等单据和账簿。会计记录应保存在科威特境内，税务机关在核准应纳税款前要求检查会计账簿（可以是英文）和相关文件，属于正常操作。纳税人使用的会计电算化系统必须能够提供所需会计信息。无论税务部门何时提出要求，输入公司电子系统的有关任何纳税年度的信息都必须能够向税务部门备份。

2013 年，实施条例要求企业对合同收入、税款预留、费用、折旧率和纳税申报中的有关规定进行分析。此外，实施条例还要求这些分析和财务报表应当包含往年的可比数据。若违反上述规定的事件，所得税司（DIT）可以根据其认定为合理的税基确定征税。细则规定，纳税人必须在其于科威特境内签署第一份合同起 30 天内到 DIT 登记。此外，任何可能影响其税务状况的改变发生时，纳税人必须在改变后 30 天内告知财政部。纳税人还必须在活动终止后 30 天内向财政部报告活动的终止。纳税申报表和相关财务报表必须经过科威特境内从业会计师的认证，在商业和工业部登记，并通过财政部的批准。

3. 境内外税务实务的差别。因为科威特目前对其国内的无外国人或外国公司参股的本地公司不征收所得税，所以对确认应税收入的票据如发票、收据等原始凭证没有像中国国内一样进行严格、系统的管理，科威特市场上各公司的票据都自行印制或在市场上购买使用，科威特所得税司对各公司的票据不进行任何监制、登记。因此，外国公司的应税收入中除了那些来自政府项目、政府采购的部分很容易被审核确认外，与私营公司的业务往来及取得的应税收入是难以通过发票来审核的。

另外，要注意国内会计制度与当地会计制度的差异。中资企业在科威特经营时往往习惯于照搬国内的会计制度，实际上当地的会计制度更为简单。例如，在科威特开展经营的外国公司，对于总部管理费可以按比例直接在税前扣除，不需要提供任何证据。

（二）境内税务实务

根据 1989 年《中国·科威特税收协定和议定书》第二十四条消除双重征税条款第四款的规定，中国政府对中国居民就来源于科威特的所得向科威特政府直接缴纳的所得税给予直接抵免。本项目由中国乙建筑公司总承包，不存在间接抵免的情况。抵免限额可由以下公式计算得出：

抵免限额 = 来源于某国的应纳税所得额 × 中国的法定税率

根据本项目预估，截至项目全部完工时，所产生费用大于收入，因此应纳税所得额为负，并不承担纳税负担。另外，企业在汇总计算缴纳企业所得税时，其境外营业机构的亏损不得抵减境内营业机构的盈利。根据《财政部　税务总局关于完善企业境外所得税收抵免政策问题的通知》（财税〔2017〕84 号），在企业选择“分国抵免法”时，在境外营业机构的亏损既不能用境内盈利弥补，也不能用境外他国的盈利弥补，只能用境外该国以后年度（一般是 5 年）的盈利弥补；在企业选择“综合抵免法”时，在境外营业机构的亏损不能用境内盈利弥补，但可用境外他国的盈利弥补，也可用境外该国以后年度的盈利弥补。境内亏损既可以用境外盈利弥补，也可以用以后年度的境内、境外盈利弥补。此外，为保持税务处理的一致性，84 号文件规定，企业一旦选择了分国抵免法或综合抵免法，5 年内不得改变。因此，本项目根据集团实际情况选择“综合抵免法”，所产生的亏损可以用于抵减科威特地区其他项目的盈利，也可以用于抵减本企业境外其他国家项目的盈利。

（三）税务规划

科威特医院项目属于 EPC 总承包模式，包括设计、建造、装修、试运行和维护总承包项目，合同总金额为 1.62 亿科威特第纳尔（约合人民币 36 亿元），涉及设计合同、采购合同及施工合同。该项目于 2017 年 2 月开工建设，截至 2017 年 12 月 31 日，累计收入 5 128 万元，累计发生成本 6 636 万元，其中工资薪酬累计 1 900 万元，设计和工程费用 1 452 万元，财务费用 755 万元，分包成本 600 万元，材料成本 387 万元。项目通过代理公司模式来执行合同，根据科威特相关税收法律规定，项目目前只涉及企业所得税，无需缴纳印花税、增值税、关税、个人所得税等税种。因此，该项目税收规划主要从所得税的应纳税所得额的计算、所得税的纳税申报以及存在的税务风险防范方面着手。对于项目涉及的各类成本费用，应充分利用科威特相关政策法规最大限度地予以税前扣除，同时过程中尽量避免无法税前扣除的成本费用的列支，降低项目的整体税负。

1. 递延收益，延迟纳税申报。根据科威特关于正在进行的工程第27号执行规定：在建工程已发生费用，但尚未产生收益，发生的费用可以结转到下一年度。如果当年在建工程累计收入少于合同额的20%，则在当年纳税申报时可以不予确认收入成本，将其结转至下一个年度一并申报。截至2017年12月31日，该项目只执行了合同额的1%，没有超过合同额的20%，所以项目部没有进行所得税纳税申报，将收入成本结转至下一年度，一旦执行部分超过20%的基准，就要进行纳税申报。

2. 充分扣除总部管理费。根据科威特所得税局1998年274号管理令的规定，外国公司可按照其在科威特收入（不含分包商完成的产值）的3.5%计算扣除总部管理费；在科威特公司参股的外国公司可按其分享收入的2%计算扣除总部管理费；保险公司按净保费的3.5%计算扣除总部管理费。项目选择最大限度的扣除比例3.5%，通过寻找代理公司来开展经营活动，而不是选择参股的方式。因此，项目部在准备税收资料纳税申报时，将按在科威特执行的收入扣除分包商成本后余额的3.5%来计算扣除总部管理费。预计该项目收入36亿元，分包成本12亿元，估计能最大限度扣除总部管理费0.84亿元[（36-12）×3.5%]，预计能够节税约0.13亿元（0.84×15%）。

3. 尽量避免直接向科威特境外支付利息或大额保函费用。根据科威特所得税局的规定，付给本地银行的利息可以扣除（资本性支出的贷款利息应在批准后计入固定资产价值）；应付总部的利息和应付科威特当地代理的利息均不得扣除。因此，对于中国公司常常出现的向母公司或公司总部支付的资金占用费、借款利息等是不允许税前扣除的；同时，中国国内银行收取的保函费用等，应尽量避免直接支付，而应通过科威特当地银行支付，否则也不允许扣除。该项目根据合同规定，需要办理预付款保函、履约保函、质量保函等。另外，根据科威特政府相关规定，需要办理临时用地保函等。项目部预计各类保函费用约1 000万元，项目在科威特当地某知名银行开户，并通过该银行办理各类需要的保函。同时，涉及境外合同的款项都是通过该银行支付，由此产生的保函费用、利息等银行手续费都是通过该银行予以支付，避免了该类成本费用无法税前扣除的情况。

4. 充分扣除雇员工资，同时避免以现金形式发放工资。根据科威特法律规定，雇员工资可以在应纳税所得额中扣除，但同时科威特劳工部规定，工资必须通过银行发放。该项目在科威特当地成立项目部，项目部管理团队由49名中方人员和66名外籍员工组成。预计工资薪酬成本费用约1.5亿元，因此项目通过当地代理公司做到了给所有外籍员工的薪资以银行转账的形式发放，并为项目中方人员办理科威特当地银行卡，所有工资通过银行转账予以支付。这样在计算应纳税扣除额时可以做到全额扣除。

5. 尽量避免使用现金支付各类小额管理费用。对现金形式支付的各项费用，如差旅费、业务招待费等，DIT往往持怀疑态度，在纳税检查时会要求提供各种证明资料，而且最后一般会进行一部分剔除，因此中资企业所习惯的现金支付在科威特要尽量以支票替代，以便有银行对账单可供所得税局检查、确认。预计项目各项管理费用等间接费用约1.8亿元，其中差旅费、办公费和后勤费用占比较大。差旅费主要是项目部员工往返科威特机票费用，项目部在当地寻找了一到两家旅行社负责项目部所有人员机票的预定购买，并约定费用月结且以支票形式支付。办公用品、后勤日用品等项目通过集中采购，以支票支付费用。在降低项目成本的同时，尽量避免使用现金支付小额管理费用。

6. 最大限度列支扣除设计费用。根据2013年26号实施条例（适用于在2013年12月31日及之后结束的纳税年度），因接受工程和设计服务而发生的费用的列支遵循相关合同收入比例规定：如果设计工作在总部进行，设计收入的75%可作为成本列支；如果设计工作由关联公司开展，设计收入的80%可作为成本列支，前提是公司遵守有关留存5%支付额的规定，并且向DIT提交与关联公司签署的合同；如果设计工作由第三方开展，设计收入的85%可作为成本列支，前提是公司遵守有关留存5%支付额的规定，并且向DIT提交与第三方签署的合同；如果设计收入没有在合同中写明，但设计工作需要在科威特境外开展，税务当局可以用以下公式判定收入：

设计收入 =（本年度设计成本 × 本年度合同收入）÷ 本年度直接成本

本项目合同涉及设计部分，部分设计工作将选择分包，由第三方中资企业开展，在签订合同时与设计分包商明确了将由派驻人员在科威特项目现场开展设计工作，使该合同中设计费用能够按设计收入的85%进行充分扣除。

7. 分包成本费用的列支充分扣除。科威特税务机关一般对分包商成本的扣除非常严格，尤其是发生在科威特境外的分包商成本，需要纳税人提供相关证明文件（合同、发票、结算凭证和其他文件），并且遵守了留存向分包商支付款项的5%的纳税保证金并向DIT提交合同等规定，且满足其他特定条件，分包商成本一般才可以扣除。所有在科威特经营或从科威特获取收入的企业（甚至包括外国企业）都必须留取承包商或分包商合同总价的5%（可从每笔付款中扣除）作为定金，直至承包商、分包商向科威特税务机关履行其纳税义务。如果纳税人未能扣留这5%，将会导致纳税申报表上相关的分包合同费用被免除，纳税人将向所得税部缴纳需分包商缴纳的纳税份额，从而导致应税利润增加。该项目预计分包成本约12亿元，项目为避免分包成本不能充分扣除，在对项目分包招投标时使用科威特境内的分包商，签订合同，并在合同中明确约定按5%留存纳税保证金。项目部在支付分包商每笔款项时严格要求分包商先提供发票、结算凭证、收据等文件。这样做可以增加0.6亿元（12 × 0.05）的成本税前扣除，预计可以节税 0.09 亿元（0.6 × 15%）。

（四）税务风险防范

1. 允许扣除的项目。科威特所得税法中列举了以下扣除项目：工资、酬劳、员工的解雇补助金及类似津贴等类似费用；除缴纳的所得税以外的税费；符合规定比例的固定资产折旧费；馈赠、施舍及对公众或对业经许可的私人方面的赞助，按规定比例扣除；总部费用，按规定比例扣除。可以说，科威特所得税法中的列举很不完整，产品成本、管理费用、财务费用、财产损失等主要的，并且允许扣除的项目都没有列举。允许扣除的成本和费用必须满足以下条件：实现收入所必需的；真实并且有支持性资料；发生在纳税所属期之内。但是，税法明确规定与应税业务无关或对产生利润不必要的个人费用、特殊费用以及刑事罚款不允许扣除，如用于赔偿的损失、所有准备和储备（银行和保险公司除外）、其他超额或者不合理的成本和费用。在科威特开展经营活动中所发生的成本费用要与收入相匹配，严格规范保留合同、发票等原始凭证附件作为支持性资料，对于税法中明确规定不予抵扣的成本费用尽量避免发生。

2. 亏损的结转。亏损企业的亏损额可连续结转 3 年，连续 3 年亏损则不再结转，并且税收亏损不可向以前年度追溯调整。另外，如果企业经科威特工商部批准暂停营业，或当年无任何应税收入，可不计入纳税期，但亏损也必须停止结转。项目在前期应该谨慎合理预计项目毛利率，并在每一会计期合理确认收入、成本、毛利，尽量避免项目在本期盈利，下期亏损的状况。

3. 币种和语言的选择。在纳税申报表中反映的收入和成本必须用科威特第纳尔核算；财务报表中必须反映上年数据；提交的纳税申报表和财务报表必须用阿拉伯文；纳税申报必须与审计报告同时提交。项目在开办初期，在建账时严格按照要求使用科威特第纳尔核算，并在纳税申报时提供符合要求的申报表和财务报表。

4. 应纳税所得额的计算。应纳税所得额的计算方式如以下公式所示：

应纳所得税额 = 收入总额 − 所有与科威特境内发生业务有关的成本、费用、损失等

如有特殊情况，会对应纳税所得额进行调整。如果一家外国企业在科威特境内有多个项目或合同，那么这些项目或合同的总收入在纳税申报时可以合并计算。如果一家外国企业在科威特的经营业务分属不同模式，那么在纳税申报时就应该分开计算申报。在科威特境内一家外国企业有多个项目或多个合同的，应该严格区分业务模式，按要求申报。

5. 关于常设机构的争议。中国投资者在科威特获得营业收入是否应当在科威特履行纳税义务很大程度上取决于常设机构的认定。通常中国投资者在科威特的场所、人员构成常设机构的，其营业利润应当在科威特纳税。中国投资者应当尽量争取避免其在科威特设置的场所、人员被科威特税务部门认定为常设机构。因此，常设机构的具

体认定问题容易引发税务争议，同时也是中国投资者应当着重关注的税务风险点。

四、借鉴价值

科威特地区以石油为财政收入主要来源，税种较少，税制体系比较特殊，属于低税负国家。税务规划主要着眼于企业所得税的规划，本案例重点关注成本费用的税前扣除、纳税申报的时间及税务风险防范等问题，在项目实施过程中加强税务管控，防范税务风险。

建筑施工企业在开展对外工程承包业务前，需仔细研究项目所在国的法律法规及财税制度，在符合项目所在国和我国税法规定的前提下，合理安排税务事项，降低税负，实现利益最大化。由于科威特的“代理制”比较特殊，该国禁止外国人或外国公司在科直接从事商业经营活动和拥有房地产，外国人或外国公司在科威特从事任何商业经营活动或设立分支机构，必须通过科威特人作代理。另外，代理公司可以协助办理劳工签证、发放外籍员工工资以及处理与政府部门的关系等。因此，我国建筑施工企业在科威特境内开展经营活动时，寻找一家当地有实力的代理公司是非常有必要的。本案例可为科威特项目的税务规划及其他以企业所得税为重点税种的税务规划提供参考。

附录　东道国反避税规定

序号	国家名称	反避税规定			
		转让定价规定	资本弱化规定	受控外国公司规定	其他注意事项
1	阿尔巴尼亚	阿尔巴尼亚2014年6月颁布的新转让定价条例，与经济合作组织（OECD）《2010年转让定价指南》协调一致。涉及受控交易在2014年6月4日及以后发生且有持续周期性的纳税人，首次要求保留转让定价文档，须在税务机关提出要求后的30日内提交文档。没有提交转让定价文档不会受到罚款，但是文档的提交使纳税人在与转让定价相关的审计调整中免于评估罚款。罚款每拖延一个月罚款5%，最高不超过25%	在资本弱化方面，当债资比超过4:1时，贷款利息费用的扣除将受到限制。银行、保险及租赁公司不受此规则约束。另外，阿尔巴尼亚央行正式公布的银行市场12个月平均利率的利息不可扣除	—	公司需要在财年结束后的次年的3月31日前向税务局披露年度财务报表
2	阿拉伯联合联酋国	—	—	—	对于贸易区内的企业，需要向其所在的自由贸易区当局报告，无需向区外的任何部门递交财务报表。自由贸易区外的公司和分支机构需向商务部递交年度财务报表。阿联酋没有转让定价、资本弱化和受控外国公司方面的规定。虽然阿联酋没有转让定价方面的特别纳税调整制度，但中国投资者在阿联酋的投资活动仍应注意符合独立交易原则。为避免关联交易产生的转让定价风险，中国投资企业管理层需要对业务整合涉及的关联交易展开转让定价分析

续表

序号	国家名称	反避税规定			
		转让定价规定	资本弱化规定	受控外国公司规定	其他注意事项
3	阿曼	阿曼对转让定价虽无具体的税法规定，但实操中，阿曼税务机关在纳税评估过程中会对纳税人的关联交易进行严格审查。年度税务稽查频率较高。要求关联企业之间的定价应建立在公平交易基础上，如果关联交易将导致更低的收入或更高的成本，则该交易的形式可能被否定，应税收入将按照非关联交易的情况下计算，且关联交易需要披露	资本弱化方面，只有债务比不超过2:1的利息方可扣除	—	阿曼遵循国际财务报告准则。因此，税务机关要求纳税人在其财务报表中披露其关联交易。未来执行的电子申报方式将会加强关联交易的披露
4	阿塞拜疆	转让定价方面，当发生下列情况时，税务机关有权调整交易价格： （1）当实物交易、进口交易及关联交易的价格偏离相似或相同产品、工作或服务交易价格的30%以上； （2）当资产承担的担保额超过其自身账面净值；支付不动产（除租房）的月租	—	—	—
5	埃及	纳税人须根据公平交易原则与关联方进行交易。针对转让定价并没有单独的申报表，但纳税人应当在企业所得税纳税申报表的关联交易部分进行披露，并随企业所得税申报表一并在每年4月30日前提交。转让定价同期资料以及与税务机关的往来信息一般要求使用官方语言（即阿拉伯语）。如果提交的是英语版本资料，则税务机关可能要求纳税人准备一份阿拉伯语翻译件	埃及适用4:1的债资比规定，超过比例的利息支出不可以税前扣除	—	如果居民企业对非居民企业的投资满足以下情形，则投资收益将按权益法确认并在埃及征税： （1）埃及的居民企业拥有非居民企业10%以上的股权； （2）非居民企业超过70%的所得来源于股息、利息、特许权使用费、管理费或租赁费； （3）被投资公司的利润在其居住国不征税，免税，或者适用低于18.75%的税率

续表

序号	国家名称	反避税规定			
		转让定价规定	资本弱化规定	受控外国公司规定	其他注意事项
6	爱沙尼亚	爱沙尼亚税务机关有专员负责转让定价稽查。爱沙尼亚税务机关不仅会进行转让定价专项稽查，也会在对其他税种的日常税务稽查中审阅关联交易的定价并同时审查转让定价相关事项	—	受控外国公司（CFC）制度仅适用于个人	—
7	阿富汗	转让定价的相关规定订立于 ITM 对《所得税税法（2009）》第 97 款的注释中。该规定意图与 OECD 转让定价参考意见保持一致。阿富汗税务局会运用一系列不同手段来确定关联纳税人之间的合理转让价格	—	—	如果纳税人在任何交易中故意不缴或者少缴税款，在首次避税行为中，纳税人必须支付追加税款，以及追加税款两倍的罚款。在第二次避税行为中，纳税人必须支付首次避税中的所有税款和罚款，同时阿富汗税务局可以向商业法院申请关闭纳税人企业的法令
8	巴基斯坦	巴基斯坦于 2016 年 6 月 3 日发布的“2016—2017 年预算”中提出了发生关联交易的企业需要准备主体文档、本地文档以及国别报告的要求。巴基斯坦是 BEPS 包容性框架的成员，并且将根据 BEPS 行动计划第 13 项的要求自动按国别报告进行交换。巴基斯坦税法规定了四种确定是否符合独立交易原则的转让定价规则	如果一家由外国控制的居民公司（银行或金融机构除外）在纳税年度内的任何时点境外债资率超过 3:1，则不允许其超过比率的负债利息部分进行扣除	巴基斯坦目前采取通用的全球公式分配法来确认可以税前扣除的费用	巴基斯坦要求公司纳税人必须在递交纳税申报表时附上经过审计的财务报表
9	巴勒斯坦	—	—	—	巴勒斯坦税务当局要求在企业申报所得税时附送经审计的财务报表及相关附注和经具有资质的审计师批准的纳税调整表
10	巴林王国	—	—	—	—

续表

序号	国家名称	反避税规定			
		转让定价规定	资本弱化规定	受控外国公司规定	其他注意事项
11	白俄罗斯	规定了五种确定是否符合独立交易原则的转让定价规则。以下关联交易可能会被税务机关审核，从而利润税税基可能会被调整且税款被重新计算征缴： （1）涉及房地产以及货物（服务及劳务）的； （2）对外贸易超过10万白俄罗斯卢布的交易或关联方之间的交易； （3）金额超过10万白俄罗斯卢布的境内所得税免税交易； （4）大企业（税务部规定名单）金额发生跨境交易超过100万白俄罗斯卢布； （5）政府规定名单产品的跨境交易超过100万白俄罗斯卢布的	规定的债务比为3:1。如果利息或费用超过了资本弱化规定下的最大扣除限额，则该等利息或者费用不能在利润税税前扣除	—	白俄罗斯要求公司在财报中披露关联方及关联交易
12	保加利亚	转让定价规则基本遵从经合组织的指南，需要进行关联交易的申报和同期资料的准备。保加利亚税法规定了五种确定是否符合独立交易原则的转让定价规则。在保加利亚没有转让定价资料递交要求，但税务机关在审计过程中可要求企业提供转让定价资料。如涉及与非居民纳税人的交易，保加利亚纳税人对相关交易负有举证义务	年平均债资比要求为3:1。属于资本弱化的利息支出，当年可税前扣除的最大额度等于当年获得的利息收入加上息前利润的75%。当期不可扣除的利息预提税及费用可向以后5个纳税年度结转	—	—
13	波黑联邦（FBiH）和塞族共和国（RS）	按照独立交易原则确定的价格与转让价格之间的差额必须包含在税基中并进行缴税	—	—	—

续表

序号	国家名称	反避税规定			
		转让定价规定	资本弱化规定	受控外国公司规定	其他注意事项
14	波兰	波兰财政部组建了一支专门的转让定价团队，主要负责协助税务机关进行税务调查。波兰税法规定了四种确定是否符合独立交易原则的转让定价规则。转让定价如果税务机关发现关联方之间的交易不符合独立交易原则，则税务机关有权做出必要调整。当关联方交易超过一定的重要性门槛时，必须准备转让定价同期资料	根据新修订的规则，从2018年1月1日起实施，企业在某一纳税年度内可以扣除的利息支出不得超过其税息折旧及摊销前利润（EBITDA）的30%。这一规则目前主要适用于融资费用总额超过300万兹罗提的大型纳税企业在2018年1月1日之后取得的贷款，从2019年1月1日起，新规则将适用于所有纳税人的各种融资交易	为了与“欧盟反避税指令”（ATAD）相一致，波兰对其国内的CFC规则进行了修改，修订后的规则将从2018年1月1日起实施	遗漏或迟延进行纳税申报，或者提交的纳税申报表不正确的，自2016年1月1日起，处以不缴或者少缴税额的8%作为处罚利息
15	不丹	—	相关的贷款的债资比不超过3:1	—	—
16	东帝汶	—	—	—	中国承包商虽然在工程质量、造价、工程时间上都有优势，但是有些企业往往由于不熟悉国际招标程序，或因语言问题、制作的投标文件不够规范而错过机会。中国企业需要熟悉国际招标程序、制作规范的外文投标文件并做好项目跟踪工作

续表

序号	国家名称	反避税规定			
		转让定价规定	资本弱化规定	受控外国公司规定	其他注意事项
17	俄罗斯	纳税人必须在次年5月20日前将当年所进行的关联交易向当地税务局提交固定格式的报告，包括交易类型、交易金额、合同内容、合同金额等，然后由地方税务局递交到联邦税务局转让定价部门，由专门的转让定价局负责进行转让定价审计和纳税调整的评定。税务局可以在6月1日以后向关联交易的纳税人要求提供上年度的转让定价资料，纳税人需要在30日内提供	关联方贷款利息的扣除以及下列情况下的贷款提供方受限于资本弱化规则： （1）直接或间接拥有俄罗斯公司超过25%注册资本的外国公司； （2）或上述外国公司的俄罗斯关联公司； （3）任何上述俄罗斯关联公司或外国公司向俄罗斯借款方为其提供担保的公司，包括自身作为担保人或以任何其他方式提供担保。通常，关联法人实体的债权性投资与权益性投资的比例不得超过3:1，银行和租赁公司的该比例不得超过12.5:1。超过该债资比产生的利息将被视作股息分配，借款方在计算俄罗斯利润税时不得扣除，且须缴纳股息预提税	—	—
18	菲律宾	菲律宾税务机构已通过颁布了正式的转让定价规定，该规定基本上遵从了经合组织的转让定价指南中的公平交易标准	—	—	菲律宾现并无针对资本弱化的规则。通常情况下认为合理的债资比是3:1。对于超额支付的利息将面临着被重新定性为股息并据此征税的风险

续表

序号	国家名称	反避税规定			其他注意事项
		转让定价规定	资本弱化规定	受控外国公司规定	
19	格鲁吉亚	转让定价格鲁吉亚制定了涉及与关联方或非关联方之间境内交易与跨境交易的税收适用转让定价规定	该国资本弱化相关规定已自2017年1月1日起被废止	—	以下由税务立法确定的一般处罚适用于不符合独立交易原则而导致的少缴税款、未及时提交转让定价相关文档等情形： （1）少缴税款（如：增值税、企业所得税），处少缴税款50%的罚款；并从滞纳税款之日起，按日加收滞纳税款0.05%的滞纳金； （2）未能提交税务机关要求的转让定价文档一般会处400拉里的罚款
20	哈萨克斯坦	资本弱化可扣除的利息一般以市场利率或税务局提供的特定的债资比计算公式，计算得出的两者中的较低者为限。关联企业之间存在利息支出，企业的债资比不超过4:1（金融机构不超过7:1）	资本弱化可扣除的利息一般以市场利率或税务局提供的特定的债资比计算公式，计算得出的两者中的较低者为限。关联企业之间存在利息支出，企业的债资比不超过4:1（金融机构不超过7:1）	受控外国企业的财务利润或者受控外国企业常设机构的财务利润在外国缴纳利润税的情况下：有效税率低于20%时，应按照《税法》规定程序将该利润税在哈萨克斯坦共和国企业所得税计算时冲销；有效税率为20%及以上时，按照《税法》第296条之规定免于征税；居民的一个在哈萨克斯坦共和国缴税的受控外国企业以其财务利润向另一个受控外国企业支付红利时，应按照税法第297条第4款之规定，将该部分红利在收到红利的受控外国企业财务利润中扣除	对转让定价调整造成的税收低估的惩罚是额外应计税额的50%。此外，转让定价调整所产生的追加纳税的利息，按国家银行再融资利率的1.25倍计算

续表

序号	国家名称	反避税规定			
		转让定价规定	资本弱化规定	受控外国公司规定	其他注意事项
21	黑山	黑山要求关联方之间的交易必须符合独立交易原则	黑山没有具体的资本弱化规则，但向非居民（不管是否关联方）支付的利息必须符合独立交易原则	—	—
22	吉尔吉斯斯坦	吉尔吉斯斯坦的转让定价规则主要依据经合组织的指南，且允许税务机关对“受控交易”的定价进行复核	—	—	—
23	捷克	捷克转让定价条款规定关联交易必须符合独立交易原则。如果涉及关联方的交易价格与当前的市场价格有差异且该差异又有正当理由，则应采用市场价格计算应纳税所得额。纳税人可与税务机关提前达成预约定价协议	贷款或借款与股权的比例不得超过4:1（如果债务人为银行或保险公司则为6:1）。债务人与贷款有关的财务费用（在其借款利息或到期支付金额取决于利润的情况下）不可以在税前扣除	—	—
24	柬埔寨	无。不过，税务条例规定税务部门在关联方之间重新分配收入和支出方面有很宽泛的权利。关联方指拥有20%或更多共同所有权的纳税人。为了防止避税和逃税，税务总署可以重新定义关联方之间的交易。因此，关联方之间的交易必须按照市场价格进行交易	—	—	—

续表

序号	国家名称	反避税规定			
		转让定价规定	资本弱化规定	受控外国公司规定	其他注意事项
25	卡塔尔	税法规定税务机关有权在特定情况下按照独立交易原则进行纳税调整。税务机关可采用实质重于形式的方法来评估双方交易或发生的费用支出的合理性，而纳税人可要求税务机关对其费用支出进行重新考虑或提交相关的支持文件	卡塔尔国税法没有特定的资本弱化规定，但常设机构支付给其总部或关联方的利息不得税前扣除。《卡塔尔金融中心税务手册》规定资本弱化下的安全港规则如下所示： ①金融机构：债务和资产比例为4:1；②非金融机构：债务和资产比例为2:1	—	如果纳税人由于违反转让定价法规而导致迟缴税款，PRTD将对迟缴期间每月征收迟缴税款的1.5%的罚款。任何在纳税截止日后缴纳的税款将根据纳税人迟缴税款的天数按照5%的年利率计算滞纳金
26	科威特	科威特国内法并没有明确规定关联交易应遵循的定价方法，只是提供一个大致指引。实践中，纳税人可与税务局进行协商，说明所使用的转让定价方法是基于国际通用原则及标准，并能够提供转让定价同期资料证明确实采用了该转让定价方法	—	—	—
27	克罗地亚	转让定价规则适用于在克罗地亚境内或跨境进行的关联方交易。克罗地亚税法规定了五种确定是否符合独立交易原则的转让定价规则。如果境内交易的某方处于亏损或符合税收减免资格，则也同样适用转让定价规则。适用的转让定价方法与经合组织转让定价指南的规定一致，需进行转让定价分析和基准分析	当债资比大于4:1时，且该借款是由持有纳税人25%以上股份表决权的股东或其关联方提供的，纳税人支付的借款利息不可扣除。银行或其他金融机构提供的借款不适用资本弱化规则	—	—

续表

序号	国家名称	反避税规定			
		转让定价规定	资本弱化规定	受控外国公司规定	其他注意事项
28	拉脱维亚	拉脱维亚的转让定价规则一般遵循经合组织转让定价指南，关联方交易需按公平市场价格进行。关于 BEPS 第 13 项行动计划，拉脱维亚采用国别报告要求。主体文档、本地文档的要求计划从 2018 年开始实施，然而至今立法草案尚未完成。根据拉脱维亚法定转让定价要求，关联方之间进行的所有交易均应符合转让定价原则，年净营业额超过 143 万欧元的纳税人有义务为所有当年总额超过 14 300 欧元的关联方交易准备转让定价资料	资本弱化的判定标准：从企业所得税角度，利息费用的扣除应以下列各值的较低者为限，超出部分不得税前扣除： 如果会计年度内利息支付超过 300 万欧元，则超过 EBITDA（息税折旧及摊销前利润）30% 的利息费用应纳入税基。 实际利息金额需要除以系数 C。系数 C 采用以下公式计算： $C = D/[(E-R) \times 4]$ 以下为公式中各项的值：D 表示平均负债；E 表示权益总额；R 表示不是因利润分配产生的长期价值变动准备金及类似准备金的金额	—	—
29	老挝	—	—	—	—
30	黎巴嫩	黎巴嫩税法没有关联方交易同期资料的相关规定。转让定价关联方交易应符合公平交易原则（包括居民和非居民纳税人）	—	—	—

续表

序号	国家名称	反避税规定			
		转让定价规定	资本弱化规定	受控外国公司规定	其他注意事项
31	立陶宛	立陶宛企业所得税法第40条指出：企业在交易中确认的收入和成本必须与实际的市场价格一致。同时，立陶宛个人所得税法第15条指出，关联方之间的交易不符合公允市场价格时，税务机关有权对关联交易价格进行调整。转让定价同期资料需要涵盖所有关联交易，不论关联交易的重要性水平	资本弱化限制适用于向控制实体支付利息。如果债权人拥有支付利息公司50%以上的股权（或与相关个人共同持有50%以上的股权并且自身持股比例达到10%或以上），则债权人为控制实体。集团公司也为控制实体，适用4:1的债权股权比率，任何超过这一比例的债务利息都不可税前扣除。如果支付方能证明关联方会在相同情况下授予相同贷款，则资本弱化限制不适用。资本弱化限制不适用于金融机构提供的融资租赁服务	根据立陶宛立法，满足下列要求之一的即为CFC：（1）居民股东（公司或个人）直接或间接拥有股份或权利（期权）的50%或以上；（2）居民股东（公司或个人）与关联方一起拥有股份或权利（期权）50%或以上，且居民股东拥有股份或权利（期权）的比例不少于10%。除此之外，立陶宛还采取综合的方式判定CFC，即立陶宛控制方的积极所得来自下述地区注册的经济实体：①黑名单地区；②白名单地区且该经济实体在该国享受特殊的企业所得税减免；③该经济实体适用少于立陶宛企业所得税税率75%的税率	—

续表

序号	国家名称	反避税规定			
		转让定价规定	资本弱化规定	受控外国公司规定	其他注意事项
32	罗马尼亚	罗马尼亚转让定价规则以经合组织指引作为指导方针，税务机关可在适当的情况下调整关联方定价，使之反映公平市价。纳税人企业应编制同期资料报告，也可与税务机关商谈预约定价安排	—	—	—
33	马来西亚	马来西亚的转让定价政策适是参考 OECD 经合组织转让定价指引制定。纳税人可以申请预约定价协议	—	—	—
34	马其顿	马其顿税法规定关联企业之间的交易必须遵循公平交易原则，纳税人应按照税务机关要求提供转让定价相关文件以证明其交易符合公平交易原则。在马其顿现行的税收法律法规中，暂无关于准备转让定价同期资料准备的相关要求。马其顿税务机关也没有强制要求纳税人准备同期资料	向持股比例超过 25% 的股东的借款，且借款金额超过该股东股本投入的 3 倍，则该借款所产生的利息费用不得税前扣除。但该规则不适用于金融机构	—	—
35	蒙古国	蒙古国税法规定转让定价关联企业间的交易应按照市场公允价值定价。2017 年 4 月 28 日，蒙古国通过了新转让定价法案，“关联方之间的工程、服务和货物的交易”应当准备国别报告，初步用于分析转让定价的风险，并通过间接方法确认应纳税额	资本弱化规定，对债资比超过 3:1 的部分发生的贷款利息不允许税前扣除	—	—
36	孟加拉国	转让定价以国际经合组织（OECD）的反避税规定为蓝本制定的孟加拉国转让定价法规自 2014 年 7 月 1 日起正式生效。其中，关联方不仅包括具有股权控制及管理关系的企业，还有其他“视同情况”	—	—	如果纳税人的国际交易额超过了 3 000 万塔卡，则需要提供由注册会计师出具的报告（按照规定格式），披露关联方交易细节及符合独立交易原则的定价策略
37	缅甸	—	—	—	—

续表

序号	国家名称	反避税规定			
		转让定价规定	资本弱化规定	受控外国公司规定	其他注意事项
38	摩尔多瓦	摩尔多瓦的转让定价法规仍处于初始阶段。税法规定，只有当共同所有者或关联方的相互依存关系不影响交易结果的情况下，共同所有者和关联方间进行的交易才能予以考虑	—	—	—
39	马尔代夫	—	纳税人可在税前扣除的已支付或应付利息总额不应超过年利率为6%的利息和纳税人已支付或应付的实际利息总额两项中较低者，支付给经马尔代夫国内收入局批准的银行和金融机构除外	—	—
40	尼泊尔	尼泊尔遵循国际公认的转让定价（TP）规则，其中关联实体之间的跨境贸易和金融交易必须按照公平原则进行。还有一个税务清算委员会，他们有权判罚外资企业罚款数额	—	—	—
41	塞尔维亚	反避税规则转让定价关联企业间的交易须依据公平交易原则进行。须准备相关特定文件且于6月30日之前提交转让定价报告	资本弱化向关联公司支付的利息可在税前扣除，前提是贷款金额不得超过当年年初与年末的平均权益的4倍（银行与租赁公司的适用比例为10:1）。此外，纳税人必须证明根据资本弱化规则可以税前扣除的利息金额符合公平交易原则，否则可能需要做相应的纳税调整	—	—

续表

序号	国家名称	反避税规定			
		转让定价规定	资本弱化规定	受控外国公司规定	其他注意事项
42	沙特阿拉伯	尽管没有正式的转让定价规定，但如果关联方销售货物或提供服务的价格超过与独立第三方交易所采用的价格，沙特阿拉伯税务机关可以进行调整以确保价格符合独立交易原则	利息支出的税前扣除限额为实际利息支出或利息收入加上 50% 的息前应税收入这两者中的较小者。此外，根据公司法规，公司的累积亏损额超过股本的 50%，则必须召集股东大会以决定是否继续经营。决议须在政府公报中公布	—	—
43	斯里兰卡	关联双方之间的跨境交易所产生的利润、收入或亏损须遵守独立交易原则，斯里兰卡税务局颁布了针对转让定价相关资料准备及独立交易价格确定方法的具体规定	从 2006 年 4 月 1 日起，斯里兰卡关联企业之间的利息支付受利润和所得的限制。制造企业的合理债务与权益的比例为 3:1，服务提供企业债务与权益的比例为 4:1	—	根据斯里兰卡税务局 2017 年修订的“企业所得税纳税申报指南”指南规定纳税人必须在企业所得税纳税截止日期（11 月 30 日）之前报送企业所得税申报表，以及转让定价申报表和证明文件。如果未能提供，或者逾期提供，纳税人将会被处以 50 000 卢比的罚款
44	斯洛伐克	斯洛伐克企业与非居民关联方间的交易受到转移定价规则的约束。转让定价规则是依 OECD 指南而订立的。纳税人须就关联方交易价格的确定方法准备转让定价同期资料	—	—	—

续表

序号	国家名称	反避税规定			
		转让定价规定	资本弱化规定	受控外国公司规定	其他注意事项
45	斯洛文尼亚	转让定价居民企业与关联方之间的跨境交易，必须遵从独立交易原则。存在关联交易的纳税实体必须在企业所得税申报表的基础上申报关联交易价值的相关信息。2017 年 1 月 12 日，斯洛文尼亚税务局公布实施国别报告指南，以落实 BEPS 行动计划和欧盟关于强制实施税收信息自动交换的 2016/881 号指令的要求。 纳税人需要准备包括主体文档、本地文档和国别报告在内的同期资料。 由于斯洛文尼亚转让定价条例遵循 OECD 模式，在斯洛文尼亚没有相关法规定的情况下，税务机关也会依照经合组织准则进行税务调查	资本弱化不予扣除贷款利息（银行或保险公司贷立款除外）的情况包括：（1）贷款由在纳税期内任何时点直接或间接持有股本或有表决权股份 25% 以上的股东提供或与借款人拥有相同持 25% 以上股份股东的公司；（2）在纳税期内任何时点贷款超过规定的债资比（4:1），除非纳税人企业可证明贷款本是由无关联的第三方提供的。超额利息被重新归类为股息	—	—
46	泰国	根据泰国的转让定价规则，纳税人须在其年度公司税申报表中声明收入和费用相关交易是否基于市场价格进行，税务机关可以对其收入进行调整以反映市场价格，纳税人可以申请预约定价安排。尽管没有准备转让定价文件的正式要求，但基于税务机关的申报要求和指引，相关文件准备须在企业所得税申报截止之日前准备完毕	—	—	—

续表

序号	国家名称	反避税规定			
		转让定价规定	资本弱化规定	受控外国公司规定	其他注意事项
47	土耳其	当关联方（无论是境内还是境外公司）之间的交易并非按公平交易原则进行时，交易所产生的利润将被认为是“推定股息”，须缴纳公司税和股息预提税。土耳其允许与财政部缔结单边、双边和多边的预约定价安排	资本弱化当来自股东或关联方的贷款在会计期间内任何时点超过3:1的债资比时，适用资本弱化规则（对于银行或金融机构关联方的贷款适用6:1）。当超过上述债资比时，截至会计期（在该会计期内满足资本弱化规则）最后一天超过该安全港比率的利息支出将被认为是隐含利润分配或利润汇出，因此须缴纳15%的股息预提税。相关费用、外汇损失和利息支付不可税前扣除	受控外国企业中当土耳其居民企业直接或间接控制外国企业至少50%的股本、股息或投票权，且符合以下情况时，将受到受控外国企业规则的限制：（1）外国受控企业收入总额中不低于25%由消极收入组成；（2）受控外国企业所在国的有效税率低于10%；（3）受控外国企业的年度收入总额超过相当于10 000土耳其里拉的外币。如果符合这些条件，无论该利润是否被分配，土耳其居民企业应将其按在受控外国企业资本中的份额比例享受的受控外国企业的利润包括在其当期利润中，并将以目前20%的税率缴纳土耳其公司所得税	土耳其法律没有具体的转让定价处罚，但未提交，迟交或不正确的披露转让定价情况会引起税务审计
48	土库曼斯坦	—	—	—	—

续表

序号	国家名称	反避税规定			
		转让定价规定	资本弱化规定	受控外国公司规定	其他注意事项
49	塔吉克斯坦	—	—	—	—
50	文莱	—	—	—	—
51	乌克兰	乌克兰的转让定价规则主要依据 OECD 转让定价指引进行编写。符合条件的跨境关联交易或者其中一方享受特别税收制度或者税收优惠的关联交易须准备转让定价报告（类似于通告而非分析性文件），须在 5 月 1 日前提交	资本弱化尽管乌克兰无正式资本弱化规则，当实体纳税人 50% 或以上的法定资本直接或间接地由非居民企业持有或管理并且其贷款是由非居民企业或非居民企业的关联方提供，该贷款的部分利息不得在税前扣除	—	披露要求个人股东（受益所有人）须在该州注册法人实体及发生并购时进行披露
52	乌兹别克斯坦	乌兹别克斯坦税务当局可以对来源于关联方交易的收入须符合独立交易原则，但税法并未对转让定价的具体规定做进一步的说明。实际操作中，税务机关也未要求纳税人准备转让定价同期资料。同时，由于缺少可比的交易价格作为验证关联交易价格的基准，因此税务机关很少执行转让定价调查	—	—	—
53	新加坡	新加坡针对反避税制定了一般反避税条款以及转让定价指南；明确从 2018 纳税年度起，符合条件的纳税人必须完成关联交易申报表。新加坡税务局越来越重视对转让定价的审查。因此，转让定价咨询和转让定价询问的数量有所增加。新加坡税务局通过转让定价咨询及调查以选择部分纳税人，审查其转让定价方法及文档	—	—	法律规定，如纳税人未申报或未正确提交关联交易申报表，新加坡税务局可对处未缴纳税款的 100% 至 400% 的罚金，甚至可能处以监禁和罚款。如纳税人未按要求准备同期资料，新加坡税务局可处以最高可达 10 000 新加坡元的罚款

续表

序号	国家名称	反避税规定			
		转让定价规定	资本弱化规定	受控外国公司规定	其他注意事项
54	匈牙利	匈牙利有准备关联方交易同期资料的要求，企业可以申请预约定价协议（APA），但匈牙利主管税务机关有权对企业按照独立交易原则确定的价格与转让价格之间的差额进行纳税调整	债务（除了银行债务）与权益比例超过3倍以上的债务所产生的利息，不得在企业所得税税前扣除。计算债资比时，在资产负债表中计为长期应收金融资产或证券的应收现金的金额可用于抵减债务金额	—	—
55	叙利亚	—	—	—	—
56	也门	无，也门要求关联交易需符合公平交易原则，并在实施细则中介绍了确定公平交易价格的方法	也门有资本弱化的规定，通常情况下的债资比为7:3，对于支付给关联方的利息，其利率不得超过现行的国际利率或也门中央银行利率加上4%，超过部分对应的利息费用不得税前扣除	—	—
57	伊拉克	—	—	—	伊拉克并没有明确的反避税规定。然而，伊拉克税务机关保留对其认为不合理的应税利润进行调整的权利

续表

序号	国家名称	反避税规定			
		转让定价规定	资本弱化规定	受控外国公司规定	其他注意事项
58	以色列	以色列针对反避税制定了基于经合组织指引的转让定价规则	—	由以色列股东“控制”拥有，并对累积未分配利润课以低于15%税率（2014年1月1日之前，低于20%的税率）的外国公司将被视为受控外国公司。在这种情况下，对控制受控外国公司的以色列控股股东视为收到按比例分配给他们的股息收入（视同股息）处理。实际进行利润分配时，除了境外税收抵免以外，以色列控股股东可就已缴纳以色列税的分红总额进行扣除，但扣除金额不能超过分配的金额	纳税人通常须披露与纳税有关的所有事实，尤其是关联方交易的情况
59	印度	印度受到OECD转让定价指引的影响，但印度的罚款规定比世界上其他国家更严格。关联企业的概念已经超出了通常的范畴，还包括一些认定条款。主管税局要求纳税人保存相关资料与文件，并提交由有资质的会计师签发的证书表明关联公司与国际交易等方面的具体情况以及确定关联企业间公允交易价格的方法	—	—	—

续表

序号	国家名称	反避税规定			
		转让定价规定	资本弱化规定	受控外国公司规定	其他注意事项
60	印度尼西亚	当企业存在关联关系时，存在收入或费用被低估或夸大，从而导致应纳税所得额减少的可能性。在这种情况下，税务总署有权按照合理方法进行特别纳税调整，以确保企业关联交易符合独立交易原则。印尼税务机关发布了详细的转让定价指南	法规规定的最高的债资比为4:1（不适用银行、投资机构、保险企业）	财政部有权就居民纳税人持有以下非上市外国企业的股息进行核定：（1）纳税人持有该企业50%以上股份；（2）纳税人与其他居民纳税人合计持有该企业50%以上股份	税务总署如果出具税额调整通知书，纳税人应当根据通知书中的调整金额补缴税款。如果是转让定价调整，则调整额分为一级调整和二级调整，并且均应根据现行税法计算调整金额，二级调整是对一级调整的补充
61	约旦	—	—	—	—
62	越南	在转让定价方面，越南有同期资料准备要求。自2013年7月1日起引入预约定价协议。税务机关应当根据独立交易原则和实质重于形式的原则管理、检查纳税人关联交易的价格，对企业减少纳税义务的关联交易应进行价格调整，以正确的确定纳税义务	—	—	—
63	伊朗	—	—	—	—
64	亚美尼亚	亚美尼亚转让定价法规采用独立交易原则。如果纳税人从事受控交易，则应根据独立交易原则确定纳税人的企业所得税/增值税/矿产特许权使用税税基。如果纳税人从事的受控交易的条件（特别是财务指标）与可比非受控交易的条件没有不同，那么其企业所得税/增值税/矿业特许权税的税基被视作符合独立交易原则，否则税务机关可以进行税务评估，对相应税基进行调整	—	—	—